IBE双创精品系列

Entrepreneurship Management

Theory and Practice 2nd Edition

创业管理

理论与实践（第二版）

[美]斯晓夫　吴晓波　陈　凌　邬爱其　主编

浙江大学出版社

图书在版编目（CIP）数据

创业管理：理论与实践/（美）斯晓夫等主编.
—2 版. —杭州：浙江大学出版社，2020.7（2024.7重印）
ISBN 978-7-308-20246-6

Ⅰ.①创… Ⅱ.①斯… Ⅲ.①创业—企业管理—
研究 Ⅳ.①F272.2

中国版本图书馆 CIP 数据核字（2020）第 090488 号

创业管理：理论与实践（第二版）

[美]斯晓夫 吴晓波 陈 凌 邬爱其 主编

责任编辑	朱 玲	
责任校对	高士吟 汪 潇	
封面设计	春天书装	
出版发行	浙江大学出版社	
	（杭州市天目山路 148 号 邮政编码 310007）	
	（网址：http://www.zjupress.com）	
排 版	杭州林智广告有限公司	
印 刷	杭州高腾印务有限公司	
开 本	787mm×1092mm 1/16	
印 张	24.5	
字 数	550 千	
版印次	2020 年 7 月第 2 版 2024 年 7 月第 2 次印刷	
书 号	ISBN 978-7-308-20246-6	
定 价	69.00 元	

序

　　《创业管理：理论与实践》（第二版）即将出版，值得祝贺！当下中国社会 40 余年迈向市场经济之变局，千千万万普通民众通过各种创业改变了自己，乃至改变了整个国家的命运。农民、工人、干部、学生、退伍军人、知识分子……来自社会各阶层的创业大军，使得中国成为脱贫致富的典范。创业管理的教育和培训也已从最初的乏人问津变为全球现象，甚至成为改变原有商学教育范式的巨大冲击浪潮。如何培养创业人才，成了时下中国，乃至全球最热门的课题之一。

　　创业家可以培养吗？管理学界长期对此颇有争议。传统的商学教育以泰罗的"科学管理"为范本，以培养基于精确分工的专业管理人才为己任，认为创业家不能被培养出来，只能在摸爬滚打中裹着泥、忍着疼地历练出来。于是，社会上充满了对创业成功的大咖们的顶礼膜拜，充斥着各种传奇轶闻，创业者们更是被蒙上了一层神秘的面纱。

　　创业者的光芒来自各种机缘巧合的创业成功带来的巨大商业成就，而低成功率又告诉人们创业即意味着巨大的风险。社会大众往往因此而陷入非理性的归因："创业不可教，运气更重要。"在"大众创业、万众创新"的风口下，我们不能抛开"理性"二字，如果一哄而上地急急忙忙抢风口、碰运气，往往会给国家、社会和创业者本人带来巨大的灾难。其实，在创业的风口与创业的成功之间，存在着千丝万缕可以被理性认知和习得的规律。随着越来越多受过良好教育者加入创业行列，基于科技创新的创业崛起，越来越多的人认识到：创业成功最重要的环节是对创业规律的认识，是对创业过程的理性认知的培养与创业者综合素养和持续激情之间的恰当结合。

　　创业教育，因其面对大量的不确定性情景，而形成对传统的基于确定条件下的管理有效性理论与方法体系的挑战，进而形成对传统管理教育过于机械地学习基于分工的功能职业技能、排斥不确定性的原有范式的重大挑战。当我们揭开创业的神秘面纱时，就会发现，除了了解企业运行的本质规律，从而提高创业者运用科学的方法和工具来管理创业活动的能力之外，更需激发创业者挑战现状的激情和创业者面对不确定性的情景领导力。

　　实践证明，创业者的素养和能力是可以培养的，在不断创新的教学模式和手段的推进下，通过创业管理理论的系统学习，创业成功率及创业的社会责任都将得到极大的提升。二十多年来，浙江大学将先进的国际化创业管理理论和教育模式与中国实践相结合，一步一个脚印，摸索出了一套独特的创业教育模式。在培养和鼓励大学生创业方面，已经取得了丰硕的实践成果。浙江大学是高校创新创业教育的先行者，本人参与创办的浙江大学高科技创新创业强化班（ITP，创立于 1999 年）以其 20 余年的探索、实践、提升、完善，培养出了一大批高素质、高社会责任感、高成功率的创业者，便是其中的典范。来自不同专业背景的 ITP 学子们不仅自身积极投身于创新创业，更是带动了全校、外校、外地乃至海外的创新创业。

从全球看，以美国百森商学院等为代表的专门从事创业管理教育的商学院先驱，通过数十年的创业教育实践，使人们认识到开展创业管理教育的意义。而随着第三、第四次产业革命的兴起，以美国斯坦福大学、英国剑桥大学、中国浙江大学等为代表的综合性大学，尤其是以理工擅长的综合性大学将创业教育推向了一个新的高度。其出发点并不只是追求较高的毕业生创业率，而是促进科技成果向现实生产力的转化，是站在更高的起点上促进知识的有效应用，以更好地推进社会文明进程，进而促进人类命运共同体的健康可持续发展。

过去，人们一想到中国的创业总会联想到基于低端传统产业中的草根创业和基本末端商品交易的"商业模式创新"，而浙江大学所倡导并践行的更是一种全新的基于创新的创业体系，以知识创业和科技创业为主线，以技术创新带动和推动商业模式创新，又以商业模式创新反向拉动技术创新，进而真正形成以科技创新为内核的可持续发展的创业生态。如果说，传统的创业是用钱去整合技术、整合资源，那么，今天我们所倡导的就是用技术、创意和商业模式的创新来吸引人们一起来创业，来引导钱的有效使用。与以往"有钱能使鬼推磨"不同，这是一个"资本顺应并支持创新创业"的新时代。

本书由一群长期从事创新创业教育的教授同心协力编写而成，凝聚了众人的心血。与以往的创业管理教材不同，它不固守原有的成熟理论和方法，在学习和采用国际先进教材于教学的长期积累中，有许多自己的创新和超越。例如，针对基于科技创新的创业及中国步入"新常态"的情景，将"创业法律"和"知识产权"置于创业管理中的重要地位；对"公司内部创业""家族创业""国际创业""战略创业""精益创业""金融创业""社会创业"等新兴的创业形式及针对性的管理体系做了系统的梳理并形成了相对完整的教学模式，成为本书的新亮点。

从事创业管理教育的老师们都清楚，在创业管理教学中，除了系统的理论与方法的传授之外，更为重要的往往是学生们创业精神的激发。在理论与方法体系之上，创业精神的培育至为重要。学习创业的学生并不一定要成功地创办一家企业，但是一定要具备打破常规，去做不被现有的条件和资源所束缚的事业，力排众议去做对社会有贡献、有意义的事的勇气和能力。这就是"创业精神"！这是在学生心中埋下一颗"不屈服"的创新创业种子。我常用一组词来形容"创业精神":DPRS,即梦想(dream)、激情(passion)、责任(responsibility)和积极乐观的心态(smile)。本书每一章都配置了案例,这些案例,不仅诠释了相关的理论和方法,更是激发学生创业激情与创业精神的使能器。

在浙江大学从事创业教育20多年来的实践,特别是与学生们的持续互动,让本人深受感动:一批又一批浙江大学ITP毕业生在挫折中一次又一次不屈不挠地持续创业,众多优秀学子在进入令人艳美的跨国公司工作多年以后,在已经成为公司高管、过上"财务自由"的日子之后,却仍旧会毅然选择放下高薪"铁饭碗",拉上合作伙伴走上创业的道路。就在不久前,一位ITP毕业生来告诉我:他已经在非洲创业三年了,立志在非洲建设起另一个淘宝、支付宝⋯⋯在ITP分享会上,一位ITP毕业生分享了他在印度创办电动汽车公司的经验⋯⋯这就是创业教育所埋下的种子!只要一个人的创业素养和知识储备在那里,无论去了什么行业,过了多久,怀揣着的创业精神都会像基因一样深深植入在身体里,引领你仰望星空,走上为社会做更大贡献的创业之路。

感谢以斯晓夫教授为首的教授团队为本书的再版修订所付出的努力,感谢各位来自不同大学、热心于创业教育的同仁的齐心协力,亦感谢出版社编辑们的认真把关和修润。此次三年后的再版亦如当下数字经济时代的高频术语所描述的,是又一次"迭代"。我们期盼着"迭代"中的升华,亦期待着同行、同事、同学们的更多批评和建议。

相信再版后的本书能更好地为从事创业教育的老师们提供结构科学又与时俱进的教学依据和指引;能为倾心于创业的学子们带来科学前沿的创业理论和知识,更重要的是那颗深埋心间的"敢为天下先"的创业种子。相信大家通过对"创业管理"课程的系统学习,可以修炼出自己"乘风飞扬"的翅膀,在这个万物互联、数字经济、智慧创业渗透社会各个角落的大时代,创造出更多引领社会未来发展、造福人类的健康事业。

吴晓波

2020年6月20日于浙江大学求是园

前　　言

　　无论是微软、思科、IBM(国际商业机器公司)还是谷歌、华为、阿里巴巴,无不是通过创业推动经济发展和社会进步的成功案例。中国改革开放 40 余年,在对外开放政策下,经济发展取得了巨大成功。然而,近 10 年来,经济发展的时空条件都发生了变化,如何保持中国经济的持续发展与社会的不断进步,毫无疑问,成功创业是实现这一重大战略目标的关键因素。正是在上述背景下,浙江大学创业管理教授团队与清华大学、中央财经大学等兄弟院校的创业管理教授共同努力,完成了本书的第二版修订工作。

　　第二版更新了第一版中每一章的具体内容,并加入了一些全新的章节,如第 6 章"创业融资与创业投资"、第 7 章"创业生态系统";并将"创业融资与创业投资"的内容放在了"新企业"内容之前,这样有利于读者更好地理解如何形成与发展新企业。此外,第二版重新撰写了"新企业"这一章,并将第一版中有关新企业的两章压缩为一章,这样使内容更加集中,更具有针对性。

　　本书各章撰写分工如下:

　　第 1、4 章,斯晓夫(浙江大学);

　　第 2 章,刘景江(浙江大学);

　　第 3 章,王玲(中国政法大学);

　　第 5 章,林嵩(中央财经大学);

　　第 6 章,斯晓夫、刘婉(浙江大学);

　　第 7 章,郑至甫(台湾政治大学);

　　第 8 章,斯晓夫(浙江大学)、林嵩(中央财经大学);

　　第 9 章,雷家骕(清华大学)、傅颖(南昌大学)、斯晓夫(浙江大学);

　　第 10 章,窦军生(浙江大学);

　　第 11 章,邬爱其(浙江大学);

　　第 12 章,周小虎(南京理工大学);

　　第 13 章,郑刚(浙江大学);

　　第 14 章,斯晓夫、王颂(浙江大学)。

　　其中,第 8 章案例由跨境天使(Angels Global)、硅航资本创始人詹朋朋撰写。另外，参与案例与文献评述的研究者有南昌大学傅颖，浙江大学刘婉、严雨姗，浙江大学紫牛公社创始人周杰，台湾政治大学庞颂全等。全书由浙江大学斯晓夫系统整理与统稿。

本书在撰写过程中得到了很多学者与企业家的帮助与支持。浙江大学社会科学学部主任吴晓波教授特地为本书写序。特别感谢台湾政治大学叶匡时教授对本书在案例方面的指导意见，这些意见对于读者进一步理解经济创业与社会创业，以及经济创业与社会创业之间的理论与实践的关系，具有重要的意义。很多创业学者包括美国明尼苏达大学扎拉教授，*Academy of Management Review* 原主编苏达比教授，美国管理学会（AOM）创业分会原主席爱璐兹与科博，美国乔治·华盛顿大学斯华龄教授，中国工程院院士刘人怀教授，浙江大学王重鸣教授、魏江教授、宝贡敏教授，台湾政治大学吴思华教授，台湾大学陈家声教授等为本书的撰写提供了不少建议。另外，美国纽约曼哈顿著名知识产权律师郑利华、同济大学魏峰教授、上海大学于晓宇教授、香港城市大学孙洪义教授等对本书各章内容、案例以及精读文献摘要和评述给予了很好的建议。

由于创业管理教育在我国的历史不长，我们的学识、理论水平，以及所掌握的紧跟时代发展的实践性成果都比较有限，加之时间仓促，书中难免有不尽如人意的地方，甚至错误，作为本书的主编，我真诚希望得到专家与读者继续的指正与帮助。最后，感谢浙江大学企业家学院对本书的资助。

斯晓夫
2020 年 6 月 18 日于浙江大学紫金港校区

目录 Contents

Contents

Contents

Contents

第1章 创业与创业过程

○─ 学习目标

> 了解创业的基本概念与创业者的成功要素
>
> 知道创业与创新是一个事物的两个方面，两者是密不可分的
>
> 了解创业具有不同的类型，不同类型的创业内涵与要求是不同的
>
> 了解整个创业过程以及创业过程中各个环节之间的关系

章节纲要

- 创业与创业者
- 创业与创新
- 创业类型
- 创业过程

开篇案例

红旗法案

"红旗法案"中的现象值得创业者深思。什么是"红旗法案"呢？19世纪，汽车在英国开始流行。1865年英国议会通过了一部《机动车法案》，其中规定：每一辆在道路上行驶的机动车，必须由3个人驾驶，其中1个人必须在车前面50米以外做引导，还要用红旗不断摇动为机动车开道，并且速度不能超过每小时4英里（6.4千米）。后被人嘲笑为"红旗法案"。这部法案直接导致一个结果——让汽车等于马车，也扼杀了英国在当年成为汽车大国的机会，随后，汽车工业在美国迅速崛起。1895年，整整耽搁30年后，"红旗法案"被废除。

这部奇葩法律的出台，完全是当时作为既得利益阶层的马车制造商和运营商的杰作。这样的事情，在历史上绝不是特例。在美国，也有类似的事件发生。150年前，在美国流传出一篇奇文，这篇文章的标题叫"蜡烛制造工匠的请愿书"，代表蜡烛、灯芯、灯笼、烛台、灯台、灯罩、动物油、树脂、酒精生产商向政府和民众呼吁，重开1845年和1851年大英帝国已废除的窗户税和玻璃税，禁止太阳入屋，以保证他们所在的照明行业的利益。在石油大规模开采之前，这些产业曾主宰着城市的照明。当然，他们的主要竞争对手不是太阳，而是当时初露头角并被

公众越来越认可的煤油灯。除了请愿和制造舆论外，他们还不断地把因使用煤油灯不当而造成的火灾与损失变本加厉地夸张成缺陷和灾难，以阻止它的流行。历史曾无数次地将这类开历史倒车的人变成一个又一个笑话。比如：与汽车和火车比赛的马车夫；与蒸汽机比赛工作效能的纺织工；以及前文所提到的与阳光和煤油灯较劲的蜡烛商。而这次胜出的煤油灯，在其后出现的电灯来临时，也干了几乎相同的事情。而之后，电灯的发明者爱迪生，也犯了几乎相同的毛病，为了捍卫他一手建设起来的直流电照明体系，他不遗余力打压和诋毁交流电体系的发明者特斯拉及其技术，为了增加可怕效果，他甚至发明了电刑椅，还当众用交流电电死一只大象。但这并没有改变交流电成为人类主流的用电方式。

以上的例子说明，如果时代之船在快速前行，而你还在一个地方固守和坚持，这可视为与时代发展趋势背道而驰。创业者如果是这样的思维模式，则很难在快速替代中发展。就算是曾经统领人类摄影技术潮流的柯达公司，在数码影像的大潮面前，顽固地坚守胶卷冲洗这一传统的既得利益，甚至雪藏了他们率先发明的数码摄影和冲洗技术，最终导致公司的失败。今天的世界，创业创新已经作为一种趋势，创业者个人与创业企业很难改变这样的大势。

案例来源：根据 http://www.360doc.com/content/18/1121/11/5485778_796264779.shtml 改编。

1.1 创业与创业者

创业（entrepreneurship），是一种存在已久的社会现象，它的解释与定义也是随着时代的发展而发展的。目前人们定义创业是创业者通过发现和识别商业机会，在资源缺乏的情况下组织各种资源，提供产品和服务，以创造价值的过程。创业要求创业者贡献出时间、付出努力，承担相应的财务的、精神的和社会的风险，并获得金钱的回报、个人的满足和独立自主。创业涉及科技创业、社会创业以及创新和创业的组织化整合管理等问题。创业是国际上管理科学研究的前沿领域。创业学科是一项涉及多部门、多学科的系统工程。现代创新理论的提出者约瑟夫·熊彼特在 1934 年曾说：创业，首先要有一个梦想和创建个人王国甚至王朝的意愿，尽管这不一定是必需的；其次，要有一种征服的欲望，即战斗的冲动，为了证明自己比其他人强大，为了寻求成功，不在意成功带来的结果，而在乎成功的过程；最后，要能在创新、胜任某项工作或是运用自己能力和智慧的过程中体会到愉悦感，这些人寻找困难，为了改变而改变，在创业中自得其乐。从上述角度讲，经济上的活动和体育运动之间有了某种类似性。经济上的最终收益只是次要的问题，或者说其价值主要在于是成功的标志和胜利的象征，这些展示更重要的作用通常在于激发创业者投入更多的精力，而不只是致力于产品本身。Gartner（1985）提出了个人、组织、创立过程和环境的创业管理模式；提出了由人、机会、环境、风险和报酬等要素构成的创业管理概念框架,以及由机会、创业团队和资源组成的创业管理理论模型。我国南开大学张玉利教授领导的创业研究团队界定创业是在特定环境下,创业者与机会互动基础上的新企业生成与演化,是创业者谋求合法性、提升能力并创造价值的行为过程。创业过程是一个不断地新陈代谢的过程,当一批批企业倒闭,一批批新的企业又产生了,当一批批的员工被解雇,一批批的职位与新的工作机会又被创造出来了。社会正是在这种不断地新陈代谢的过程中越来越进步。过去几十年,美国经济的发展虽然有很多要素在其中起作用,如重视中小企业、数字化技术(差异化战略、精益生产的关键——数字神经系统)、智库的研究和一流商学院的建设等,但最根本的驱动力是遍地开花的创业,尤其是创新性创业。从美国等国的经验来看,一个国家创业的不断成功,是推动一国经济可持续发展的保证。因此,我国发出的"大众创业、万众创新"号召,是用长周期的方案来解决经济发展问题。

创业中的创业者,是指从事创业活动的人。创业者与企业家以及与一般人一个很不同的地方是他们的创业心态(entrepreneurial mindset)或创业思维(entrepreneurial thinking)。世间的善与恶、对与错,有时错综复杂,难以分辨,所以,创业思维常常不用既定的价值观来思考事物,轻易做判断。不用今天的现状去判断任何人的未来,包括自己。这种思维与一个人学历的高低并没有线性关系。举个小例子:教授与农民在火车上相对而坐,闲聊之际,教授说:我出一道题,你若不知,给我 5 元;你出一道题,我若不知,给你500 元如何? 农民同意。教授问:"月亮距离地球多远?"农民一言不发递给教授 5 元,农民问:"上山三条腿,下山四条腿,是什么动物?"教授苦思无解,无奈给农民 500 元,农民接过钱准备睡觉,教授追问:"上山三条腿,下山四条腿,究竟是什么动物?"农民一言不发递给教授 5 元钱,然后睡觉了。从另一个角度看,这也是创意思维的一种体现。近年来,创业实践证明,创业者的思维(mindset)与成功创业具有高度的相关性。从 100 多年的创业实践来看,很多人都可以成为不同层次或类型的创业者。但要成为成功的,尤其是伟大的创业者的确是少数人的事,而创意思维又是成功创业者一个共同的关键要素。

另外,长期以来,人们研究创业者的一个重要争论性的问题是成功创业者是否由创业者的禀赋条件决定的? 这种研究在学术界一度也很盛行,因此很多人研究创业者的禀赋(如同领导人禀赋的研究)。禀赋条件应该是成功创业者的一个重要因素,但不应该是成功创业者的唯一因素。创业过程中,特别需要避免对于创业的诸多误解。本章作者在2011 年做过一些调查研究,根据与 100 名我国创业者的谈话中总结出人们对于创业的误解,主要表现在以下方面:

(1) 创业一定要跟风,风来了猪都可以飞起来;

(2) 创业就是为了赚钱;

(3) 创业就是赌一把;

(4) 把创业和经商相等同;

(5) 把创业环境等同于投资环境;

(6) 创业是一个人的事,一个人做决定即可;

(7) 创业与创业教育没有关系;

（8）创业是政府工作的主要部分；

（9）创业没有理论，也不需要理论研究；

（10）创业者是天生的；

（11）把创业等同于中小生意或中小型企业。

上述这些对于创业的误解会阻碍创业的成功。在美国，有1500所大学开设创业课程，这些课程让创业者与潜在创业者知道，创业一定要懂得风险控制、推算出风险与回报的比例，在现实中，真正优秀的创业者都是最懂得如何管理风险的人。再如，对于"创业是政府工作的主要部分"的误解，事实上，很多创业者创业的地方，正是被政府遗忘的角落，最著名的是诺贝尔和平奖得主穆罕默德·尤努斯教授的例子。1976年，尤努斯教授在孟加拉国正式创办了向当地村民进行小额贷款业务的新企业——格莱珉银行。经过40年的实践，尤努斯教授创办这项新事业时的初衷大多得以实现，并取得了理想的回报，银行的借款人收入增加，银行服务的农村贫困率下降。同时，格莱珉银行还影响、带动了其他发展中国家，涌现出了成百上千家类似的新型银行，它们通过提供教育和扶持贫困者，鼓励他们开办自己的企业，帮助数百万贫困者通过个人努力摆脱了贫困。2006年，尤努斯教授及其创办的格莱珉银行获得了诺贝尔奖。诺贝尔奖评审委员会评价尤努斯教授的突出贡献是"从基层推动了经济和社会的发展"，认为他是一位"能够有效地将愿景转化为现实行动，从而让全世界范围内数百万民众获得利益的领导者"，尤其高度评价了格莱珉银行的小额贷款概念，将其视为一股"重要的社会力量，突破了社会和经济条件的束缚"。尤努斯教授留给人们的不仅仅是慈善意义的财富，他还创造了一笔宝贵的精神财富。社会创业的新领域一直把格莱珉银行视为一种基本模式：识别能够创造社会价值的机会，进而通过机会开发实现社会价值的创造。尤努斯教授的创业活动说明创业并非只是政府的工作。"只有政府才能够主导创业"，这是一个误解，事实上，一个国家创业的成功往往取决于自主创业者。其实尤努斯教授创业活动的目的与我国改革开放的目的是一致的。我国改革开放的目的究竟是什么？引用《史记》中的话，那就是"治国之道，富民为始"。"富民"是指提高人民的生活水平，达到共同富裕的目的。创业的根本目的也是让我国人民走上一条共同富裕的道路。因此，我国的创业者可以做一些政府难以做到的事，通过创业与社会创业来改变贫穷地区的创业环境，通过创业环境的改善，增加创业企业数量，提高普通人的生活水平。唯有创业可以推进经济增长。创业将资源从低效率之中转到高效率之中，用新的资源组合完成资源配置。在相同的资源条件下获得更多的资源价值，其本身就是在为经济增长创造条件。经济增长理论表明，增长是一个资本化的过程，创业就是将个人积累转化为资本的最直接活动。我国改革开放以来，非国有企业从无到有，由小到大，无不是通过创业完成资本化活动，它们或者是个体创业，或者是集体创业，或者是企业内创业，以此来获得市场的活动和资本积累的动力。

1.2　创业与创新

作为一种国家战略,如何实施创新驱动来推动我国的发展,把我国建设成为一个创新型国家?无论是转变经济结构,还是经济发展转型以及实施新的管理模式,无论是在理论还是实践方面,创业与创新都是相互联系的,两者很难截然分开。创新性创业是实现这一目标不可缺少的步骤,也是创业的重要意义之一。什么是创新?人们对于创新概念的理解最早主要是从技术与经济相结合的角度,探讨技术创新在经济发展过程中的作用,主要代表人物是现代创新理论的提出者约瑟夫·熊彼特,其在 1912 年出版的《经济发展理论》一书中第一次提出技术创新理论。他将技术创新定义为"生产要素的重新组合",其形式有:引入一种新的产品或提供一种新产品的新质量;采用一种新的生产方法;开辟一个新的市场,获得一种原料或半成品的新的供给来源;采取一种新的企业组织方式。"创新"一词,最早见于《魏书》:"革弊创新者,先皇之志也。"这主要是指制度方面的改革、变革、革新和改造,并不包括科学技术的创新。从企业管理的角度来说,创新就是一种新的思想的产生到首次商业化的过程。创新就是美好的梦想加上有效的实施,并导致价值创造。通用电气(GE)2011 年发布《GE 全球创新趋势调查报告》,对来自 12 个国家的 1000 位企业高管进行调查,结果显示,所有受访者都是公司创新项目的直接参与者,其中有 30% 担任CEO、CIO、CTO 等级别的职务。有 77% 的高管认为,21 世纪最伟大的创新将是那些能够最大限度地解决人类基本需求的发明创造,而非创造最高利润的项目。有 95% 的高管认为,创新是决定国家经济竞争力的主要因素;有 88% 的高管则认为,创新是为一个国家提供就业机会的最佳途径。创新主要通过健康质量、环境质量、能源安全和教育机会等四个方面改善人类的生活。管理改变世界,创新强国,创业强国并且富民。我国的内外环境导致了大量的创业机会,民间丰富的创意导致了大量的创新活动,创新活动又导致了大量的创业实践,并带动就业与社会发展。从全球过去 100 多年的创业实践,尤其是从近 15 年的创业变化过程来看,创业是一项充满挑战又非常复杂的系统工程。创业要取得成功需要具备三项条件:不断与时俱进的创业理论体系的建设;有能力和立志于实践创业理论并不断总结、提高创业理论的创业者队伍;一个好的人人遵守的创业规章制度,一个良好的创业环境,以及一个能够产生正能量的创业文化。目前无论是国家的结构调整与发展战略,还是技术层面的大数据、云计算、智能化等迅猛发展的高新技术,都为我国的创业者提供了前所未有的创业机会。创业已经成为一种趋势,我国这几年在电子商务、电子金融等方面取得的创业成就举世瞩目。而且这种通过创业创新推动国家经济与社会发展的趋势将会持续相当长的时间,正如英国前首相丘吉尔所说的:"This is not the end. It is not even the beginning of the end. But it is, perhaps, the end of the beginning."(这不是结束。这甚至不是结束的开始。但这可能是开始的结束。)应该说,我国的创业正在从一般创业向创新性创业过渡与发展,更大的创新性创业的浪潮会一波接一波地不断涌现。

1.3 创业类型

2001年，全球创业观察（GEM）报告的撰写者雷诺兹等最先提出了机会型创业和生存型创业的概念，并逐年对机会型创业和生存型创业的概念进行丰富。但是，我国创业学者斯晓夫（2011）认为，生存型创业也是以机会为基础的，只是机会型创业的机会特征更加显著，从创业的本质来说，创业就是基于机会的经济活动，看不到任何机会的创业是一种盲目创业，很难取得成功。机会是成功创业的核心，它贯穿于各类创业与创业过程中。创业的类型可以划分为：生存型创业与创新型创业、创业与企业内部创业、经济创业与社会创业等。当然，关于创业类型也有其他的划分方法，比如按动力划分为生存型创业和机会型创业，按创业者地位划分为白手起家型创业和内部创业，按性质划分为营利性组织创业、社会性企业（组织）创业和非营利性机构创业，等等。

1.3.1 生存型创业与创新型创业

（1）生存型创业

生存型创业是创业者为了生存，没有其他选择而无奈进行的创业，它显示出了创业者的被动性。生存型创业的特征主要体现在以下方面：

①生存型创业面对的是现有的市场，最常见的是在现有市场中捕捉机会，表现出创业市场的现实性。

②生存型创业从事的是技术壁垒低、不需要很高技能的行业。

③生存型创业受生活所迫，物质资源贫乏，从事低成本、低门槛、低风险、低利润的创业，往往没有能力用工。

在我国所有创业活动中，生存型创业占据大多数。这一类创业起点较低，创业者大部分文化水平不高，创业项目也主要集中在餐饮副食、百货等微利行业，创业目的大多仅仅是为了养家糊口、补贴家用。但是，社会效应明显，它不仅能解决自身的就业问题，经营状况较好的还能聘请员工，带动他人就业。

（2）创新型创业

创新型创业是指创业者建立新的市场和顾客群，突破传统的经营理念，通过自身的创造性活动引导新市场的开发和形成，通过培育市场来营造商机，不断满足顾客的现有需求以及开发其潜在需求，逐步建立起顾客的忠诚度和对企业的依赖，为经济社会的全面进步提供巨大的原动力的一类创业模式。创新型创业分为以下两种类型：

①技术驱动型创业。技术驱动型创业是指创业者以自己拥有的专业特长或已有技术成果为核心竞争力来进行的创业活动。创业者具备某一专业（技术）特长，或研制成功一项新产品、新工艺，同时发现潜在市场或利润空间，将拥有的专长或技术发明发展成新创企业，并成功推向市场。也可以说，技术驱动型创业是创造市场价值的机会型创业，但难点在于组织创新，风险投资对其的支持非常重要。

②创意驱动型创业。创意驱动型创业是指创业者根据全新的运营理念或创新构想，探

索新的经营模式的创业活动。此类创业模式是所有创业模式中难度最大的一类，但是一旦成功将拥有先发者优势。如果在创业过程中相关互补性资源迅速跟进，可以成为新辟市场的领导者，拥有标准和价格制定权。此类创业需要创业者具有敏锐的市场眼光、独特的个性特征和旺盛的创业欲望，善于洞察商业机会并敢于冒险，是一种开创性价值创造型创业。

从历史上看，一个国家的人均 GDP 从几百美元上升到四五千美元，政策的成功可以起决定性的作用；但人均 GDP 从 5000 美元达到 10000 美元或 15000 美元以上的阶段，世界上大多数发达国家都是经由创业推动创新，通过创新型创业的成功来实现的。如美国创业的创新带来了大数据技术、云技术、智库的建设等，而这些技术又推动了美国的创业。就技术创新而言，有人认为现在是一个相对的空窗期。但也有一种观点认为，如果说创业是创新的实践，只要创业风起云涌，一定会在一定程度上推动创新发展，因为很多创新是通过创新型创业发现或构建出来的。中国目前处在转型期，它比任何时候都更需要大批的创新型创业。我们能否建设成为一个创新型国家，在相当程度上要看创新型创业是否在未来几年风起云涌。如果中国的创业与高科技、先进制造业没有关联，创业不能推动高科技与先进制造业的发展，那么，纵有再多的生存型创业，对中国的发展与进步也意义有限。

1.3.2　创业与企业内部创业

创业是创业者通过发现和识别商业机会，在资源缺乏的情况下组织各种资源，提供产品和服务，以创造价值的过程。创业者一般在外部环境中创业，这里的外部环境包括政治环境、经济环境、行业环境和社会文化环境。但组织/公司本身也可以进行创业。企业内部创业，包括公司创业，它是一种借势发挥的创业。这种创业一般是由一些有创业意向的企业员工发起，在企业的支持下承担企业内部某些业务内容或工作项目，进行创业并与企业分享成果的创业模式。这种激励方式不仅可以满足员工的创业欲望，同时也能激发企业内部活力，改善内部分配机制，是一种员工和企业双赢的管理制度。例如，2000 年，华为集团为了解决机构庞大和老员工问题鼓励内部创业，将华为非核心业务与服务业务，如生产、公交、餐饮业以内部创业方式社会化，先后成立了广州市鼎兴通讯技术有限公司、深圳市华创通公司等。这些内创公司依托华为强大的经济实力与市场占有率为其产品提供相关技术服务，同时也成就了企业内部优秀员工的创业梦。

1.3.3　经济创业与社会创业

经济创业是创业者通过创造与把握机会，创立自己的事业，提供产品和服务，以创造经济价值的过程。有关这方面的论述很多。关于社会创业，从理论上来说，它是一种通过创业为社会增加价值的过程。社会创业由一个"群构念"（cluster concept）组成，如社会价值创造、社会创业者、市场导向、社会创新等，这个观点最早的提出者是莫德等（Mort et al. ，2003）。他们认为社会创业是一个多维构念，包括提供创业的善意来实现社会愿景、实现社会价值创造机会的能力，以及创新、先动性和风险承担的决策特性。社会创业涉及很多内容与变量，但其核心内容与变量是创新与减少贫穷、环境保护与优化，以及可持续发展这三个维度。社会创业就是要通过创业的途径来推动以上三个方面的发展，为我们的社会进步增加价值与传递正能量。现在创业的时空已经发生巨大变化，创业的根本目的是通过创业既要发展经济，又要使我们的社会变得更美好。如何实现这一目标？经济创业与社会创业的同步发展，这是一个国家成功创业的标志。

1.4　创业过程

　　狭义的创业过程往往只是指新企业的创建。虽然新企业的创建确实是创业的一般过程中最为核心的一个部分，但在大多数研究中，创业过程常指广义上的含义。广义的创业过程（entrepreneurship creation process）通常包括创业与创业者，创业团队与领导力，创业中的法律问题与知识产权，创意与创业机会，商业模式与商业计划书，新企业的形成、成长与管理等环节。创业过程中的每一个步骤都拥有一些关键要素，它们是每一个创业过程成功实施的关键与推进力量，抓住了这些要素，才可以把握住创业过程的关键点，有利于全局性地理解创业过程的发展特征，有效推进创业过程。创业过程及其主要步骤如图 1-1 所示。

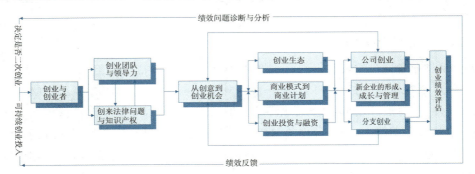

图 1-1　创业过程模式

　　从图 1-1 中我们可以看到，创业过程是一个由很多环节组合起来的模式，理解创业过程模式中的每一个环节对于正确理解创业具有重要作用。

1.4.1　创业与创业者

　　创业，在英文里，其含义就是创业者追逐获利的机会（lucrative opportunities）。很多教科书中关于创业有大段大段的文字描述，其实，简单地说，创业就是有一个想法，看到了机会去做一件有价值的事，不去做，机会就没有了。创业管理是一门年轻的学科。20 世纪 80 年代以来，创业研究与创业教育掀起热潮，哈佛商学院、沃顿商学院等世界著名院校纷纷开设了创业系列课程。据全球创业观察项目调查，目前美国超过 1500 所四年制大学和学院提供了创业课程，而且数量仍在持续增加。《美国创业教育大事记：1876—1999 年》这份创业教育年谱比较具体地描述了美国 123 年间的创业活动。2000 年以后，网络泡沫破灭，但客观世界中发生的事件为理论研究提供了大量的研究素材。理论研究论文大量出现，创业在 2000 年前后也在管理领域中成了一门独立的学科。创业与创业管理不同于中小企业与中小企业管理，它们的主要差异表现在创业具有高风险、高利润和创新性三大特点，而中小企业并不一定具有这些特点。创业过程中的创业者则是从事创业活动的人（见 1.1 中关于创业者的阐述）。

1.4.2　创业团队与领导力

创业团队与领导力是另一个创业过程中与人相关的问题。群体与团队是不同的，它们的根本差异在于团队中成员的作用是互补的，而群体中成员的作用是互换的。团队注重团队精神与目标，评价一个创业团队的标准有很多，我国创业学者斯晓夫（2016）提出创业团队的组织与心齐幅度原理，即一个创业领导人，他或她的创业团队人数不宜超过 18人，创业团队人数过多，会产生创业团队领导人与团队成员的有效匹配问题。评价一个创业团队的关键是这个创业团队成员之间的心齐程度。斯晓夫认为每一个人都有优缺点，而创业团队成员之间的心齐程度与团队个人的优点呈现度是正相关的，而与团队个人的缺点呈现度是负相关的。也就是说，当一个创业团队成员之间高度心齐的时候，团队个人的很多优点会发挥到最大；当一个创业团队成员之间心不齐、钩心斗角的时候，团队个人的很多平时不怎么出现的缺点都会出现，严重破坏任何形式的创业团队。因此，如何带领一个创业团队，如何不断完善一个创业团队，道理有很多，但最重要的一条就是抓"心齐"。领导力自然是指一种能力。创业中，创业型领导是指创建一个愿景，以此召集和动员下属，并激发下属承诺于发现和实现具有战略价值创造的创业机会的一种领导行为和过程。而创业的领导力正是实现这个过程的能力。

1.4.3　创业中的法律与知识产权

创业环境具有不确定性和多变性。因此，法律、法令、条例和规定等对创业与创业者特别重要。创业者不仅要注重技术才能或管理才能的提升，还应该有法律风险意识，以法律为准则，规范创业活动；同时又能以法律为武器，保护创业企业与个人的相关权益。从初创新企业开始，创业者就一定会面临与法律法规相关的各种问题，比如，建立新企业的法律过程、经营合同的法律风险、技术来源的合法性、专利技术的保护与运营、商业秘密的合法获取与自我保护等。本书第 3 章除了阐述上述创业过程中一般的法律问题外，侧重阐述了知识产权的法律问题，以及与专利、商标和商业秘密相关的法律法规，帮助企业防范可能出现的知识产权法律风险。知识产权是一种基于创新成果的法定权利，新创企业涉及的知识产权类型众多，而知识产权是新创企业获得独特竞争优势、以小博大的重要资源。总之，理解创业过程中的法律问题，有助于避免因疏忽带来的法律风险，为新企业的成长提供法律支撑与实践借鉴。从近几年创业研究与教学的发展来看，创业中的法律与知识产权都是创业管理教材中新增加的内容，可见它的重要性。

1.4.4　创意与创业机会

创意与创业机会是创业过程模式中的又一个重要环节。如本章与本书第 4 章所阐述的，创意是创业机会的重要来源之一，创业机会则是创业的核心。没有创业机会或看不到创业机会，创业活动就没有核心内容，也就很难确定创业绩效。同时，没有创业机会或抓不准创业机会去创业，这也是造成盲目创业与创业失败的根本原因。有关创业机会，以及创意与创业机会的具体内容，请阅读本书第 4 章。

1.4.5　商业模式与商业计划书

创业过程模式中的商业模式是目前创业管理的热点，从好的想法发展到创业机会，再形成好的创业团队，若还是没有办法成功创业，其中一个重要原因是没有建立起驱动健康成长的，能够为客户、企业创造价值，在两者间传递价值的商业模式。随着互联网的出现和快速发展，一些研究者认为商业模式是一定业务领域中的顾客核心价值主张和价值网络配置，通过企业的内部和外部活动在特定的产品—市场上创造价值的方式。还有很多学者从价值传递的角度界定了商业模式。例如，Teece(2010)认为商业模式是企业为客户提供价值，并将客户支付的价值转换为利润的方式。Chesbrough(2007、2010)则认为商业模式在企业发展过程中扮演着两个重要功能：价值创造与价值获取。依据这一定义，他对商业模式的功能进行了进一步的描述，认为商业模式的作用主要有：①阐明价值主张；②识别细分市场；③定义公司所需，并以此来创建产品或服务的价值链结构；④为公司明确收入发生机制；⑤描述该公司在价值网络内的位置，将供应商和客户联系起来，识别潜在的互补者和竞争对手；⑥制定创新企业的竞争战略以获得并保持相对于对手的优势等。其实简单来说，商业模式就是赚钱的方式。赚钱的方式有很多种，商业模式也有很多种，但仔细想想，可以推敲出商业模式的逻辑是：价值发现—价值匹配—价值获取。商业计划书与商业模式是紧密联系在一起的，创业需要有一个商业计划书，商业模式则是商业计划书中的主要内容。有的研究者认为，创业机会是商业模式的起点，而商业计划书则是商业模式的终点。从这个意义上看，商业计划书实际上是纸面上的商业模式。因此，商业模式的相关构成和特征，也通常要反映在商业计划书中。本书的第 5 章专门论述商业模式与商业计划书的概念、特征、价值与意义。

1.4.6　新企业的形成、成长与管理

这是创业过程模式中的又一个重要环节。当创业者有了创意，找到了创业机会，又形成了创业团队，有了切合实际的商业模式与商业计划书，并取得了资源，那么如何建立初创企业就提到议事日程上来了。任何一个企业从提出构想到企业创立、发展、成熟，存在一个成长的生命周期，这个生命周期一般可以分为种子期、创建期、发展期和成熟期。而种子期、创建期和发展期的表现又对一个企业的后续发展有着至关重要的影响。新企业在融资方面主要有三种形式：天使投资人(angle)、风险投资(venture capital，VC)和私募股权(private equity，PE)。三者往往通过被投资创业公司的不同阶段而划分，天使投资人在种子期，风险投资在创建期或者发展期，而私募股权则在成熟期。除了时间的先后顺序外，三者的区别还在于投资的金额、来源和风险程度上有差异。有关新企业这一创业过程环节，目前有比较多的热点问题，比如创业失败、连续创业、平台创业与联盟创业，以及新企业从 0 到 1 的问题等。本书第 8 章重点阐述与讨论了新创企业的相关问题。

1.4.7　公司内部创业与其他分支创业

公司内部创业与其他分支创业这两个环节是建立在创意与创业机会基础之上的。创

业机会的发现、构建，以及"发现＋构建"，使创业者通过努力建立新的创业企业/项目。同时，这些创业机会也为公司内部创业以及其他分支创业提供了动力。实践中，诸多企业成功地开展了公司内部创业，如 3M、施乐、宏碁等知名的大公司。这些公司看到了创业机会，通过建立内部市场和规模相对较小的自治或半自治的经营部门，以独特的方式利用企业资源生产产品、提供服务或技术。在我国，不少企业也看到了内部的创业机会，逐渐意识到了公司内部创业的可行性与重要性，华为、用友的内部创业就是典型代表。公司内部创业是通过公司内部的某些个体或群体，面对新的商机，利用公司提供的条件和其他支持，为公司创建新的业务机构，进而推动组织内部战略更新的过程，其目的是提高公司的绩效。同样，创业机会也可以为很多分支创业提供直接的创业动力，比如作为分支创业之一的国际创业，只要创业者看到了国际创业的机会，这些机会就会直接导致创业者从事有关的分支创业。这些分支创业与商业模式和商业计划书，以及新企业的理论与实践又是高度相关的。本书第 9～14 章着重阐述与讨论公司内部创业与其他分支创业问题。

1.4.8　创业目标与评价系统

创业过程中的创业目标是什么？一般来说，创业目标包括两个方面：一是看创业过程是否实现了创业机会的把握。对于一个创业者或初创企业来说，发现与构建机会是必需的，但当创业机会被发现与构建出来后，并非所有创业者或初创企业都能够把握这些创业机会。二是看是否实现了预期的绩效。根据本章的创业过程模式中的创业绩效评估环节，如果实现了创业目标，那么通过绩效反馈，创业者或初创企业可以继续创业，甚至加大创业规模与投入。相反，如果创业绩效评估结果表明创业目标没有实现，那么创业者或初创企业需要进行绩效问题诊断与分析，然后决定是否继续创业。

1.4.9　理解创业过程的目的

通过对创业过程的学习，可以正确理解创业与创业者的内涵，正确理解创业的核心，把握避免盲目创业的关键因素，理解创业机会既可以导致新企业的形成与成长，也可以导致公司内部创业与其他分支创业。通过对创业过程的学习，可以理解商业模式与商业计划书对于成功创业的意义，理解如何建立一个新企业，如何使一个新企业生存与发展。通过对创业过程的学习，可以知道创业绩效是否达成、创业目标是否实现，从而决定是否继续创业。

📝 本章小结

创业是创业者通过发现和识别商业机会，在资源缺乏的情况下组织各种资源，提供产品和服务，以创造价值的过程。创业要求创业者贡献时间、付出努力，承担相应的财务的、精神的和社会的风险，并获得金钱的回报、个人的满足和独立自主。创业涉及科技创业、社会创业以及创新和创业的组织化整合管理等问题。我国的内外环境蕴含了大量的创业机会，民间丰富的创意导致了大量的创新活动，创新活动又导致了大量的创业实践，并带动就业与社会发展；创业的类型可以划分为：生存型创业与创新型创业、创业与企业内部创业、经济创业与社会创业等。本章的第四节阐述了创业过程模式，对全书的后续章节以及章节之间的相互衔接做了概要性的说明。

❓ 本章思考题

1. 为什么要创业？如何理解创业者的思维？

2. 创业的核心是什么？为什么说没有创业机会，或没有看到创业机会，就不要马上创业？

3. 为什么说创业机会是新企业产生的动力？为什么说创业机会是公司内部创业与分支创业的动力？

4. 举例说明商业模式与商业计划书的差别，设计商业模式与撰写商业计划书的关键因素是什么？

5. 建立一个新企业需要考虑哪些方面的因素？如何促使一个新企业生成与发展？

6. 创业目标是什么？举例说明在什么样的情况下应该继续创业？在什么样的情况下应该中断创业？

案例分析

段永平的创业路

段永平是我国早期的成功创业者，但这些年来人们对于段永平的关注并不多。段永平1988年走出校门开始走上创业之路，他通过观察与思考，清晰地看到了潜在的市场，推出了著名的小霸王学习机。段永平在把步步高带入一个巅峰之后，又与他的部下注册了如今大名鼎鼎的OPPO和VIVO两家公司。如今，OPPO和VIVO已经是手机行业不可忽视的重量级品牌。然而，与不少中国企业家不同，他在巅峰的时候急流勇退去了美国，在美国他学习了巴菲特的投资理念，并且通过投资网易成为很多中国人心中创业投资的榜样（role model）。后来他又坚持在二级市场做投资，同样成绩斐然。段永平可以说是一个从价值发现到价值创造的创业者。

青年时代与创业初期

段永平1961年出生于江西南昌，16岁就考入浙江大学无线电系，毕业的时候被分配到北京电子管厂。北京电子管厂当时是非常大的一个企业，总投资1亿元，员工有1万人，是20世纪80年代亚洲最大的电子管厂。大家可能都听说过北京798艺术区，798实际上就是在北京电子管厂的旧址上改建的。段永平拿到这个"铁饭碗"之后，很长时间都可以衣食无忧了。不过没多久他就放弃了这个机会，因为当时半导体集成电路技术正迅速取代电子管技术，段永平不愿在这个看不见前景的行业里做一颗默默无闻的螺丝钉。思来想去，段永平选择继续进修。他考取了中国人民大学计量经济学专业，在1988年拿到了硕士学位。总的来说，他也是个学霸级的人物。

段永平 1988 年走出校门的时候,正好是改革开放春风萌动的时期,这让段永平意识到,只有站在潮头最前沿的人才能有所作为。1989 年 3 月,段永平来到了广东省中山市怡华集团下属的一家小厂做厂长。这家小厂每年都亏损 200 万元。面对这个烂摊子,28 岁的段永平决定带领整个小厂彻底转型。这个时候正是任天堂的 FC 游戏机的巅峰时期。"超级马里奥"和"魂斗罗"这样的游戏让 FC 红白机红遍全球,而 20 世纪 80 年代末,任天堂的 FC 游戏机以"水货"的形式进入中国,随即就开始风靡各大城市。在那个知识产权意识薄弱的年代,火热的产品就意味着大量的山寨产品产生,一时间有几百家工厂都开始做游戏机,而段永平也准备投身这个行业。不过段永平做事有个特点,用他自己的话来说,叫"敢为天下后"。

小霸王创业阶段

很多人知道段永平的创业阶段是从"小霸王"产品开始的。当时"小霸王"的商标,是两个连在一起的拳击手套。一个代表质量,一个代表售后服务。仅仅三年之后,段永平将这家曾经每年亏损 200 万元的小厂的产值变成了盈利 1 亿元。"小霸王"的真正腾飞是从 1993 年开始的。那个时候段永平发现游戏机的热潮已经逐渐过去,而电脑这个东西横空出世了,然而那个时候的电脑价格过高,几乎没有什么家庭能买得起。看到这个商机,段永平花 20 万元购买了王永民教授的汉字输入法——"五笔字型",然后和他的技术人员一起,给小霸王游戏机增加了一个计算机键盘和一个电脑学习卡,最后通过电视机做显示屏,组成了一套电脑学习系统。这种叫作"学习机"的中国特色新产品横空出世了。当时一台电脑的价格要上万元,而一台学习机只要两三百元,这一下点燃了大众的需求。另外,"小霸王学习机"还有一个非常天才的地方,就是这个名字起得太好了。想象一下,如果小时候的你,管家里要钱买个游戏机,好像就有点不好意思,但如果你和爸妈说要买个学习机,一下就名正言顺了……虽然买回来可能还是一样打游戏。除了起名字之外,段永平也显示出了自己天才的营销能力。和我们熟知的健力宝等品牌一样,那个时候的中国,能做出好广告就是成功的一半。比如那首小霸王电视广告的《拍手歌》,里面那句"你拍一我拍一,小霸王出了学习机",一时间在中国到处传唱,成为广告词中的经典。后来,段永平还请来影视明星成龙拍了一则电视广告,广告词是"同是天下父母心,望子成龙小霸王",也成了经典的营销案例。就这样,小霸王学习机火遍大江南北,成为很多城市家庭的标配。在 1994 年的一次问卷调查里显示,中国人最熟悉的电脑品牌既不是联想也不是IBM,而是小霸王。就这样,"小霸王"开始了自己的腾飞之路:1992 年,"小霸王"用 200 万元的广告费,实现了 1 亿元的产值,纯利润超过 800 万元;1993 年产值达到 2 亿元,1994 年产值 4 个亿,1995 年产值达到了 8 个亿……经济效益最好的几年里,"小霸王"年底分红都是用报纸包现金,为此用掉了成摞的报纸。来应聘的人也络绎不绝,工厂从百十人的规模,迅速扩张至 3000 多人。而对于段永平来说,他也完完全全地挣到了自己的第一桶金。因为按照集团当初和"小霸王"事先协定的分配方案,段永平及下属的工资与奖金被设定为"小霸王"纯利润的 20%。通过这个利润分配方案,段永平早就成了一名富豪。与"小霸王"告别如同我们之前无数次看到的,事情总是盛极而衰。

步步高创业阶段

1995 年，段永平想走了。究其原因，其实还是我们再熟悉不过的股权问题。当时段永平几次提出的股份制改造方案都被否决了，最后，段永平正式提出辞职，"小霸王"也迎来了新的总经理。但事实证明，段永平只有一个。在 1995 年剩下的几个月里，"小霸王"带着高速发展的惯性继续前进，年度产值达到了前所未有的 8 个亿。然而到了 1996 年，缺少了段永平这个掌舵人的"小霸王"，业绩快速下滑，而集团也开始频繁地更换"小霸王"的总经理，却一直没有改变品牌衰落的宿命。而段永平则开启了全新的篇章，成立步步高公司。1995 年 9 月 18 日，步步高电子有限公司宣告成立，并做了三件事。

一、改造公司股权制度

段永平曾经深受股权分配的困扰，所以很明白激励措施的重要性。步步高在创业之初就实行股份制度，中层管理人员可以入股，代理商也能加入。甚至，连基层员工，如果想入股的话，也可以加入，如果没钱的话，段永平会拿出自己的钱来借给基层员工，帮助他们入股。而偿还的方式就是未来股份的分红和股利。这样员工也有动力把公司业务做好，毕竟有了利润自己就可以还钱了。在这套制度下，步步高建立之初，作为领头人的段永平占到了 70％的股份，然而随着他慢慢地主动稀释自己的股份，到后来，段永平持股只有不到 20％了。股份虽然被稀释了，但换来的是团队的众志成城。

二、平常心做产品，大胆做营销

1. 营销。1996 年，段永平在央视黄金时间的广告竞标会上砸下了 8000 万元，拿下了《新闻联播》后 5 秒的广告时段。第二年，步步高再次出手，以夸张的 1.23456789 亿元的价码，又拿下了《新闻联播》5 秒时段的第一条广告。另外，段永平先是请来了李连杰做步步高 VCD 的广告，还聘请专业音乐人打造了一首广告歌。可能有些人还记得一些歌词，比如"世界自有公道，付出总有回报，说到不如做到，要做就做最好。步步高！"当时广告的画风跟今天确实很不一样，但真的管用。人们可能还记得那句非常经典甚至有点洗脑的广告语，叫作"妈妈再也不用担心我的学习了！"这句话同样是步步高的手笔。

2. 平常心。段永平常年坚持写博客，零散地写一写自己的投资和做企业的心得，他开玩笑地说，自己也算是半个"网红博主"了。段永平的文字和采访，里面经常能看出很多有意思的东西。比如，对于自己经营企业的方法和企业的营销风格，段永平在一次访谈中是这么说的——记者：从小霸王到步步高，你似乎已经找到了做企业的规律，能不能分享一下你的发现？段永平：每个人都想从我这里听到新奇的故事。我说真话人们可能不相信。其实做企业真的是这样，99％的汗水＋1％的灵感，我称 99％的汗水为平常心。运动员之所以会出成绩，绝不在于现场哪个动作漂亮，哪个球进得好，而在于他们每天练八个小时，一年一年地练。冠军之路怎么走？一天练十个小时，一练练十几年。你一听，可能会说，这么简单，谁都会。是的，谁都会，但是真的谁都做得到吗？再如为什么步步高去央视投广告？因为我们企业实力不强，钱少，只能集中投放。为什么请施瓦辛格？也是为了省钱。请合适的明星可以提高广告的投放效率。我们的经验告诉我们，如果实际效率提高的比例大于请明星在广告费中所占的比例，请明星就是省钱的。去央视投标我们也是很理智的,每一次投标都计算过,觉得合算才去投的。

三、做"甩手掌柜"

如果说设立好的激励机制、用平常心做产品和企业,以及出色的营销水平奠定了步步高成功的基础的话,在这个时期内,段永平做的第三件重要的大事,就是急流勇退,当一个"甩手掌柜"了。1998年,段永平认识了首席摄影记者刘昕,相识仅仅两个月,两人便闪婚。2000年,段永平在步步高发展比较稳定的时候,他毅然决然地选择到美国退休。不过他临走之前还是做了一个重要的决策,他把步步高业务分成了三条线:一块是教育电子业务;一块是视听业务;一块是通信业务。到1999年年初,段永平根据国内外竞争形势的变化,对步步高公司进行了改制。他把这三大业务按照人随事走、股权独立、互无从属的关系,成立了三家独立的公司。这其中的两家公司就成了如今在手机市场里不可忽视的两个品牌,OPPO和VIVO。段永平这种"杯酒送兵权"的做法,形成了"步步高系"的一种独特的企业文化:老板不占太多股权,中高层和员工大量持股。

美国创业阶段——从实体到虚拟领域

段永平在美国迎来人生的又一个巅峰。他的创业经历也从实体转到虚拟领域。段永平到美国后学习了巴菲特的投资理念:"买一家公司的股票就等于在买这家公司"以及"投资你看得懂的、被市场低估的公司",段永平非常认同,于是他开始对投资产生了兴趣。实际上,巴菲特以及很多美国成功的大基金经理都有一个共同的理念,就是买股票要像做实业那样去买。而段永平正好是做实业出身,这让他在看一家公司的业务好坏、管理层靠不靠谱这些方面,比别人更有优势。这也是创业经历给他带来的财富。段永平一战成名的投资就是网易了。2000年6月29日,网易成功登陆纳斯达克。结果刚一上市没多久就遭遇股灾,互联网泡沫彻底破灭,纳斯达克指数从最高5048点一路下跌至最低的1114点,跌幅接近80%。结果屋漏偏逢连夜雨,网易在2001年的第二季度被查出涉嫌会计造假。在重新审计了公司之后,网易不得不宣布,2000年的真实收入从830万美元降为400万美元,直接跌去了一半。正因为如此,网易的股票在2001年9月4日被纳斯达克股市宣布暂停交易。这个时候网易的股价已经从上市时候的15.5美元,一路降到了0.64美元,跌幅96%。此时的丁磊年仅30岁,为此事他解雇了当时的几位高管,并且开始了长达4个月的与美国监管机构的上诉。事后他回忆说:2001年年初最迫切的愿望就是把网易卖掉,但没人敢买。到了9月,想卖也卖不掉。此时的段永平正在琢磨着是不是能在互联网泡沫破灭后的"废墟"里淘淘金。因为他相信互联网本身并不是泡沫,只是之前被炒作得太多了。他说:"这个东西我们天天在用,怎么会是泡沫呢?"于是段永平开始了解正处于谷底的网易。那时候网易刚经历前一年的大型亏损,股价掉到了1美元以下,随时可能被摘牌,还面临着诉讼的问题。但同时,段永平发现,网易的估值非常划算:一家市值2000万美元的企业,光现金就有6000万美元,负债只有1400万美元。另外,网易为中国移动与中国联通提供的短信增值服务业务正在迅猛发展,最关键的是,网易准备大举进军网络游戏业务了。做小霸王出身的段永平对游戏业务非常熟悉,他知道这个市场有多大。虽然他没法具体预测网易做游戏能挣多少钱,但他说:"没有道理比我1995年做小霸王时还少。"

于是段永平找来了专业律师来咨询网易的诉讼，发现网易败诉的可能性甚小，即使败诉要赔的钱也不多，这下段永平心里有谱了。2002年4月，段永平夫妇在公开市场花200万美元买入了152万股网易股票，占网易总股本的5.05％。这200万美元几乎是段永平当时能调动的所有的钱。后来段永平说，"做足功课后，我基本上把我能动用的钱全部用了，去买网易的股票。"后来，段永平又继续增持网易股票到205万股，占网易整个股本的6.8％。后来网易的业务很快出现好转，股价也一飞冲天，段永平的投资短短两年就增值了几十倍，最终的盈利超过了100倍。后来在谈到自己的投资理念的时候，段永平说："0.8美元买网易股票的不单是我一个人，但坚持持有到100美元的就不多了。投资不在乎失掉一个机会，而是千万不要抓错一个机会。"该卖掉一只股票的理由可能有很多，唯一不该用的理由就是"我已经赚了钱了"，否则就很容易把好不容易找到的好公司在便宜的价钱就卖了。买的时候也一样。买的理由可以有很多，但这只股票曾经到过什么价位最好不要作为你买的理由。我的判断标准就是是否有价值。事实上，在这个DT（data technology，数据科技）时代，杂音众多的时代，我们总在盯着利益最大化的地方，但实际上，如果你的投资规模已经达到100万～300万美元，找到自己的原则、践行自己的原则，然后长期、反复地恪守自己的原则，坚持铁的纪律，才是真正进步与合理的盈利模式。

段永平成功创业的价值分析

1. 影响与培养了一批年轻创业者。我国有很多早期的成功创业者，他们自己赚了很多钱，企业也做大了，但并没有培养出一批年轻创业者。就是在我国的家族企业，培养接班人也是这些企业面临的一个最大问题，但段永平则影响与培养了一批年轻创业者，这是很了不起的地方。他的学生拼多多的黄峥说："老段对我的影响非常大，我是他下一代的四徒弟。"网易丁磊称老段是生命中的贵人，他们俩和OPPO陈明永、VIVO沈炜、步步高教育金志江、一加刘作虎，合称为"段系六君子"。而他们的企业，因为具有典型的"段永平色"，也被冠以"段系企业网"。拼多多上市后，有人问段永平对黄峥和拼多多怎么看。既是黄峥伯乐，又是拼多多投资人的段永平说，短时间内拼多多有机会也会有问题，但给他（黄峥）10年，大家会看到他厉害的地方。

2. "敢为天下后"的理念。段永平认为时间维度是段系企业价值最重要的参考系。若把商业比作需要不断攀登的高山，绝大多数企业都希望"会当凌绝顶"。但在时间的维度下，段系企业网却长期盘桓在这座山的中下部，跟在登山者的后面，用细分、精耕、围猎，丰富和扩展这座山的主要生态。"敢为天下后"是段永平的重要商业信条，如今也成了段系企业能够成功的注脚之一。中国人一直以来的价值观就是争先、恐后，但是在段永平这样高度的人看来，"敢为天下后"更具有哲学意义。段永平说，"敢为天下后"就是"做对的事情并把事情做对"。所谓事情对或者不对，很大程度上不正是跟在一些人后面，看他们是成了先驱还是先烈吗？所以他的"敢为天下后"更像是从商业世界的不确定中寻找确定，从各种解中寻找最优解。所以段氏企业是商业潮水退却后的拾海人，也是商业金字塔下半部的淘金者。他为步步高等公司带来了独特的企业文化。段系企业网多年继续调和着实用主义、本分人、不争人先等"段永平色"。

3.金字塔的下半部。段系企业没有核心进攻点,但总能找到自己的最佳位置,一起组织进攻,完成超越。著名公司战略专家普拉哈拉德,曾提出一个金字塔下半部(BOP,bottom of the pyramid)理论。他认为世界上最令人兴奋、增长最快的新兴市场,并非那些引领潮流的高端消费,而是世界经济的金字塔下半部。那是一个有40多亿人口的巨大市场,蕴藏着巨大的创业机会和购买能力。段氏门徒深谙其道,二十几年未离开过这块市场,并在这一过程中,造就了一个个商业上的奇迹。事实上,金字塔下半部是一个充分竞争的市场,深耕其中并不容易,意味着领先产品的定位下放,以及对产品重新做出缜密思考。从定价逻辑上看,段系企业旗下鲜有高端产品,即便是儿童电话手表领域的高端产品步步高"小天才",其绝对价格也在1500元以下。但它们与小米向来推崇的极致性比价又有所不同。事实上,因为选用中低端芯片,OPPO、VIVO手机经常被同行指责"高价低配",只不过,它的目标消费者并不这么认为。如果要给这些人做一个画像,年轻人、女性、中低收入者是最核心的三个标签。OPPO、VIVO的产品经理显然比同行更加了解他们的目标消费者。无论是早期主打音乐、拍照功能,还是类iPhone的设计,抑或"充电5分钟,通话2小时",都比芯片品牌、型号、主频这样的专业数据更加容易理解,体验也更加直观。所以,简单的"性价比"并不足以吃透BOP市场,需要对消费者的心理、生活、工作习惯有足够的了解。这也正是段系企业一直以来的优势所在。而与这种战略相匹配的,是段系企业的跟随战术。老子曾说:"我有三宝,持而保之,一曰慈,二曰俭,三曰不敢为天下先。"市场经济的主流价值观是勇立潮头,老子这套生存之道,与之相悖,向来被视作消极避世的糟粕。段永平却将它捡了起来,稍微拾掇一下,竟然变成了一套屡试不爽的成功法门。20多年来段系企业唯一不变的,是它的目标消费者。其做产品的思路是,并非基于企业当下有何种资源,能做什么,而是看目标消费者是谁,需要什么,再基于此去整合资源。

4. Stop Doing List(止错清单)。段永平相信时间的力量,坚持做对的事,识别并承受住波动不动摇。他认为很多问题用长期思维看就都不算什么问题。创业者有一个Stop Doing List,有利于建立和坚持长期思维。关于Stop Doing List大致的内容与观点,可以归纳为如下方面。

- 通用"四不":
(1)不要盲目地扩充自己的能力。人能做的事有限,说啥不重要,重要的是你能做啥。
(2)不要一年做20个决策,那肯定会出错。价值投资一辈子做20个投资决策就够了。
(3)不懂不做、不熟不投。不懂、不熟的事上不能下重注,抓住你能抓住的机会。
(4)不要走捷径,不要相信弯道超车。弯道超车总会被反超的。

- 投资"三不":
(1)不做长期有息贷款。
(2)不做空。这方面我曾经犯过错误,尤其是不要做空长期的好公司。
(3)不做短期的投机。"常在河边走,哪能不湿鞋",湿一回鞋子就会湿一辈子。

- 企业"两不":
(1)不做代工,拒绝沃尔玛。沃尔玛要拧成本毛巾,给其代工你会很难受。

（2）不做折扣和返利。OPPO、VIVO 的年收入合计有 400 亿美元，没有销售部门，没有折扣、返利，大小客户一视同仁。

段永平认为你可以不同意他的观点，但每个人都应该有自己的 Stop Doing List。创业者有了不做什么的戒律表，就容易找到正确的做事方法。加上您的悟性，就容易获得创业的成功。

问题与思考

我们这个时代要求创业者与时俱进，创业者段永平也会被人们逐渐遗忘。当稳健已经不是时代的主旋律，是继续敢为人后，还是应时而动，成了摆在段系企业面前的一个必答题。目前有种种迹象似乎表明，段系企业正在放弃"敢为天下后"的跟随战略。段系企业已经走过了 20 余年，OPPO、VIVO 合在一起占据国内手机市场超过三成份额，步步高儿童电话手表、学习机在同行中更是没有对手。当了十几年甩手掌柜的段永平，还没有对段系企业的新动向进行任何评价。但是多年前，他曾经讲过这样一个故事：前些年我买过不少 GE 的股票，但是有一天我去 GE 的公司主页看，发现已经找不到杰克·韦尔奇书上写的对 GE 文化的描述。原来，当时的 CEO 有"去韦尔奇化"倾向。所以，后来我卖掉了 GE 的股票。结果证明，我是对的，现在 GE 的价格已经显著低过我当时卖的价格。那么，今天的段氏企业到底应该是坚持"段永平"，还是去"段永平"？其实，这不只是段系企业，更是转型时期所有企业必须思考的问题。又或许，它无关对错，仅仅是一种选择。对段系企业如此，对其他企业同样如此。

案例来源：根据我从段永平身上学到的 7 件事，https://news.futunn.com/post/4149944；一战赚了 10 亿美元，恐怖的段永平！https://baijiahao.baidu.com/s? id=1661601040203650680&wfr=spider&for=pc；段永平网易博客，http://nteswjq.blog.163.com/blog/#m=0 等相关资料编写。

■ 问题讨论：

1.从小霸王到步步高的创业过程中，段永平做对了什么最重要的事？

2.从段永平的创业过程中，我们看到一个创业者的基本要求是什么？

3.从段永平的创业过程中，我们看到为什么创业的核心是机会？

4.什么是段永平的 Stop Doing List？为什么创业者有了不做什么的戒律表，就容易找到正确的做事方法？

5.今天的段氏企业到底应该是坚持"段永平"，还是去"段永平"？

▮本章精读文献▮

Katz J A. The chronology and intellectual trajectory of American entrepreneurship education：1876—1999 [J]. Journal of Business Venturing，2003，18(2)：283-300.

Chapter Article Summary(本章精读文献摘要)：

It has been more than 50 years since Myles Mace taught the first entrepreneurship course in the United States. Held at Harvard's Business School in February 1947, it drew 188 of 600 second-year MBA students (Jeff Cruikshank, 1998, personal communication). In 1994, more than 120,000 American students were taking entrepreneurship or small business courses (Katz, 1994), and at the start of the new millennium that number is thought to have increased by 50%, although no new studies have been conducted. From that first class in 1947, an American infrastructure has emerged consisting of more than 2,200 courses at over 1,600 schools, 277 endowed positions, 44 English-language refereed academic journals and over 100 centers. The growth is impressive, even exceptional, but it raises a key question: What are the prospects for and the impacts of such growth for the 21st century? Assessing the prospects for an academic discipline is better approached less as a science and more as a speculative enterprise, guided by the lessons of history. In that vein, this paper offers the first detailed chronology of entrepreneurship education in the United States, both as a basis for providing preliminary answers to the above questions and as a common historical basis for others' speculations on the future of the field. It is clear that entrepreneurship education is certain to continue as a major and growing academic discipline worldwide. There are too many academics, too much established infrastructure and too much demand from students, firms and governments to let entrepreneurship fall into disuse or disarray. And from the standpoint of establishing the discipline worldwide, entrepreneurship education is succeeding beyond anyone's past predictions. One future uncertainty is the form or forms of entrepreneurship education that dominate in the 21st century. The next new paradigm could come from anywhere on the globe, emerging from the new infusions of culture, business settings and institutional influences. In this paper, a 100 + — item chronology of entrepreneurship education in the USA from 1876 through 1999 is offered and analyzed. The major findings are (1) in the USA, the field has reached maturity and (2) growth is likely outside business schools and outside the USA. The major problems include a glut of journals, a narrowing focus on top-tier publications, potential American stagnation and a shortage of faculty.

本章精读文献评述：

本章这篇精读文献记载了美国创业教育 123 年(1876—1999 年)的发展历程。1947 年,哈佛商学院最早开设了创业这门课,迈尔斯·梅斯博士教授这门创业课程。从这篇文章中,我们可以看到卡茨(Katz)以年代记录的方法,对美国创业教育做了比较详细的由远及近的回顾,从创业课程的发展,到美国创业相关的研究期刊,包括 *Journal of Bussiness*(*JBV*)、*Entrepreneurship Theory and Practice*(*ETP*)等目前知名创业类期刊的创刊以及发展过程。

文章中的第一张表包括了创业的定义,还按照年代记录了一系列重要的创业问题与创业教育问题的出现时间,例如小微金融创业、高科技创业等。而第二张表则记录了到 1999 年为止的 44 本具有代表性的创业与中小企业管理的研究期刊。这些研究期刊目前已经成为我们了解与研究创业管理的教学与研究的信息资源。在创业教育实践中,创业教育者如何抓住学生的注意力，并且帮助学生理解创业概念，信息资源是必不可少的前提。当然，信息资源也是做创业研究的必要前提，发挥着无可比拟的重要作用，读了卡茨的这篇文章也许我们会更加认同这一点。这些信息资源就是前人所完成的对创业的问题的经验思考与理论成果总结。我们在做创业研究的时候，常常听一些人说一个好的研究往往是站在巨人的肩膀上来完成的。换句话说，就是我们的研究一定要借鉴前人的研究成果，在前人研究成果的基础上提出新的问题，并通过理论与实践方面的论证或验证来看看是否可以产生新的理论或应用价值。

创业教育也一样，它同样需要借鉴前人的教学成果，在前人教学成果的基础上提出与发展新的教学模式，来满足不同时期创业课程受众的需求。在 2015 年的世界创业论坛上，笔者曾经提出关于市场、创业者、创业教育者等方面的观点。市场其实是创业者与企业家等创造出来的，中国的国情比较特殊，因为它有 100 多家大央企，因此中国目前阶段的市场是政府与企业家共同打造的。西方哈耶克、弗里德曼等强调市场的自由自发秩序，但在目前的中国，不能不考虑中国的特殊国情。就市场、创业者与创业教育者三者关系来说，如果把中国市场比作一个舞台，创业者应该是这个舞台上的演员，而决定创业者表演是否精彩的是剧本，大学里的创业教育工作者应该是写这个剧本的人。大学创业教育工作者的这种功能与作用不是实践中的创业者擅长的。有没有创业经验不是决定目前中国高校老师能否讲授创业课程的决定性因素，这个和讲授营销的老师没有做过营销总监是同一个道理。目前，中国高校老师讲授创业课程的目的也不是培养马云这样的创业者。但高校老师讲授创业课程一定要理解与掌握创业管理的基本原理，了解时代的变化，这是对创业教育工作者提出的挑战。创业教育工作者要掌握比较多的信息，需要更多地参与案例研究，更多地理论联系实际，这样才能更加接地气。大学创业教育工作者掌握比较多的相关创业信息的另外一个途径是多阅读发表在期刊上的研究论文与创业案例。

卡茨这篇 2003 年发表在创业创新管理顶级研究期刊上的文章为我们提供了由远及近贯穿 100 多年的创业教育与创业重要问题的发展历程，其中很多信息与论点都是我们目前从事创业教育的工作者所应该学习与思考的。对比不同时期的创业教育，现在的创业教育有别于 Katz 写这篇文章时期创业教育的最大不同是移动互联网等高科技的出现。1987 年 9 月，中国互联网成功发出了我国第一封电子邮件，邮件内容为"Across the Great Wall we can reach every corner in the world"（越过长城，走向世界）。这些高科技的出现，不仅改变了人们的生活方式，也改变了整个世界的沟通交流方式。沿着 Katz 2003 年这篇文章继续思考，变化与挑战会对我们目前的创业课程设置、创业教育师资标准等方面提出怎样的要求？如何通过比较中美的差异而得到对这些问题的解答？读史可以明鉴，知古可以鉴今，总之 Katz 的研究为我们深刻理解上述问题，尤其是创业教育的发展提供了非常有价值的理论与信息。这篇文章应该是我国创业教育者必读的文献之一。

本章作者：斯晓夫，浙江大学求是讲座教授，浙江大学管理学院创业研究所所长，原上海大学管理学院院长。主要研究方向：创业原理、社会创业、创业与技术等。在顶级中英文创业管理研究期刊，如 *JBV*、《管理世界》等发表学术研究论文。

本章案例作者：斯晓夫；周杰，青年创业者，浙江大学紫牛公社创始人。

本章文献评述作者：斯晓夫；庞颂全，台湾政治大学商学院博士研究生；张巧巧，台湾政治大学商学院博士研究生。

▌本章相关引用材料 ▌

［1］Bygrave W D. The Entrepreneurial Process ［M］// Bygrave W D & Zacharakis A（Eds.）. The Portable MBA in Entrepreneurship. 4th Edition. New York：John Wiley & Sons，Inc.，1997.

［2］Chesbrough H. Business model innovation：It's not just about technology anymore ［J］. Strategy & Leadership，2007，35(6)：12-17.

［3］Chesbrough H. Business model innovation：Opportunities and barriers ［J］. Long Range Planning，2010，43(2)：354-363.

［4］Gartner W B. A conceptual framework for describing the phenomenon of new venture creation ［J］. Academy of Management Review，1985，10(4)：696-706.

［5］Howard H，Stevenson J & Carlos J. A paradigm of entrepreneurship：Entrepreneurial management ［J］. Strategic Management Journal，1990，11(1)：17-27.

［6］Katz J A. The chronology and intellectual trajectory of American entrepreneurship education：1876—1999 ［J］. Journal of Business Venturing，2003，18(2)：283-300.

［7］Schumpeter J A. The Theory of Economic Development：An Inquiry into Profits，Capital，Credit，Interest，and the Business Cycle ［M］. New Jersey：Transaction Publishers，1934.

［8］Schumpeter J A. The creative response in economic history ［J］. The Journal of Economic History，1947，7(2)：149-159.

［9］Sullivan M G，Weerawardena J & Carnegie K. Social entrepreneurship：Towards conceptualization ［J］. International Journal of Nonprofit and Voluntary Sector Marketing，2003，8(1)：76-88.

［10］Teece D J. Business models，business strategy and innovation ［J］. Long Range Planning，2010，43(2)：172-194.

［11］Timmons J A. New Venture Creation［M］. 5th Edition. Boston：McGraw-Hill/Irwin，1999.

［12］布鲁斯·巴林格，杜安·爱尔兰.创业管理:成功创建新企业［M］.杨俊，等译.北京:机械工业出版社,2010.

［13］斯晓夫.成功创业是中国未来经济发展的关键［N］.解放日报,2011-09-04.

［14］斯晓夫.创业如何从"多乱难"到"一定成"［N］.解放日报,2015-08-23.

［15］斯晓夫,王颂,傅颖.创业机会从何而来:发现,构建还是发现＋构建? ——创业机会的理论前沿研究［J］.管理世界,2016(3):115-127.

［16］张玉利.创业管理［M］.2版.北京:机械工业出版社,2011.

Chapter 2
第2章 | 创业团队与领导力

● **学习目标**

了解组建一个优秀的创业团队所需具备的两个基石

了解如何培养和提升创业团队的领导力

知道如何开展卓有成效的创业领导

知道如何沟通和调解创业过程中合伙人之间的冲突

章节纲要

- 创业团队的重要性
- 创业团队的组建
- 创业团队的创业领导过程

开篇案例

成江药业：创始人之间的合作裂痕如何修复？

孙加明和周云龙是高中同学,也是大学同窗好友。孙加明来自城郊农村,他平时不爱多说话,但动手能力特别强,喜欢钻研问题。周云龙是城里人,父母是双职工,自小性格开朗,兴趣广泛,喜好结交朋友。大学毕业时,周云龙进入了当地一家大型国有药厂从事质量检验工作,孙加明则被分配到当地一家国有化工厂从事技术研发工作。在最初的几年中,两人都取得了很好的工作业绩,先后在各自的企业中当上了质检科副科长和技术科科长。同时,各自找到了对象,成了家。

在五年后的一次大学同学回校聚会时,住在一个房间的两人有了一次深谈。他们都认识到：国有企业有国有企业的弊端,在国有企业中,自己一些好的想法常常得不到重视,也很难在其中完全施展自己的才华;大家都已经成了家,爱人的工作也都比较有保障,加上这几年大家有了一定的积蓄,现在的政策环境也比较好,可以共同创业。

协力发展

1994年年初,两人从各自企业辞职。1994年2月,两人各筹集12.5万元创办了一家合成化工厂,初始注册资金25万元,租用他人的场地和设备,由相对熟悉医药行业的周云龙负责产品销售和对外联络,一直搞技术、喜欢做具体事情的孙加明负责技术和产品研发、生产,两人携手走上了共同创业之路。由于孙加明肯钻研、技术研发能力强,周云龙人缘好、善于结交朋友,公司在第一年就利用小试设备试制舒胆通粗品并获得成功,实现销售收入50万元、利税10多万元的佳绩。1999年,企业增加注册资本到1500万元,经营范围变更为医药中间体的制造及出口,并更名为成江医药化工有限责任公司。2005年,企业增加注册资本到1亿元,当年营业收入近3亿元,净利润近8000万元。

在最初十多年的合作中,两人一直是同比例增资,分工上则一直都是孙加明主内、周云龙主外。他们相互间保持着创业时的坦诚相见和对彼此的信任,专心致力于企业的发展。周云龙形容自己的搭档时,毫不吝惜地褒扬:"他做事认真、负责任,韧性特别强,很刻苦,对人很诚恳,是一个能干实事的人。"孙加明则评价周云龙:"考虑事情比较细致、周到,对宏观和未来的把握能力很强。"

滋生裂痕

随着企业规模的不断扩大,各自要做的事情不断增多,两人在一起的时间开始减少。名义上两人一个是董事长、一个是总经理,但实际上并没有非常明确的分工。下面人员有事情,找到周董或孙总都可以拍板。由于周云龙经常在外跑市场、跑客户、跑项目,在公司的时间不多,自然而然地,公司内部事务主要就由孙加明做主。

2005年以后,企业的各种荣誉接踵而来。可是,孙加明有过一些抱怨,觉得周云龙不应该把什么荣誉都往自己身上戴,也不能老是在各种场合拔高销售部门的重要性,毕竟企业的发展还是靠大家共同的努力。公司这些年之所以能不断地扩大销售规模是因为企业能坚持不懈地对生产工艺技术进行革新而取得的。

为了规范企业内部管理,从2000年开始孙加明花了不少功夫,指导各职能部门,讨论制定了很多的规章制度。他认为,既然在制定的时候大家都没有异议,平时就应该一律照章办事,违反了规章制度就应该照章处理,所以自己在实际工作中也是这么做的。但周云龙却认为规章制度只是一种管理手段而已,有特殊情况就可以而且应该酌情处理,所以在实际工作中,常常以属于特殊情况为由,不按规章制度处理,导致下面的人一旦违反规章制度就找周云龙说情。在这方面,孙加明跟周云龙在具体事情处理上发生过几次争论。

2008年金融危机以后,双方对公司的发展一直存在着不同的想法。孙加明认为公司今后的发展要坚持自己的特色,量力而行。具体来说,就是:公司今后的发展应该仍然以原料药为主、适度发展制剂,公司在原料药市场领先地位明显,应致力于进一步扩大国内和在欧美市场的份额;制剂要做,但做制剂投入至少上亿元,且食品药品监督管理局(FDA)认证难度大、不确定因素多,不可能马上见效，现在就重点发展制剂，公司实力不足，风险太大；公司应该坚持技术导向，通过工艺改进和科技开发，持续提高产品收益率、降低生产成本、提高产品质量，同时降低企业污染物的排放总量，以进一步提高产品的市场竞争力，营销主要是把产品打进欧美市场，同时控制好价格；要走专业化道路，集中精力做好医药产业，房地产等其他产业尽管赚钱，但不是我们所擅长的，就不应该去做；与别人合作风险太大，兼并收购不容易管理，还不如通过自我积累，自己逐步投入发展来得稳当；尤其是 2008 年金融危机以来，国际、国内市场不是很景气，环境不确定性因素较多，更应该谨慎确定企业的发展目标，控制企业的发展速度。周云龙则认为做企业，就应该处处领先别人一步，这样才能有竞争力；应该学会借力，通过利用资本市场、兼并收购、多元化等实现企业的跨越式发展。他觉得成江以前之所以能够发展得不错，就是因为能够在人家没有做中间体时，成江就开始做；当别人开始做中间体的时候，成江开始做原料药；当人家开始做原料药的时候，成江做原料药海外认证；当人家刚做起海外市场时，成江已经把原料药做到欧美去了。今后光靠原材料药是不行的，别人肯定也会开始进军欧美市场，所以我们应该现在就开始重点发展制剂和准备做美国 FDA 认证，以便自己做原料药、制剂以及承接国外大公司的制剂制造订单，使企业能够有更好的发展；企业的发展就应该以市场为导向，科技尽管重要，但如果找不到一个好的市场，效益还是不可能好的，现在艾滋病患者越来越多，发达国家在进行产业转移，所以以后抗艾药和制剂代加工一定会成为大市场，公司如果不考虑投入抗艾产品和制剂的研发与生产，就会错失今后发展的大好时机；现在是资本时代，要做大企业，就应该有开放的意识，善于借助资本市场的力量，公司做制剂、研发抗艾药，都需要大量的投入，可以考虑引进风险投资、上市等借力发展，尽管在一定程度上会稀释股份，但也可以增强企业实力、减少自己的风险。尽管金融危机以来，国际市场不是很好，但形势不好的时候，正是有志于进一步发展的企业的大好时机。只要正确决策，通过产品结构的调整、科技含量的提高、资本力量的运用，今后几年成江药业保持 20% 以上的净利润增长应该是没有什么问题的。

两人的分歧和冲突不断增加和深化。有一天，周云龙向孙加明提出授权一人来全权负责的方案。周云龙的提议是：由一人来全权负责经营公司，同时要求负责人能够做到今后三年保持 20% 的净利润增长率，如果达不到，该负责人就要用自己的股份来补偿业绩差额，并让出经营管理权。孙加明对周云龙的这一举动百思不得其解。

案例来源：节选自邢以群. 成江药业：创始人之间的合作裂痕如何修复？全国百篇优秀管理案例. 中国管理案例共享中心，2012. http://www.cmcc-dut.cn/.

在技术和市场快速复杂变革所塑造的超竞争的全球开放式创新环境下，无论是新企业还是大公司都需要依靠创业团队去构筑动态能力和获取竞争优势。那么，如何组建一个优秀的创业团队？如何培养和提升创业团队的领导力？如何开展卓有成效的创业领导？这些正是本章将讨论的核心议题。本章首先讨论创业团队的重要性,进而重点讨论创业团队的组建和创业团队的领导过程。

2.1 创业团队的重要性

创业团队是创业企业高层管理团队的基础和最初组织形态。在本章中,创业团队具体是指初始合伙人团队,即拥有共同目标、共担创业风险和共享创业收益的一群联合创建新事业的人。也就是说,它不包括与创业过程相关的各种利益相关者。例如,核心员工、外部投融资者、专家顾问等。

创业失败的根本原因是什么？大量证据表明,从外因来看,主要是基于创业机会的竞争环境日益激烈。企业之间的竞争,本质上是创业机会的竞争。在超竞争环境下,创业企业,特别是新创企业难以感知、抓住和实现某个创业机会。从内因来看,主要有三个因素:创业团队内部问题、与投资方的关系问题以及商业模式缺乏更新。其中,第一个内因是最主要的。的确,一个优秀的创业团队在新企业创建、快速成长、进而走向卓越的过程中发挥着至关重要的作用。

投资家在甄选创业投资项目时通常把创业团队的卓越表现作为首要考察和评估的内容。风险投资家约翰·多尔重申了乔治·多瑞阿特将军的格言:与拥有二流团队和一流创意的企业相比,我更喜欢拥有一流创业者和团队却仅有二流创意的企业。多尔(Doerr,1997)说:"在当今世界,有丰富的技术、创业者、资金和风险资本,真正短缺的是卓越的团队。你的最大挑战将是建立一个卓越的团队。"类似地,著名投资家阿瑟·洛克(Rock,1987)说:"没有一个卓越的团队,即使有一个伟大的创意,也无法实现或难以有效实现这个创意。"

在合伙人创业团队,每一个成员可以拥有合伙人的诸多优势,从而构筑团队创业的整体优势。例如,它可以增强整个合伙人创业团队的智力资本的宽度和深度。表 2-1 描述了拥有合伙人的六个主要优势。

表 2-1 拥有合伙人的六个主要优势

- 你的合伙人可以分担压力和责任
- 别人可以替你完成你不擅长或者没兴趣做的工作
- 合伙关系可以提供你原本无法把握的机会,包括更大的成功
- 你能够更迅速地利用这些机会
- 有了一个同伴,你就能够享受到友谊的乐趣而不会感到"高处不胜寒"
- 有了合伙人,也就有了在企业的最高层实现协同配合及优化决策的潜力

资料来源:戴维·盖奇,2005.

蒂蒙斯提出的创业过程理论模型(见图 2-1)深刻地阐述了创业团队的重要性。蒂蒙斯指出,创业过程是一个高度复杂的动态过程。创业团队、创业机会和创业资源是影响创业过程的三个关键要素。成功的创业过程需要在这三个关键要素之间实现高效的动态平衡。

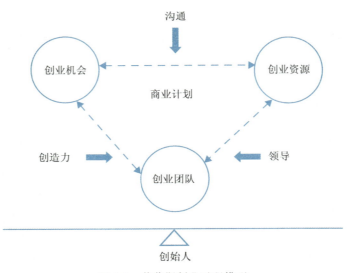

图 2-1　蒂蒙斯创业过程模型

资料来源：Timmons & Spinelli, 2004.

创始人是创业团队的核心成员。在创业过程中,创业团队是获取创业机会、帮助创业企业整合、创建和重构创业资源与能力的决策和执行主体。特别是,因为变化多端的外部环境总是深刻地影响创业企业的创业机会和创业资源的获取,创业团队需要不断调整自身与创业机会以及创业资源的匹配关系,以达成动态平衡。具体来说,在创业过程的不同阶段,创业团队发挥着举足轻重的作用。

在最初阶段(机会发现创造主导阶段),创业团队的能力相对较弱,创业资源相对匮乏,创业团队的核心任务是发现和创造最具市场吸引力的创业机会。

在第二阶段(资源能力提升主导阶段),创业团队的核心任务是最大限度地提升自身的能力,战略性地获取创业资源,竭尽全力地利用最初阶段获取的创业机会。

在第三阶段(动态平衡实现主导阶段),创业团队的核心任务是进一步提升自身的能力,更有效地获取创业资源,最大限度地实现创业机会,从而达成创业团队、创业机会和创业资源三者的动态平衡。

在第四阶段(机会继续寻求主导阶段),创业团队的能力已经足够强大,创业资源已经足够雄厚,原有的创业机会已经得到足够利用。因此,此时创业团队的核心任务是继续发现和创造更多、更好的创业机会。随着这些阶段的循环往复,创业企业不断成长,并逐步走向卓越。

2.2　创业团队的组建

我们强调新企业创业团队的重要性,这并不是意味着每个新企业必须在最初的开始阶段就已经具备一个完整的创业团队。比较常见的是,先有一个创始人单独或两个联合创始人合作创办一个新企业,然后有其他合伙人陆续加入该企业与创始人组成一个创业团队。大量证据表明,组建一个优秀的创业团队必须具备两个基石:一是构建优秀的团队心智结构,二是构建优秀的团队治理结构。

2.2.1　团队心智结构

优秀的团队心智结构通常需要具备四个特质:成员志同道合、能力卓越互补、行为风格匹配和相互信任尊重。

（1）成员志同道合

成员志同道合是指合伙人之间,彼此志向志趣相同,理想信念契合。子曰:"道不同,不相为谋。"的确,合伙人的志同道合对创业团队的成功至关重要。正如苹果电脑的联合创始人乔布斯所说的:"如果每个人都想去旧金山,那么大家多花些时间来一起争论选择哪条路前往是没有问题的。然而,若一个人想去旧金山,而另一个人背地里想去圣迭戈,则这种争论就是在浪费时间。"类似地,新东方创始人、新东方教育科技集团董事长兼首席执行官俞敏洪说:"做任何事情一定要记住一点,就是不管你做什么创业,千万不要为了这件事情本身能赚钱去做事情,因为任何只盯着钱去做生意的人都是做不大的,你要盯着你的热爱去做,做这件事情有意义,你热爱它,那你去做。"

为建立优秀的团队心智结构,合伙人必须树立合作精神,保持核心价值观一致,构建真正共同的创业愿景和目标,并立足长远目标,坚持不懈地为创业愿景和目标的实现而共同努力奋斗。合伙人必须确保他们为创业企业构建的价值观与自己的个人价值观（主要包括审美追求、人道主义追求、个人主义追求、物质追求、权力追求、形式主义追求、精神追求和理论追求）相一致。只有具有共同的创业愿景和目标,合伙人才能承诺全身心投入工作。以下两个例子说明了创业团队合伙人志同道合的重要性。在一家管理咨询服务新企业里,有一个由各持50%股份的两个合伙人组成的创业团队,一个合伙人只关注短期分红以尽快获取自己的经济收益,而另一个合伙人注重积累短期的经济收益用于寻找新的创业机会以把整个蛋糕做大,最终因调解失败而导致这个创业团队分裂。在一家高技术新企业里,有一个由各持50%股份的两个合伙人组成的创业团队,经过两年的合作后,一个合伙人坚持以改进现有的一个产品为企业的战略目标,而另一个合伙人坚持以研发一个新产品为企业的战略目标,这个创业团队最终也因调解失败而解散。

（2）能力卓越互补

为建立优秀的团队心智结构,每个合伙人必须具备卓越的能力,并且他们的能力互为补充。创业,特别是高技术创业是一个高度复杂的、系统化的动态过程,只有合伙人具备各种不同的、互为补充的关键资源和能力,整个创业团队才能持续成功。这是因为能力卓越且互补的创业团队通常具有强大的创造力、创新性和领导力。例如,2001年马云组建的阿里巴巴创业团队的四个核心合伙人能力卓越且互补（见表2-2）,从而为阿里巴巴的快速成长和发展奠定了坚实的基础。

表 2-2　2001 年阿里巴巴创业团队核心合伙人能力背景

姓名	职务	能力背景
马云	首席执行官	生于杭州，1988 年从杭州师范学院英语专业毕业，获学士学位。同年，在杭州电子工业学院担任英语教师。1992 年，与朋友一起成立了杭州最早的专业翻译社"海博翻译社"。1995 年，在出访美国时首次接触到互联网，回国后创办了网站"中国黄页"。1997 年，受外经贸部邀请，负责开发其官方站点及中国产品网上交易市场。1999 年，回到杭州创办阿里巴巴网站
蔡崇信	首席财务官	生于台湾，在美国耶鲁大学获法学博士学位。先后在华尔街做了四年律师、担任纽约专门从事收购投资的 Rosecliff Inc. 公司副总裁和瑞典著名投资公司 Investor AB 副总裁。1999 年，以 Investor AB 副总裁的身份到杭州考察阿里巴巴，并于同年加盟阿里巴巴。加盟后主持成立了阿里巴巴设在香港地区的总部，负责国际市场推广、业务拓展及公司财务运作
吴炯	首席技术官	生于上海，1989 年在美国密歇根大学获计算机科学学士学位。先后担任 Oracle 公司服务器技术部发展经理、Medicus Systems 公司咨询顾问、RAD Technologies 公司软件工程师。1996 年 4 月，加入雅虎公司，主持公司搜索引擎和电子商务技术的设计、开发和应用，是具有强大功能、效率卓著的雅虎搜索引擎及其许多应用技术的首席设计师。1999 年 11 月 23 日，作为唯一发明人，获得美国授予的搜索引擎核心技术专利。该技术现被广泛应用于雅虎拍卖、雅虎网上商店、雅虎分类广告、雅虎公告栏等十余项服务中。2000 年，加盟阿里巴巴
关明生	首席营运官	生于香港，1969 年毕业于英国剑桥郡工业学院，获学士学位，并先后获得拉夫伯勒大学和伦敦商学院的工程学和科学硕士学位。在美国通用电气公司工作达 15 年，历任要职，在业务开发、销售、市场、合资企业和国家级分公司管理方面卓有建树。在四年之内，将该公司医疗器械在中国的销售收入从 0 提高至 7000 万美元。先后在财富 500 强企业 BTR Plc 及 Ivensys Plc 担任中国区总裁，于 2001 年加盟阿里巴巴

（3）行为风格匹配

行为风格是指合伙人的行为方式——他们怎样思考、决策、沟通，怎样利用时间，怎样控制情绪应对紧张，怎样判断他人，怎样影响他人，怎样处理冲突等。为建立优秀的团队心智结构，创业团队需要具备多种不同行为风格的合伙人，并且这些行为风格互相匹配。TOPK 方法为我们寻找行为风格互相匹配的创业团队合伙人提供了一个可操作的工具（黄德华，2011）。

T、O、P、K 四个字母分别代表四种动物 tiger（老虎）、owl（猫头鹰）、peacock（孔雀）和 koala（考拉）的英文单词的首字母。TOPK 方法的核心观点是：遵照"一个好汉三个帮"的智慧，如果一个创业团队尽早拥有类似于这四种动物的行为风格的合伙人，那么这个创业团队更能快速取得成功。例如,1999 年携程网组建的四个合伙人创业团队成员中,梁建章具有 O(猫头鹰)型行为风格,季琦具有 P(孔雀)型行为风格,沈南鹏具有 T(老虎)型行为风格,范敏具有 K(考拉)型行为风格。

T(老虎)型行为风格合伙人的主要特征是:他们的口号是"我们现在就去做,用我们的方式去做"。他们做事当机立断,大部分根据事实进行决策,敢于冒风险,在做决策前,会寻找几个替代方案,更多地关注现在,忽视未来与过去。对事情非常敏感,而对人不敏感,属于工作导向型,注重结果而忽视过程,工作节奏非常快,很容易与别人起摩擦。

O(猫头鹰)型行为风格合伙人的主要特征是:非常崇尚事实、原则和逻辑,他们的口号是"我们的证据在这里,所以我们要去做"。他们做事情深思熟虑,有条不紊,意志坚定,很有纪律性,很系统地分析现实,把过去作为预测未来事态的依据。追求周密与精确,没有证据极难说服他们。对事情非常敏感,而对人不敏感,也属于工作导向型,但注重工作证据,决策速度比较缓慢,为人很严肃,难以通融。

P(孔雀)型行为风格合伙人的主要特征是:热情奔放,精力旺盛,容易接近,有语言天赋,擅于演讲,经常天马行空,做事比较直观,喜欢竞争,对事情不敏感,而对人很敏感并很感兴趣,他们更关注未来,把他们的时间和精力放在如何去完成他们的梦想,而不关注现实中的一些细节。行动虽然迅速,但容易不冷静而改变主意。喜欢描绘蓝图,而不愿意给别人具体的指导与训练。决策时主要依据自己的主观判断和别人的观点,与别人谈工作时,思维属于跳跃式,别人经常难以跟得上。别人得到的是激励,而得不到具体指导。

K(考拉)型行为风格合伙人的主要特征是:喜欢与别人一起工作,营造人与人之间相互尊重的气氛。他们决策非常慢,决策时总是寻求与做决定的相关人员达成一致意见,他们总是试图避免风险。办事情不紧不慢,对事情不敏感,而对人的感情很敏感。注重关系导向,很会从小处打动人,为人随和与真诚。非常善于倾听,属于听而不决的,也很少对别人发怒,别人很喜欢找他们倾诉,但他们优柔寡断。

(4)相互信任尊重

为建立优秀的团队心智结构,合伙人之间必须相互信任和相互尊重。在合伙关系中,相互信任和相互尊重是建立和谐人际关系必不可少的条件。孔子提倡人要做到"仁、义、礼、智、信"。这就是告诫合伙人做人的基本原则是自身修养好、懂得尊重别人、讲礼貌、讲诚信。懂得相互理解、相互体谅、相互信任,就是一种尊重。

只有在充满着相互信任和相互尊重的创业团队氛围中,合伙人之间才能在创业的艰苦旅途中风雨同舟,相濡以沫,携手前行,坚定不移地为实现创业团队的愿景和目标而共同努力奋斗。以下例子说明了创业团队合伙人相互信任和相互尊重对新企业创业成功的重要性。在一家移动医疗设备研发制造新企业里,有一个由四个合伙人组成的创业团队。一个分管研发的合伙人向担任 CEO 的合伙人提交了一个关于研发一款面向一个细分市场的全球最新移动医疗设备的建议书。CEO 因不相信这个合伙人有能力带领他的研发团队在短期内完成这个任务而没有批准这个建议书。可是，一年后这个企业的竞争对手研发的一款同类设备取得了非凡的技术优势和市场收益。这样，这家移动医疗设备研发制造新企业只能非常后悔地错失一个非常好的市场机会。

2.2.2 团队治理结构

本小节重点讨论优秀的团队治理结构必须具备的两个特质，即股权设计适宜和职权责利对等，而不讨论董事会的设立和运行机制。

（1）股权设计适宜

为建立优秀的团队治理结构，创业团队需要适宜地设计合伙人股权的进入、分配和退出机制。不存在适用于所有情境的最佳合伙人股权的进入、分配和退出机制。合伙人股权的进入、分配和退出机制的设计需要遵循以下原则，以避免今后可能产生的创业冲突。

①公平开心原则。在讨论和制订合伙人股权的进入、分配和退出方案的过程中，需要最大限度地让合伙人感到公平合理、开心舒畅。这样，方案制订完成后每个合伙人能够专心致力于为实现创业愿景和目标而共同努力奋斗。在讨论过程中，合伙人之间需要开诚布公地交流自己对股权分配、退出的想法和期望。

②股权进入原则。慎重将下述人员当成合伙人：短期资源承诺者、天使投资人、兼职人员和早期普通员工。

③一股独大原则。最大责任者、最可信任者、最佳决策者一股独大。通常情况下，创业团队的股权分配绝对不能搞平均主义。否则，会出现创业团队没有实际控制权人的局面，从而容易产生一种谁说了都不算的僵局。例如，1994 年由蔡达标和潘宇海两位合伙人组建的真功夫创业团队，其股权结构是 50%：50%。2007 年引进投资人，按照 50 亿元的估值释放 6% 的股权。蔡达标和潘宇海的股权比例仍是相等的 47%：47%。到 2009 年，合伙人双方产生了股权纷争的矛盾。

④股份绑定原则。创业团队需要执行股份绑定、分期兑现的原则，按照合伙人在创业企业工作的年数或月数逐步兑现股权。任何合伙人必须在企业至少工作 1 年才可持有股份。股份绑定计划一般按 4～5 年期执行。例如，4 年期股份绑定，第一年给 25%，然后接下来每年兑现 25%。

⑤留期权池原则。在创业初期预留合理期权池，以便给后续股权调整预留空间。

⑥股权稀释原则。在融资方案最终敲定之前，一定要将相关股权稀释、融资文件给独立、专业的律师审定，确保合伙人的权益。新的融资或新增合伙人将稀释原有合伙人的股份。

⑦退出回购原则。对退出的合伙人，一方面，可以全部或部分收回股权；另一方面，必须承认合伙人的历史贡献，按照一定溢价或折价回购股权。在什么情况下合伙人可以退出、什么情况下合伙人必须要退出以及具体回购价格的确定，一定要事先非常明确地约定。合伙人之间可在合伙人协议里明确约定股权的退出机制。

⑧动态调整原则。合伙人需要事先在合伙人协议里非常明确地约定动态调整股份的条款。特别是,股份平均的创业团队需要尽快调整股份结构,以避免潜在的创业风险与冲突。

（2）职权责利对等

为有效保障创业团队分工与协作关系的落实,需要明确每个合伙人的职、权、责、利,并保证每个合伙人的职权责利对等。

职务是合伙人身份的标志,并由此产生计划、组织、领导和控制等基本职能;职权是指合伙人为履行岗位职责所拥有的开展活动或指挥他人的权力;责任是指合伙人行使职权所需要承担的任务和后果;利益是指合伙人因行使职责而得到的报偿和奖惩。拥有一定的职权是保障合伙人履行职责的必要条件之一。合伙人的职权责利的配置主要依据创业团队的愿景目标、合伙人的创业胜任力、合伙人的股份大小、合伙人的现有贡献和潜在贡献等因素来确定。

合伙人的职权责利对等是指所授予给合伙人的权力应能保证其履行相应职责、完成所分派的任务,做什么事给什么权;而合伙人应负的责任大小应与其获得的权力大小相当,有多大的权力就应该承担多大的责任;合伙人所获得的利益必须与其所承担的责任大小相当,有多大的责任就应获得多大的利益。

大多数合伙人之所以对自己担任较低的职务感到不舒服,是因为作为合伙人他们原本处于同等地位。如果他们同等地对企业的债务负责,同等地商讨创业团队的愿景目标和战略方向,那么他们最不愿意看到的就是其他合伙人让他们承担一个次要角色。因此,在确定每个合伙人的职权责利之前,合伙人之间需要开诚布公地交流自己对职权责利的想法和期望。

不管合伙人在创业团队中担任何种职责,他们都必须以一种能够被其他合伙人所接受的方式去履行,否则就会出现管理冲突。每个合伙人必须干得称职,而这意味着创业团队必须设立问责制,并明确每个合伙人的权力清单和责任清单。

2.3 创业团队的创业领导过程

2.3.1 创业与领导

卓越的创业团队必须有一个卓越的核心领导者,必须具有卓越的领导过程。这个核心领导者可能是创始人,也可能是创业团队发展到某一阶段时合伙人达成共识而推举的某个成员。在概念上,创业与领导既有本质区别,又相互关联。创业是一个机会识别、评价和利用的过程。领导是领导者和下属通过变革实现组织目标的影响过程。表 2-3 从愿景、影响、引领创新创造和规划四个方面列出了这两个概念的紧密联系。

表 2-3　领导与创业的概念交织关系

概念	领导	创业
愿景	愿景是激发下属争创一流业绩或其他目标导向行为和组织绩效的主要元素	愿景的特征(简洁性、清晰性、抽象性、挑战性、未来导向性、稳定性、合意性或鼓舞性)和内容(成长意象)与新创事业的成长密切相关;需要通过卷入、参与和一个在事业上富有深远意义的使命
影响	各种关于领导的定义阐述领导的一个共性是具备影响他人朝着目标努力奋斗的能力。广泛使用理性说服对上级、同级和下级施加影响	创业者不仅识别机会,而且能够整合资源以实现他们的创业愿景。当愿景具有合法性,并与创业者的价值观和利益相关者的需要相一致时,理性的说服和鼓舞性号召更加有效
引领创新创造	带领具有创造性的群体需要技术专长和创造力,还需要使用许多施加直接或者间接影响的策略	创业领导应该参与创意产生、创意组织和创意推广(在一项事业的初期阶段创意的产生至关重要,而在后期阶段创意的组织和推广更加重要)
规划	在复杂动态的环境下,人们必须协调他们的行为。因而,做出规划对绩效具有至关重要的影响	为预见战略选择上的潜在偏差,创业者需要对未来的行动有一个清晰的心理模拟

资料来源：Cogliser & Brigham,2004.

2.3.2　创业领导行为

在本节中,我们将讨论创业团队中创业领导行为的本质和主要作用。首先,请完成自测题来评定你是如何施展创业领导行为的。

 自测题

创业领导行为

请判定你自己实际或准备在创业过程中施展这类行为的情况,将数字 1～5 填写在每一个题项前面的横线上。

1———2———3———4———5
很少　　有时　　经常

_____　1. 构建创业愿景,阐明它的实现路径,并相信下属能完成此愿景

_____　2. 树立具有挑战性但通过自己与下属的共同努力能实现的创业目标

_____　3. 采用多种影响策略激励下属为实现创业愿景和目标而努力奋斗

_____　4. 坚定快速地做出战略性决策,并愿意承担未来失败的责任

_____　5. 注重变革,坚持不懈地引领下属开展产品和服务的突破性创新

_____　6. 敢于竞争,为抓住机会而勇于超前竞争对手采取创业行动

_____　7. 愿意承担风险,并有效管控风险

_____　8. 创造性地提出解决问题的方案

将8道题的分数加总,以此判定你的总体的创业型领导行为。你的分数越高则说明你施展了更多的创业型领导行为。将你的分数填写在这里_____并标注在下面的轴线上。

8——12——16——20——24——28——32——36——40

弱创业型领导行为 强创业型领导行为

资料来源：Cogliser & Brigham,2004;Gupta,MacMillan & Surie,2004;Ireland,Hitt & Sirmon,2003;Renko et al.,2015.

创业型领导是指创建一个愿景,以此召集和动员下属,并激发下属承诺于发现和实现具有战略价值创造的创业机会的一种领导行为和过程。创业型领导包含两个维度、五大作用和十九个特征,如表2-4所示。

表2-4 创业型领导的两个维度、五大作用和十九个特征

维度	作用	特征	含义
愿景设定	● 创设挑战	● 绩效导向	● 设定高绩效标准
		● 雄心壮志	● 设立高目标,努力奋斗
		● 见多识广	● 知识渊博,知晓信息
		● 洞察深邃	● 直觉超强
		● 充满愿景	● 树立愿景,憧憬未来
	● 肩负责任	● 战略预见	● 预见未来可能发生的事件
		● 建立自信	● 帮助别人获得自信,并对他们充满信心
		● 善于交际	● 深谙人际技能
	● 清除障碍	● 擅长谈判	● 能高效地与别人谈判
		● 令人信服	● 具有不寻常的说服能力
		● 鼓励促进	● 给予勇气、信心或希望
角色创建	● 建立承诺	● 鼓舞人心	● 激发别人的情感、信念、价值观和行为,并激励他们为实现愿景而努力奋斗
		● 满腔热情	● 展示和传授浓厚的工作热情
		● 组建团队	● 促进团队成员共同工作
		● 持续改进	● 致力于持续改进绩效
	● 明晰界限	● 高效整合	● 将人和事整合成一个富有凝聚力的工作整体
		● 智力激发	● 鼓励别人开动脑筋去挑战其他人的信念、成见和态度
		● 积极进取	● 通常保持乐观自信
		● 果断决策	● 坚定快速地做出决策

资料来源：Gupta,MacMillan & Surie,2004.

创业型领导需要完成两项相互关联的挑战性工作，即愿景设定和角色创建。在愿景设定中，创业型领导主要发挥三大作用，即创设挑战、肩负责任和清除障碍。创设挑战是指创业型领导为创业团队设定具有挑战性但经过持续努力可以实现的目标，以此推动整个团队将自身能力发挥到极致。这项工作旨在发现和创造一个值得锲而不舍地追求的愿景。肩负责任是指创业型领导勇于承担未来创业失败的责任，以此帮助下属为完成创业愿景而自信地努力奋斗。清除障碍是指创业型领导预见并消除来自企业内外的阻力和障碍，以此获取创业所需的关键资源和信息。

在角色创建中，创业型领导主要发挥两大作用，即建立承诺和明晰界限。建立承诺是指创业型领导运用团队建设技能激发和塑造一个能够高度承诺于实现创业愿景的团队。明晰界限是指创业型领导通过消除团队成员给自我强加能力局限的想法，重塑团队成员个人对自我能力的知觉，以坚守创业承诺。总之，创业型领导是组织开展战略性创业、获取竞争优势并持续创造价值的基石。创业型领导本质上是面对快速动态变革的竞争环境，通过愿景设定和角色创建两项关键任务承诺发现和实现具有战略价值创造的创业机会的一种领导行为和过程。

2.3.3 创业冲突管理

创业冲突发生于合伙人之间意见不合和处于对峙状态的时候。创业冲突是不可避免的，因为全部合伙人对事物的意见不可能完全一致。一个创业团队如何处理冲突决定了这个团队能否成功创业。

所有的人际关系都依赖于心理契约。心理契约是人际关系各方之间隐含的不成文的相互期望。作为一个合伙人，关于你将对创业团队做出多大的贡献以及创业团队将提供给你多大程度的报酬，你会有一系列的心理期望。合伙人心理契约的破坏通常归结于两个原因：第一，不清楚自己的期望，也不清楚对方的期望；第二，推测对方的期望与自己的期望是相同的。

创业冲突按照产生的后果，可分为障碍性冲突和建设性冲突。前者是指阻碍了创业愿景和目标实现的冲突；后者是指创业愿景和目标一致，而实现创业愿景和目标的途径、手段不同的冲突。建设性地解决创业团队的冲突是创业型领导的一项重要技能。因此，本节不讨论创业冲突的积极性和消极性，而是重点讨论如何管理创业冲突以有效实现创业愿景和目标。

当合伙人面对创业冲突时，可以选择 5 种冲突管理风格之一，如图 2-2 所示。不同风格解决创业冲突的行为会产生不同的输赢结局。你倾向的创业冲突管理风格取决于你的人格和领导风格，并不存在适用于所有情境的最佳创业冲突管理风格。

卓越的创业型领导鼓励解决创业冲突并在整个团队中建立合作氛围，鼓励所有合伙人学会如何与他人和谐相处。表 2-5 提供的模型可以用来帮助创业型领导提高管理创业冲突的技能。你可以用这个模型对他人提出的问题做出回应，并调停和解决创业冲突。

较多考虑 他人的需求	随和型风格 ● 消极行为 ● 你赢我输		合作型风格 ● 维权行为 ● 你赢我赢	较多考虑 他人的需求
		谈判型风格 ● 维权行为 ● 你赢一些、 　我赢一些		
较少考虑 自己的需求	回避型风格 ● 消极行为 ● 你输我输		强制型风格 ● 攻击行为 ● 你输我赢	较少考虑 自己的需求

图 2-2　创业冲突管理风格

资料来源：克里斯托弗·F.阿川、罗伯特·N.罗瑟尔，2010.

表 2-5　合作型创业冲突解决模型

着手解决冲突		回应解决冲突		调停解决冲突	
步骤 1	策划一份维持问题所有权的 BCF 声明。当你实施 B（行为）时，发生了 C（结果），而我感到了 F（感觉）	步骤 1	倾听并使用 BCF 模型解释冲突的结构	步骤 1	令各方用 BCF 模型陈述自己的意见
步骤 2	陈述自己的 BCF 声明，双方就冲突的问题达成一致意见	步骤 2	认同对方抱怨中的某些方面	步骤 2	各方共同认可冲突问题
步骤 3	询问或提出冲突的解决办法	步骤 3	询问或给出解决冲突的方法	步骤 3	商讨冲突解决方案
步骤 4	达成协议，做出改变	步骤 4	达成协议，做出改变	步骤 4	达成协议，做出改变
				步骤 5	采取后续行动，确保解决冲突

资料来源：克里斯托弗·F.阿川、罗伯特·N.罗瑟尔，2010.

本章小结

　　组建一个优秀的创业团队必须具备两个基石：一是构建优秀的团队心智结构，二是构建优秀的团队治理结构。卓越的创业团队必须有一个卓越的核心领导者，必须具有卓越的领导过程。创业型领导本质上是面对快速动态变革的竞争环境，通过愿景设定和角色创建两项关键任务承诺于发现和实现具有战略价值创造的创业机会的一种领导行为和过程。创业型领导需要完成两项相互关联的挑战性工作，即愿景设定和角色创建。在愿景设定中，创业型领导主要发挥三大作用，即创设挑战、肩负责任和清除障碍。在角色创建中，创业型领导主要发挥两大作用，即建立承诺和明晰界限。

?本章思考题

1. 为什么创业团队对创业成功具有举足轻重的作用？

2. 如何组建一个优秀的创业团队？

3. 为什么创业领导很重要？

4. 如何培养和提升创业团队的领导力？

5. 如何开展卓有成效的创业领导？

6. 如何沟通和调解创业过程中合伙人之间的冲突？

7. 调查三个高技术创业企业（至少一个是创业失败企业），总结和提出"寻找创业合伙人、组建创业团队和设计股权结构"等议题的具体原则和实战性方法。

案例分析

浪潮国际：如何走出业绩下滑的困境？

2013 年 3 月的一天，乍暖还寒。在北京浪潮国际文化交流有限公司（简称"浪潮国际"）的会议室里正在进行一场气氛紧张的企业咨询会议。会议是由一个叫"创业成长互助联盟"（简称"创盟"）的公益组织发起的，创盟通过提供各种智力支持，帮助陷入困境的盟友企业尽快走出泥沼，重回高速成长的快车道。参加咨询的专家成员包括创盟内部一些优秀企业的创始人、风险投资公司的合伙人、管理咨询公司的顾问以及进行创业研究的高校教师。

会议一开始，浪潮国际的董事长兼总经理 Michael Zhang（男）首先介绍了在场的一个合伙人 Henry Lee（男），以及正在路上赶过来的第三个合伙人 Jenny Lee（女）。这是一家为在校师生提供国际教育及文化交流项目的公司，为了体现公司的国际化特色，每个人都有一个英文名字，公司内部也习惯了以英文名称称呼彼此。Michael Zhang 是一个 45 岁左右的中年人，理工科背景，有 15 年左右的创业经历，浪潮国际是他创建的第二个公司，成立于 2005 年，他本人目前也是浪潮国际的第一大股东。Henry Lee 和 Jenny Lee 之间是姐弟关系，在浪潮国际创立一年后以合伙人的身份加入公司。其中 Jenny Lee 大约 42 岁，国际贸易本科毕业，曾经留学美国，嫁给了一个美国人，英文流利，在美国有广泛的人脉关系和资源，以前主要从事国际旅游业。而弟弟 Henry Lee 则在浪潮国际主要从事日常的内部管理工作，从咨询现场的行为举止来看，他性格比较温和，沉默寡言，踏实务实。

2007 年开始，凭借 Jenny Lee 所带来的海外资源，浪潮国际敏锐地抓住了美国政府推出的"大学生暑期赴美带薪实习项目"（summer work travel，SWT），并迅速做大，成为这个项目领域的领头羊。在生意最顺的 2011 年，浪潮国际组织了大约 3000 名中国大学生赴美带薪实习，公司的销售额 1 亿元左右。但是，近两年来，因为各种各样的原因，公司增长乏力，营业收入始终徘徊在 7000 万元左右，企业内部矛盾重重，创始团队感到非常迷茫和痛苦。

　　"我认为公司最大的问题就是缺乏清晰的战略！""老大自己很迷惘,就把自己关在办公室,合伙人之间根本无法沟通！"匆匆赶来的 Jenny Lee 一副很职业化的打扮,刚坐下不久,她就开始不停地打断 Michael Zhang 关于公司情况的介绍,显示出其强势、直截了当的沟通风格,而 Michael Zhang 则托着腮帮子,靠在椅子上,显得比较压抑和沉闷,甚至有点退缩。公司合伙人之间的剑拔弩张让咨询团队感到非常惊讶。大家都在考虑,浪潮国际所面临的诸多问题的核心到底在什么地方？ 如何帮助浪潮国际走出目前的困境？

公司和行业

　　浪潮国际所在的行业既不是纯粹的教育行业,也不是纯粹的旅游业,而是处于旅游行业和教育行业的交叉处。事实上,公司仍然在尝试开发新产品,很难清楚地界定公司所在的行业特点,不过,总的来说,浪潮国际的产品比较类似于海外游学。

　　在过去的十年里,随着中国人均 GDP 的快速提高,父母对孩子的教育更是一掷千金,希望孩子能早日去国外读书和旅行,因此,学生出入境市场处于高速增长阶段。除了长期的海外留学以外,短期的海外游学市场也持续火爆。"所谓海外游学(yoosure),不是单纯的旅游,也不是纯粹的留学,它贯穿了语言学习和参观游览,恰如其分地融合了学与游的内容"。最初开拓海外游学市场的都是旅游公司,以"看名校"为噱头带学生旅游。之后随着留学中介、教育机构陆续进入市场,这些机构因为自己的海外学校资源优势而逐渐成为海外游学市场的主角。目前,提供"游学"服务的主要有两类机构:一类是旅行社。比如广之旅推出"澳洲布里斯班名城名校英文之旅 20 天"项目,提供澳大利亚布里斯班圣约翰学院的短期就读服务。鸿鹄旅游推出的为期 11 天的常春藤名校游学,参观哈佛大学、麻省理工学院、耶鲁大学、哥伦比亚大学、普林斯顿大学、乔治·华盛顿大学等 6 所名校。另一类是教育培训机构和咨询服务公司,像新东方、环球雅思、金吉列、澳际教育等这些比较有影响力的留学培训机构,都把"海外游学"的条目放在了网站的醒目位置上。以新东方公司为例,每年组织两三万名中小学生和大学生,在海外游历 1～4 周时间,学习语言课程、参观当地名校、入住当地学校或者寄宿家庭、参观游览国外的主要城市和著名景点,试图做到学和游的结合。但是,这些游学项目价格不菲,一般来说都得三四万元,有的甚至高达十一二万元。而且,这些游学项目经常是走马观花,接触不到当地的居民和学生,无法提高自己的外语水平,学不到什么真正的东西。

　　浪潮国际认为,相对于浮光掠影的游学项目,在教育和文化交流方向具备更加核心内容的项目更能满足理性化的需求、更具成长性和可持续性,因此,Michael Zhang 将公司使命定为"通过与中小学及大专院校深度合作,为在校师生提供国际教育及文化交流项目、开拓国际视野"。创始人坚信教育国际化将改变中国,试图"打造中国院校国际化最大的平台"(公司愿景)。

　　自从 2005 年成立以来,公司首先开发了针对中学生的海外游学项目,通过 home stay (家庭住宿)的方式,组织日渐富裕起来的中国家庭送孩子去美国,通过在当地家庭生活两三个月,深入了解美国文化,提高英语水平,开拓国际视野,结交外国朋友。创业之初,因为公司缺乏强大的品牌和广泛的海外资源,业务规模非常小,每年也就是组织两三个团、上百个学生去美国游学,公司苦苦地挣扎在死亡线上。

2006 年，Michael Zhang 遇见了 Jenny Lee。多年来从事旅游业、英文娴熟的 Jenny Lee 告诉他美国政府最近推出了一个 SWT 项目，而自己在美国政府和大学方面有很多的资源，大家可以一起合伙创业。犹如天降甘霖，双方一拍即合，迅速达成了合作意向，重组了公司。在重组后的浪潮国际里，Michael Zhang 占 45％的股份，担任公司的董事长兼执行总裁，主要负责公司全局业务、制定与实施公司战略与年度经营计划、建立和协调国内的政府关系、与国内院校进行合作等；Jenny Lee 占 35％的股份，主要负责海外资源的整合和产品开发；而她的弟弟 Henry Lee 占 20％的股份，主要负责公司内部管理工作，包括分管综合办公室、人力资源部、财务部与客服中心等工作。

从 2006 年到 2011 年，虽然三个人的合作过程中难免磕磕绊绊，但是创业团队配合得相当默契，彼此之间高度信任，而公司业务也像搭上了顺风车一样高速增长。2007 年，也就是引入 SWT 项目的当年，成行上百人；2008 年夏天，仅 SWT 项目就成行 1000 多人，再加上其他的项目，全年总共成行 1200 多人，成为中国最大的出入境服务平台。好日子还在后头，2011 年，仅 SWT 项目就成行 3000 多人，在该项目领域内占据绝对领先地位，远远超过其他竞争对手。加上其他产品，公司全年的营业收入为 1 亿元左右。

与此同时，公司全力以赴打造自己的品牌。例如，2007 年，通过与美国教育交流委员会和其他政府机构的合作，进一步提升公司在客户心目中的地位。2008 年，通过在北京大学百年纪念大礼堂召开"免费实习岗位捐赠仪式"，奖励优秀学生赴美名额，进一步扩大了公司的社会影响。特别是，从 2008 年开始，公司先后多次在洛杉矶、纽约、华盛顿等地举行了"大学生赴美社会实践"成果报告会，先后吸引了将近 300 家中国院校参加，深化了公司与院校之间的合作关系。

目前，公司员工超过 140 人。除了北京以外，公司在中国的其他 8 个城市，也就是美国在中国设有使领馆的城市全都设立了分支机构，包括上海、广州、武汉、西安、成都、长沙、沈阳和青岛。这样的组织结构，可以让销售和服务团队更加贴近终端客户（院校和学生）。此外，公司还在美国洛杉矶设立了分支机构，主要是进一步拓展美国资源，提升学生在美国的服务保障。

公司主要产品

虽然从 2009 年开始，公司就着手开发除了 SWT 以外的其他产品，试图完善公司的产品线，提高竞争门槛，但是，多年来公司的主要营业收入仍然来自 SWT 项目，该产品的销售额在公司所有产品组合中至少占据 70％。

具体来说，SWT 项目是由美国政府提供名额，美国企业提供岗位，浪潮国际负责招生和后勤保障，在这个过程中，浪潮国际收取 2 万元左右的报名费。参与 SWT 项目的学生持 J 类签证进入美国企业进行为期 3～4 个月以带薪实习为主体的短期社会实践。该项目为中国大学生提供了一个踏上美国国土、体验美国生活文化、提高英语水平、进入美国企业与美国同事以及来自其他国家学生并肩工作的机会。Michael Zhang 介绍说，浪潮国际"最先将 SWT 项目大规模引入中国，并受到广大学生和院校欢迎，开拓出新的市场，激发并满足潜在学生的需求。在该细分市场，浪潮国际始终处于主导地位，确立了行业服务标准。目前合作院校遍布全国20多个省区市,近300余所"。但是,Michael Zhang 也承认,参与该项目的中国院校主要是一些二三本的院校,这些院校自身缺乏国际化的能力,很乐意看到浪潮国际提供这样的国际化项目,有助于提高学校的知名度,同时给学生提供了一个开拓国际视野的机会。报名参加 SWT 项目的学生家庭,不是那些非富即贵的阶层,而主要来自一些中等收入的家庭,他们可以缴纳2万元左右的报名费,支付往返机票和部分在美国的生活费,让孩子去美国体验一下异国他乡的生活。同时,通过自己的劳动,学生可以从美国企业里领到每月1000美元左右的薪水,以弥补生活费用。限于语言能力和工作能力,第一次走出国门、离开父母怀抱的大学生在美国从事的工作也只能是一些简单的体力工作,例如,在麦当劳从事收银工作、在酒店从事客房服务等。显然,这样的项目对于那些"985""211"高校的学生,或者富裕家庭几乎没有什么吸引力。

为此,公司还开发了一些其他项目,试图吸引一些更好的生源和更有支付能力的家庭。例如,暑期赴美社会调查项目(SRA 项目)就是其中一项。该项目以中国高校青年教师为骨干,在美国教师的协助下,带领优秀的学生组成调研小组,从微观和宏观不同层面,以不同的调研课题(社会职能部门、家庭结构、教育、医疗体系、志愿者和中国传统文化展示等)为工具,深入美国社会,亲身体验对比两国的文化和制度差异等。该项目于2009年推出,当年成行80余人,目前每年也就是两三百人的规模。

除此之外,公司还开发了其他一些产品,包括:①赴美公立高中交换生项目。参与该项目的学生持 J-1 签证赴美公立高中就读一学年,学习期间入住美国当地友善的志愿接待家庭,充分了解美国文化、全面体验美国式教育,同时与美国人民分享中国文化。②美国名校深度体验项目。参与该项目的学生通过在美国大学参加一些讲座、参加丰富的课外活动和对美国一流大学的考察参观,深入接触美国大学生活、民俗风情和文化传统,结交国际朋友,在生动活泼的活动中全面提高学生的英语听、说、读、写的综合能力。③美国名牌大学直通车项目。参与该项目的学生持 F 类签证进入美国社区学院,以较低的学费完成两年制大学基础课程后,有希望根据 GPA 分数转入美国知名大学深造专业课程,并取得名校学位等。但是,这四个新产品推出以来,从来没有达到规模化的程度,仅占公司营业收入的15%左右。而其余15%的收入,主要来自帮助学生订购机票和住宿等的服务费。

从客户类型上来说,公司主要客户包括两个群体,一个是高等教育方向,包括大学生暑期赴美带薪实习项目、大学生赴美专业实习与培训项目、青年师生赴美社会调研项目和海外名校专业研习项目;另外一个是面向中小学生的基础教育方向,包括中外教育对比(中美师生课堂实践)和短期文化交流(具备核心教育意义的夏、冬令营)。Michael Zhang 认为,公司应该围绕着学生成长的不同阶段,推出有针对性的产品,增加客户对公司的黏性,尽快摆脱 SWT 项目一次性消费的特点。所以,公司近年来对基础教育方面投入更多的资源。例如,2012年,浪潮国际在前期中小学生海外交流项目的基础上,正式成立了基础教育部,试图在中小学生的海外游学市场上取得更大的收获。其中一个重要举措就是通过与中国对外友好合作服务中心的合作,全力推动"全国中小学合作发展计划",试图打造中国教育国际化航母。但是目前,这方面的收入聊胜于无。

目前面临的困惑和挑战

自从 2011 年以来,美国经济不是很景气,所以,美国政府大幅度削减了 SWT 项目的名额,再加上竞争对手之间的一场混战,浪潮国际在 SWT 项目上高速增长的步伐戛然而止。虽然中国学生报名参加 SWT 的人数远远超过美国政府所能提供的名额,招生根本不是大问题,但是,浪潮国际每年能拿到的名额是有限的,只有 2000 个左右,SWT 业务的增长遇到了"天花板"。2010 年,公司收入 7100 万元左右;2011 年,公司收入 1 亿元左右;2012 年,公司收入下降到 7400 万元左右,平均利润率不到 10%（见表 2-6）。

表 2-6　2008—2012 年浪潮国际销售额　　　　　　单位:万元

项目	2008 年	2009 年	2010 年	2011 年	2012 年
SWT 项目	2900	3800	5700	8000	5500
其他项目	—	200	400	600	800
机票、住宿等	300	700	1000	1400	1100
总　计	3200	4700	7100	10000	7400

特别是,因为老产品的营业收入规模下降,新产品的市场开发不力,公司转型困难,近两年来合伙人之间关于公司的战略定位等问题,爆发出激烈的争执。虽然 Michael Zhang 在公司里主要负责销售,但是他内心里一直想做一个教育公司,希望紧紧围绕着学生的潜在需求,开发有核心价值的教育产品。而 Jenny Lee 则认为,公司应该围绕着资源去做事情,在海外能拿到什么样的资源就应该做什么。在 Jenny Lee 看来,公司应该进一步扩大游学目的地和线路,向一个旅游公司去发展。简单地说,就是公司的战略定位到底应该偏向"游",还是偏向"学"? 2012 年年底的时候,这种争执达到了白热化。Michael Zhang 依靠他偏执、强硬的风格取得了相对的优势,Jenny Lee 对继续合伙创业感到失望,减持了自己在公司的股份,出售了 20% 的股份给 Michael Zhang,自己目前只保留了 15% 的股份,只是担任董事,不再插手日常的经营,而是另外与他人再次合伙创业,做针对中国富裕人群的高端旅游业。这也是为什么会议刚一开始的时候,Jenny Lee 没有及时赶到的真实原因。

Michael Zhang 在介绍公司时说:"创业之初,我们的梦想是构建一个当代青年相互沟通、学习的平台,帮助青年人进行跨文化交流。通过我们提供的产品和服务,帮助学生了解关于全球经济、政治、文化发展的大格局,掌握独立学习、思辨的正确方法。我们坚信,中国未来的改变必定需要有创新思想的人。这些人一定是对于中西方政治体制、法律体制、社会体制和社会制度有深度了解的人!"此外,Michael Zhang 也进一步披露了自己的真实心迹:"我有两个孩子,一个 4 岁,一个不到 1 岁。我希望通过我们的努力,改变目前社会不完善的地方,让自己的孩子未来能够生活在一个平等、和谐、安详,而且不恐惧的社会里。"

话锋一转,他开始谈到公司目前面临的发展瓶颈和未来目标。"公司经过前期快速发展后,目前停滞不前,销售额一直在 7000 万元左右徘徊。特别是在发展战略、商业模式、组织结构、团队建设、营销模式等诸多方面，面临很多困惑和瓶颈。我们希望能在各个方面进行突破和改良，未来三年再次实现快速增长，成为在学前教育、基础教育、高等教育方向上国际教育交流领域全国第一。希望三年以后的营业收入超过三个亿，争取融资上市后加快扩张。"

关于具体的困惑，Michael Zhang 一口气列举了 11 个方面的问题，涉及公司使命、战略方向、新产品研发、团队建设、团队架构、人力资源、绩效目标的设定、业务流程、营销模式、CEO 个人的自我修炼、CEO 的时间管理等。概括起来，主要包括以下几个问题：

公司的核心价值到底是什么？我们到底为谁服务？我们到底应该成为一个教育公司，还是成为一个旅游公司？我们的愿景"打造中国院校国际化最大的平台"是否合理？如何对公司的发展进行准确定位？

虽然公司前期的市场拓展主要依赖于与学校的合作，但是，浪潮国际的客户到底应该定位在教育部门和院校，还是真正掏钱的学生和家长身上？我们是否可以跳过院校，直接服务于最终用户即学生呢？换句话说，浪潮国际的业务模式应该是 B2B 的，抑或是 B2C 的？

"在教育产业链上，我们应该如何打造持久的核心竞争力，而不是依赖于一些外界的、脆弱的机会（例如 SWT），守株待兔？在有限资源的情况下，公司应该更加深刻地了解学生和学校的需求，开发满足客户需求的产品，然后在渠道上发力，加大对新产品的市场推广？还是应该着眼于获取更多的海外资源，满足于高效地使用资源？例如，在出境服务方面，美国占据了 55% 的市场份额，我个人认为，我们首先要做好美国市场。如果我们不能做好美国市场，其他的市场估计也做不好。但是 Jenny Lee 的想法是，我们可以横向扩展其他欧美国家的游学市场，我们真的应该这么做吗？另外，公司应该是在基础教育、高等教育多线多点多项目齐头并进，还是应该暂且收缩，主攻几个点？"总之，Michael Zhang 更倾向于以产品和客户为中心，做一个提供深度内容的教育类公司，而 Jenny Lee 更倾向于以资源为中心，打造一个海外游学的平台，从海外拿来的资源即使自己无法做，也可以发包给其他更小的公司。为此两人争得面红耳赤，几乎无法和平相处。

关于组织结构，虽然浪潮国际只有 140 多人的规模，但是在 8 个地方有分支机构，总部的命令在分支机构无法得到很好的落实，很多事情到了最后总部只有亲自操刀才能积极推进。为此，2012 年下半年的时候，浪潮国际引入国内某一著名的咨询公司进行组织诊断，该咨询公司开出了矩阵式的组织结构的药方。但是，公司高层觉得这样的药方有可能没对症下药。"我们这么小的组织规模，适合进行矩阵管理吗？如何做好矩阵的执行？总部与区域之间，各自承担什么样的职能权限？区域负责人的选拔和引入，是北京外派比较好，抑或选拔优秀的当地人员？本地新入职的人员如何保持公司文化和理念的统一？"

关于人力资源管理，Michael Zhang 也有一肚子的苦水要倾诉。"都说这些年来大学生就业率很低，可是我们的招聘工作一直很不理想，尤其是合格简历量比较小，真正的根源何在？是招聘的渠道不够广泛？还是因为公司处于创业期，公司比较小，无法吸引优秀的人才？人员招聘到底是人力资源部门的事情，还是需求部门的事情？对于高级管理人员的招聘，除了猎头以外，还有更加有效的途径吗？过去的三年里，我们从跨国公司引进了四个高管，但是，目前只剩下一个。为何这些高管来了又走了，留不住人呢？高级管理人员到底应该空降，还是自己培养？如何培养？什么样的素质是最关键的？正副职之间的关系为何始终打架？在提拔骨干员工时，从技能型向管理型转化的关键是什么？技能型的人才能做好管理工作吗？管理团队，为何在淘汰那些不合格的员工尤其是老员工的时候，不能痛下杀手？"

关于营销模式的选择，Michael Zhang 也举棋不定。"除了目前的直营模式以外，我们是否也可以开发代理？直营与代理在现阶段哪种模式更加合适？在现有客户的基础上，公司有一定的能力进入留学咨询的市场，但是，对于这块业务公司应该自己做，抑或外包出去？"

因为最主要的两个合伙人在许多问题上都无法达成共识，经常当着公司员工的面就爆发激烈的争吵，所以，公司里面人心涣散，气氛紧张，基层员工不得不考虑站队的问题。从单纯的股权结构上来说，Jenny Lee 和她的弟弟完全可以联手起来，获得公司的绝对控股权，但是，考虑到离开了 Michael Zhang，即使获得再多的海外资源，公司也不一定能找到足够广阔的市场渠道销售出去。所以，怀着对自己亲自参与创建的企业的眷恋和对 Michael Zhang 的怨恨，她选择了退出公司的日常经营。而 Michael Zhang 一方面需要接受和填补 Jenny Lee 离开以后留下的真空，培养骨干员工积极整合海外资源，另一方面也对自己处理合伙人之间分歧的方式感到不满意。他不无懊悔地问自己："是否有更有效、更职业化的处理分歧的方式？我们每个人在团队中如何进行清楚的定位？公司能走到今天，当然与我自己的许多优点有关系，但是，我也有一些缺点，例如，完美主义倾向，甚至有点偏执、固执和独断。我不属于那种很善于沟通的人，在和 Jenny Lee 发生争吵以后，我经常把自己关在办公室里，甚至有一段时间我很不愿意来公司上班。就如我喜欢滑雪、潜水、三角翼等户外活动一样，在经营企业的时候，我也喜欢新鲜、刺激、冒险，不能忍受无趣、重复的生活，我总是希望公司能高速成长。一句话，我个人对企业的现状的确有决定性的影响，但是，改变自己，谈何容易！不过，我相信自己比其他人更合适带领公司走出业绩滑坡的低谷。如果公司是一条船的话，我必须当船长，舵必须在我的手里！"

经过半个小时的公司情况介绍，再加上一个小时的问题澄清，咨询团队的成员基本上对浪潮国际面临的问题有了一个比较清楚的了解。休息一刻钟后，大家要重新回到会议室，给出自己的咨询意见。

此时此刻，咨询顾问们每个人都在认真地思考，浪潮国际面临的诸多问题就如一堆乱麻，那么其中最核心的问题是什么？如何快刀斩乱麻，理出一个头绪来？先做什么，后做什么，才是最有效的解决方案？另外，这个案例对于创盟的其他公司有多大的借鉴意义？

案例来源：赵向阳，孙舒平. 浪潮国际：如何走出业绩下滑的困境？全国百篇优秀管理案例. 中国管理案例共享中心，2013. http://www.cmcc-dut.cn.

■ ■ 问题讨论：

1. 在浪潮国际面临的诸多问题中，你认为问题的主要症结在什么地方？为什么？

2. 根据浪潮国际已经具有的核心资源和核心竞争力，再加上你对目前留学和游学市场的调查，请帮助浪潮国际明确自己的战略定位，开发新的商业模式。

3. 如果你是 Michael Zhang，你觉得公司的发展仍然离不开 Jenny Lee，你想把她拉回来，重新一起创业。请问你如何与 Jenny Lee 进行沟通与谈判？

4. 如果你是 Michael Zhang，你如何解决面临的问题？先做什么，再做什么？请列出一个比较详细的行动计划。

▌本章精读文献 ▌

Fernald Jr L W, Solomon G T & Tarabishy A. A new paradigm: Entrepreneurial leadership [J]. Southern Business Review, 2005, 30(2): 1-10.

Chapter Article Summary(本章精读文献摘要)：

Since the 1980s, the level of entrepreneurial activity has been increasing, not only because of the electronic age but due to a plethora of new materials, products, financial networks, joint venture possibilities, and paradigmatic changes in politics, economics, and societies. It appears a whole new remodeling of the ways in which business, communication, and government are conducted has emerged. Thus, it is crucial for anyone involved in entrepreneurial ventures, especially the entrepreneur, to fully comprehend the importance of sound leadership practices. This article seeks to demonstrate those characteristics common to both successful leaders and entrepreneurs who operate in dynamic, fast-changing environments. In essence, this article contributes to developing a new paradigm of entrepreneurial leadership.

One of the core arguments in this paper is that a leader has to be entrepreneurial. Entrepreneurial leadership deals with concepts and ideas of entrepreneurship, and individual characteristics or behaviors of entrepreneurial vision, problem solving, decision making, risk taking, and strategic initiatives.

This article identifies characteristics that are associated with successful entrepreneurs and leaders and the number of times those characteristics have been noted in the literature. Risk-taker, achievement-oriented, and creative are the most highly cited characteristics among entrepreneurs whereas visionary, able to motivate, charismatic, able to communicate, honest and sound, and trustworthy are the most highly cited characteristics among leaders. By comparing the characteristics of entrepreneurs and leaders, a model can be developed that specifies the personal characteristics reflected in those who practice entrepreneurial leadership.

Futhermore, this article reveals that the characteristics common to both entrepreneurs and leaders are visionary，risk-taker，achievement-oriented，able to motivate，creative，flexible，persistent，and patient．Risk-taker clearly leads all other entrepreneurial characteristics，and visionary is the strongest characteristic in leaders．These findings are well-supported by anecdotal evidence.

The findings of this article，i. e.，the common characteristics shared by both entrepreneurs and leaders，represent an attempt to both reveal the commonality of these two populations and to provide a base for further studies on entrepreneurial leadership．The characteristics are often found in a successful leader or entrepreneur．These findings may be helpful to individuals considering the entrepreneurial life or seeking other leadership positions.

本章精读文献评述：

20 世纪 80 年代以来，随着电子时代的来临，大批新材料、新产品和新金融网络的涌现，建立合资企业可能性的增加以及政治、经济和社会范式的转变，共同促进了创业活动的迸发。这意味着一种组织商业、通信和治理的全新模式已经浮现。因此，创业企业的所有参与者，尤其是主创者，必须充分认识到健全的领导力实践的重要性。这篇精读文献旨在展示那些在快速变化的动态环境下获得成功的领导者和创业者所具有的共同特征。本质上，这篇精读文献有助于发展一种新的创业型领导范式。

这篇精读文献的核心论点之一是：领导者必须具有创业精神。创业型领导不仅需要关注创业的概念和设想，而且需要关注创业愿景、问题求解、决策过程、风险承担和战略行动等个人特征和行为。

这篇精读文献识别了成功的创业者和领导者的特征。敢于冒险、成就导向和创意新颖是创业者需要具备的最重要特征。富有远见、善于激励、魅力十足、正直坦诚、值得信赖和善于沟通是领导者需要具备的最重要特征。

而且，这篇精读文献揭示了创业者和领导者的共有特征，即富有远见、敢于冒险、成就导向、善于激励、创意新颖、灵活应变、坚持不懈和耐心持久。显然，敢于冒险是创业者首要的特征，富有远见是领导者最强劲的特征。这些研究结果很好地得到了轶事证据的支持。

这篇精读文献的研究结果，即创业者和领导者的共有特征，不仅在理论上揭示了这两个群体的共性，为创业型领导范式的进一步深入研究奠定了基础，而且在实践上为创业企业寻找潜在的创业型领导或培养未来的创业型领导提供了重要的知识框架。

本章作者：刘景江，浙江大学管理学院副教授，浙江大学管理学博士，美国莱斯大学访问学者。主要研究方向：技术创新与创业、竞争动态与网络、管理与组织认知。在 *Journal of Product Innovation Management*，*Management and Organization Review* 和 *International Journal of Technology Management* 等国内外学术期刊上发表论文。

本章案例作者：刘景江。

本章文献评述作者：刘景江。

本章相关引用材料

［1］Cogliser C C & Brigham K H. The intersection of leadership and entrepreneurship：Mutual lessons to be learned［J］. Leadership Quarterly，2004，15（6）：771-799.

［2］Doerr J. Start-up manual［J］. Fast Company，1997(2-3)：84.

［3］Gupta V，MacMillan I C & Surie G. Entrepreneurial leadership：Developing and measuring a cross-cultural construct［J］. Journal of Business Venturing，2004，19(2)：241-260.

［4］Hambrick D C & Mason PA Upper echelons：The organization as a reflection of its top managers［J］. Academy of Management Review，1984，9(2)：193-206.

［5］Ireland R D Hitt M A & Sirmon D G. A model of strategic entrepreneurship：The construct and its dimensions［J］. Journal of Management，2003，29(6)：963-989.

［6］Renko M，Tarabishy A EL，Carsrud A L & Brännback M. Understanding and measuring entrepreneurial leadership style［J］. Journal of Small Business Management，2015，53(1)：54-74.

［7］Rock A. Strategy vs. tactics from a venture capitalist［J］. Harvard Business Review，1987，65(6)：63-67.

［8］Timmons J A & Spinelli S. New Venture Creation：Entrepreneurship for the 21st Century［J］. Boston：McGraw-Hill/Irwin，2004.

［9］程江. 创业团队异质性对创业绩效的影响研究综述［J］. 外国经济与管理，2017，39(10)：3-17.

［10］戴维·盖奇. 合伙人章程［M］. 姜文波，译. 北京：机械工业出版社，2005：5.

［11］黄德华. 谁是你创业的好搭档［J］. 成才与就业，2011(18)：61-62.

［12］克里斯托弗·F. 阿川，罗伯特·N. 罗瑟尔. 卓越领导力：理论、应用与技能开发［M］. 郑晓明，赵子倩，译. 北京：清华大学出版社，2010：203、209.

Chapter 3

第3章 创业法律问题与知识产权

● 学习目标

了解新创企业可选择的组织形式及其特点

熟悉新创企业常见的经营活动合同类型

掌握新创企业劳动合同管理及其法律事项

了解技术型新创企业如何运用专利战略

熟悉新创企业基于商标、商号、域名、App 和微信公众号的品牌策略

掌握新创企业商业秘密存在的法律风险及如何完善保密制度

章节纲要

- 新企业组织形式的选择
- 新创企业合同管理
- 新创企业知识产权管理

开篇案例

库巴网的域名变迁

库巴购物网(简称"库巴网")前身是世纪电器网,成立于 2006 年,是国内领先的家电产品网购服务提供商,众多消费者首选的家电网购平台。库巴网由于网上所有产品均由厂家直接供货,因此除了在产品质量和售后服务方面有较好的信誉之外,还因省却了中间环节带来的费用,平台所售的绝大多数产品在价格方面具有绝对优势,成为中国家电 B2C 网络购物平台的领军者。2010 年 11 月,库巴网被国美电器并购(国美电器斥资 4800 万元控股库巴网 80% 的股份);2012年 5 月国美电器以 1200 万元收购库巴网余下 20% 的股权,自此全权掌控库巴网;2013 年 12 月国美电器集团将国美在线与库巴网两家旗下的电商公司合并,统一品牌和标识为"国美在线",库巴网及库巴品牌不再使用。库巴网官网(域名为:coo8.com)直接跳转至国美在线官网(域名为:gome.com.cn)。

库巴网中文名字的寓意是"仓库巴士",像巴士一样将商品快速出库,送达消费者手中。最初设计域名的时候,库巴网结合自身的业务内容,以"好记"为主,取名为"21HDTV"(寓意"21世纪高清电视"),但是该拼写未能与库巴网的商标、商号等商业标识进行良好的关联,而且从语言习惯上也不能让消费者产生联想,难以记住。后又改域名为"51MDQ"("我要买电器"中文拼音缩写),还是存在同样的问题。

2010年,库巴网决定重新设计其域名,考虑到新域名应该突出品牌的标识作用,增强消费者对企业的认同感;同时从设计技术角度考虑消费者的使用习惯与记忆特点,公司决定使用"库巴"拼音全拼"KUBA"进行登记注册。但是,在域名网站中进行搜索时,却发现该域名早已被登记注册,域名所有权归属一位美籍西班牙人。该所有权人因为KUBA域名与古巴拼音相似,2009年以约1000元人民币的价格从某位中国人手中购得。按照我国法律规定,域名遵循先注册原则,权利人享有独占权利。库巴团队只能与权利人进行购买KUBA域名的贸易谈判。最终,因对方索要10万美元高价,库巴网无奈放弃,转而采用尚未被注册的域名"COO8"。此域名虽然记忆上无规律,还涉及字母与数字的转换,但是该域名由四个半圆圈组成,视觉效果较好,最终被库巴网采用。

案例来源:本章作者访谈库巴网创始人王治全整理而成。

创业过程难以预测,具有不确定性和模糊性(Sarasvathy,2001)。创业者不仅要提升技术才能以及管理才能,还应该培育法律风险管理及防范意识,从创业之初就以法律法规为经营准则,规范创业团队以及企业的行为;同时又能运用法律保护团队和企业的相关权益。

3.1　新企业组织形式的选择

创业者在创建新企业之初,首要考虑的就是组织形式的选择。目前我国企业主要有三种基本的组织形式:个人独资企业、合伙企业和公司制企业(包括有限责任公司和股份有限公司)。创业者首先应了解不同类型企业组织形式的特点,以及可能存在的法律风险,然后根据自有资本情况、企业运作经验、企业税费与运营成本、企业设立程序繁简、利润分配与责任承担、组织存续期限、行业特点等选择适合自身发展的企业组织形式。

3.2　新创企业合同管理

新企业创立后,在生产与经营的各个环节中,需要使用合同来规范和确认相关利益主体的权利与义务,从而保护自身的权益。《中华人民共和国合同法》(简称《合同法》)分则中详细规定了 15 种合同形式，其中与新创企业经营活动相关的最常见合同种类包括：买卖合同、租赁合同与技术合同，以及《中华人民共和国劳动法》（简称《劳动法》）中所规定的劳动合同。

3.2.1　新创企业常见的经营活动合同类型

（1）买卖合同

新创企业作为买方常需采购原材料、设备等；作为卖方需销售产品或服务，无论是从买方还是卖方的角度签订买卖合同时都应注意法律风险问题，及时防范并找出应对措施。

新创企业从购买方的角度，在签订买卖合同时需注意：

①审查卖方主体资格。签订合同时卖方的主体资格必须明确具体。

②明确、具体约定商品名称等信息。比如设备买卖合同中应当对设备的材质、型号、尺寸等内容以及技术附件的约定准确且具体，避免双方在验收标准上产生分歧。

③约定商品质量的风险承担条款。《审理买卖合同纠纷案件若干问题的指导意见（一）》第七条对此有相关规定。

④约定商品的验收方法。比如设备的验收办法可以约定为：根据设备使用的不同进度情况分段进行验收，并且设备价款是根据验收的结果分阶段支付的。

⑤约定商品的运输方式。考虑到运输过程中可能存在的风险，所以应尽可能约定为商品交付前的所有权是属于卖方的，如果产生损失也应该由卖方自己承担。

⑥约定付款方式。付款方式的条款一般是合同最重要的条款，可以结合第④条验收方法的相关条款，分阶段约定付款方式。

⑦重视有关发票的约定。例如，增值税发票可用于抵扣税款，直接关系到新创企业的收益。

新创企业作为卖方，在签订买卖合同时需要注意的事项如下（蒋松等，2010a、2010b）：

①审查合同主体。以设备买卖合同为例，买卖合同的买方可能是工程总包方或者业主，也可能是工程总包方设立的一家设备采购公司，而两家公司的法定代表人可能不是同一个人，此时总包方并不是该设备买卖合同的相对人不必然承担合同履行中的违约责任。

②明确约定商品交付的时间、地点等。收货人一般在合同中都有约定，但在实际情况中由于各种原因，收货人很可能会发生变化，以致真正的收货人与合同约定的收货人不是同一人，一旦由于买方不按时付款或因其他原因产生了纠纷，问题的严重性就会突显出来。为了防范法律风险，减少不必要的损失，针对交付问题可采取两条应对措施：一是商品交付前再与买方书面确认，得到买方具体收货人的书面通知；二是在交付后及时与买方确认，得到书面回复，以免交付过后双方产生纠纷时买方矢口否认。

③约定运输方式和费用承担。合同中需要在细节上进一步明确，包括运输方式的选择、起运时间的设定、商品的在途时间等问题。

④约定验收标准、验收方式与验收时间。验收标准条款对于卖方至关重要，合同中必须明确约定商品的验收标准。验收方式是商品交付后如何验收的问题。验收时间最好约定得明确具体。

⑤约定付款方式及付款比例。合同中约定的付款时间及付款方式应当明确具体,如果分期付款的话,应当明确约定每次付款的前提条件。

（2）租赁合同

新创企业,尤其是生产型企业,在起步阶段或者扩大生产阶段可通过租赁经营或租赁生产的方式,既能解决短期内的生产需要,又能减少不确定性带来的未来设备等有形资产的闲置问题。租赁合同的内容包括租赁物的名称、数量、用途、租赁期限、租金及其支付期限和方式、租赁物维修等条款。

租赁合同签订中需注意以下方面(姜延年等,2014)：

①确认租赁物的权属状态。确认出租方是否拥有完全产权,审查是否存在挂靠或者质押等情况。

②审核出租方主体资质。出租方分为自然人和法人两种。以个人名义签署的租赁合同有成本低、容易管理等相对优势,但存在一定的管理风险,需加强对出租方营业执照、租赁资质及管理能力的审查。

③明确租赁物基本技术指标。以管道设备为例,合同中应明确其操控系统、动力系统、显示系统、灯光系统、液压系统等相关的基本技术指标。

④约定租赁合同价格。约定价格中应包括各种费用,并单独列出其他需要单独收费的项目。需标明租金起算时间和支付时间,而且必须充分考虑可能面临的各种不可预见的因素及其会产生的必需的费用。

⑤约定租赁物的保修条款。租赁合同中必须明确规定出租方要负责租赁物的维修、保养服务,租赁期间发生的所有维修保养费用都必须由出租方承担,并且应明确设备发生故障时出租方有责任在约定时间内修复标的物,以最大限度地减少因故障造成的经济损失。

⑥约定合同解除与违约责任条款。租赁合同的履行过程中,如果出租方没有按约定时间交付租赁物,或者交付了却验收不合格,或者无法修复投入使用,承租人有权要求解除合同,要求退还已支付租赁费用,要求出租方支付合同约定的违约金。

（3）技术合同

技术合同是技术型新创企业常用的合同类型,是当事人就技术开发、转让、咨询或者服务订立的确立相互之间权利和义务的合同,应当采用书面形式。与履行合同有关的技术背景资料、可行性论证和技术评价报告、项目任务书和计划书、技术标准、技术规范、原始设计和工艺文件,以及其他技术文档均可作为合同的组成部分。技术合同价款、报酬或者使用费的支付方式可采取一次总算、一次总付或者一次总算、分期支付,也可以采取提成支付或者提成支付附加预付入门费的方式。

技术合同可细分为以下四种：

①技术开发合同。技术开发合同是当事人之间就新技术、新产品、新工艺或者新材料及其系统的研究开发所订立的合同。技术开发合同包括委托开发合同和合作开发合同。开发完成的技术秘密成果的使用权、转让权以及利益的分配办法,由当事人约定。

②技术转让合同。技术转让合同包括专利权转让、专利申请权转让、技术秘密转让、

专利实施许可合同。合同可以约定让与人和受让人实施专利或者使用技术秘密的范围，但不得限制技术竞争和技术发展。

③技术咨询合同。技术咨询合同包括就特定技术项目提供可行性论证、技术预测、专题技术调查、分析评价报告等。

④技术服务合同。技术服务合同是当事人一方以技术知识为另一方解决特定技术问题所订立的合同，不包括建设工程合同和承揽合同。技术服务合同的受托人应当按照约定完成服务项目，解决技术问题，保证工作质量，并传授解决技术问题的知识。

3.2.2　新创企业劳动合同管理的法律事项

新创企业往往容易忽略劳动合同的管理，事实上，提高管理劳动合同的能力对于新创企业控制成本和防范可能的风险都具有重要的意义。企业劳动合同涉及的内容，包括主体条款、期限、试用期、工作内容、工作地点、劳动报酬、工时、休息、劳保、劳动条件、职业危害、社保、劳动纪律、规章制度、培训、商业秘密保护、经济补偿、赔偿责任、合同的解除与变更终止、劳动争议、特殊用工等（冯震远等，2008）。合同管理的过程复杂，包括劳动规章制度的制定、劳动合同的订立、劳动合同的履行变更以及劳动合同的解除和终止。

（1）审查劳动合同主体资格

新创企业审查应聘者的入职条件包括：确认其是否具备胜任岗位的能力；确认或排除在录用后所承担的风险（竞业限制、保密协议、双重劳动关系、培训服务期等）；确保其专心于一个工作（是否有兼职工作等）。同时，企业应当如实告知应聘者工作内容、工作条件、工作地点、职业危害、安全生产状况、劳动报酬，以及其要求了解的其他情况，并形成书面材料签字后作为劳动合同附件。新创企业满足员工的知情权可避免员工以"未如实告知有关情况"为由引起争议。

（2）约定合同期限与试用期

劳动合同期限是新创企业与员工在协商一致的情况下，对劳动关系存续期间的约定。劳动合同分为固定期限劳动合同、无固定期限劳动合同和以完成一定工作任务为期限的劳动合同。①固定期限劳动合同是新创企业与员工约定合同终止时间的劳动合同；②无固定期限劳动合同是新创企业与员工约定无确定终止时间的劳动合同；③以完成一定工作任务为期限的劳动合同是新创企业与员工约定以某项工作的完成为合同期限的劳动合同。需要注意的是，新创企业自用工之日起一年内不与员工签订书面劳动合同的，可视为双方建立无固定期限的劳动合同关系。

新创企业就合同期限进行约定的同时，建议还可就试用期进行约定，以便更好地观察新员工的工作能力和个人素质。试用期是在建立劳动关系、签订劳动合同之后，由合同双方约定的互相考察期，在考察期满时，双方根据具体情况做出是否履行或者解除劳动合同的决定。试用期有利于企业和新员工考察对方以及建立相互的信任。

（3）解除和终止合同

新创企业起步阶段人员虽然较少，但也兼具人员流动性高的特点。在进行人员调整时，可参照《中华人民共和国劳动合同法》（简称《劳动合同法》）中解除劳动合同、解除合同程序、人员裁减、劳动合同终止以及相关经济补偿的内容规定。

员工有下列情形之一的,新创企业可以解除其劳动合同:①在试用期间被证明不符合录用条件的;②严重违反企业规章制度的;③严重失职、营私舞弊,给企业造成重大损害的;④员工同时与其他用人单位建立劳动关系,对完成本企业的工作任务造成严重影响,或者经企业提出但拒不改正的;⑤以欺诈、胁迫的手段或者乘人之危,使企业在违背真实意思的情况下订立或者变更劳动合同的;⑥被依法追究刑事责任的。另外,有下列情形之一的,用人单位提前三十日以书面形式通知员工本人或者额外支付一个月工资后,也可以解除劳动合同:①员工患病或者非因工负伤,在规定的医疗期满后不能从事原工作,也不能从事由企业另行安排的工作的;②员工不能胜任工作,经过培训或者调整工作岗位,仍不能胜任工作的;③劳动合同订立时所依据的客观情况发生重大变化,致使合同无法履行,经企业与员工协商未能就变更劳动合同内容达成协议的。

新创企业还应注意在一些特殊情况下是不得解除劳动合同的,包括:①从事接触职业病危害作业的员工未进行离岗前职业健康检查,或者疑似职业病病人在诊断或者医学观察期间的;②在企业患职业病或者因工负伤并被确认丧失或者部分丧失劳动能力的;③患病或者非因工负伤,在规定的医疗期内的;④女职工在孕期、产期、哺乳期的;等等。

企业解除劳动合同或者终止劳动合同的,都应按照相关规定向员工支付经济补偿(参见《劳动合同法》第 46 条)。经济补偿按员工在本企业工作的年限,每满一年支付一个月工资的标准向劳动者支付。六个月以上不满一年的,按一年计算;不满六个月的,向员工支付半个月工资的经济补偿。如果新创企业与员工双方就经济补偿自行达成协议,如约定的给付标准低于法定标准,应在协议中特别注明已明确告知劳动者法定标准,并且要求劳动者在协议中明确已放弃要求补足差额的权利,以避免将来产生纠纷(高翔,2014)。

3.3 新创企业知识产权管理

知识产权是一种基于创新成果的法定权利,是新创企业获得独特竞争优势、以小搏大的重要资源。新创企业涉及的知识产权类型众多,本章重点介绍专利、商标和商业秘密相关的法律法规,帮助企业防范可能出现的法律风险。

3.3.1 商标、商号与网络品牌策略

企业形象识别系统 CIS(corporate identity system)是现代工业设计和现代企业管理营运相结合的产物。以 IBM 公司为代表的美国企业在 20 世纪 50 年代开始把企业形象作为新的经营要素(Martinel,1957;Abratt,1989)。新创企业在进行商标、商号、域名、App、微信公众号等形象标识物设计的时候,一定要避免未来商标侵权、商号争议、域名被抢注等困扰,树立 CIS 意识,建立完整体系的无形资产构架,将传统品牌方式(商标、商号)与网络品牌方式(域名、App、微信公众号)有机地结合起来,塑造企业的个性及其影响力。在设计时,既要从认同感与价值观角度注重企业经营理念和文化的传达,又要从设计技术角度注重消费者的使用习惯与记忆特点;还要遵守相关法律法规的规定,避免因疏忽带来的法

律风险，甚至丧失应有的专属权。

（1）商号的设计

企业名称是区别不同市场主体的标志，起着企业间相互区别、便于识别的作用。我国《企业名称登记管理规定》中提到，企业名称应当由以下部分依次组成：商号（或者字号）、行业或者经营特点、组织形式。也就是说，企业名称中除行政区划、行业或者经营特点、组织形式之外能够显著区别于其他企业的标志性文字即为商号。

商号（trade name）是企业的专属名称，与之享有的专用权称为商号权。企业名称的法律保护实质上就是商号的法律保护。商号起着连接商品与消费者的媒介作用，是商誉的重要载体，其识别价值不仅表现在促使企业不断改善经营管理水平，提高产品质量，而且表现在便于消费者选择商品、维护消费者合法权益等方面。企业常将商号标于商品上，用于区别商品以及注明商品的出处。

企业常常以商号来申请产品的商标注册，比如中国老字号"张小泉""全聚德"等；还有另外一种情况，企业的注册商标与商号不一致，随着商品销售范围与数量的增加，商标的影响力远远大于商号的影响力，企业将自己的注册商标核准登记为商号，比如美国比阿埃斯公司将"耐克"商标改为公司的商号。因此，新创企业在进行企业名称登记时要充分考虑到未来商号与商标的一体化，在进行商号设计时参考相关设计原则。

（2）商标设计与及时申请注册

商标（trade mark）是用来区别一个经营者的品牌或服务与其他经营者的商品或服务的标记。商标有利于培植富有个性的产品形象和市场形象，以取得竞争对手所不及的特定优势，因此，设计和选择一个好的商标是新创企业吸引消费者的重要营销手段。

商标的设计与选择虽然涉及心理学、社会学、市场学、美学、艺术等专业知识，但是首先应该考虑其法律上的有效性。申请注册的商标，应当有显著特征，便于识别，并不得与他人在先取得的合法权利相冲突。商标的显著性是指从总体上具有独自特征并能与他人同种或类似商品的商标区别开来，即"独特性或可识别性"。应遵循以下几个原则（冯晓青，2015）：①使用的商标与所依附的商品没有直接的关联；②使用的商标与他人及行业通用、共用的标志相区别；③使用的商标与指定的商品上的标志相区别；④商标设计要简练突出、线条突出，富有自身特色，做到简单、明确、易记、易听、易看、易读、易写，要既适合商品特点，可引起消费者联想，又适应消费者心理和消费群体的文化素质；⑤如果是外销产品，还应符合输入国商标法规定，符合当地风俗习惯与宗教信仰。另外，正如前面提到的商标与商号的一体化战略，企业使用统一标志名称可获得商号权与商标权的双重法律保护。

商标注册是我国取得商标专用权从而获得法律保护的必要前提，新创企业对其使用或准备使用的商标应该及时申请注册，否则该商标只能是未注册商标，得不到法律的有效保护。包括我国在内的许多国家的法律并不排除未注册商标的使用，未注册商标也并非在任何情况下都得不到法律保护。然而，一旦本企业的商标出名之后，很容易招致抢先注册，丧失自己前期积累的商标信誉。这里的"及时注册"还包括一定地域范围的超前注册，企业在进入国外市场之前尤其应重视获得商标权，为未来商品或服务的进入提供法律保障。

（3）域名设计与及时注册

随着电子商务的加速发展，网络品牌的影响力起着越来越重要的作用，新创企业网络运营能力直接决定了其开展电子商务业务的广度和深度。全球范围内网络业务的迅猛发展，也使域名成为重要的无形资产，甚至被称为"网上商标"。新创企业通过在电子商务活动中有效地实施域名与商号或商标一体化的策略，可以充分结合企业有形空间或者网络空间的商誉优势，利用辐射作用快速形成用户比较熟悉的标识，以较小的成本向消费者推介自己的商品或服务，从而进一步提升企业声誉、企业形象和影响力。

近年来，我国不少知名企业的商标被国内外企业或个人抢注为域名，然后企业再进行谈判以高价赎回。针对恶意抢注的情况，《中国互联网域名注册暂行管理办法》等法律法规有相关规定，但是事后补救的手段具有很大的局限性。新创企业为了预防本企业商标在网络环境下被其他企业抢先申请注册为域名，使本企业的商号或商标在网络空间的影响力淡化、造成损失，应注意及时将自己的商号或商标在网络空间申请域名注册，这样可以有效地防止他人采用抢先注册域名方式的"搭便车"行为。

域名在命名方式上规定是由字母、中文、数字和连字符组成，长度不能超过 20 个字符。好的域名在进行设计的时候，不仅要考虑到作为经营者的商业标识物，与商标、商号等商业标识进行良好关联，还应与消费者的认知逻辑一致。足够简单的中文拼音（比如淘宝 TAOBAO，京东 JD，国美 GOME），或者是全英文逻辑（比如亚马逊 AMAZON），或者是创始人姓氏（如惠普 HP），均是较好的设计理念。数字与字母、数字与拼音的组合效果相对较差，从使用和记忆习惯上来看，消费者需要同时使用两种输入法，切换烦琐。另外，从文化和地域习惯考虑，域名尽量避免选用方言发音相差较大的拼读设计。开篇案例《库巴网的域名变迁》中的库巴网是中国家电 B2C 网络购物平台的领军者，却面临着域名的多次调整。最理想的域名 KUBA 因被注册而放弃，最终选择了 COO8。但是，据创始人王治全事后评论，库巴网 95％的用户都链自搜索引擎，域名 KUBA 当时的价格还是值得购入的。京东早期域名用 360BUY，后来也是重金买下 JD 域名。王治全与合伙人后来进行二次创业，其名下的"大朴网"吸取经验，创立之初就注册登记域名为"DAPU"。

（4）企业产品的 App 设计

随着移动互联网的发展，App 已成为网络品牌的一种类型，成为新创企业品牌形象展示与品牌推广的主要媒介。App 界面称作 UI（user interface），是通过软件实现人机交互的整体设计。App 界面视觉设计对于品牌带给用户的直观感受有着重要的意义，将品牌自身特色与 App 界面视觉设计结合，可以促进品牌的良性传播与发展。

（5）企业微信公众号的申请

随着微信的普及，微信公众号成为网络品牌的一种新形式，成为具有广告效应的新媒体。它是开发者或商家在微信公众平台（简称 WeChat）上申请的应用账号，通过公众号，商家可在微信平台上实现和特定群体的文字、图片、图文、语音、视频等全方位的沟通。按照腾讯微信的服务协议规定，企业微信公众号需要凭借运营者提供的身份证、企业营业执照和组织机构代码证三项资料的完全信息来进行认证。因此，企业成立后应该立即申请、认证并开通公众号名称，避免被他人抢注。

3.3.2 专利的申请、保护与运营

新创企业，尤其是技术型新创企业，有效地运用专利策略将直接关联到企业竞争力的获取与可持续发展。专利是由国家颁发专利证书授予专利权人在法律规定的期限内，对制造、使用和销售享有的专有权利（又称垄断权或独占权）。

（1）专利申请策略

新创企业申请专利的动机各不相同，主要包括：①防止模仿，通过合法权利发布而阻止他人使用（Shane，2001；Arrow，1962；Teece，1986）；②向投资人、潜在合作者以及客户传递信号（Veer & Jell，2012），获得竞争优势；③自己使用，且阻止他人获得专利权（Blind et al.，2006）；④通过转让、许可等经营方式，从专利中获利，比如 IBM 在过去十年仅专利许可费获利就高达上百亿美元（Parchomovsky & Wagner，2005）；⑤自己并不使用，只是为了阻止竞争对手产品或技术的商业化（Cohen et al.，2002）。但是，无论是出于何种动机，企业都将面对是否申请专利、申请时机、申请种类、申请国别等问题。

新创企业发明创造出新技术之后，首先将面临是否申请专利的决策，可决定是否通过申请专利、技术秘密保护或者是公开成果的方式进行。以下情形适合申请专利获得专利权：①达到申请专利要求的新颖性、创造性和实用性（简称"三性"）要求；②技术比较复杂，是领域内的重大成果；③竞争对手容易通过反向工程获得技术要点；④市场前景不明朗、经济价值不确定的成果。以下情形适合采用技术秘密的方式加以保护：①不属于专利法保护的主题；②技术创新成果不具备申请专利的三性要求；③竞争对手能够在研究专利说明书后轻易绕过的成果；④技术成果经济寿命周期短，很快将出现可替代技术。采用公开成果的方式可以使竞争对手的专利申请丧失新颖性，阻止他人获得专利权（冯晓青，2015）。

新创企业一旦决定申请专利，接下来就面临申请时机的决策问题。《中华人民共和国专利法》（简称《专利法》）规定"专利先申请原则"，对专利的及时申请提出了要求，但是过早申请会带来麻烦。例如，过早申请会向竞争对手暴露自己的研发战略和技术秘密。此外，专利保护有期限，我国发明专利从申请日开始保护也仅仅只有 20 年，一旦未能及时商业化，很可能在获得经济回报之前就已经到期。因此，申请时机应该确保研究开发的技术达到一定的成熟度并在研究竞争对手技术发展动态、市场效益等因素后综合考虑。其间要特别注意采取严格的保密措施，以免技术被公开而丧失新颖性。

在申请种类决策上，我国专利分为发明、实用新型和外观设计三种，需要从中选择。其中，发明专利是指对产品、方法或者其改进所提出的新的技术方案；实用新型专利是指对产品的形状、构造或者其结合所提出的适于实用的新的技术方案；外观设计专利是指对产品的形状、图案或者其结合以及色彩与形状、图案的结合所做出的富有美感并适于工业应用的新设计。三者各有其特征，新创企业应该根据发明创造的特点，结合不同要求进行

选择,甚至可采用组合的方式,在实践中同时申请两种或以上的保护形式,以使各种专利申请形式取长补短,并在实践中延长专利保护期限。

在申请国别决策上,专利地域性特征决定了企业只有在其他国家申请专利才能获得保护,因此还需要和企业的跨国经营战略相结合。

（2）专利诉讼策略

技术型新创企业常常会面临专利侵权的纠纷,一种情况是发现对方侵犯自己的专利权利,另一种情况是自己被对方起诉侵犯他人的权利。

新创企业作为侵权方,当被对方起诉时,常用的专利诉讼应对策略包括:①明确原告专利的法律状况。通过收集与该专利技术有关的技术资料和现有文献,查阅专利登记簿、专利公报、专利申请人文件,了解原告的专利申请人、公开日和授权日等具有法律意义的日期,明确原告是否为真正的权利人或利害关系人,确认对方专利权是否在专利保护期内。②剖析双方技术特征要素。针对原告专利权利要求的技术特征逐一分析,并与被指控的侵权产品的技术特征逐一进行对比,从而判断自己生产的相关产品或者使用的相关方法是否落入了原告专利权的保护范围。③请求宣告对方专利权无效。这是企业经常使用的以攻为守的处理方法。④合法使用抗辩权。比如,先用权抗辩,对于在专利申请日前制造、销售的行为容易辨认,通过审查被诉企业制造或销售相同产品的生产记录或销售发票,或者使用相同方法的技术文件即可确认先用权。⑤通过收购、参股原告公司等形式化解诉讼。⑥如果企业具有一定的实力,在没有发现对自己有利的事实证据情况下,如果有对对方具有利用价值的可以进行交叉许可,主动和解,停止侵权,避免扩大损失(冯晓青,2015)。

新创企业作为被侵权方,可以积极运用专利诉讼策略,有力地遏制与制约竞争对手,保护自己的专利权利,制止侵权获得赔偿。企业在发起专利诉讼攻势前,需要选择诉讼对象以及提起诉讼的时机。提起诉讼时,应从权利有效性、管辖、时效、证据等方面进行充分的准备和论证。主要明确以下方面(冯晓青,2015):①专利是否处于保护期内、专利是否有效;②起诉是否超过诉讼时效;③起诉时管辖权的选择:是否有管辖权以及是否对自己有利;④是否充分收集了被告侵权的证据以及本方受到侵害的证据;⑤本企业专利收到请求宣告专利权无效的可能性;⑥进行诉讼需要付出的成本、预期结果和效益情况等。

新创企业作为被侵权人发起诉讼时,由于侵权人戒备性强,其侵权行为常被隐藏而不易被发现,新创企业将会面临巨大的举证难题。"陷阱取证"是知识产权侵权诉讼中常用的收集证据的手段。但是,《最高人民法院关于民事诉讼证据的若干规定》要求证据的获取不能损害他人的合法权益,也不能违反法律禁止性的规定。那么如何区分"陷阱取证"的合法性?从学理上,"陷阱取证"可分为"机会提供型"与"犯意诱发型"取证两种。"机会提供型"取证是指被取证人原本就存在侵权行为,取证人仅通过一定的言行向其表示有意达成一定的交易。在此情形下,被取证人的行为只是在其正常的生产经营范围内,并没有因为取证人的言行而产生新的侵权行为。"机会提供型"取证本身具有实质正当性,其取证行为并未侵害他人的合法权益,若取证方式同时没有违反法律的禁止性规定,则以"机会提供型"方式取得的证据能够被法院采纳。"犯意诱发型"取证是指被取证人原本没有进行相应的侵权行为，而取证人通过一定的诱惑手段，使其产生了犯意，从而实施了侵权行为。此时，被取证人所采用的取证方式不被许可。在"犯意诱发型"取证方式中，被取证人侵权犯意的形成源于取证人，此种取证实质是引诱、教唆侵权。根据民事侵权行为理论，取证人此时同被取证人一起构成共同侵权，应当一并承担侵权责任。所获证据也非法律所认可的合法证据。

（3）专利运营策略

专利运营是企业充分运用专利资产，整合各种资源，提高企业经济效益的市场行为。有学者认为技术可从转让、许可、合资、战略联盟、业务整合及赠与六种模式中获利。新创企业可能涉及的专利运营模式很多，本章仅介绍专利许可与专利转让两种常用的策略。

● 专利转让

专利转让是指将专利权由出让方转移给受让方所有的法律行为。新创企业专利转让分为两种情况：一种是企业自行研究开发出来的专利技术，自己现在及未来都不可能实施，就可以以专利转让的形式收回研究开发的成本，并从中获取利润；另一种是基于Chesbrough（2006）提出的开放式创新概念，新创企业发展初期很难依靠内部资源进行高成本的创新活动，为了适应快速发展的市场需求以及日益激烈的企业竞争，将外部专利技术资源通过受让的方式整合到企业内部。

专利权转让包括专利申请权和专利权的转让。专利申请权的转让是发明创造人或是其他有权提出专利申请的人就该项发明创造的专利申请权转让给受让方所有，由受让方就该项发明创造向专利局提出专利申请。专利权的转让是指专利权人将其所有的专利权让渡给受让人所有，并由受让人行使专利权。

特别注意的是，新创企业无论是作为出让方还是受让方，无论是转让专利申请权还是专利权时，都必须以书面形式订立合同。专利转让合同涵盖的内容主要包括：转让方向受让方交付资料、交付资料的时间、地点及方式、专利实施和实施许可的情况及处置办法、转让费及支付方式、专利权被撤销和被宣告无效的处理、过渡期条款、税费、违约及索赔、争议的解决办法等事项。转让合同订立后，应当向国务院专利行政部门办理登记。专利申请权或者专利权的转让自登记之日起生效。依照《合同法》的规定，依法订立的专利转让合同，自订立时即生效，当事人一方不得以未经行政部门登记为由主张合同无效。合同成立后，因未办理登记手续使转让不生效的，当事人应当依法补办登记手续。

● 专利许可

专利许可，又称专利权的许可使用，是指专利权人许可被许可人使用、实施其专利权，并从中获取该专利的权利使用费的活动。与专利转让不同，许可方式更为灵活，可以在不改变专利权所有关系的情况下，实现专利的市场价值。专利许可的形式包括独占实施许可、排他实施许可、普通实施许可以及分许可和交叉许可。在独占实施许可的情况下，许可人在合同约定的范围内也不能实施该专利。

专利许可人与被许可人应当订立许可合同，内容包括：许可实施的专利权的描述；许可方在本合同生效前实施或许可本项专利的基本状况;许可的范围、方式和期限;为保证被许可方有效实施本项专利,许可方应向对方提交的技术资料和技术秘密;许可方提供怎样的技术服务和技术指导;专利权使用费及支付方式;许可方合同有效期内维持本项专利权的有效性及专利合法不侵权的保证;技术竞争和技术发展;许可实施的专利技术和技术秘密进行后续改进;违约责任等事项。

新创企业专利许可同样存在两种情况,一种是作为许可人,另一种是作为被许可人。如果企业是被许可人,则应注意查明许可方是否为真正的专利权人。如果是真正的专利权人,还应进一步明确该专利是不是共有专利或从属专利,专利的实施许可还应当经其他共有专利权人或基本专利的专利权人的许可,否则实施许可活动是不合法的。此外,还需明确许可方为实施专利技术所提供的技术协助、服务等(Wang et al.,2012)。如果企业是许可人,应该确认被许可方的法人资格和经营范围,评估其实施专利技术的条件、资信状况等。

3.3.3 商业秘密与竞业禁止

（1）商业秘密

商业秘密是指不为公众所知悉、能为权利人带来经济利益,具有实用性并经权利人采取保密措施的技术信息和经营信息。商业秘密是企业的财产权利,对于新创企业而言,一方面要注重商业秘密的保护,构建企业的持续竞争能力;另一方面也要注意规避因商业秘密获取不当带来的法律风险。

● 有效商业秘密的构成要件

《关于禁止侵犯商业秘密行为的若干规定》中明确提出商业秘密的内容包括两种:技术信息和经营信息。其中,技术信息包括设计、程序、产品配方、制作工艺、制作方法等;经营信息包括管理诀窍、客户名单、货源情报、产销策略、招投标中的标底及标书内容等。

在激烈的市场竞争中,创业者首先要加强防范的意识,保护好企业研究开发的成果以及经营的秘密。其次,创业者经常误解企业只需自行界定一些信息为秘密,其内容就成为受法律保护的对象,其实不然。有效的商业秘密必须同时具备四项法律特征,才属于商业秘密,才能得到法律的保护:

①"不为公众所知悉"。这是商业秘密认定的最基本条件。其中的"公众"并不是指所有人,而是指同行业或者该信息应用领域的人。另外,也不可误解为信息具有排他性,除了信息权利人之外,权利人允许知悉范围内的其他人也是可以知悉的。简单而言,只要不为同行所一般知悉,就处于法律认可的"不为公众所知息"的秘密状态。

②"能为权利人带来经济利益"。对于信息的经济价值确认,既包括现成的、已经应用并为权利人带来经济收益或者获取竞争优势的;也包括潜在的、还未被权利人应用,但是一旦应用就可使权利人获利或者赢取竞争优势的。实践中,对于企业某些已经失败的技术研发资料和经营信息是否具有经济价值的争议较多,实际上失败经验对于企业本身或者竞争对手的研发或者经营能力积累同样具有重要的价值,也在保护的范围之内。

③"具有实用性"。该技术信息或者经营信息一定是具有使用价值的,可以是解决某

个技术问题的方案，或者是有利于市场推广的策划书。商业秘密的使用价值既可指已经成形并正在使用的技术方案或者经营信息，任何知悉的人无须再进行研究或加工都可以直接使用的；也可指已经成形还未投入使用或者正在研究阶段并已基本成形、其使用价值已基本显现的技术方案或者经营信息，任何知悉的人都可能利用其获取经济利益或者竞争优势。

④"经权利人采取保密措施"。权利人必须采取能够明确显示其主观保密意图的保密措施，才能使相关信息成为法律认可的、受法律保护的商业秘密。一般性的保密措施包括但不限于：限制接触范围；明确接触的准许条件或者采取限制接触的技术手段；对接触人员明确赋予未经授权不得使用、披露的义务。

● 合法获取所需商业秘密的渠道

根据《中华人民共和国反不正当竞争法》（简称《反不正当竞争法》）的规定，企业不得采用下列手段侵犯商业秘密：①以盗窃、利诱、胁迫或者其他不正当手段获取权利人的商业秘密；②披露、使用或者允许他人使用以前项手段获取的权利人的商业秘密；③违反约定或者违反权利人有关保守商业秘密的要求，披露、使用或者允许他人使用其所掌握的商业秘密。第三人明知或者应知前款所列违法行为，获取、使用或者披露他人的商业秘密，视为侵犯商业秘密。

但是在法律允许的范围内，新创企业可以采取一些策略，获得行业内的相关技术诀窍和经营秘密，具体包括：

①公开信息与情报获取渠道。在激烈的市场竞争中，创业者要善于收集来自市场的公开信息以及竞争者的情报，以获取所需的技术知识与商业信息。常用的公开信息渠道包括：学术论文、专利、标准、科技报告、科技成果、产品信息、贸易信息等。

②"反向工程"获取方式。创业初期产品设计或制造工艺过程需要整合多方技术，"反向工程"是较为常用的获取方式，它是通过技术手段对从公开渠道取得的产品进行拆卸、测绘、分析等而获得该产品的有关技术信息。按照《最高人民法院关于审理不正当竞争民事案件应用法律若干问题的解释》规定，"通过自行开发研制或者反向工程等方式获得的商业秘密，不认定为我国《反不正当竞争法》规定的侵犯商业秘密行为"；"当事人以不正当手段知悉了他人的商业秘密之后，又以反向工程为由主张获取行为合法的，不予支持"。这就意味着"反向工程"依据的产品只要获取途径正规，破解出来的技术即可合法使用（冯晓青，2015）。

这里新创企业需要注意的法律风险包括：第一，如果该产品仅是出租产品，就不能通过"反向工程"破译其商业秘密，因为承租人不拥有产品商业秘密的所有权。第二，某些产品受到相关法律法规的特殊限制。例如，《关于集成电路的知识产权条约》以及《与贸易有关的知识产权协议》中都涉及集成电路布图设计的相关内容，规定可以通过反向工程解剖集成电路芯片，从而对他人产品的布图设计进行分析，但是不得简单复制，否则违法。"反向工程"涉及他人技术秘密，较易发生纠纷，因此，初创企业应注意保存产品来源合法的证据，如供货合同、购货发票，并详细记录"反向工程"的过程。

③因商业秘密权利人的疏忽泄漏而获取。商业秘密权利人在未申明保密的情况下自行向第三人泄漏了秘密,包括丢弃未处理过的机密信息档案,而该第三人对该商业秘密并无法定的或者约定的保密义务,这种因商业秘密权利人疏忽而泄漏其商业秘密,他人获得是合法的。例如,某设计公司人员由于疏忽,未将存有商业秘密的图纸从计算机中删除,后来该计算机被当作旧设备淘汰,正好被一竞争对手购买,于是竞争对手掌握了该商业秘密且用于商业性使用。

④通过合法受让或许可获得。企业通过合法受让或取得实施许可的形式利用其商业秘密。

● 商业秘密保护的管理策略

商业秘密保护的主要内容就是防止泄漏。新创企业应该谨慎对待以下情形:①企业内部信息传递过程;②掌握商业秘密员工的流动;③公开论文、报告或信息的发表;④来访、参观、展销会或者技术交流会;⑤有不当目的的情报收集人员等。

新创企业商业秘密保护的管理策略中,首要任务就是针对保密信息进行分类、确定等级,以便在此基础上有针对性地制定保护的制度和方案。以华为公司为例,其根据保密信息的价值、内容敏感程度、影响及发放范围的不同,将保密信息划分为绝密、机密、秘密、内部公开四个级别。

丹尼斯·昂科维克(1991)总结了企业商业秘密保护的管理内容,具体包括:①在指定范围内分离并确定属于商业秘密的具体资料;②确定保护商业秘密的责任及其监控;③对属于商业秘密的文件实施统一标记;④设立保护商业秘密的机械安全系统;⑤处理好保护商业秘密与雇员之间的关系;⑥如何以较低的风险向企业外部人员在某种程度上展示某些商业秘密;⑦妥善处理向企业主动提供的专项商业秘密资料及鼓励雇员个人发展;⑧定期更新商业秘密的内容。

正如前面提到的,商业秘密受法律保护的前提是企业采取了保密措施,具体常用的管理措施包括:①建立保密设施,如保密资料室、保险箱;②对生产车间、实验室、研究室等涉及商业秘密的机构采取隔离措施;③处理废弃物;④计算机软件加密;⑤研究开发人员填写开发记录;⑥处理对外交流合作时散发的材料;⑦商业秘密信息的销毁;⑧及时订立保护商业秘密的合同;⑨严格限制接触商业秘密人员的范围;等等。

新创企业应注意加强内部员工与外部人员商业秘密方面的管理,对于内部接触商业秘密的员工,对其进行分类,评估接触商业秘密的程度。企业应该在员工就业时与之签订专门的商业秘密保密协议或在劳动合同中规定商业秘密的保密条款,作为劳动合同的一部分。协议中明确员工保密的义务、范围,还包括离职或被解雇时对商业秘密的保密义务;因经营的需要,新创企业需让外部人员接触、使用企业商业秘密时,例如合作、科技项目承包、技术服务等场合,必须与其签订保密协议。约束非雇员以保护商业秘密的保密协议包括(丹尼斯·昂科维克,1991;冯晓青,2015):①确定商业秘密的内容,可签署附件,详细列出披露给对方的商业秘密情报种类;②文件披露范围,协议应明确文件披露的目的,它与向外部人员披露秘密文件的范围直接相关;③秘密文件使用的期限，期限届满时，对方应归还所掌握的商业秘密文件并销毁复印件；④外部人员对拥有商业秘密所有权公司的明确义务；⑤要求对方雇员签订个人保密协议；⑥要求所有有关各方执行保密协议；⑦规定违约赔偿金的标准；⑧明确协议的有效期。

（2）竞业禁止

竞业禁止是新创企业保护其商业秘密的重要手段之一，根据员工在企业职务岗位的不同，竞业禁止一般适用的对象包括：高级研究人员、技术人员和经营管理人员；市场计划和营销人员；财会人员和能接触到重要信息的高级文秘。

竞业禁止分为法定竞业禁止和约定竞业禁止两种情况。

①法定竞业禁止是指新创企业的高级管理人员按照法律规定必须承担的竞业禁止义务。例如，《中华人民共和国公司法》（简称《公司法》）规定，董事、高级管理人员不得擅自披露公司秘密；未经股东会或者股东大会同意，利用职务便利为自己或者他人谋取属于公司的商业机会，自营或者为他人经营与所任职公司同类的业务等。《中华人民共和国合伙企业法》（简称《合伙企业法》）规定，合伙人不得自营或者同他人合作经营与本合伙企业相竞争的业务。除合伙协议另有约定或者经全体合伙人一致同意外，合伙人不得同本合伙企业进行交易。合伙人不得从事损害本合伙企业利益的活动。

②约定竞业禁止是指依据新创企业与员工签订竞业禁止协议，来约定员工必须承担的义务。对于在职员工，企业除了通过签订协议，还可以通过制定内部规章制度来确立竞业禁止义务。我国有多项法律对此有所规定：《劳动法》规定，劳动合同当事人可以在劳动合同中约定保守企业商业秘密的有关事项。《劳动合同法》规定，用人单位与劳动者可以在劳动合同中约定保守用人单位的商业秘密和与知识产权相关的保密事项；对负有保密义务的劳动者，用人单位可以在劳动合同或者保密协议中与劳动者约定竞业限制条款，并约定在解除或者终止劳动合同后，在竞业限制期限内按月给予劳动者经济补偿。劳动者违反竞业限制约定的，应当按照约定向用人单位支付违约金。竞业限制的人员限于用人单位的高级管理人员、高级技术人员和其他负有保密义务的人员。竞业限制的范围、地域、期限由用人单位与劳动者约定，竞业限制的约定不得违反法律、法规的规定。在解除或者终止劳动合同后，前款规定的人员到与本单位生产或者经营同类产品、从事同类业务的有竞争关系的其他用人单位，或者自己开业生产或者经营同类产品、从事同类业务的竞业限制期限，不得超过两年。《中华人民共和国促进科技成果转化法》（简称《促进科技成果转化法》）规定，员工未经单位允许，不得泄露技术秘密，或者擅自转让、变相转让职务科技成果。企业可与相关人员签订在职期间或者离职、离休、退休后一定期限内保守本单位技术秘密的协议。

新创企业在制定竞业禁止协议时，还须符合相关法律要件：①企业的目的只能是为了保护商业秘密。②限制人员必须属于限制人群，即因职务关系接触或者有可能接触本企业商业秘密的人员。③限制期限恰当。在我国司法实践中，具体期限视行业状况、雇员个人状况、商业秘密的性质、商业秘密存续期间等情况而定，一般不长于离职后的两年。在高新技术领域，由于其技术与产品的升级换代是迅速的，竞业禁止的期限不宜过长，具体根据行业不同、技术更替周期长短等规定限制期限，以防止企业规避法律阻碍新技术的开发、传播与利用，限制劳动者参与正当的市场竞争。④必须约定一定的补偿金。补偿方法有多种，例如可以约定在职时每月预先付给员工一定津贴作为离职后竞业禁止的补偿，也可约定员工离职后在竞业禁止期间应得的总金额，在离职时一次或分次给付；也可以采用分配股票等其他形式进行补偿。这里特别值得注意的是，新创企业常常将竞业禁止条款写入《员工手册》，认为即可视为竞业禁止协议。实践中，因《员工手册》文字过多，员工可能日后主张未仔细阅读而不知悉保密义务（唐青林、黄卫纪，2014）。新创企业必须签订竞业禁止限制性条款，在《劳动合同》《保密协议》或者《竞业限制协议》中做出明确约定，以规避风险。

3.3.4　知识产权融资

新创企业由于资产规模小，授信评级低，经常面临融资难的困境。知识产权是具有商业价值的无形资产，可通过金融资本形式转化为企业的现金流量，实现资本效益。知识产权融资越来越成为新创企业资金来源的重要渠道，帮助企业筹措资金，解决资金需要和不足的问题。1996年，国家知识产权局出台《专利权质押合同登记管理办法》，2006年，上海、北京等地成为首批试点区域，开始较大面积地施行。另外，专利保险机制、中小企业商标贷款模式、两只知识产权证券化产品在上海证券交易所和深圳证券交易所获批等，我国的科技金融新体系正在逐步形成和完善。

知识产权融资可分为负债式和所有者权益式两种。负债式知识产权融资是指知识产权运营者将其拥有的合法有效的知识产权资产出质，从银行等金融机构获得资金，形成负债，并按时偿还资金本息。而所有者权益式知识产权融资是指知识产权运营者凭借其合法有效的知识产权，依照保险、信托、证券化等金融手段从银行等金融服务机构或者资本市场上获得资金收益的行为（毛金生等，2013）。

目前国内常见的企业知识产权融资方式主要是知识产权质押融资方式，是指债务人或者第三人将其特定的知识产权向债权人出质，用以担保债权的实现，当债权没有如期履行时，债务人或者第三人将其被质押的知识产权以拍卖、变卖等形式优先受偿的贷款融资形式。国家知识产权局统计数据显示，2017年我国专利质押融资总额为720亿元，同比增长65%；项目总数为4177项，同比增长60%。《中华人民共和国担保法》（简称《担保法》）、《中华人民共和国物权法》（简称《物权法》）和《中华人民共和国著作权法》（简称《著作权法》）都有关于质押方面的规定。新创企业进行知识产权质押融资时，包括以下三个基本程序：①知识产权人委托运营者办理知识产权质押业务；②由出质人与质权人签订书面的质押合同；③履行相应的质押登记手续。

以有孚公司质押融资案例为例。有孚公司授权登记的计算机软件著作权被质押给科诚小额贷款公司，在经科诚公司对该软件著作权评估出500万元的价值后，有孚公司办理著作权质押登记证书，并获得了期限为1年的400万元贷款。同时，有孚公司企业法人代表的股权被质押给科诚公司作为联保，并约定当有孚公司不能按期返还贷款时，由杨浦科技创业中心下属的科艾投资管理公司根据协议约定的价格参股有孚公司。有孚公司通过这种模式,加入科艾投资管理公司,实现了债权和股权的联保,解决了新创企业融资难题(周丽,2011)。

本章小结

我国企业主要有三种基本的组织形式：个人独资企业、合伙企业和公司制企业(包括有限责任公司和股份有限公司)。新企业创立后,在生产经营的各个环节中,需要使用合同来规范和确认相关利益主体的权利与义务,从而保护自身的权益。我国《合同法》分则中详细规定了15种合同形式,其中与新创企业经营活动相关的最常见合同种类包括：买卖合同、租赁合同与技术合同,以及《劳动法》中所规定的劳动合同。知识产权是一种基于创新成果的法定权利,是新创企业获得独特竞争优势、以小搏大的重要资源。新创企业涉及的知识产权类型众多,本章重点介绍专利、商标和商业秘密相关的法律法规,帮助企业防范可能出现的法律风险。

本章思考题

1. 新创企业日常经营活动的常用合同类型有哪些？有哪些需要注意的事项？

2. 劳动合同期限有哪些种类？新创企业与员工签订劳动合同时,如何选择合同期限？

3. 企业与劳动者解除或终止劳动合同的法律规定有哪些？如何进行经济补偿？

4. 企业的商业标识有哪些种类？它们各自的策略有哪些？

5. 如何权衡一项新技术是申请专利、作为技术秘密进行保护还是公开成果？

6. 新创企业作为专利纠纷的起诉方或者被诉方有哪些常用的诉讼策略？

7. 新创企业合法获取所需商业秘密的渠道有哪些？

8. 新创企业商业秘密存在哪些法律风险？应该如何完善保密制度？

9. 竞业禁止协议的法律要件有哪些？

案例分析

谁的畅生阁？

畅生阁保健会所董事长准备再开几家分店，可当初已经退股的一位合伙人却说"畅生阁"商标是他的，另一个合伙人也要求更多的利益，这一切都是因为一张字据……

一张字据，一串麻烦

"这场官司真是要打，谁赢谁输很难讲。"律师蓝涛蹙着眉，将桌上那张微微泛黄的方格稿纸推到畅生阁国际保健养生会所董事长高渭河的面前。

"为什么？这上面明明写着'吴道林申请的畅生阁注册商标转让给高渭河，商标归属高渭河所有'，白纸黑字，清清楚楚嘛。"高渭河满是不解。

"不错，上面是有这么一句话，写着'畅生阁'商标的所有权归你。可你别忘了，这一句后面还跟着另一句'在适当的时候，高渭河有权要求吴道林同意高渭河把该商标转让给高渭河指定的人或公司'。这句话，完全可以解释成你'有权要求'，但'准予权'还在吴道林那里。如果吴道林请的律师死抠这个字眼儿，我们十有八九得输。况且'畅生阁'商标从法律上至今也没正式转让给你，还在他吴道林的公司名下。"蓝涛叹了口气："唉，又是一个约定不明的协议，你说你当初写这个声明的时候，干吗要画蛇添足呢？如果没有后面这句话，不就没这些麻烦事了嘛。"

"那是吴道林让加的，我也没当回事，以为商标所有权已经转让给我了，就算是挂在他公司的名下也无甚大碍，以后做啥跟吴道林打声招呼就行了。"高渭河解释道。

"唉，哪有那么简单啊？我当律师这么多年，经手的官司多半都是因为当事人在约定时把事情想得太简单引起的，你当时要是找个律师帮着订个正儿八经的协议就好了。严格来讲，你这连协议都称不上，也就是一份声明，而且是一份自相矛盾的声明。"蓝涛回道。

"我哪有那个法律意识啊？再说那时候，我和吴道林是朋友，创业的时候他没少出力，我不好意思跟他分那么清楚。"高渭河道。

"那现在不还是要分？而且很可能要去法庭上分！"蓝涛无可奈何道。

高渭河开始着急了："蓝律师，这个忙你一定要帮我。你帮我把这场官司打赢后，我请你做我们畅生阁的常年法律顾问。那吴道林也真够可以的，我还一直把他当兄弟呢。其实，'非典'那时候他急着退股我就该想到，他根本就是个重利轻义的人。"

蓝涛沉吟了一下："高总，你若是非要打这个官司，我会尽最大努力帮你。不过，我必须提醒你，如果真的要交给法庭裁决，我方胜算的把握不大。一旦法庭正式裁决商标专有权从今往后归吴道林所有，那你可是连一点儿回旋的余地也没有了啊。"

高渭河有点慌了，他没有想到形势会如此严峻，他站起身："畅生阁是我做出来的，凭什么让我把自己辛辛苦苦养大的娃给人家？法院也得讲理吧。"

蓝涛看着高渭河，半晌，冷静道："法院讲的是法。"

高渭河颓然地坐回椅子上。

蓝涛看了看高渭河，说："高总，除了打官司，你还能接受别的解决办法吗？有没有可能大家找个安静的地方，心平气和地坐下来，谈一谈，算一算，把利益分分清？"

蓝涛正说着，他面前的移动电话微微地振动起来，他按下挂断键，对高渭河说："高总，我中午还约了人，先告辞了。你再想想，还有没有别的解决办法，凭我多年的经验和直觉，我劝你最好不要打这场官司，胜诉概率不大。当然，我会去查资料，如果查到，我立马打电话告诉你。"

高渭河起身道："好，我也再想想。蓝律师，拜托了。"

高渭河将蓝涛送到办公室门口，目送蓝涛的身影消失在走廊尽头。

一个"阁"，三个"桩"

说起来，畅生阁最初也不是高渭河一个人的，是三个人的。20世纪80年代高渭河大学毕业后，先是在汉中的一家小印染厂当了四年工程师，后来又跑到了海南，在一家房地产公司卖了几年楼后，在一个卖楼的日本客户的担保下，高渭河去了日本，在东京一边读管理一边开店，并在那里淘到了人生的第一桶金。回国后高渭河也尝试过其他的生意机会都没有成功，最终决定转战北京。

高渭河打小有个偏头痛的毛病，刚到北京那半年犯得比较厉害，他隔三岔五就去住处附近一家叫瑟曼丽的美发沙龙洗头、做指压，一来二去的，就与瑟曼丽的扬州老板吴道林混熟了。吴道林那时已经在京城开了三家瑟曼丽连锁店，在发廊比公厕还多的京城，吴道林开在高档住宅小区边上的瑟曼丽虽然没有沦落到惨淡经营，但前景的确不怎么乐观，他一直在寻找新机会。吴道林瞄出来了，来瑟曼丽的客人很多都是像高渭河这种冲着指压按摩这类附加服务来的，这些人大部分都是做生意的，还有公司白领，也有一些老外。吴道林曾考虑过在每个店里再增加一个足疗项目，但最终还是放弃了，因为一来他的三个店的店面都太小，二来吴道林觉得让技师又洗头又洗脚，总不是那么回事儿。吴道林正琢磨着如何在螺蛳壳里做道场，谁知一日在与高渭河闲聊时，竟聊出了一桩好生意。那天，高渭河一边做指压，一边向吴道林描述他在日本和泰国等东南亚国家去过的一些保健会所，对里面的环境和服务大加赞叹。他还说如果吴道林的店面够大，完全也可以开一个，京城有钱人多、文化人多、辛苦搏命的人也多，不愁没客源。高渭河还说，这个保健会所一定要有别于那些洗脚城、按摩院之类的地方，可以将中国古老的养生艺术和传统文化结合起来，让来这里消费的人感到自己是一个风雅之士。

吴道林想起有人告诉他后海边上有幢大宅子正在找租客，他对高渭河说，不如咱们合伙干吧，我在京城人脉比你广，但你比我有文化，而且你留过洋，见过日本人和泰国人怎么弄的，咱们合伙干一定行。他们找到大宅子的房主，但房主说宅子已经被一个叫商红兵的人租去了，说是要开一家私房菜馆，还说商红兵的老爷子是工商部门的一个头儿，他们也是冲着这一条才把宅子租给他的。吴道林和高渭河两人不罢休，他们找到商红兵，给他看保健会所项目的计划书，高渭河还把从网上下载的国外那些保健会所的图片给商红兵看，商红兵动心了，打消了开餐馆的念头，同意把宅子转租给他们办保健会所，但条件是他要参股。

接下来，就是办理各种手续，这个证那个证的，弄得高渭河不胜其烦，幸好商红兵有能耐，吴道林有干劲，手续很快就办齐了。从三人谋面开始，仅仅三个月后，畅生阁国际养生保健会所就成立了，吴道林和高渭河各出资200万元，各占40％股份，商红兵出资100万元，占20％

股份。"畅生阁"的商标则是注册在吴道林的瑟曼丽公司的名下，不过口头约定由大家共有。本来大家最初商量是想注册在高渭河名下的，因为畅生阁成立后，主要由高渭河负责经营。然而，根据《中华人民共和国商标法》(简称《商标法》)的规定，商标注册人可以是自然人、法人和其他组织，其中，自然人必须拥有营业执照或企业法人营业执照才能有资格申请注册商标。高渭河当时还没成立自己的公司，不是法人代表，也没有取得任何经营项目的营业执照，所以无法以他个人的名义注册商标。再加上，他们三个人那会儿一心想的就是快点开业、快点赚钱，也等不及高渭河重新注册成立一家他自己的公司。关键是高渭河自己当时对吴道林和商红兵充满信任，所以也就没过多计较这件事。他哪里想到，商场上的所谓信任虽说重要，但有时其实也是最危险的。

畅生阁成立后，基本上是高渭河在打理，吴道林偶尔来看看，商红兵则几乎不照面，只是有时店里在工商执法检查中遇到了麻烦，高渭河才会给商红兵打电话，请他家老爷子去摆平。其实，吴道林和商红兵不插手畅生阁的管理，倒是称了高渭河的心。吴道林从未管理过这种会所，当然不知道如何去侍弄它；而商红兵在高渭河眼里就是个公子哥儿，他不来瞎掺和就阿弥陀佛了。

畅生阁头两年的经营并不"畅"。第一年，装修、打通关系、打广告投入了不少钱，原指望第二年收回一点成本，谁知那一年来了"非典"。一时间，京城的发廊、足疗点、按摩院、美容院等公共场所都是门可罗雀。许多保健、餐饮服务的老板，都不得不暂时遣散店里的员工。那年 5 月，畅生阁唱了一个月的空城计，但高渭河并没有打发技师们回家，这些技师是高渭河的宝贝，都是他从中医学校和职业学校挑来，又花了很多银子和心血培训过的，高渭河除了请人传授他们畅生阁独家开发的经络按摩秘技，还请人教他们礼仪和古文，甚至还以军民共建的形式请子弟兵来教他们铺床叠被。高渭河认为散易聚难，如果以后情势好转，再想找这么好的技师就不容易了。高渭河下决心跟"非典"赌一把，他不但没给员工减薪，还给他们每人每天增加了两元钱的饭贴。

吴道林不同意高渭河这么做。他说："'非典'什么时候结束、能不能结束还不知道，你要养他们养到什么时候？这可是咱们三个人的钱。你要是坚持，那我就撤了。"高渭河跟吴道林讲不通，吴道林最后退股，他将自己那 40％的股份和商标所有权一并转让给了高渭河。商红兵那边，高渭河跟他有个口头约定，说虽然商标转给了自己，但其实是他和商红兵两个人的，每年仍会分给商红兵 20％的分红。高渭河和吴道林没找律师，只是私下里立了份字据。因为商标是挂在吴道林的公司名下的，所以在吴道林的提议下，字据上就有了"在适当的时候高渭河有权要求吴道林同意把该商标转让给高渭河指定的人或公司"这句话。其实，高渭河那时已经没有多少现金了，吴道林的退股无疑是雪上加霜，无奈之下，高渭河叫他远在汉中的爹将自家新盖的三层小楼拿去抵给信用社，借出了 10 万元钱，又拿出自己所有的积蓄，才将吴道林的钱付清。上天像是奖赏高渭河这种不屈不挠的劲头儿，"非典"特殊时期很快结束，畅生阁的生意顺风顺水，越来越好，到现在已经有了四家直营连锁点了。高渭河想在下一两年争取再开三四家。

但是，半个月前的一个晚上，很久没跟他联系过的吴道林打来电话。吴道林说："小高啊，你用畅生阁的商标开了那么多家连锁，可从没跟我打过招呼哦，那商标可是我以'瑟曼丽'

公司名义注册的。"

高渭河心里一惊，定了定神说，吴老板真会开玩笑，你大概忘了，我们的协议上写着商标的所有权归我啊。至于商标注册人，我还正想跟你聊聊正式转让的事情呢。别人不知道，咱们三个人还不知道啊，是因为我那时还没自己的公司和营业执照啊，咱们不都是想快点把畅生阁开起来吗？

电话那头的吴道林听了，嘿嘿地笑着说："小高啊，我劝你把那份协议找出来，再仔细读一遍。你想让我把商标正式转让给你？没问题！有空咱们可以谈谈嘛。"

挂上电话，高渭河从抽屉里翻出那张已经泛黄的方格稿纸，看罢以后，他找到了蓝涛律师。

一壶清茶，一场智斗

生意人约吃饭喝茶，哪个先发邀请，哪个就低下半个头去，这是个大家都心知肚明而又心照不宣的理儿，高渭河焉能不知？但是，在见过蓝涛律师的那个晚上，他还是先给吴道林打了个电话，约他次日下午吃茶小叙。高渭河这么做实在是不得已，因为在蓝律师的提醒下，他明白商标这件事的主动权其实掌握在吴道林手里，他不找吴道林，吴道林是不急着找他的。蓝律师说，吴道林手里有一张大网呢，他可以等到高渭河把畅生阁养大养肥了，随时下网捕个鱼虾满舱。不过，高渭河并不想现在就跟吴道林谈判，还不到时候，他得先摸摸吴道林的想法，然后算算自己的筹码。

高渭河有意比约定的时间早到了半小时，他想先喝杯茶，定定神沉沉心，在吴道林来之前，理出个大概的谈话思路。茶馆里没几个客人，渺渺的古琴声衬得屋子里更显幽静。高渭河陷入沉思。

"小高，等很久了吧？"高渭河一抬头，吴道林已经站在桌子对面微笑地望着他，"这可真是个清雅之地啊，小高，你就是有文化底蕴。"

"吴老板过奖，我也就是瞎玩玩而已。"高渭河亲手为吴道林斟了杯茶，不动声色，想听吴道林接下去说什么。

"你太谦虚了。看你把畅生阁弄得，谁去了不夸那地方有品位啊。"

高渭河不想看他继续给自己"挖坑"，便岔开话题："吴老板，这段时间瑟曼丽的生意怎么样啊？"

"唉，别提了。技师就像走马灯一样，现在咱们这行都这样，技师难留。客人跟着技师，一个像样的技师走了，总是带走一批客人。哪像你啊，那些技师都死心塌地地跟着你。"

高渭河心想，我的技师队伍稳定，那还不是因为我自始至终都在关怀他们、培养他们。我们这一行的客人是养出来的，谁养他们？还不是技师。可谁又来养技师呢？是老板。想你吴道林那样做人，有啥人会一直跟着你呢。

"说吧，今天约我来什么事？是不是为了'畅生阁'的商标？这可是咱们共同的品牌，我是该关心关心啦。"吴道林真是高手，三言两语就让自己与畅生阁缔结了牢固的关系。

"吴老板说得不错，是为了'畅生阁'的商标，不过，我是想请吴老板考虑一下，能不能将'畅生阁'的商标正式转让给我，毕竟这个品牌我也做了六年了，看它成长起来的，而且我也注册了自己的公司。至于这商标过户需要的费用嘛，吴老板可以开个价，只要合情合理，都没问题。"高渭河也不兜圈子，直截了当地说。

"过户的事没问题，我也知道'畅生阁'是你老弟一手做大的，在这个行业，能做出个品牌不容易。至于费用，你见外了。"吴道林摊了摊双手，继续说，"我在想，我们不如还采取以前的合作方式，我把当初退出的那40%的股份重新进来，我知道你开新店是需要资金的。同时呢，我把商标权也完全过户给你，我还像以前那样拿畅生阁40%的股份。"

听完吴道林开出的条件，高渭河嘴角露出一丝冷笑，简直是敲诈！"吴老板，四年前的一元钱和现在的一元钱可不好比，已经打了好几个滚儿了。"

"怎么不好比？我调查了一下，美容美发按摩这类服务的价格这几年基本没变动。而且你也知道，当初我投入到畅生阁的不只是钱，还有我所有的人脉关系，当然还有我付出的精力。"吴道林面无愧色。

"吴老板说的对，我们这一行这几年的价格是基本没变，可你应该知道我们的成本一直在增加，房租、水电、人工、伙食，任何东西都不是四年前的价了。"高渭河平静地说道，他的言外之意是："你想以四年前的价钱再把你那40%的股份拿回去，门儿都没有！"对于吴道林，高渭河认为，他们是曾经有过共同的过去，但他绝不想再跟这种人有共同的未来，他只想尽早斩断彼此的联系，以求今后的风平浪静。

"如果你觉得我开的条件太低，我还可以把我那三家'瑟曼丽'也加进来，咱们利益共享嘛。"吴道林见高渭河半晌没吭气，艰难地笑笑说。

明明是想占便宜，偏偏却做出一副吃亏的样子，高渭河不知道自己什么时候也能"修炼"成吴道林这样。他故作温和道："我记得，刚才吴老板还说你那三家美发沙龙生意不太好啊。要是那样，哪来的利益共享呢？"

吴道林听了高渭河的话，不禁愣了一下，停顿片刻，说："老弟有所不知，最近我无意结识了一个法律方面的专家，他提醒我说，像我俩现在这种情况，我完全可以去法院起诉你侵犯了我的商标权。可你想，我怎么会那么做呢？大家当初是一块儿干的，一起创办了畅生阁，合伙创业的兄弟闹到法庭上去，多难看啊。如果再找来些小报记者，那对我们畅生阁的品牌也不利啊，你说是不是？"吴道林的眼睛深不可测地盯着高渭河。

高渭河领会了吴道林的弦外之音，而这正击中了他的死穴。看吴道林那架势，畅生阁40%的股份他是要定了。高渭河一时想不出对策，他只能采取缓兵之计了。

"股份和商标过户的事，吴老板容我再想想。也请吴老板念及我们的情谊，站在我的角度替我考虑一下，这些年我做得实在是不容易啊。吴老板当初退股时，的确弄得我很被动啊，为了买你那40%的股份，我父亲连房子都抵押了，全家人都在承担风险。"高渭河的语调明显谦恭了许多，甚至有点可怜。

"好说，好说，我吴道林是最讲情义的。"

说完，他们互敬了一杯茶，又漫无边际地聊了聊茶经，然后结束了这场假惺惺的友情谈话。

一个电话，一支暗箭

高渭河从茶馆出来的时候，天已近黄昏，暮色像他的心一样深沉。他在路边给蓝涛打了个电话，将刚才跟吴道林谈话的情形大概描述了一番。蓝涛说，我也正想给你打电话，你说能不能给畅生阁改个名儿啊，比如改叫"畅意轩"、"舒生堂"什么的，这样就跟他吴道林彻底没什么瓜葛了。高渭河说，我也想过这个方法，但"畅生阁"好不容易创出牌子了，要是换个名字，那我不就前功尽弃了，而且新创一个牌子又得花多少钱啊，这事咱俩回头还得好好合计合计。

高渭河在路边拦了一辆出租车，想去畅生阁在望京的分店看一看，那家店刚开了不到两个月，得多照应着点。他正想打个盹，手机响了，是商红兵。

"高兄，在哪儿与民同乐呢？晚上一起去撮饭吧。怎么样？说好几点，我去接您？"商红兵似乎永远都没心事，如果有，高渭河觉得他的心事就是去哪儿找好吃好玩的地儿。

"今天不行，我约了人，改天吧，红兵，改天我做东。"高渭河扯了个谎，他实在没时间也不想去陪他花天酒地。他有很多事情要考虑，有很多问题要解决。

"是约了吴道林吧？我还正想问您呢，听说这家伙想问您要回40％的股份，真不地道，您千万甭答应他。那商标要说也是咱三人的，它要是敢拿这个来压您，瞧我怎么收拾他。"

"那商标是咱三人的？"高渭河脑子里迅速回放了一遍这句话。他一直以为商红兵是个只知道吃喝玩乐的主儿，没想到每个人心里都藏着自己的小算盘，商红兵也是如此，只是不知道他的算盘是怎么打的。

"没你想得那么严重，我们还在谈。大家当初都是一起做的，我不想伤感情。"高渭河故作平静地说。

"是，您说您经营畅生阁容易吗？瞧您整天干得那么辛苦，当初您答应我的那些条件，我都不好意思追着您要，他倒不客气了。我知道凭您高兄的为人，等您闲下来是不会食言的。"

"我答应你的条件？"高渭河的脑子一时没转过弯来。

"怎么？您忘啦？当时您和吴道林立字据的时候，不是口头跟我承诺，说畅生阁的商标是咱俩的吗？要是真按您说的，那你每开一家分店，都该给我20％的分红啊。我现在每年只拿总店的20％。您新开的那四家店，可什么好处都还没给我呢！"

"可你当时只投资了总店啊。"高渭河感到自己快疯了，这年月怎么人人都成了食钱怪兽。

"可没有老母鸡，哪来您的那些小鸡啊？啊，哈哈，这事回头咱们再详聊吧，我今天找您，主要是为了另一件事，我家老爷子让给你报个信儿，这些天要有个联合执法行动，查卫生许可，查上岗证啥的，您让您店里的人多留意着些，免得回头被罚。还有您不是打算在二里河新开一家店吗？执照不太好办啊，现在工商对这一行卡得忒紧，我家老爷子正想办法呢。吁——前面有警察，我得挂了。"

高渭河挂断电话，脑子里一片空白。

"这世道，哪里还有规矩呢？"高渭河长叹一声："我是豁出去打这场官司呢？还是按吴道林的要求给他那40％的股份？还是放弃畅生阁的商标另起名字？还有商红兵，我到底该不该与他共享分店的收益，毕竟我们当初只是口头约定，空口无凭，可如果不分给他，他会不会……"高渭河越想越沮丧，窗外的天，已经黑了。

案例来源：刘雪慰.谁的畅生阁？哈佛商业评论(中文版)，2007(12)：74-90。本章作者略有调整。

▎▎ 问题讨论：

针对商标归属权一事给畅生阁带来的麻烦,高渭河该如何处理? 对这两个当初的合伙人,他又该如何对待?

▌本章精读文献▐

Lee S H, Peng M W & Barney J B. Bankruptcy law and entrepreneurship development: A real options perspective [J]. Academy of Management Review, 2007, 32(1): 257-272.

Chapter Article Summary(本章精读文献摘要):

The article develops a real options perspective to explore how an entrepreneur-friendly bankruptcy law can encourage entrepreneurship development at the societal level. If bankrupt entrepreneurs are excessively punished for failure, they may let inherently high-risk but potentially high-return opportunities pass. The authors suggest that a more entrepreneur-friendly bankruptcy law, informed by a real options logic, can encourage more active and vibrant entrepreneurship development. The authors also discuss the implications of the role of venture capital and stigma in the effectiveness of an entrepreneur-friendly bankruptcy law.

本章精读文献评述:

本章精读文献运用实物期权思路,从社会层面探讨了破产法如何激励创业发展。以往的创业发展研究多集中于讨论创业如何保持持续增长并在社会中创造价值,本文是从法律制度层面探讨如何降低创业者发展的障碍,鼓励冒险行为的同时能够获得更多的重生机会。本文的核心观点是在整个社会层面,以实物期权为出发点,偏向创业者的破产法能通过减少企业破产带来的负面影响和增加企业发展带来的利益从而鼓励创业。随着企业破产对创业者个人影响的降低以及创业者的数量和创业行业种类数目的增加,社会作为一个整体将从中受益。

创业企业在发展过程中极有可能遭遇财务困境,申请破产是清理债务的一种方式,一般有三种破产程序可选择:庭外和解、破产重组和破产清算。一般来说,公司都会首选庭外和解,因为成本更低;而后两种破产程序相比较,公司会倾向于选择破产重组,因为从财务困境中获得重生的机会更多。文章在对比美国、德国、英国、法国、中国、日本等国家破产法的异同基础上,总结了破产法影响创业发展的五个方面。在阐述这五个方面的同时,作者提出了对创业者而言较为宽松的破产法在制定上的一些建议。

(1) 有无破产重组程序。实物期权方法为企业管理者提供了在不确定性环境下进行战略投资决策的思路。从实物期权视角来看,处于财务困境的公司是否会有一个积极的未来是不确定的,需要提供一个机会来证明它是否具有未来价值,申请破产重组可以给公司带来机会。在破产保护的过程中,重组可使暂处于财务困境的企业最终渡过难关而获得新生。申请破产重组已经成为很多公司处于财务困境的战略选择之一。建议一：破产法中的破产重组程序能帮助企业减少破产带来的消极后果从而鼓励创业发展。

（2）破产程序的处理速度。破产成本与破产程序处理时间成正比。程序时间短可使创业者尽快从上一次失败中走出来，开创新的事业。程序时间过长会使得商业伙伴（消费者和供应商）因不确定性而不再愿意保持业务关系。管理者也会因为程序时间过长而变得沮丧，不能专注于运营。此外，股东们也会视为负面信号，对公司的生存前景不再给予希望。可见，低效、耗时的程序可能会进一步增加困境而最终迫使公司进行清算，同时还会阻碍社会资源的有效再配置。建议二：加快破产程序的处理速度会鼓励创业发展。

（3）破产清算后的重新开始。破产财产清算分配完毕，未得到清偿的债权，也不再进行清偿。创业者未来收益不需继续清偿债务，这往往被称为"新的开始"。如果没有相关法律保护，债权人就会无止境地追求剩余索取权。建议三：破产法保障失败的创业者在破产清算之后不再受以往债务拖累而有一个新的开始，这会鼓励创业发展。

（4）破产重组中的企业资产自动留存。破产重组时，企业资产会自动留存，部分债务会被免除，债权人必须停止要求公司还债，只能通过法院索取权益。企业资产的自动保留有利于管理者与债权人在决定是否清算企业资产前有时间进一步沟通。建议四：由破产法规定的资产自动留存权利会鼓励创业发展。

（5）管理者的去向。①公司申请破产时，为管理层提供留下来的机会，使他们因为与公司共进退而黏结得更为紧密，尽力发挥优势提高公司重生的概率。相反，如果申请破产后就马上启动受托人选聘制度，让不了解企业的外部人来进行重组是很难做出有益决策的。建议五：申请破产时，允许现任经理人留任，而不是选任外部人员接管，这将会鼓励创业发展。②企业破产后，如果企业债务能追溯到创业者本人，那么创业者会因为减少风险而倾向于不冒风险产业。建议六：创业者本人不被破产企业债权人追溯的制度会鼓励创业发展。

文章在研究中也发现，破产法的相关条款是监管机构对创业所制定的重要的且正式的规定，但是一些非正式的制度环境，比如融资环境以及社会对待创业失败的态度都会关系到破产法对创业的影响程度。①风险投资的角色。从实物期权视角来看，风险投资的存在可以部分替代较为宽松的破产法对创业发展的促进作用，首先风险投资对企业的密切监督与有价值的建议可以降低破产的风险；其次，由于破产风险是由创业者和风险投资机构共同承担的，创业者可能会去尝试风险性更高的项目；再次，当一家公司陷入财务困境时，风险投资可以在需求申请破产之前进行重组。②对创业失败态度的影响。公司破产除了给创业者和管理者带来声誉和经济上的损失外，还会让他们承受巨大的心理负担，甚至被视为犯罪般的恶名。在一些风险厌恶文化的国家中，可能很难制定和实施较为宽松的破产法，因为极有可能违背了非正式但具有强大影响力的文化规范。文章最后也提到了制定宽松的破产法可能会带来的成本，比如保留了一些最终还是会失败的公司，给社会造成损失；再如少数机会主义的企业家会利用宽松的破产法造成巨大的社会成本。但是总体来看，宽松的破产法有利于鼓励冒险精神、促进创业发展。这篇2007年的文章为我们研究创业问题提供了一个新思路：制度框架（比如破产法）到底是如何影响创业战略选择的？本章"创业法律问题与知识产权"正是基于法律制度为基础的战略观，针对创业过程中的不确定性和模糊性（Sarasvathy，2001），培育法律风险管理及防范的意识,从创业之初就以法律法规为经营准则,规范创业团队以及企业的行为;同时又能运用法律保护团队和企业的相关权益。

本章作者:王玲,中国政法大学商学院教授,天津大学博士、清华大学博士后、斯坦福大学访问学者。兼任中国创新方法研究会管理技术分会理事;中国管理科学与工程学会工业工程与管理研究会常务理事。长期从事创新与创业、企业知识产权战略及管理研究,在国内外学术期刊上发表论文40余篇。

本章案例作者:王玲。

本章文献评述作者:王玲;斯晓夫;郑利华,美国曼哈顿著名知识产权律师,哥伦比亚大学法学博士。

本章相关引用材料

[1] Abratt R. New approach to the corporate image management process [J]. Journal of Market Management,1989,5(1):62-76.

[2] Arrow K. Economic Welfare and the Allocation of Resources for invention [M]// Nelson R (Ed.). The Rate and Direction of Inventive Activity. Economic and Social Factors. New York:Princeton University Press,1962:609-626.

[3] Blind K Edler J, Frietsch R & Schmoch U. Motives to patent:Empirical evidence from Germany [J]. Research Policy 2006,35(5):655-672.

[4] Chesbrough H. Open Innovation:The New Imperative for Creating and Profiting from Technology [M]. Boston:Harvard Business School Press,2006.

[5] Cohen W, Goto A, Nagata A, Nelson R & Walsh J. R&D spillovers, patents and the incentives to innovate in Japan and the United States [J]. Research Policy,2002,31(8/9):1349.

[6] Martineal P. Motivation in Advertising [M]// Chisnall Peter M (Ed.). Consumer Behavior. London:McGraw Hill Book Company,1957.

[7] Parchomovsky G & Wagner R. Patent portfolios [J]. University of Pennsylvania Law Review,2005,154(1):1-77.

[8] Sarasvathy S. Causation and effectuation:Toward a theoretical shift from economic inevitability to entrepreneurial contingency [J]. Academy of Management Review,2001,26(2):243-288.

[9] Scholes M & Wolfson M. Taxes and Business Strategy:A Planning Approach [M]. Englewood Cliff, NJ:Prentice Hall,1992.

[10] Shane S. Technology regimes and new firm formation [J]. Management Science,2001,47(9):1173-1190.

[11] Teece D. Profiting from technological innovation:Implications for integration, collaboration, licensing and public policy [J]. Research Policy,1986,15(6):285-305.

[12] Veer T & Jell F. Contributing to markets for technology? A comparison of patent filing motives of individual inventors, small companies and universities [J]. Technovation,2012,32(9-10):513-522.

[13] Wang L, Juan Y, Wang J, Li K & Ong C. Fuzzy-QFD approach based decision support model for licensor selection [J]. Expert Systems with Applications,2012,39(1):1484-1491.

[14] 丹尼斯·昂科维克. 商业秘密[M]. 胡翔,等译. 北京:企业管理出版社,1991.

[15] 冯晓青. 企业知识产权战略[M]. 4版. 北京：知识产权出版社,2015.

[16] 冯震远,等. 企业劳动合同管理与风险控制中的律师实务[J]. 法治研究,2008(10)：54-64;2008(11)：45-53.

[17] 高翔. 人力资源管理法规与"案"例[M]. 北京：清华大学出版社,2014.

[18] 姜延年,等. 管道建设公司设备租赁过程中的风险识别与防范[J]. 交通企业管理,2014(4)：67-68.

[19] 蒋松,王芸. 环保设备买卖合同的法律风险防范——以卖方为视角[J]. 中国环保产业,2010(1)：12-15.

[20] 蒋松,王芸. 环保设备买卖合同的法律风险防范——以买方为视角[J]. 中国环保产业,2010(2)：22-25.

[21] 雷家骕,王兆华. 高技术创业管理——创业与企业成长[M]. 2版. 北京：清华大学出版社,2008.

[22] 刘雪慰. 谁的畅生阁？[J]. 哈佛商业评论(中文版),2007(12)：74-90.

[23] 毛金生,等. 专利运营实务[M]. 北京：知识产权出版社,2013.

[24] 宋永新. 美国非公司型企业法[M]. 北京：社会科学文献出版社,2000.

[25] 唐青林,黄卫红. 商业秘密百案评析与企业保密体系建设指南[M]. 北京：中国法制出版社,2014.

[26] 张玉利. 创业管理[M]. 3版. 北京：机械工业出版社,2013.

[27] 周丽. 我国知识产权质押融资面临的困境、挑战及对策[J]. 电子知识产权,2011(7)：37-43.

▍本章相关引用法律法规 ▍

《中华人民共和国个人独资企业法》(1999年修订)

《中华人民共和国合伙企业法》(2006年修订)

《中华人民共和国公司法》(2018年修正)

《中华人民共和国企业所得税法》(2007年修正)

《中华人民共和国个人所得税法》(2018年修正)

《关于合伙企业合伙人所得税问题的通知》(财税〔2008〕159号)

《中华人民共和国合同法》(1999年通过)

《审理买卖合同纠纷案件若干问题的指导意见》(试行)(2008年发布)

《中华人民共和国劳动合同法》(2012年修正)

《中华人民共和国劳动法》(2018年修正)

《中华人民共和国商标法》(2019年修正)

《企业名称登记管理规定》(2012年修订)

《中国互联网域名注册暂行管理办法》(1997年发布)

《中华人民共和国专利法》(2008年修正)

《中华人民共和国著作权法》(2010年修正)

《中华人民共和国反不正当竞争法》(2019年修正)

《关于禁止侵犯商业秘密行为的若干规定》(1998年修订)

《最高人民法院关于民事诉讼证据的若干规定》(2001年发布)

《中华人民共和国担保法》(1995年通过)

《中华人民共和国物权法》(2007年通过)

《中华人民共和国促进科技成果转化法》(2015年修订)

第4章 从创意到创业机会

—● 学习目标

了解创业机会对于创业者的重要性

知道创业机会的构成与基本特征

掌握如何构建与把握创业机会

章节纲要

● 创业的核心是创业机会

● 从创意到创业机会

● 创业机会的发现与构建

● 创业机会到创业成功的过程与要素

开篇案例

雷军与马云谈创业机会

创业者雷军与马云有一个非常有意思的对话,雷军说:"关键要有梦想,有了梦想是你迈向成功的第一步,有了第一步以后,你一定要为自己的梦想去准备各种坚实的基础。"谈到梦想的实现,雷军说:"马云在阿里巴巴上市的那一刻,说过一句话,'梦想还是要有的,万一实现了呢?'小米刚刚创业,在中关村,十来个人,七八条'枪',要去做手机,有谁相信我们能赢呢?我最近还有一句话挺出名的,也是我抄来的,叫'站在风口上,猪都会飞',听说过吗?就是说你要成功,要找台风口。我其实想表达两层意思:第一,没有坚实的基本功,没有勤奋是成功不了的;第二,有了勤奋,有了坚实的基础也不一定能成功。还需要什么呢?还需要台风口。"马云针对雷军的观点说:"风来了猪都可以飞起来,但是,风过去了最先摔死的还是猪。"雷军接着回应说:"飞猪理论是我提的,最近也成了被批驳的焦点,说我是机会主义者。可能大家对我讲这句话的背景不了解。首先,任何人在任何的领域要获得成功都需要经过一万个小时的苦练。如果没有基本功谈飞猪,那真的是机会主义者。所以,大家千万不要忽略今天在空中飞的那些猪,他们都不只练了一万个小时,可能练了十万个小时以上,这就是大家被忽略的前提。其次,飞猪最关键问题是:不能只顾埋头苦干,不去抬头看路。应该花足够的时间研究风向,研究风口,这样你成功的概率要大很多。这里我要跟大家说明的是，我1989年开始创业，到今天干了25年。作为一个经历了好几次大潮的创业者来说，我认为风口是成功的关键。在上一拨互联网风口来的时候，我们有足够的资源，却眼睁睁地看着机会从我们身边擦肩而过。当时我做的金山软件本质上是传统企业，可是互联网与软件行业如此接近，人才几乎一模一样。"从上述对话我们可以看到什么！风口是什么？讲得简单一点，就是机会。创业者创业的前提是看到创业机会，成功创业需要把握机会，尤其是大的发展机会，把这个机会把握好，抓住了这个机会，创业才有机会成功。

案例来源：作者根据雷军与马云的几次不同场合的对话整理。

4.1 创业的核心是创业机会

创业的根本目的是满足顾客需求。顾客需求在没有获得满足前就是问题的存在，问题在哪里，机会就在哪里。寻找创业机会的一个重要途径是善于去发现和体会自己和他人在需求方面的问题或生活中的难处。例如，阿里巴巴公司发现现有的银行信用卡支付十分不便，这种不便隐含着商业机会，阿里巴巴公司看到了这种机会，因此就创办了支付宝，由于支付宝相较传统的银行支付有很多优点，于是就把原来的问题转化为创业机会，成为成功的经典案例。一般来说，创业机会是指创业者可以利用的商业与社会发展机会。《21世纪创业》的作者第莫斯教授则认为：好的商业机会有以下四个特征：第一，它很能吸引顾客；第二，它能在你的商业环境中行得通；第三，它必须在机会之窗[①]存在的期间被实施；第四，你必须有资源（人、财、物、信息、时间）和技能才能创立业务。创业涉及很多关键因素，然而究其核心为何？

过往对创业机会的理解，比如想开一家店铺，多数创业者会选择在人流量大的地段，因为这代表着消费者需求的商机巨大。当下，"大众创业、万众创新"的背景下，全球尤其在中国将开启一个创业的新时代，互联网、物联网、大数据和云计算等引领的技术变革正在衍生出数以万计的创业机会。苹果手机、优步打车软件、余额宝，它们的出现都不是创业者发现了其市场空缺或竞争环境下的消费者需求的商机，而是，"乔布斯们"创造出一系列连消费者自身都没有意识到的他们所需要的某种功能或服务的产品（Suddaby et al.，2015）。

一直以来，创业机会存在于外生的客观环境中，等待有特质（Sexton & Bowman 1985；Krueger 1998）、有创业警觉性（Kirzner，1978；Gaglio & Katz，2001）或者认知差异（Mitchell et al.，2002、2007）的个体去发掘，这是创业机会的研究主流。但是，随着创业者个人特质论在创业研究领域的"穷途"（Low & MacMillan，1988）以及 Shane 和 Venkataraman 于2000年发表

---

① 机会之窗是指将商业想法推广到市场上去所花的时间，若竞争者已经有了同样的思想，并已经把产品推向市场，那么机会之窗也就关闭了。

在 *Academy of Management Review*(《美国管理学评论》)的文章引领的创业机会研究"风潮"及其日后的大范围讨论,让学者们在过去 10 多年时间里不断地审视创业机会的根本性问题:创业机会真的只来源于外生性的客观环境吗?创业者仅仅是受到外部社会、政治、经济环境变化和消费者偏好的改变才去发现那些市场上需求的空缺吗?

显然,这个问题的答案正在发生变化。伴随着 Effectuation 理论的提出,Sarasvathy(2001)在一定程度上贡献了创业的机会创造这一新的理论视点;Venkataraman 于 2003 年在给 Shane 新书的序言中提出了机会创造(creation)的观点,被 Alvarez 和 Barney(2013)认为是最早提出"创造标签"的学者;Baker 和 Nelson(2005)从资源的角度提出了在企业层面利用创造性的"拼凑"(bricolage)突破现有局限性来达到企业的成长;Alvarez 和 Barney(2007)提出机会"构建"这一"实验想法"(thought experiments)时认为创业机会不仅仅是纯粹外生的,而是创业者获得外部震撼的同时又通过内心反复迭代式的研判以达到机会的想象性创造,创造理论的提出进一步催化了创业机会的研究,引领了创业机会创造理论在哲学、经济学、心理学层面的大讨论。此后,Alvarez 和 Barney(2008)作为主编在 *Strategic Entrepreneurship Journal*(《战略创业》)推出了以"机会构建"为主题的特刊,而另一个创业领域的顶级杂志 *Journal of Business Venturing*(《商业风险》)也由 Suddaby 等(2015)推出了以机会发现/构建为研究对象的质性研究特刊。

总之,过往学术界的观点并不一致。有学者认为创业的核心是创业文化,有学者认为是就业,也有学者认为是创新,等等。但诚如胡适所言,做学问要"大胆假设,小心求证"。从学术层面来说,一种观点或结论要经过小心求证来体现出它的学术价值。纵观近 20 年发表在国际知名创业学术期刊上的创业理论研究,比较分析表明,创业的诸多内容是围绕着创业机会来进行的。换句话说,创业的核心是机会,是创业者对于创业机会的理解与把握。创业机会核心说在这几年里被大量探讨,在西方逐渐得到管理学界的认同。创业机会的研究已经被认为是创业管理研究的核心所在(斯晓夫等,2016;斯晓夫、傅颖,2015;Suddaby et al.,2015;Sarasvathy,2010;Plummer et al.,2007)。创业是一个跨学科的研究领域,经济学家、社会学家等都研究创业,但他们基本上都没有从创业机会的视角来研究创业。创业机会对于整个创业过程或众多创业内容来说,就好像是一根线,创业内容则是不同的珠子。在创业过程中,创业机会这根线把不同的珠子串在一起,共同发挥作用。

我们要认识与明确创业机会,将大众创业建立在创业机会的基础上,是我国大众创业避免盲目创业的重要因素。深入研究创业机会,对于创业研究本身,以及我国的大众创业都具有重大的理论与借鉴意义。

4.2 从创意到创业机会

4.2.1 "三创"的概念与相互关系

创意是一种思想、概念或想法。在创业管理中,创意强调的是一种新的价值,实现这种价值的创意本身就具有价值,它是一种新思想、新概念或新想法。人的一生往往会在不同阶段产生各种不同的创意，创业者也会在不同阶段产生各种不同的具有商业价值的想法。用适当的方法去保留与发展这些创意是必要的，而创业教育的重要任务就是帮助创业者找到合适的方法去强化与发展有价值的创意，学习如何将你的创意与商业机会连接在一起，进而奠定成功创业的基础。这种工作本身就是创意与创新相结合的过程，创业者应该有意识地尝试如何构建与完成这个过程，创业者应该不断地尝试与实践，一旦完成了这个从创意到商业机会的发现或构建过程，它对于创业者的回报将是巨大的。

　　研究创意一般是与创新与创业联系在一起的，很多人称之为"三创"，我国创业管理学者斯晓夫认为，"三创"是事物相互联系、不可分割的三个方面，如图4-1所示。斯晓夫认为，创意简单来说就是一种"灵光一现"的现象。当一个创业者遇到某些问题时，他可以马上想到解决方案或解决问题的思路，但有些问题既没有先前的知识经验或案例可供参考，也没有现成的答案，只有通过自己的观察、学

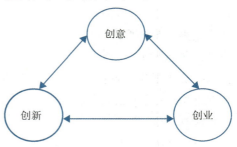

图 4-1　创意、创新与创业三者之间的关系

习与不断探索，才有可能突然在某个时间"灵光一现"，产生解决问题的思路，这往往是创意产生的途径。创新则是创意的体现，从企业管理的角度，创新就是一种新的思想的体现，以及新思想首次商业化的过程。创新是美好的梦想加上有效的实施，并导致价值创造的过程。如何进行价值创造？答案就是创业。创业是价值创造的实践。因此，斯晓夫认为三者之间的关系，简单地说，创意是一种"灵光一现"，创新是创意的体现，创业则是创新的实践。

4.2.2　创意到创业的过程

　　在创业实践中，创业者往往有很多创意和新想法，但每一个创意与新想法并不一定会产生具体的创业项目。也就是说，全世界每天都有成千上万的创意产生，但最终变成事业的却屈指可数。这其中的许多创意都夭折在了"最初一英里"阶段。美国畅销书作家斯科特·安索尼还曾经在 2015 年专门写过一本书，名字就为《最初一英里》，用来告诉创业者和创业团队如何把创意变为赚钱的商业模式，如何进行创意管理让过程成本更低、效率更高。

　　时下一些人往往认为商业机会就是创业机会，实际并不尽然，创业机会仅仅是适用于创业的商业机会。创意是实现某种目的的可行的突破口、切入点、环境、条件等；商业机会则是实现某种商业盈利目的的可行的突破口、切入点、环境、条件等。商业机会分为两类：一类昙花一现，这是一般性商机；一类会持续一段时间，且不需要较多起始投入，这才是适于创业的商业机会，即创业机会。创业机会有三个重要特点：一是可持续一段时间；二是市场会成长；三是创业者有条件利用。

　　毫无疑问，成功创业是建立在对于机会的发现、构建与把握的基础之上的。从创业实践来看，创业者的很多创意不会都产生创业或商业机会，并最终促成一项事业或生意的成功。机会的产生往往与很多创意、新想法有关，它们之间不是一对一的对应关系。机会与商业或事业的成功，也不是一对一的对应关系。机会有很多，只要把握住其中之一，就能促成某项商业或事业的成功，如图4-2所示。

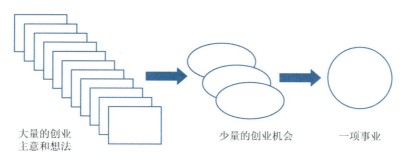

大量的创业
主意和想法　　　　　　　　少量的创业机会　　　　一项事业

图 4-2　大量的创业点子过滤到一项事业

4.3　创业机会的发现与构建

创业是一个跨学科的研究领域,经济学家、社会学家等都在研究创业,学术界对创业机会的起源与产生过程一直存在着不同的观点(Ardichvili et al.,2003;Eckhardt & Ciuchta,2008;Sarasvathy et al.,2010;Zahra,2008)。大多数学者认为,创业机会存在于客观环境中,是被创业者发现出来的(Shane,2012)。创业机会的发现可以用来填补市场的空缺(Kirzner,1978),达到市场的均衡(Miller,2007)。但也有研究者认为,创业机会并非客观存在,也非先于创业者的意识,而是被创业者构建出来的(Alvarez & Barney,2007;Alvarez et al.,2015;Sarason et al.,2006;Suddaby,Bruton & Si,2015)。甚至有学者认为创业机会发现是机会构建的一个特例,而与之对立的学者认为创业机会构建是机会发现的一个特例(Alvarez et al.,2013)。那么,面对如此多相互矛盾的观点,对于创业者来说,创业机会到底是存在于客观世界中等待创业者发现,还是产生于创业者后天的构建的呢? 依据经典的创业机会研究文献,斯晓夫等(2016)认为"创业机会发现"是一种基于客观存在论的"印迹(imprinting)"过程,是一种具有科学发现特征的机会发现过程;而"创业机会构造"是一种基于构建论的"众迹(reflexivity)"过程,是一种具有社会构建特征,并涉及创业者、环境、市场、顾客等因素综合作用的机会构建过程。创业机会与创业绩效的关系如图 4-3 所示。

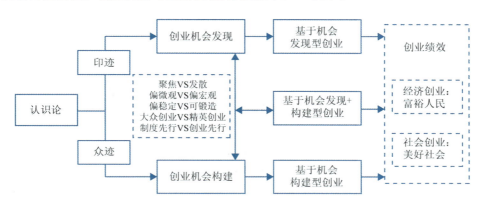

图 4-3　创业机会与创业绩效的关系

对创业者来说，在现有的市场中发现创业机会，是很自然和较经济的选择。一方面，它与我们的生活息息相关，能真实地感觉到市场机会的存在；另一方面，由于总有尚未全部满足的需求，在现有市场中创业，能减少机会的搜寻成本，降低创业风险，有利于成功创业。现有的创业机会存在于不完全竞争下的市场空隙、规模经济下的市场空间、企业集群下的市场空缺等。

然而，创业机会很难独立于创业者而存在，尽管某些客观的环境条件（如技术进步、政治或监管环境以及人口转变）影响创业机会，但创业机会最终取决于创业者的创造性想象以及社会化技能等内在因素，而不是仅仅依赖于外在环境因素。当乔布斯推出苹果手机时，消费者并不知道自己需要这样一款手机。而乔布斯却能创造性地发明一款消费者尚未意识其需求的产品。创业者不仅需要创造性想象，同时还需要社会化技能，促使市场与社会接受产品。当爱迪生发明白炽灯之后，他付出了巨大努力使大众接受这一从未在市场中出现过的产品。从这一角度而言，创业机会存在于更加广阔的社会或文化环境中，受助于创业者想象与社会化技能的互动，通过创业者将创意概念化、客观化并加以实施这三个过程来完成创业机会构建的过程，创业机会的构建是创造性想象与实践或创造性"拼凑"的产物。

4.3.1 创业机会发现

客观存在论的观点认为创业机会先于创业者的意识存在于客观环境，由独具慧眼的创业者发现（Shane，2012）。例如，微软就是在大型计算机统治的时代识别与发现了小型计算机的市场机会。创业者发现创业机会就好像科学家通过科学实验得到新的发现一样。创业机会发现研究者认为，机会发现是基于客观存在论逻辑，即创业者所经历的客观环境，都会在创业者身上留下创业印迹，因此有人称它为一种"印迹"的过程。创业者所经历的外部环境是创业者身上持久印迹的重要来源，而印迹会影响创业者在未来识别创业机会的能力。它是一种客观导向性的过程，是一种具有科学发现特征的机会发现过程。机会发现印迹来源还包括创业者身边的重要人物（家人与朋友）、创业者的工作经验、兴趣爱好等。Jaskiewicz 等（2015）认为创业机会的持续得益于家族内部或新企业创业精神的印迹。而 McKeever 等（2015）则认为，创业机会是个体与社区密切联结的结果。可见，上述创业研究者基本上都认为，创业者发现创业机会的感知差异来自创业者所经历的环境。印迹赋予某些创业者发现他人忽略的创业机会的特殊想法感知，因而造就他们的想法与机会的连接。

4.3.2 创业机会构建

然而，并非所有的创业机会都是客观存在的，创业机会的出现不可能不依赖于创业者（Alvarez & Barney，2007）。创业机会出现的根本原因不是因为环境的外生性，而是创业者不断提高的实践能力以及创业者创造性想象的能力（Sarason et al.，2006；Suddaby et al.，2015）。这体现出创业机会产生的另一种过程——"众迹"的过程。创业者占据初始市场（指一个未经定义或转瞬即逝的行业结构）采用的是共同构建市场机会和组织的边界，其中的三个过程分别是自我诉求、标定界限以及控制市场。Jennings 等(2015)通过研究超级游艇行业中创业者的行为指出，创业机会能够诞生于设计者、拥有者与管理者的情绪激发。因此，Jennings 等的文章支持了创业机会"构建论"的说法，同时说明了组织情境内个体行动者构建创业机会的方式。Alvarez 等(2015)通过分析韦克菲尔德海产品公司如何在大宗商品市场中完成合法化交易来探寻创业机会。另外，Singh 等(2015)对创业失败的研究指出，创业失败促使创业者顿悟或者获得更深层次的人生见解，有助于创造新的创业机会。Marion 等(2015)则认为，创业机会是核心企业清晰聚焦跨组织网络组成的产物。创业机会来自关键网络的成员之间的互动与联系，以及创业者意识到创业机会的构建需要成员之间的信任与凝聚。即便某一创业项目以失败告终，新的创业机会还会从跨组织网络之中涌现。

上述创业机会研究体现了构建论逻辑，认为创业机会并非一定预先存在等待被发现，创业机会可以通过创业者对社会环境、顾客和市场的迭代思考与理解来构建。事实证明，我国近年来诸多的创业机会是创业者构建出来的，例如阿里巴巴通过"双十一"构建出来的创业机会。

4.3.3 创业机会发现+构建

除了上述创业机会是创业者发现或构建出来的理论，还有一些研究者的研究认为部分创业机会的产生兼有"发现"与"构建"两者的特征，在创业实践中，很多创业机会是发现出来的，也是构建出来的，两者是相互作用的。例如，中国的打车软件——滴滴打车发现了出租车市场存在着尚未满足市民出行需求的创业机会，通过移动互联网技术并结合市场特点与顾客需求构建出商业服务机会，以满足打车人群的需求来取得创业绩效。

创业机会发现＋构建与创业机会发现、构建的特征比较如图 4-4 所示。

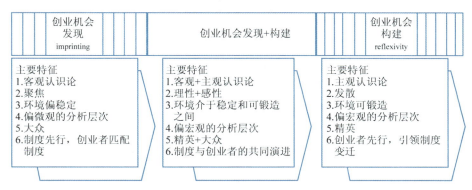

图 4-4 创业机会发现＋构建与创业机会发现、构建的特征比较

创业机会发现＋构建还可以从以下角度分析其特征：

（1）从创业者个体及其行为视角来看创业机会发现＋构建。通常，它们具有四种特别的行为习惯，即质疑、观察、尝试以及将某些创意想法与外界网络保持交流等习惯，通过这些行为，创业者能辨认（包含发现和构建）出机会。

（2）从资源利用的视角来看创业机会发现＋构建。例如,斯晓夫等(2016)对义乌创业发展历程的研究表明,在早期贫穷的情境下,义乌地区资源缺乏,农民一般没有机会迁移到资源丰富的地方去发展。然而,农民没有按照靠山吃山、靠水吃水的模式去创业,他们发现资源是可以再生的,这种资源再生可以产生创业机会。最初,这种创业模式就是义乌农民创造的著名的"鸡毛换糖、以物易物"的商业模式。义乌农民在后续的发展过程中,将不同的生产资料等从外地带入义乌,逐步以不同阶段的商贸模式发扬推广,通过破坏式创新把握了市场中潜在的机会,推动了经济的发展并塑造了义乌这个创业典范城市的形成。与斯晓夫等义乌的案例研究类似,Baker 和 Nelson(2005)发现,29 家资源贫乏的企业,为解决新问题和开发新的创业机会,可以通过整合手头现有资源,将有限资源创造性地利用以开展创业活动。

（3）从组织形式和制度环境视角来看创业机会发现＋构建。创业者常常在组织化和制度条件不足的领域推出新的产品或服务,比如 Zhang 和 White 等(2016)对中国包括江苏、江西、浙江、河北等省的太阳能光伏私营企业的案例研究发现,无论在国内还是国外,虽然太阳能光伏被认为有前景,但私营企业的创业者们需要建立企业资源以及组织形式的合法性以适应制度环境合法性并获得政府和消费者的支持。再如,20 世纪 60 年代以前的板球运动,虽受不少观众青睐,但比赛时间太长,上座率并不理想,欲推动英国的板球运动发展,Wright 和 Zammuto(2013)的研究发现,要想改变规则和赛制,除了要创业行动者在创造机会时满足经济的可行性,还要满足政治的可行性,把获得的新资源投入到策略目标中,使得旧有制度的"看门人"瓦解,才能在成熟领域市场中创造机会获得成功。Tan 等(2013)对中国四川省成都市新都家具产业集群分析发现,位于网络边缘的企业倾向于遵从体制要求,模仿具有竞争优势的企业,而位于集群中心的企业能权衡好制度压力和竞争差异化之间的关系,既能利用网络资源予以创新,又能改变制度环境。可见,位于网络中心的企业既受客观环境的影响,利用社会网络资源发现创新机会,同时又受构建论的影响,主动地推动制度环境变化构建创业机会。总之,发现论与构建论并非完全对立,客观上存在创业机会既可能是被发现出来的,又可能是被构建出来的,即发现与构建是兼容在一起的。

4.3.4　创业机会创造

创业机会除了上述的机会发现、机会构建、机会发现＋构建,还有就是机会创造。蔡莉等(2018)提出发现型机会与创造型机会开发,并关注与探索两者的转化机制。关于这两种类型机会间的转化研究还处于探索性阶段。本文作者认为机会创造主要是一种机会探索与可能形成的众迹过程,其中既有构建的成分也有发现的成分,但一般是以构建为主的。在创业实践中,无论是创业还是内部创业,创业者越来越多地需要根据市场变化与用户体验等要素来构建创业机会,并通过这样的机会构建途径来取得创业的成功。机会构建不仅需要想象力与创新思维,并且需要强大的资源与组织能力来支撑。从机会构建本身来说,一部分机会构建是以模仿性为主的,另外一部分机会构建是以创新性为主的。机会创造则是凭强大的想象力,以创意与创新作为构建要素,市场和用户之间相互作用的过程中产生的新机会。为了机会创造,很多公司包括公司内部创业,会举全公司与全员之力进行机会创造实践。例如,阿里巴巴公司惯用的思路是运用强大的组织能力、充沛的现金投入和人力资本厚度,举全员之力来创造机会,将一个个梦想变成现实。在很多业务上阿里确实战无不胜,但阿里的一个重要业务——大文娱,以及它5年的经历似乎证明了,机会创造虽然是公司最倾向的思路,但这种模式也不是万能的。原因有很多,主要原因还是机会创造不同于一般的创业活动,没有达到一定层次与内涵或者不具备强大的想象力,以及创意与创新的机会构建能力,要不断创造出创业机会是很困难的。

4.4　创业机会到创业成功的过程与要素

创业过程是围绕着创业机会进行的。识别创业机会自然是创业者需要具备的能力。创业机会识别,创业者需要弄清楚机会在哪里,怎样去寻找? 为什么有的人可以看到机会,而另外一些人却看不到。影响创业机会识别的主要因素是什么? 我国创业学者张玉利等(2014)认为有四方面的要素:①先前经验;②认知因素;③社会关系网络;④创造性。本章采用图4-5的模式来说明创业机会的识别过程。

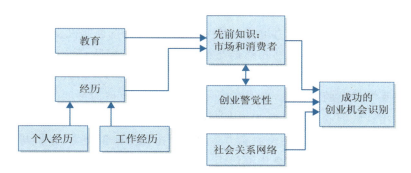

图4-5　创业机会的识别过程

在创业机会识别的过程中,一个人的工作经历会影响创业者的先前知识,而先前知识与创业机会识别是高度相关的。有关先前知识对创业机会识别作用的研究可以追溯到Hayek(1945)的研究。Hayek认为任何一个人的知识都不可能是全面的。先前知识被公认为是创业领域尤其是创业机会识别的首要重要因素。例如,Shane(2000)提供证据显示,个体先前有关顾客、市场和如何服务顾客的知识与创业机会识别相关。Ardichili等(2003)指出,四种主要的先前知识的纬度对创业过程是重要的:有关市场的先前知识、有关服务市场方式的先前知识、有关顾客问题的先前知识以及特殊的兴趣知识和总体的行业知识的结合。但是,Shane(2000)也指出,先前知识对创业机会的识别也可能产生负向的作用,例如一定的先前知识可能对某些潜在的创业机会识别形成障碍,知识可能会提供一个桥梁接近新的机会(创造力),也可能构造一个障碍阻碍这一路途。

教育也是一个影响创业者先前知识的因素。每一个人都有不一样的先前经验,这种先前经验往往是先前知识的重要来源,知识通常以经验的形式表现出来,而教育则可以连接经验与知识。这种通过教育连接的先前经验与先前知识在创业机会识别中是非常重要的。创业者从创业经验中获得的能力可能影响其以后的信息收集的数量和质量，同样，创业者通过在商学院学习或个人自学可以提升获取知识的能力，上述这些能力与创业者的洞察力以及创业机会识别能力是直接相关的。另外一个影响创业者先前知识的因素是创业警觉性，实践证明，先前知识与创业警觉性是相互作用的。

对于创业机会识别与筛选，浙江大学创业管理团队曾经对创业者有过小组探讨与深度访谈，在众多的因素中通过元素分析的方式，得出下面这些因素与创业机会识别和筛选高度相关：

（1）通过早期经验识别与筛选创业机会；

（2）通过头脑风暴识别与筛选创业机会；

（3）通过与思想者互动识别与筛选创业机会；

（4）通过创业实践识别与筛选创业机会；

（5）通过大数据技术识别与筛选创业机会；

（6）通过行业与竞争对手分析识别与筛选创业机会；

（7）通过市场供需平衡关系识别与筛选创业机会；

（8）通过问题导向、比较分析识别与筛选创业机会；

（9）通过跨行业合法复制产生创业机会，以此识别与筛选创业机会。

除了上述因素，创业机会识别和筛选与创业者的个人（团队）能力是高度相关的。创业机会识别是创业领域的关键问题之一。创业中的很多机会，大多数人往往察觉不到，机会看上去甚至是"丑陋"的。那么，当大多数人与这些机会擦肩而过的时候，为什么个别创业者可以识别出这些创业机会？首先，识别创业机会在很大程度上取决于创业者的个人（团队）能力。与创业机会识别相关的能力主要有：扎实的知识能力、分析与判断能力、远见与细节观察能力、技术发展趋势预测能力、模仿与创新能力、网络关系能力等。面对具有相同期望值的创业机会，并非所有潜在创业者都能把握。其次，成功的创业机会识别是创业愿望、创业能力和创业环境等多因素综合作用的结果。创业愿望是创业机会识别的前提、是创业的原动力，它推动创业者去发现和识别市场机会。没有创业愿望，再好的创业机会也会视而不见或失之交臂。最后，创业环境的支持是机会识别的关键。创业环境是创业过程中多种因素的组合，包括政府政策、社会经济条件、创业和管理技能、创业资金和非资金支持等。一般来说，如果社会对创业失败比较宽容，有浓厚的创业氛围；国家对个人财富创造比较支持，有各种渠道的金融支持和完善的创业服务体系；产业有公平、公正的竞争环境，那就会鼓励更多的人创业。

📝 本章小结

本章主要阐述了创业核心的问题,即创业以及创业研究的核心是创业机会;进一步描述了创业机会的四种来源,即创业机会的发现、构建、发现＋构建以及创造。创业机会发现的观点认为机会是客观存在的,而机会构建则认为创业机会的出现不可能不依赖于创业者,机会发现和机会构建所对应的认识论逻辑分别为"印迹"和"众迹"。此外,本章描述了创意、创新和创业三者之间的相互关系,简单地说,创意是一种"灵光一现",创新是创意的体现,创业则是创新的实践。最后,本章对从创业机会到创业成功的过程与要素做了简要的梳理,其中个体(团队)的经验与教育情况对创业机会的识别和筛选有较大的影响。

❓ 本章思考题

1. 你认为创业机会是被发现的还是被构建的,或者是发现＋构建的?

2. 创意、创新和创业三者在你心目中的重要性排序是怎样的?

3. 描述创业机会发现、构建、发现＋构建以及创造四类机会来源的主要特征。

4. 阐述从创业机会到创业成功过程的影响因素。

5. 谈谈你对机会创造的认识。

案例分析

创业机会与蚂蚁金服集团的迅速发展

在创业实践中,无论是创业还是内部创业,创业者越来越多地需要根据市场变化与用户体验等要素来构建创业机会,并通过这样的机会构建途径来取得创业的成功。机会构建不仅需要想象力与创新思维,而且需要强大的资源与组织能力来支撑。从机会构建本身来说,一部分机会构建是以模仿性为主的,另外一部分机会构建是以创新性为主的。机会创造则是凭强大的想象力,以创意与创新作为构建要素与市场和用户之间相互作用的过程中产生新机会。为了机会创造,很多公司包括公司内部创业,会举全公司与全员之力进行机会创造实践。蚂蚁金服正是通过这样的机会创造实践,在近年中崛起的一家金融科技企业。

金融科技(fintech)的迅速发展是过去十年里对金融创业产生重大影响的关键要素。金融科技是指互联网技术在支付、借贷、财富管理和保险等金融活动中的应用和创新。埃森哲的最新调查发现,2018年全球金融科技投资总额达到553亿美元,中国占金融科技投资总额的46％,以及3/4的在线贷款交易。而中国金融科技投资的一半以上来自2018年5月蚂蚁金服获得的 140 亿美元融资。总部位于杭州的蚂蚁金服集团(Ant Financial Services Group,简称蚂蚁金服)也荣登全球最有价值金融科技企业榜首。中国已成为金融科技创新的领导者。表 4-1 列出了全球十大金融科技独角兽,这是中国金融科技公司迅速发展的有力证明。

表 4-1 2018 全球前十名金融独角兽(根据估值排名)

排名	公司	业务领域	估值	总部	成立时间
1	蚂蚁金服集团	互联网综合金融服务	1500 亿美元	杭州	2014 年
2	JD 金融	京东集团控股的金融科技企业	260 亿~300 亿美元	北京	2013 年
3	陆金所	中国 P2P 贷款和融资平台	185 亿美元	上海	2011 年
4	Stripe	网络支付处理	92 亿美元	旧金山	2010 年
5	Operates Paytm	印度数字钱包供应商	70 亿美元	德里	2010 年
6	Robinhood	免费股票交易应用	56 亿美元	旧金山	2013 年
7	SoFi	P2P 学生贷款再融资、抵押,以及其他类型的个人贷款	40 亿美元	旧金山	2011 年
8	Credit Karma	提供免费的互联网征信报告	35 亿美元	旧金山	2007 年
9	GreenSky	为银行提供技术手段,主要用于处理贷款申请业务	36 亿美元	亚特兰大	2006 年
10	Oscar	后奥巴马医改时代数字健康保险服务	32 亿美元	纽约	2013 年

资料来源:根据 CB Insights 和 Crunchbase 的数据整理。

蚂蚁金服的进阶之路

蚂蚁金服管理着全球最大的货币基金,但可能以其支付宝移动支付服务最为知名。2003 年,蚂蚁金服以支付宝起家,最初是一个简单的在线支付工具,附属于电子商务巨头阿里巴巴(Alibaba)运营的在线购物网站淘宝(taobao.com)。在 21 世纪初,电子商务和网上购物首先在中国得到普及,但存在一个问题,在线卖家和消费者之间缺乏信任,这被认为是行业的最大障碍。因此,阿里巴巴发明了支付宝来保证交易,从而提高了网上购物的安全性。当消费者在淘宝网上购物时,他们被要求把钱转到支付宝。支付宝收到款项后,会通知网上卖家发货。当消费者收到商品并向淘宝网发送确认信息时,支付宝将向卖家支付款项。支付宝作为电子卖家和客户之间的支付中介,解决了中国蓬勃发展的在线购物行业的长期信任问题,为淘宝网在未来几年的爆炸式增长做出了贡献。据说支付宝帮助淘宝网在中国市场击败了 eBay。图 4-6 展示了支付宝的担保交易流程。

支付宝独立后,淘宝网用户长期以来仍是支付宝的主要客户来源。而后,支付宝开始与大量在线企业合作,包括游戏平台(如在纳斯达克上市的魔兽世界运营商九城有限公司)、航空和酒店预订网站以及其他 B2C 购物网站。截至 2006 年年底,有超过 30 万家商户接受支

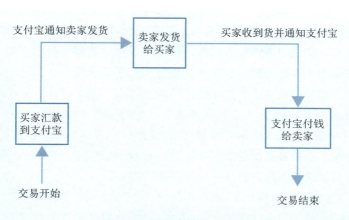

图 4-6 支付宝担保交易流程

付宝作为支付方式。人们开始认识到支付宝是一个独立的支付网络体系,类似于 Visa、万事达(MasterCard)和银联(UnionPay)。截至 2007 年 9 月,超过 5000 万人注册了支付宝账户。支付宝的年交易额达到 476 亿元(71.4 亿美元),占中国在线支付市场的 47.6%。2008 年,浙江支付宝网络技术有限公司更名为支付宝(中国)网络技术有限公司,与数百名外国商家结成伙伴关系,包括日本、新加坡、美国、加拿大、澳大利亚、新西兰和韩国。加上与中国建设银行合作,支付宝宣布在淘宝网上卖家可以最多借钱 100000 元。这意味着支付宝踏入了支付以外的金融服务领域。2008 年 8 月,支付宝用户数量增加到 1 亿人,日均交易额达到 200 万笔。同年,支付宝开始为公用事业公司提供一站式支付服务,让客户可以在支付宝上支付水电费、煤气费和电信账单。它还为亚马逊(Amazon)和京东(JD. com)等流行的 B2C 购物网站提供支付支持。由于快速扩张,支付宝的年交易额超过 1300 亿元(合 194.9 亿美元)。2009 年,支付宝通过与三家领先的旅行社(携程、艺龙和芒果)合作,扩大了其在中国在线旅游预订行业的影响力。它还与友邦保险合作,涉足在线保险领域。2009 年 7 月,支付宝用户数量超过 2 亿,在一年内翻了一番。截至 2009 年 12 月,接受支付宝的外部企业(阿里巴巴集团以外)达到 46 万家。此外,全年总成交额最高达到 2871 亿元(合 430.4 亿美元),占总市场份额的 49.8%。2010 年开始,随着在线购物继续快速增长,支付宝走上了指数级增长的轨道。2010 年,淘宝网占据了中国电子商务市场的 80%,拥有 1.7 亿注册购物者,收入超过 200 亿元(合 30 亿美元),主要来自在线广告和其他付费服务。因此,支付宝获得了稳定的增长,因为淘宝网上几乎所有的购物款项都是通过支付宝平台结算的。然而,就在此时,支付宝决定再次转型为综合性金融服务提供商。它旨在覆盖中国人生活的方方面面,比如水电费支付、信用卡还款、行政罚款、学费支付和在线慈善捐款。截至 2010 年 12 月,支付宝的用户数量超过 5.5 亿人。与此同时,支付宝(Alipay)和银联(Unionpay)推出了一项开创性的支付服务,名为"即时支付"(Instant Pay),允许信用卡持有人在不开设网上银行账户的情况下进行在线支付。2010 年 5 月,中国人民银行(央行)公布了首批获得第三方支付牌照的互联网金融公司。支付宝和其他 26 家支付公司从央行获得了牌照,这意味着官方认可了其金融科技业务。2011 年,支付宝将支付服务从线上扩展到了线下。该公司发布了"条形码支付"服务，允许购物者使用安装了支付宝应用程序的智能手机在商店进行支付。零售商可以通过扫描顾客支付宝应用生成的条形码来收钱。他们可以通过智能手机扫描数字条形码，或者更专业地通过安装在收银机上的特殊设计的条形码识别器来收钱。很明显，条形码支付的推出给零售商和消费者带来了极大的好处，因为它提供了一种方便、低成本的支付方式。支付宝 App 自动生成的条形码是一次性的，即不断变化，提高支付的安全水平。用户每次都必须设置一个密码才能激活这项服务。最近，支付宝开始允许购物者在付款前使用指纹或面部识别来验证身份。消费者可以在支付宝账户上付款，也可以用信用卡或借记卡连接该应用。条形码支付的到来标志着新的移动支付时代的到来。

2011 年 11 月 11 日（网上购物节，在中国被广泛称为"光棍节"或"双 11"），支付宝打破了世界纪录，因为它在 24 小时内处理了 3369 万笔交易，交易总额在天猫平台达 33.6 亿元（5 亿美元）。因此，支付宝被评为最大的在线支付系统，超过了它的美国竞争对手 PayPal。到 2018 年 11 月 11 日，支付宝 24 小时内的交易总额更是达到了 213.5 亿元。

2012 年 5 月，支付宝获得了为投资基金公司服务的专项支付牌照。有 50 家基金公司接受支付宝支付，占市场份额的 70％。2013 年 6 月，支付宝推出了移动财富管理平台余额宝，立即获得成功。余额宝推出不到 6 个月，就吸引了 3000 多万用户。许多中国人，尤其是年轻一代，认为余额宝是银行存款的绝佳替代品。2013 年，余额宝的用户享受了 5％的年化收益率，用户可以随时提取资金，也可以用这些钱在网上购物。投入余额宝的资金被投资于天弘资产管理公司（Tianhong Asset Management Company）管理的货币市场基金，阿里巴巴集团持有天弘资产管理公司的股份。2014 年 9 月，支付宝从中国银行业监督管理委员会（CBRC）获得了经营其新银行业务网商银行（MyBank）的牌照。这是一家只提供网上服务的银行，没有实体店。2014 年 10 月 16 日，蚂蚁金服集团成立，取代支付宝（中国）有限公司，成为全球最大的金融科技公司，支付宝也成为蚂蚁金服业务领域的一部分。同年，支付宝日均交易额超过 8000 万笔，支付宝活跃用户数量 1.9 亿。2015 年年初，蚂蚁金服推出芝麻信用，这是一个大数据信用评级系统，根据消费者和小企业在阿里巴巴购物平台上的交易数据以及支付宝的支付历史，为他们分配一个信用评级评分。芝麻信用对小企业尤其有帮助，由于缺少交易数据，小企业获得银行贷款的渠道有限，现在他们可以使用芝麻信用评分申请各种金融机构的贷款。

蚂蚁金融的良好经营前景使其在资本市场上表现良好。2015 年 7 月初，蚂蚁金服对外宣布已完成 A 轮融资，引入了包括全国社保基金、国开金融、国内大型保险公司等在内的 8 家战略投资者。按照融资额以及占股比例倒推计算，蚂蚁金服当时的市场估值已经超过 450 亿美元。2016 年 4 月 26 日，蚂蚁金服对外宣布，公司已于日前完成 B 轮融资，融资额为 45 亿美元。这也是全球互联网行业迄今为止最大的单笔私募融资。2018 年 6 月 7 日蚂蚁金服完成新一轮融资，融资总金额 140 亿美元。蚂蚁金服也一跃成为全球最大的金融科技公司和最大的初创公司。

十几年，支付宝逐步发展成为一个涵盖在线和移动支付、在线银行、财富管理和信用评级的成熟金融科技商业帝国。据估计,蚂蚁金服的市值为 750 亿美元,超过了高盛的市值。因此,蚂蚁金服被认为是传统金融机构中最有影响力的颠覆者。

蚂蚁金服的创业机会发现＋构建

随着支付宝转型为蚂蚁金融服务集团,其业务范围从网上支付扩展到银行、信用评级等其他金融服务,蚂蚁金融凭借互联网技术和创新的商业模式,具有明显的竞争优势,迅速成为行业的主要参与者。仅在中国,支付宝就占据了 5.5 万亿美元的移动支付领域(占总市场份额的 54％),是与银联、Visa、MasterCard 和 PayPal 等支付运营商竞争的有力竞争者。此外,余额宝背后的货币市场基金持有价值 1656 亿美元的资产,超过了摩根大通的美国政府货币市场基金(1500 亿美元),后者曾是最大的投资基金。显然,蚂蚁金服建立了一个金融科技生态系统,不仅复制了传统银行的大部分功能,而且还提供了新的具有高质量、低成本和更大的可及性的金融服务(见图 4-7)。这里重点介绍蚂蚁金融科技业务的四大支柱:支付宝(移动支付系统)、蚂蚁财富(在线财富管理)、网商银行(在线银行)和芝麻信用(信用评级服务)。分析关注蚂蚁金融如何发现＋构建创业机会,从而占据重要的市场份额。

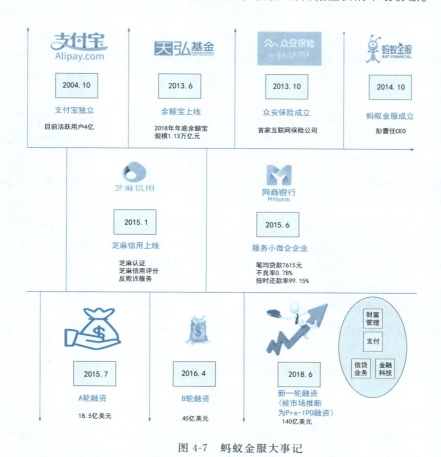

图 4-7　蚂蚁金服大事记

支付宝——移动支付系统

支付宝是蚂蚁金服赖以起家的业务，也是蚂蚁金服众多互联网金融业务的入口，互联网行业有一句话，叫"得支付者得天下"。目前的蚂蚁金服是网络支付领域当之无愧的王者。

为解决网上交易的支付和信任问题，淘宝网以"eBay＋PayPal"的组合为师，建立了自己的网上支付工具——支付宝。过去，总有人把支付宝称呼为中国版的 PayPal，但随着时间线推移，在支付宝逐渐壮大的过程中，先行者"eBay＋PayPal"组合落后了，不仅在中国市场上一败涂地，而且在战略布局上，远远落在了阿里系的"电商＋互联网金融"两大板块齐头并进之后。

马云看到了支付的战略价值，所以在更早期就把支付宝从淘宝中独立了出来。并且把业务从支付向公用事业缴费、线下 O2O、互联网金融等领域不断延伸。当然，支付的价值不仅在于此，蚂蚁金服对这一点的认知是最深刻的。随着移动时代的到来，支付即是连接。以用户为中心，通过支付可以去连接商业、服务、生活、金融，支付宝利用自己的绝对优势，广泛地进行着各种连接，拿下 O2O、公共服务等领域后，会成为国内最大的在线生活服务平台。

2019 年 3 月，独立第三方研究机构易观发布了《中国第三方支付移动支付市场季度监测报告 2018 年第 4 季度》，报告显示，2018 年第四季度，中国第三方支付移动支付市场交易规模达 47.2 万亿元，环比升高 7.78％。其中，支付宝以 53.78％的市场份额夺得移动支付头名，且份额较三季度再度扩大 8 个基点。腾讯金融（含微信支付）以 38.87％的份额排名第二，两者合计占据整个市场的 92.65％。尽管竞争激烈，支付宝仍在第三方移动支付平台上拿下了半壁江山。

蚂蚁财富——移动财富管理平台

通过智能手机应用程序访问的财富管理平台蚂蚁财富（Ant Fortune）是蚂蚁金融服务集团的另一个支柱。2015 年 8 月，蚂蚁金服发布了蚂蚁财富，制订了成为领先在线金融服务提供商的战略计划。金融消费者可以通过蚂蚁财富移动门户将资金投资于货币市场基金、投资基金、定期储蓄、众筹项目、P2P 贷款和股票市场（中国内地、中国香港和美国）。蚂蚁财富不收取佣金，提供来自 80 多家金融机构的约 900 种投资产品。作为金融超市，为金融消费者提供一站式的投资体验。蚂蚁金服是一家金融经纪公司，将投资者的资金与外部机构提供的产品进行匹配，因此它不参与投资，也不承担市场风险。在这方面，蚂蚁财富与银行、证券公司、基金公司和 P2P 借贷平台等其他金融公司的关系应该被视为合作关系，而不是竞争关系。显然，蚂蚁金服降低了财富管理服务的门槛，为普通投资者提供了多种投资选择，而普通投资者在金融市场上的投资经验有限，资金规模较小。在蚂蚁财富的帮助下，普通储户可以依靠蚂蚁财富的人工智能和专业建议，建立自己的投资组合。截至 2018 年年末，余额宝累计交易用户突破 6 亿户，基金累计交易用户则超过 6000 万户。

网商银行——在线银行

小微企业金融服务历来是最难啃的骨头。金融机构发放一笔小微贷款的平均人力成本至少 2000 元，审核周期通常是一个月，一些无抵押、无担保的个体工商户除了风险定价难，大多还需要财政补贴，为风险兜一部分底，这些都是传统银行不会轻易涉足的业务。但网商银行在成立之初就设立了一个红线，主攻小微，不做 500 万元以上的业务。如今，网商银行的企业贷款金额绝大多数都在 20 万元以下,可以说与传统银行完全互补。

网商银行发布的 2018 年年度报告显示,该行 2018 年营业收入为 62.84 亿元,净利润 6.71 亿元,累计服务 1227 万小微企业和小微经营者。年报数据显示,截至 2018 年年末,网商银行资产总额 959 亿元,负债总额 905 亿元,所有者权益 53.7 亿元,年末资本充足率 12.1%。网商银行在年报中称,2018 年年末,该行信贷风险状况总体可控,年末不良贷款率 1.3%。此外,该行全年发放贷款及垫款 476.89 亿元。

网商银行坚持"普惠金融、服务小微、服务三农"的发展定位。数据显示,截至 2018 年年末,网商银行历史累计服务小微企业和小微经营者客户 1227 万户,户均余额 2.6 万元。

芝麻信用——大数据信用评级服务

蚂蚁金服的最后一个支柱是芝麻信用。芝麻信用利用阿里巴巴来自淘宝和天猫购物平台的大数据,为数百万个人消费者提供信用评级服务。目前,中国还没有为其公民建立正式的信用体系,因此蚂蚁金服决定利用其庞大的数据储备来填补这一空白。芝麻信用在蚂蚁金服的金融科技生态系统中扮演着重要角色,它补充了其他金融服务的运作。芝麻信用可以通过支付宝的应用程序或其他合作商户的网站获得。在用户的授权下,芝麻信用根据个人购物数据、支付宝的支付历史以及阿里巴巴电子商务平台的其他行为数据创建信用评分。

芝麻信用通过数学算法将一个信用等级(300~850 分)分配给消费者,芝麻信用为支付宝用户分配的分数从 350~950 分不等。用户可以利用信用评分向金融机构和 P2P 网络借贷平台借款,最高可达 30 万元(合 44972.79 美元)。除此之外,芝麻信用得分较高的消费者还享有某些特权,比如加快机场安检和免费租借雨伞。如果一个人的信用评分超过 650 分,那么他/她在租车时不需要付押金。对于高分用户来说,还有其他好处,比如无须提交信用卡信息就能快速预订酒店。此外,中国游客在申请新加坡和卢森堡等地的外国签证时,除了工作证明和银行对账单外,还可以用芝麻信用评分来证明自己的经济能力。目前,芝麻信用已经被爱彼迎(Airbnb)等数千家网站广泛接受,用于核实用户身份和财务状况。相反,某些不法行为(如拖欠账单和交通违规)会导致信用评分下降,对征信者造成负面影响。

至此,目前的蚂蚁金服集团所拥有的品牌包括支付宝、芝麻信用、蚂蚁小贷、蚂蚁金融云、余额宝、招财宝等,它已经囊括了支付业务版块、理财业务板块、融资业务板块,而作为国内互联网支付的老大,蚂蚁金服所拥有的以数据基础建立起的征信业务板块和技术以及数据业务板块,是包括 Apple Pay 乃至微信支付目前还无法企及的。2018 年 6 月尚未上市的蚂蚁金服的估值已经达到了 1600 亿美元,有评论认为蚂蚁金服相当于再造了一个阿里巴巴。

案例来源:根据 Lerong Lu. How a little ant challenges giant banks? The rise of ant financial (Alipay)'s fintech empire and relevant regulatory concerns. International Company and Commercial Law Review,2018,28(1):12-30;Li J, Wang J, Wangh S & Zhou Y. Mobile payment with alipay:An application of extended technology acceptance model. IEEE Access, 2019(7):50380-50387;马广奇,魏梦珂. 基于"互联网+"促进普惠金融发展的路径探索——以蚂蚁金服为例. 产业与科技论坛,2018(5):60;蚂蚁金服官方网,https://www.antfin.com/;超级独角兽蚂蚁金服频传上市 深度解剖蚂蚁金服发展史,https://baijiahao.baidu.com/s? id=1598224828144936438&wfr=spider&for=pc 等编写。

■■ 问题讨论：

1. 如果把支付宝 2003 年的出现和之后的蚂蚁金服归于创业机会的发现＋构建的成功案例，你同意吗？

2. 请论述蚂蚁金服能从创业机会变为创业成功，其过程中的成功要素。

3. 请根据本章理论分析蚂蚁金服创业机会的发现和建构过程。

4. 作为全球领先的创业公司，蚂蚁金服在创业初期，因何能够察觉到市场发展的动向？

5. 在识别出商业机会后，蚂蚁金服是通过何种策略建立起自己的领导地位的。

▍本章精读文献 ▍

Suddaby R，Bruton G D & Si S X. Entrepreneurship through a qualitative lens：Insights on the construction and/or discovery of entrepreneurial opportunity ［J］. Journal of Business Venturing，2015，30(1)：1-10.

Chapter Article Summary(本章精读文献摘要)：

This article applies inductive analytic techniques to identify and elaborate on two recurring themes that underpin the core puzzle of entrepreneurship research—where entrepreneurial opportunities come from. The first theme is the unique role of imprinting, or the profound influence of social and historical context in constraining the perceptual apparatus of entrepreneurs and delimiting the range of opportunities for innovation available to them. Second, the analysis offers insight into the counterbalancing role of reflexivity, operating at both individual and collective levels of analysis, in generating the ability of entrepreneurs to overcome the constraints of imprinting. This article explores the various ways in which adopting a qualitative lens can help advance our understanding of entrepreneurship as a phenomenon. Early research in entrepreneurship has traditionally relied on quantitative methods grounded in a positivist epistemology. This study argued that the overreliance on quantitative methods lead to artificially constrained entrepreneurship research. While the use of quantitative methods has produced considerable knowledge accumulation, the field of entrepreneurship research has largely failed to develop an indigenous theory (Suddaby，2014) and is often seen as a subset of strategic management theory. Entrepreneurship has failed to develop an indigenous theory because it has failed to generate a defining theoretical question or what Kuhn （1970）would describe as a "core puzzle". This article, thus, explores how qualitative methods might be used to generate a theory for examining entrepreneurial settings. The authors focus on an emerging "puzzle" within the entrepreneurship research community—the origin of entrepreneurial opportunity—and draw from the nine outstanding qualitative studies of entrepreneurship that comprise this special issue to advance a new conceptual model. The insights in this article are based on a thematic review of the nine studies that comprise a special issue on qualitative research. The nine qualitative studies，individually and each in their own way，offer key insights into how we might better understand the emergence of entrepreneurial opportunity. The authors identify imprinting and reflexivity as key mechanisms and core constructs that underpin the larger tensions that question whether entrepreneurs discover opportunity or create it. That is，theorists who advocate a discovery perspective see imprinting as a key process that explains how some entrepreneurs are more likely than others to "discover" an opportunity. Reciprocally，theorists who advocate a creation perspective see reflexivity as a core construct that explains how some actors are better able to "create" entrepreneurial opportunity.

本章精读文献评述：

　　这篇2015年发表在创业创新领域顶级研究期刊上的综述性理论文献，首先说明了为什么创业机会是创业研究的核心问题，并阐述了创业机会的存在论基础与认识论基础。就是说，如果创业机会是被发现的，那么它是建立在存在论基础上的；如果说创业机会是被构建/创造出来的，那么它是建立在认识论基础上的。为了更清楚地说明创业机会，文章进一步探索与阐述了创业机会的来源问题，具体运用了归纳与演绎两种分析技术来阐述创业机会的来源，并运用具体实例阐述了"印迹"与"众迹"两种创业机会的特征，以这些实例说明创业机会的发现过程是一种印迹的过程，创业机会的构建/创造过程则是一种众迹的过程。文章也着重论述了研究创业机会的研究方法问题。文章作者比较了创业研究中的定性与定量两种研究方法。具体地说，对定量研究方法，作者通过效度与信度、统计与非统计、归纳与演绎等研究方法，对问题的早期阶段与成熟期阶段，对问题的重点、实施的方法以及重点投入的比例、执行的时间和地点等方面做了比较研究；对定性研究方法，作者运用具体的案例分析来对研究问题做了比较研究。结合两种研究方法和理论分析，最终，作者认为，应该更多地考虑使用定性研究的方法来研究目前的创业问题与创业机会问题。

　　这篇文章对于我国的创业创新有理论与现实意义，它再次强调了创业的核心是创业机会。创业机会不仅是一个识别与发现的过程，更是存在于客观环境的客观现实，并且经由某些拥有独特个体特征的创业者发现。例如，美国咖啡零售巨头Gloria Jeans和Caribou借助个体特征、经验背景与认知能力识别他人目力所及之外的咖啡市场创业机会。这一领域的多数研究着重阐述创业者识别他人容易忽视的创业机会的特质。这些特质主要是指一系列的创业导向（entrepreneurial orientation）与创业倾向（entrepreneurial intension），包括创新精神（innovativeness）、风险倾向（propensity of risk）和诱发因素（provocativeness）。研究结果表明，学习过创业机会识别与发现过程理论的创业者相较那些仅仅依靠实践经验的创业者，更善于把握住创业机会。另外，很多时候，创业机会并非客观存在，也并非先于创业者的意识存在于客观世界。相反，机会创造很难独立于创业者感知。一方面，这一观点承认某些客观的环境条件（例如，技术进步、政治或监管环境以及人口转变）影响创业机会；另一方面，这一观点认为创业机会最终取决于创业者的创造性想象与社会性技能等内在因素，而不是外在环境因素。因此，当乔布斯发明苹果手机时，他并未看到预先存在于竞争环境的差距，或者需要满足的顾客需求。他能够明确的是他将发明并推广一款消费者尚未意识其需求的产品。类似地，当爱迪生发明白炽灯之后，他付出巨大努力以使大众接受这一从未出现在市场或意识的产品。创业机会存在于更加广阔的社会或文化环境中，受助于创业者感知与市场需求的互动。创业机会并非是先于创业者意识存在于环境的客观现象。相反，创业机会是创业者社会化构建其机会与产品/服务的内在、迭代的创造行为，因此创业机会是构建/创造出来的。总之，创业者应该非常明确地知道：创业是高风险的经济与社会活动，创业是从创意、创新一步一步走过来的。具体地说，创意是一种"灵光一现"，创新是创意的体现，创业则是创新的实践。创业过程是一个不断新陈代谢的过程，当一批批企业倒闭，一批批新的企业又产生了，但不是简单地重复，而是企业与时俱进的必然过程。我国大众创业最应该注意的一个问题就是避免盲目创业。我们必须清晰地认识到：创业成功的比例并不大，不是任何人都具备成功创业的条件的。不清楚创业机会的大众创业，还有可能造成很多的资源浪费，会给今后的经济发展带来阴影，甚至陷入较长时间的经济困境。人们容易被那些耀眼的创业成功故事所吸引，成功创业者喜欢讲述并传播他们的创业故事，并使这些成功故事声名远扬。但是，很多富豪们的创业故事，只是成功者事后编制的，而不是精确的实际进程，读起来都让人兴趣盎然，但真实进程中的许多细节并非如此。

本章作者：斯晓夫

本章案例作者：刘婉，浙江大学管理学院博士研究生；斯晓夫。

本章文献评述作者：斯晓夫；魏娑静，台湾政治大学商学院博士研究生；卢思薇，台湾政治大学商学院博士研究生。

▌本章相关引用材料 ▌

[1] Alvarez S A & Barney J B. Discovery and creation：Alternative theories of entrepreneurial action [J]. Strategic Entrepreneurship Journal，2007，1(1-2)：11-26.

[2] Alvarez S A & Barney J B. Opportunities, organizations, and entrepreneurship [J]. Strategic Entrepreneurship Journal，2008，2(4)：265-267.

[3] Alvarez S A & Barney J B. Entrepreneurship and epistemology：The philosophical underpinnings of the study of entrepreneurial opportunities [J]. The Academy of Management Annals，2010，4(1)：557-583.

[4] Alvarez S A & Barney J B. Epistemology, opportunities, and entrepreneurship：Comments on Venkataraman et al.，(2012) and Shane (2012) [J]. Academy of Management Review，2013，38(1)：154-157.

[5] Alvarez S A, Barney J B & Anderson P. Forming and exploiting opportunities：The implications of discovery and creation processes for entrepreneurial and organizational research [J]. Organization Science，2013，24(1)：301-317.

[6] Alvarez S A, Young S L & Woolley J L. Opportunities and institutions：A co-creation story of the king crab industry [J]. Journal of Business Venturing，2015，30(1)：95-112.

[7] Ardichvili A, Cardozo R & Ray S. A theory of entrepreneurial opportunity identification and development [J]. Journal of Business Venturing，2003，18(1)：105-123.

［8］ Baker T & Nelson R E. Creating something from nothing: Resource construction through entrepreneurial bricolage [J]. Administrative Science Quarterly, 2005, 50(3): 329-366.

［9］ Breugst N, Patzelt H & Rathgeber P. How should we divide the pie? Equity distribution and its impact on entrepreneurial teams [J]. Journal of Business Venturing, 2015, 30(1): 66-94.

［10］ Bruton G D, Ahlstrom D & Obloj K. Entrepreneurship in emerging economies: Where are we today and where should the research go in the future [J]. Entrepreneurship Theory and Practice, 2008, 32 (1): 1-14.

［11］ Bruton G D, Ahlstrom D & Li H L. Institutional theory and entrepreneurship: Where are we now and where do we need to move in the future? [J]. Entrepreneurship Theory and Practice, 2010, 34(3): 421-440.

［12］ Casson M. The Entrepreneur: An Economic Theory [M]. Plymouth: Rowman & Littlefield, 1982.

［13］ Dyer J H, Gregersen H B & Christensen C. Entrepreneur behaviors, opportunity recognition, and the origins of innovative ventures [J]. Strategic Entrepreneurship Journal, 2008, 2(4): 317-338.

［14］ Eckhardt J T & Ciuchta M P. Selected variation: The population-level implications of multistage selection in entrepreneurship [J]. Strategic Entrepreneurship Journal, 2008, 2(3): 209-224.

［15］ Gaglio C M & Katz J A. The psychological basis of opportunity identification: Entrepreneurial alertness[J]. Small Business Economics, 2001, 16(2): 95-111.

［16］ Hayek F A. The use of knowledge in society[J]. The American Economic Review, 1945: 519-530.

［17］ Jaskiewicz P, Combs J G & Rau S B. Entrepreneurial legacy: Toward a theory of how some family firms nurture transgenerational entrepreneurship [J]. Journal of Business Venturing, 2015, 30(1): 29-49.

［18］ Jennings J E, Edwards T, Devereaux Jennings P & Delbridge R. Emotional arousal and entrepreneurial outcomes: Combining qualitative methods to elaborate theory [J]. Journal of Business Venturing, 2015, 30(1): 113-130.

［19］ Kirzner I M. Competition and Entrepreneurship [M]. Chicago: University of Chicago Press, 1978.

［20］ Kirzner I M. Entrepreneurial discovery and the competitive market process: An Austrian approach [J]. Journal of Economic Literature, 1997, 35(1): 60-85.

［21］ Krueger Jr N. Encouraging the identification of environmental opportunities[J]. Journal of Organizational Change Management, 1998, 11(2): 174-183.

［22］ Low M B & MacMillan I C. Entrepreneurship: Past research and future challenges [J]. Journal of Management, 1988, 14(2): 139-161.

［23］ Marion T J, Eddleston K A, Friar J H & Deeds D. The evolution of interorganizational relationships in emerging ventures: An ethnographic study within the new product development process [J]. Journal of Business Venturing, 2015, 30(1): 167-184.

［24］ Mathias B D, Williams D W & Smith A R. Entrepreneurial inception: The role of imprinting in entrepreneurial action [J]. Journal of Business Venturing, 2015, 30(1): 11-28.

［25］ McKeever E, Jack S & Anderson A. Embedded entrepreneurship in the creative re-construction of place [J]. Journal of Business Venturing, 2015, 30(1): 50-65.

［26］ McMullen J S & Shepherd D A. Entrepreneurial action and the role of uncertainty in the theory of the entrepreneur [J]. Academy of Management Review, 2006, 31(1): 132-152.

[27] Miller K D. Risk and rationality in entrepreneurial processes [J]. Strategic Entrepreneurship Journal，2007，1(1-2)：57-74.

[28] Miller D. Miller (1983) revisited：A reflection on EO research and some suggestions for the future [J]. Entrepreneurship Theory and Practice，2011，35(5)：873-894.

[29] Mitchell R K，Busenitz L，Lant T，McDougall P P，Morse E A & Smith J B. Toward a theory of entrepreneurial cognition：Rethinking the people side of entrepreneurship research [J]. Entrepreneurship Theory and Practice，2002，27(2)：93-104.

[30] Mitchell R K，Busenitz L W，Bird B，Marie Gaglio C，McMullen J S，Morse E A & Smith J B. The central question in entrepreneurial cognition research 2007 [J]. Entrepreneurship Theory and Practice，2007，31(1)：1-27.

[31] Plummer L A，Haynie J M & Godesiabois J. An essay on the origins of entrepreneurial opportunity [J]. Small Business Economics，2007，28(4)：363-379.

[32] Sarason Y，Dean T & Dillard J F. Entrepreneurship as the nexus of individual and opportunity：A structuration view [J]. Journal of Business Venturing，2006，21(3)：286-305.

[33] Sarasvathy S D. Causation and effectuation：Toward a theoretical shift from economic inevitability to entrepreneurial contingency [J]. Academy of Management Review，2001，26(2)：243-263.

[34] Sarasvathy S D，Dew N，Velamuri S R & Venkataraman S. Three Views of Entrepreneurial Opportunity [M]. Berlin：Springer，2010.

[35] Sexton D L & Bowman N. The entrepreneur：A capable executive and more[J]. Journal of Business Venturing，1985，1(1)：129-140.

[36] Shane S. Prior knowledge and the discovery of entrepreneurial opportunities [J]. Organization Science，2000，11(4)：448-469.

[37] Shane S. Reflections on the 2010 AMR decade award：Delivering on the promise of entrepreneurship as a field of research [J]. Academy of Management Review，2012，37(1)：10-20.

[38] Shane S & Venkataraman S. The promise of entrepreneurship as a field of research [J]. Academy of Management Review，2000，25(1)：217-226.

[39] Si S，Yu X，Wu A，Chen S，Chen S & Su Y. Entrepreneurship and poverty reduction：A case study of Yiwu，China [J]. Asia Pacific Journal of Management，2015，32(1)：119-143.

[40] Singh S，Corner P D & Pavlovich K. Failed，not finished：A narrative approach to understanding venture failure stigmatization [J]. Journal of Business Venturing，2015，30(1)：150-166.

[41] Suddaby R，Bruton G D & Si S X. Entrepreneurship through a qualitative lens：Insights on the construction and/or discovery of entrepreneurial opportunity [J]. Journal of Business Venturing，2015，30(1)：1-10.

[42] Tan J，Shao Y & Li W. To be different，or to be the same? An exploratory study of isomorphism in the cluster[J]. Journal of Business Venturing，2013，28(1)：83-97.

[43] Wright A L & Zammuto R F. Creating opportunities for institutional entrepreneurship：Thecolonel and the cup in English county cricket. Journal of Business Venturing，2013，28(1)：51-68.

[44] Zahra S A. The virtuous cycle of discovery and creation of entrepreneurial opportunities [J]. Strategic Entrepreneurship Journal，2008，2(3)：243-257.

[45] Zhang W & White S. Overcoming the liability of newness：Entrepreneurial action and the

emergence of China's private solar photovoltaic firms［J］. Research Policy，2016，45（3）：604-617.

　　［46］蔡莉,鲁喜凤,单标安,等.发现型机会和创造型机会能够相互转化吗？——基于多主体视角的研究［J］.管理世界,2018（12）：81-94.

　　［47］斯晓夫,傅颖.创业如何从"多乱难"到"一定成"［N］.解放日报,2015-08-23（6）.

　　［48］斯晓夫,王颂,傅颖.创业机会从何而来：发现,构建还是发现＋构建？——创业机会的理论前沿研究［J］.管理世界,2016（3）：115-127.

附表　顶级创业期刊十余年来有关创业机会相关文献汇总

序号	文章标题	研究问题	主要结论	期刊年份
1	The nature of entrepreneurial opportunities：Understanding the process using the 4I organizational learning framework	结合组织学习和创业两个独立的研究主题，构建了一个组织层面理解创业机会的框架	从组织学习的视角提出了组织层面的 4I（intuiting, interpreting, integrating and institutionalizing），来整合、理解创业机会存在论的两个根源，并帮助组织理解创业机会	ETP （2005）
2	Reconciling diverse approaches to opportunity research using the structuration theory	利用结构化理论来整合创业机会的识别和形成	结构化理论包含社会学中的结构决定论和人类行为动力,文章利用结构化理论解析了六个主要创业机会研究的不同分支,并把它们分别归入到创业机会(结构)的识别和(动力)形成。并指出,有知识和自反性(reflexivity)的创业者随着时间的推移,会选择和塑造有合法性、威力和能胜任的创业项目,以达到机会的识别和形成	JBV （2005）
3	Aspirations, market offerings, and the pursuit of entrepreneurial opportunities	(1) 为什么有的人能发现创业机会而另一些人则留在劳动力市场 (2) 在何种情况下个体最有可能去追求创业机会	当个体的抱负矢量及其感知的市场提供的价值矢量不平衡时,个体会去追求创业机会;当人力资源的相关人员或现有组织对个体有偏见或限制时,有前途的创业者会开始搜寻机会。上述两者的交互作用也对个体追求创业机会起作用	JBV （2006）
4	Entrepreneurship as the nexus of individual and opportunity：A structuration view	从社会结构化理论的视角认识创业过程,尤其是个体与机会的连接	结构化理论认为创业者和社会是共同作用的,机会不是已经存在于社会中等待个体去发现,创业的机会构建是一个动态的过程	JBV （2006）

续表

序号	文章标题	研究问题	主要结论	期刊年份
5	Entrepreneurial action and the role of uncertainty in the theory of the entrepreneur	以个体分析层次整合系统分析层次，提出创业行动理论	创业行动是创业机会和忍受感知不确定的结果。文中提出"第三人"机会和"第一人"机会的概念，并认为创业者感知的"第三人"机会处于注意阶段，而"第一人"机会会带来创业行动	AMR① (2006)
6	Discovery and creation：Alternative theories of entrepreneurial action	探讨了创业机会是独立于个体，存在于环境中，还是可以由创业者的行动创造的问题	机会本身是发现还是创造，没有经验可证。但是，创业者的行动基于哪个理论（发现还是创造）是可以总结出经验的。文章给出了创造理论对创业和战略管理的启示	SEJ② (2007)
7	Learning asymmetries and the discovery of entrepreneurial opportunities	个体如何通过学习转移信息和经验来识别和发现机会	实证研究证明，一般的人力资本、特殊的人力资本、信息获得、信息转移都会对个体识别创业机会形成直接或间接的影响	JBV (2007)
8	Beyond the single-person, single-insight attribution in understanding entrepreneurial opportunities	从一个新兴的视角探讨了创业机会的创造	(1) 机会可以被看成是创造的产品，它可以被认为是人为地对其不断地塑造和打磨 (2) 机会创造不仅仅是特定个体的功劳，更多的归因也来自于情境和社会影响	ETP (2007)
9	Market imperfections, opportunity and sustainable entrepreneurship	市场失灵的分类及其对应的社会可持续发展的创业机会	作者把市场失灵的原因归为四类(无效率企业、外部性、有缺陷的定价机制和信息不对称)，并认为现有社会的激进创新和新的商业模式给这些市场失灵带来了大量的创业机会，并服务于社会的可持续发展	JBV (2007)

① *Academy of Management Review*，简称 AMR。
② *Strategic Entrepreneurship Journal*，简称 SEJ。

续表

序号	文章标题	研究问题	主要结论	期刊年份
10	Opportunity discovery, problem solving and a theory of the entrepreneurial firm	创业者何时利用市场去发现和识别机会? 又何时成立一家企业去做这样的尝试	机会的发现分为经验搜寻和认知(启发式)搜寻,前者独立个体就可以完成,而后者则会涉及知识分享。作者把市场机会发现视为创业企业问题解决的办法,并探究了不同的组织形式(包括治理结构)、学习能力等对市场机会发现、识别的作用	JMS①
11	Exercising entrepreneurial opportunities: The role of information-gathering and information-processing capabilities of the firm	企业层面的信息的收集能力和处理能力如何影响企业践行创业机会	研究了影响企业有效实践创业机会的两种能力——信息收集能力和信息处理能力。文章发现,这两种能力并不总是线性和对称地对实践创业机会起作用。如果信息收集能力很高、处理能力很低或反之都不利	SMJ② (2008)
12	The virtuous cycle of discovery and creation of entrepreneurial opportunities	不同的情境变量如何影响(尤其是企业层面)创业机会的发现和创造	作者认为机会发现和创造可以整合在一起,且机会创造常常出现在一个新兴行业的早期。随着时间的推移,机会创造会慢慢与机会发现互补而形成良性循环	SEJ (2008)
13	Niche construction: The process of opportunity creation in the environment	探究了四种机会构建的分类形式	文章提出了四种机会构建的分类形式: 其一是个体(组织)的治理行为;其二是集体(组织)的治理行为;其三是一种未被治理的来自于个体组织或创业者的机会构建,这种构建更多是不能被预计的;其四是未被治理的集体的机会构建。作者认为,创业机会发现是机会创造的一个特例	SEJ (2008)

---

① *Journal of Management Studies*,简称 *JMS*。
② *Strategic Management Journal*,简称 *SMJ*。

续表

序号	文章标题	研究问题	主要结论	期刊年份
14	Selected variation: The population-level implications of multistage selection in entrepreneurship	创业机会是如何在时间和环境演进中被创业者和人群共同挑选出来的	创业机会不可能没有创业者而从市场中出现，创业机会是在时间轴上被多阶段选择出来的，作者认为创业机会的创造是创业机会发现的一个特例	*SEJ* (2008)
15	Regulatory focus and new venture performance: A study of entrepreneurial opportunity exploitation under conditions of risk versus uncertainty	在风险（稳定）和不确定（动态）情境下，情境对创业机会发现和创造的影响机制	文章构建了创业机会发现和创造两种情境下的模型，从创业者认知框架（即两种自我调节方式：保护聚焦和提升聚焦）作用于创业者行为（对原始创业机会的偏离）的角度，分析了影响新创企业成长的因素	*SEJ* (2008)
16	From Pabst to Pepsi: The deinstitutionalization of social practices and the creation of entrepreneurial opportunities	社会运动对组织创建新机会的影响机制	实证研究了社会运动的双重角色在改变组织形式上的作用，社会运动既冲击了现有的组织，又会通过去机构化为组织提供新的创业机会种类，而且更偏向的是创造出新的机会	*ASQ*① (2009)
17	Are opportunities recognized or constructed? An information perspective on entrepreneurial opportunity identification	创业机会来自发现、识别还是构建？信息加工对创业者的机会识别有何影响	文章认为目前关于创业机会的两个主流研究中，机会识别或发现偏向认知心理学，而机会构建则偏向社会建构主义或发展心理学。文章使用 10 个中小企业的案例来研究人的信息加工对调节创业机会的识别所起的作用，并整合了构建主义者（试错类型的信息加工）和认知主义者（模式类型的信息加工）的视角，提出创业者实用主义的信息加工的整合框架	*JBV* (2010)
18	The production of entrepreneurial opportunity: A constructivist perspective	从建构理论的视角连接创业认知和创业行为来解释创业机会的起源	从机会构建的视角提出创业机会构建三阶段模型，包含机会概念化、机会客观化和机会执行。并提出在三阶段中，不足够的客观化和资源支持都会使机会遗失	*SEJ* (2010)

---

① *Administration Science Quarterly*，简称 *ASQ*。

续表

序号	文章标题	研究问题	主要结论	期刊年份
19	How opportunities develop in social entrepreneurship	揭示社会创业的机会开发过程	文章根据多案例分析,把社会创业的机会分为基于有效性的创业机会和基于理性的创业机会,前者主要是机会的创造,而后者则更多的是机会的发现	*ETP* (2010)
20	Cognitive processes of opportunity recognition：The role of structural alignment	(1) 个体认知过程是如何让个体识别机会？是否包含不连续的推理 (2) 先前的知识在这个过程中发挥怎样的作用	定义了新的概念"机会识别的过程",这是指努力把改变的信号(如个体接触的新信息、新条件)形成有意义的信念,这种信念能带来一些行动但不保证取得最终净利润。识别机会包含客观和主观两个维度。客观维度是指个体所处客观现实情境;主观维度则是指个体把其所在的情境和位置在机会被客观认识之前解析出来	*OS*① (2010)
21	Imagining and rationalizing opportunities：Inductive reasoning and the creation and justification of new ventures	从意义构建的角度,整合创业认知和制度理论,提出企业创造的过程模型	成立一个新颖的企业具有高度的不确定性,它迫使创业者要说服利益相关者理解其意义。作者从 sensemaking(意义构建)的视角出发,整合创业认知和制度理论,提出企业创造的过程模型。其中创业者的归纳推理和隐喻推理,以及先前经验和解决不确定性的动力都对创立和商业化一个新创企业起作用	*AMR* (2010)
22	Grappling with the unbearable elusiveness of entrepreneurial opportunities	把创业机会和创业行为相结合,为后续的创业机会性质和实证研究方向做出展望	作者首先把创业机会分为正式的(formal)和实质性的(substantive),并认为现今主流的创业机会研究(参见 Shane 2000 年的文章)属于前者,而作者希望创业者更多的进行"实质性"的创业行为,因此进一步把创业机会分为"偶发"(提出创意点子)、表现行为以及与市场、行业规则互动等方面	*ETP* (2011)

---

① *Organization Science*,简称 *OS*。

续表

序号	文章标题	研究问题	主要结论	期刊年份
23	Solving the entrepreneurial Puzzle：The role of entrepreneurial interpretation in opportunity formation and related processes	当创业者面临模糊和不完全信息情境时，创业者倾向于选择什么样的决策和行为去利用创业机会？这种选择机制对于发现和创造视角有什么启发	基于战略问题解释和管理认知视角，提出创业机会的新机制——创业解释理论，并通过一系列命题的提出扩展了机会发现和创造理论的解释边界	JMS (2012)
24	Technology-market combinations and the identification of entrepreneurial opportunities：An investigation of the opportunity-individual nexus	创业机会本身是否会对个体机会识别产生影响	研究发现，技术市场的表面和结构相似性组合会影响个体对创业机会产生的信念，同时会对个体先前知识和创业机会的识别产生影响	AMJ[①] (2012)
25	Information exposure, opportunity evaluation, and entrepreneurial action：An investigation of an online user community	个体接触到的外部信息如何对他们的机会评估和创业行为产生影响	在线的用户社区、技术领域和社会领域可以分别通过作用于第三人（third-person）的机会承认和第一人（first-person）的机会信念，对机会评估和创业行为产生影响	AMJ (2013)
26	Forming and exploiting opportunities：The implications of discovery and creation processes for entrepreneurial and organizational research	对发现和创造两种创业机会理论过程进行了比较	文章重点阐述了创业机会发现和创造机制的历史根源、市场不完美的本原（机会发现属于外生因素，而创造属于内生因素）、创业者的差异、信息和决策的情境，并认为创业机会发现是批判现实主义，而创业机会的创造属于演化现实主义	OS (2013)
27	Making it personal：Opportunity individuation and the shaping of opportunity beliefs	机会信念是个体创业行为的重要影响因素，文章聚焦于研究机会信念个性化的影响因素	个体层面：(1) 心智模型理论逻辑提供了解释框架，特定个体的因素影响他们的机会信念形成；(2) 知识和机会特定化有很大相关；(3) 个体的动机、先前失败经验和失败恐惧对于机会信念起重要驱动作用。行业层面：行业的新成立率、分解退出率和竞争程度都对个体的机会信念(印象)产生影响	JBV (2014)

---

① *Academy of Management Journal*，简称 *AMJ*。

序号	文章标题	研究问题	主要结论	期刊年份
28	Entrepreneurial opportunities and poverty alleviation	创业机会理论(发现与创造)对减少赤贫的作用	创业能促进经济增长、减少赤贫,创业机会的利用被作者分为三种:自我雇用、机会发现和机会创造。作者分别定义了贫困情境下创业机会类型的内涵。进而分析了在扶贫过程中,不能简单地不加创业机会类型考虑地投入资源,资源投入到人力资本、财务资本和产权保护中时,不同的创业机会将会产生不同的效果	ETP (2014)
29	Entrepreneurial opportunities and the entrepreneurship nexus: A re-conceptualization	"机会"是一个难懂的概念,通过文献分析(包括发现、创造)进行"机会"构念的整合,重新定义创业机会与创业之间的关系	作者开发了与创业机会相关的三个构念:外部因子(external enablers),即外部情境的集合;新创企业点子(new venture idea),即未来企业的想象,是连接产品/服务,并把它们带入市场中的打算;机会自信(opportunity confidence),意为特别的个体主观感受能对某些机会产生兴趣和刺激而引发其创业行为。这三个构念的分析层级是逐渐递减的,作者对这些构念也提出了未来研究的展望	JBV (2015)
30	The effects of opportunities and founder experience on new firm performance	机会的特征与创业者的特征如何共同影响新创企业绩效	作者先把创业机会分为低风险机会和高风险机会。高风险机会偏好的创始人是有管理经验的,而低风险机会偏好的是有行业经验的创始人,如此匹配的机会—创始人特征对新创企业最有效	SMJ (2015)
31	Proposing social resources as the fundamental catalyst toward opportunity creation	在机会创造的不同阶段,社会资源(社会资本和社会胜任力)起着怎样的作用	本文以 Wood 和 McKinley (2010) 机会创造三阶段模型(机会概念化、机会客观化和机会实施)为基础,阐述了社会资本通过创业者与知识同道人的接触促进机会客观化的意义构建(sensemaking)过程;而社会胜任力则促进机会的实施,同时社会胜任力会有效调节社会资本与机会客观化的关系	SEJ (2015)

续表

序号	文章标题	研究问题	主要结论	期刊年份
32	Cutting microfinance interest rates: An opportunity co-creation perspective	区别代理理论，以机会共同创造的视角来分析、研究减少小额信贷的促进因素	基于机会共同创造的视角，实证研究发现，小额贷款机构的每个利益相关者都能对减少贷款利率产生贡献和帮助，以便达到其社会使命	ETP (2015)
33	Creative personality, opportunity recognition and the tendency to start businesses: A study of their genetic predispositions	创造性的个人特质是否与机会识别以及开办企业相关联	研究发现，拥有创造性特性的个体会在辨别新的商业机会以及开办新企业上更具可能性。基因能部分地（66%）解释创造性特质和辨别机会；而创造性特质与开办企业的相关性为82%，但基因与环境的因素都没有被验证能成为创造性个性或创业决定性的因素	JBV (2015)
34	What is an attractive business opportunity? An empirical study of opportunity evaluation decisions by technologists, managers, and entrepreneurs	技术人员、管理人员、创业者三类人中，什么样的机会最吸引他们？不同经验的人在判断机会时存在不同的"原型"和"模板"，这三类人关注怎样的模板（即参数选择）	对技术人员来说，更吸引他们的机会是与产品相关的；对管理人员来说，更吸引他们的机会是与竞争相关的；对创业者来说，更吸引他们的机会是与现金流相关的。不同经验的个体评估机会的参数选择是不同的，而且随着时间推移，这种异质性依然存在。同时，有管理经验和创业经验的个体对机会评估时的参数选择比有技术经验的个体更均衡	SEJ (2015)
35	Integrating discovery and creation perspectives of entrepreneurial action: The relative roles of founding CEO human capital, social capital, and psychological capital in contexts of risk versus uncertainty	以发现（风险的情境）和创造（不确定性的情境）的视角，研究CEO的无形资本（人力、社会和心理资本）在风险和不确定环境下的创业绩效	研究发现，CEO过往创业的经历（人力资本）在发现情境下，对创业绩效有正向影响；而CEO的学历、强连带关系及其心理资本（乐观、自我效能感、顺应力和信心）则会在创造情境下对其创业绩效带来益处	SEJ (2015)
36	Bridging behavioral models and theoretical concepts: Effectuation and bricolage in the opportunity creation framework	文章提出了整合拼凑、奏效理论以及机会创造理论的概念及研究框架和未来研究的方向	机会创造、奏效理论（effectuation）以及拼凑理论（bricolage）是三个都用于价值创造的概念，文章认为都是创业行为的过程理论。在检验了三个概念的起源和潜在的假定后，文章把它们统一到一个研究框架中并提出了未来研究的方向	SEJ (2016)

第5章

从机会到商业模式与计划

→● 学习目标

了解商业模式的构成和特征

学习商业计划书的写作原则和构成模块

掌握商业模式和商业计划书中有关市场开发和产品开发的基本内容

章节纲要

- 从创业机会到商业模式
- 商业计划书与风险投资
- 市场开发计划
- 产品开发计划

开篇案例

家政 O2O "百家争鸣" 后的卡位战

家政 O2O 市场自 2013 年爆发以来,创业者与风险投资资金不断进入,在 2015 年更是掀起了惊涛骇浪,这一点我们从最近该行业的投融资情况中可见一斑,仅在 2015 年 8 月家政 O2O 平台就有"小马管家"宣布获得了 5000 万元的 A＋轮融资、"好慷在线"宣布已完成 7000 万元融资等。不少业内人士表示,2015 年或将迎来真正的家政 O2O 大战。那么问题来了,怎么战?融资后的钱是否仅有补贴一道?

国内巨大的家政需求吸引着一系列创业者的关注,根据"云家政"2014 年年底发布的北京、上海、广州、深圳四地家政行业数据报告,一线城市普遍的家政从业人员供需缺口均在 10 万～20 万人,春节前后一个月更是会遭遇 30％～50％ 的从业人员缺口。另有数据显示,2015 年国内家政服务市场总规模突破 1 万亿元。

人均消费能力以及生活质量需求的提升,直接导致了家政服务行业的火爆,其实早在 2013 年垂直于家政 O2O 领域的创业公司便接连诞生,如 e 家洁、云家政、阿姨来了、阿姨帮、小马管家等,再加上 BAT 巨头的觊觎,资本不断涌入,多数家政 O2O 平台不断爆出获得多轮融资。

但是在百花齐放之后，有业内人士指出，家政O2O项目的存活率只有10%，甚至是5%。管家帮创始人傅彦生表示："任何一个行业不可能长期百家争鸣，肯定会出现少量寡头，最终是谁还不好说。但跟团购相比，家政服务是非标性的，而且对线下服务要求较高，巨头形成的时间会更长。"

大家若想存活，就需要不断抢占市场，战争在所难免。小马管家CEO马晨飞曾坦言："大家在抢占市场份额的时候，都难免去烧钱补贴做推广。但这绝对不是一个良性的生意。"如何在同质化和与巨头的竞争中突围，真正实现盈利，是所有创业者们都迫切希望的。

无论哪种行业，若想赢得市场，用户体验都是关键。《北京晨报》记者在随机对消费者的采访中发现，不少消费者在请家政阿姨上门服务时，价格并不是主要考虑因素，他们最看重的是服务体验与质量。此外，也有消费者对于阿姨万一打破东西该如何赔偿、家中财物被偷盗等问题表示担忧。

对此记者致电了阿姨帮、云家政、小马管家等客服进行了解，对于阿姨不小心打破东西消费者该如何获得赔偿的问题，阿姨帮客服表示平台已经为阿姨投了保险，出现这种意外会由保险公司进行赔付。云家政客服则表示，一旦出现这种问题得分两种情况，阿姨在场的话需要与阿姨进行协商由阿姨进行赔付，不过如果阿姨在离开后才发现就会比较困难，得看阿姨是否承认。而小马管家客服则表示，由于阿姨一般工作时都会小心翼翼，还没遇到过这种情况，万一出现问题可以跟他们平台进行沟通联系。而如果出现物品丢失等问题，则需要报警进行处理。

如何做好做强用户关系，改善用户体验一直是家政服务行业中的老大难问题。亿欧网联合创始人、O2O分析师黄渊普表示，每一个平台甚至是每一位阿姨做出来的服务都是不一样的，是没法统一的，标准化只能是流程或产品的标准化，比如说在预订的环节或者订单发出后多久可以到你家进行服务等。如何提高服务质量以增加用户黏性需要注意如下方面：第一是各大平台在拿到融资后一定要重视对阿姨进行各方面的培训，目前各大平台也比较重视这一块；另一方面需要把具体出现问题的赔偿规范写出来给用户以明确的保障。此外，也需要依托互联网本身的删减属性，也就是信誉好、服务好的阿姨慢慢留下来，差的阿姨逐渐被淘汰的优胜劣汰过程，不过这个过程需要一定的时间。

无论是国内还是国外，烧钱已经成为企业撬动市场最快的方式，但家政O2O鼻祖Homejoy倒下的案例有力地证明了烧钱之道并非良药，只有真正找到盈利的模式才能在竞争中胜出，而这也是目前几乎所有O2O企业面临的最大问题。

就在国内家政O2O风生水起的时候，家政O2O鼻祖Homejoy却在2015年7月底关张了。有媒体曝出导致Homejoy关闭的"决定性因素"是4起关于员工身份问题的诉讼。但不少业内人士表示，员工的身份问题或许只是压倒骆驼的最后一根稻草。实际上，盈利难匹配扩张速度也是Homejoy暴露出的一大问题。虽然Homejoy在很短的时间内迅速地扩张着自己的国际业务，但每拓展一个新城市就意味着要烧一大笔钱,而业务以小时工为主的 Homejoy,在扣除支付给清洁工的费用外,平台本身能够赚取的利润其实很有限,直接导致资金跟不上"铺"规模的速度。

众所周知,家政服务并不像出行打车或者叫外卖,服务价格仅在几十块钱之内,家政行业的服务对象大多集中在中产阶级家庭,一般人很少会请阿姨上门做家政服务,因此盲目地烧钱补贴做订单只能形成短期的虚假繁荣,并不是长久之道。

黄渊普表示,之前大家大多在同一个细分领域做同质化竞争,在拿到更多融资后,关键要看谁能够在现有的服务模式品类中进行扩张。"当市场进入第二阶段,资本进入之后会要求产品进行地域、品类的扩张。这样就会导致强者越来越强,弱者越来越弱。"

案例来源:《北京晨报》2015 年 8 月 15 日,作者李小娟、杨琳。

从创业机会识别到商业模式构建,再到商业计划书撰写,这一过程是创业者的商业创意不断实体化,创业项目运行重点不断明晰化的过程。这也是创业者在创办实际企业之前的系列准备工作。对于大部分创业行动来说,这一过程是不可省却的。

5.1　从创业机会到商业模式

5.1.1　商业模式的概念

商业模式与创业机会有着密切联系。创业机会是对市场潜在发展机会的总体概括,创业机会识别主要针对机会的潜在盈利空间。不过创业机会的潜在价值能否实现带有很强的不确定性,所以很多创业者在匆匆创业之后不能够实现之前的创业抱负。商业模式是将创业机会的潜在价值明确化的有力手段。通过商业模式的构建,创业机会的潜在价值与组织的运作流程得到了有效的配合,这就使得创业者能够通过系统的思维方式思考创业机会的开发过程。因此,从创业机会到商业模式,意味着创业者在明确创业方向、实现创业成长的过程中往前迈进了一步。

管理学家彼得·德鲁克曾指出:现在企业之间的竞争,不是不同产品之间的竞争,而是商业模式之间的竞争。随着互联网的出现和快速发展,从 20 世纪 90 年代中期开始,商业模式的概念被广泛使用,并且被越来越多的学者和企业所重视(Amit & Zott,2001)。早期的商业模式研究多集中于电子商务领域,后来逐步转向非互联网公司,如对戴尔、施乐公司的案例研究等(Zott,2011)。相对于商业实践,管理学界对于商业模式的理论研究却相对滞后,不同学者的观点和研究结论也存在较大区别。

很多学者首先从价值传递的角度界定了商业模式。例如,Teece(2010)认为商业模式是企业为客户提供价值,并将客户支付的价值转换为利润的方式。Chesbrough(2007、2010)则认为商业模式在企业的发展过程中扮演着两个重要功能:价值创造与价值获取。依据这一定义,他对商业模式的功能进行了进一步的描述,认为商业模式的作用主要有:①阐明价值主张;②识别细分市场;③定义公司所需来创建产品或服务的价值链结构;④为公司明确收入发生机制；⑤描述该公司在价值网络内的位置，将供应商和客户联系起来，识别潜在的互补者和竞争对手；⑥制定创新企业的竞争战略以获得并保持相对于对手的优势；等等。

交易行为则是商业模式的另一关注视角。Zott 和 Amit（2007、2008）认为商业模式是指中心企业与顾客、合作者和供应商进行交易的结构模式，以及公司与要素和产品市场跨边界链接的模式。基于这一视角，商业模式主要关注：如何与要素和产品市场相连接；将哪些利益相关者聚集在一起以开发商业机会，如何将这些团体与中心企业连接并进行交易；各利益相关方交易的产品和信息是什么；哪些资源和能力能促成这些交换；以及如何控制各方之间的交易等几个方面。在 2010 年的一项研究中，Zott 和 Amit 又把创造价值和获取价值两个因素放进了商业模式的交易系统中，即企业通过交易系统促使外部合作者一起创造价值，并获取价值（Zott & Amit，2010）。

Morris 等（2005）总结了以往的文献，在此基础上提出了商业模式的完整定义。商业模式是指在特定的市场中，企业战略、结构、经济等各方面相互关联的决策变量组合创造持续竞争优势的模式。基于这一定义，他们认为商业模式分为经济层面、运营层面和战略层面。同时，Morris 等还列举了企业商业模式的六个核心问题：①企业怎么创造价值；②企业为谁创造价值；③竞争力和优势的来源；④企业与竞争对手的差异；⑤企业怎样赚取利润；⑥时间、空间和规模目标等。

不论是哪一种观点，从概念内涵来看，研究人员普遍承认商业模式的分析单位不是单个产品、单个企业甚至单个行业，而是围绕中心企业的整个跨边界协作系统。有关商业模式的探讨应该重视企业的组织活动，以及所占有的资源与客户、竞争对手、供应商和要素市场的相互作用。

在最新的研究中，Massa 等（2017）总结了商业模式典型的认知视角：

商业模式反映了真实企业的属性（attributes of real firms）。基于这一视角，商业模式包含了与企业及组织运营密切相关的一系列词汇，比如战略、营销、服务、平台、价值等。特别是随着新技术和新业态的出现，商业模式也包含了众包、众筹、共创等类似的新兴词汇。不仅如此，除了这些真实企业所执行的组织活动，商业模式还包含了这些活动的产出。这也正是为何大多数关于商业模式的文献都会强调商业模式与价值创造存在密切关系。从这一视角出发，商业模式的研究呈现出更为多元化的研究结果，众多文献都在积极分析商业模式的构成、创新、业绩，以及商业模式之所以奏效的组织情境。

商业模式是认知或语言的模式（cognitive/linguistic schema）。换而言之，商业模式虽然由各种各样创造和捕捉价值的行动或模块构成，但是本质上是一种主导的逻辑——也就是由管理者所秉持的特定的思维模式。这种认知或语言的模式集中反映了管理者的信念和认知。因为管理者和组织所面临的环境的复杂性和动荡性，管理者需要经由一种清晰明快的商业逻辑来阐释组织环境的挑战，并且传达给组织成员，这样的思维过程就是商业模式在思维上的提炼。在这一视角下，商业模式也常常与战略有非常多的类似之处。

商业模式作为一种正式的概念表达或描述（formal conceptual representations/descriptions），实际上是认知或思维模式的具象化。商业模式的概念模型用于正式描述组织的当前情境以及组织将要开展的核心活动。作为正式的概念表达,商业模式就是要将原本非常复杂的组织内外部环境与组织运营过程抽象和简化,将那些并不是必须的内容撤除,保留那些必须的核心的内容,从而提升内容本身的可驾驭性和可理解性。在实践中常常可以看到一些非常简明扼要的商业模式,比如共享经济、O2O、新零售等,都是商业模式概念表达的例子。

5.1.2 商业模式的构成和设计

总体来看,由于商业模式概念本身较为复杂,学者一般认为商业模式构成要素众多,例如,Afuah 和 Tucci(2000)认为,商业模式的构成要素应该包括客户价值、价格、收入来源、相关联的活动、执行所需的资源、能力、可持续性以及关联性技术等。Hedman 和 Kalling(2003)通过大量文献分析和案例研究发现,商业模式起始于产品市场层面,其构成要素包括客户、竞争对手、产品和服务、活动和组织、资源、生产投入的供给等六个横截面要素和管理范畴这一纵向流程要素,而且商业模式的构成要素不是简单的汇总和叠加,每个部分之间应该是因果相关、紧密连接的。

Amit 和 Zott(2001)认为商业模式由三部分组成,其一是交易的结构(各业务利益相关者之间的联系),其二是交易的内容(产品和信息的交换),其三是交易过程的管理(对产品、信息和资源流等的控制)。这一构成具体如表 5-1 所示。

表 5-1 商业模式的构成

构成	效率	互补性	锁定	新颖
交易的结构	● 交易机制 ● 交易速度 ● 议价成本 ● 营销、销售费用 ● 获得大量产品或服务 ● 参与公司库存成本 ● 交易简化 ● 需求聚集 ● 供给聚集 ● 交易量的扩展	● 交叉销售 ● 参与者的活动:如供应链整合 ● 线上线下交易的整合	● 交易可靠性 ● 联盟计划 ● 直接网络外部性 ● 间接网络外部性 ● 交易安全机制 ● 学习参与者的投资	● 新的参与者 ● 前所未有的参与企业数量或商品数量 ● 与合作者新的结合点 ● 联系的前所未有的丰富性 ● 商业方法专利申请或给予 ● 商业模式结构依赖于商业秘密和版权 ● 首先采用商业模式
交易的内容	● 信息作为决策依据,降低了信息的不对称性 ● 关于商品 ● 关于参与者 ● 交易的透明度	● 线上线下资源和能力的组合 ● 互补性产品、服务和信息的使用(来自于企业、合作企业和顾客) ● 垂直产品或服务 ● 横向产品或服务 ● 参与者技术	● 通过第三方促进信任 ● 参与者利用专用性资产(如软件) ● 主导性设计 ● 自定义或个性化的产品和功能	● 新的产品、服务或信息(或产品、服务、信息的新的组合)

续表

构成	效率	互补性	锁定	新颖
交易过程的管理		● 鼓励开发专业合作的资源 ● 合作者的联盟能力	● 忠诚计划 ● 信息流的安全和控制程序 ● 建立顾客个人信息档案 ● 社区概念的重要性	● 新的激励措施

资料来源：Amit & Zott,2001.

商业模式的设计是创业者需要重点考虑的一环,也是实现从创业机会到商业模式的关键环节。商业模式设计实际上是对商业模式构成要素的重组。

Morris 等(2005)认为,创业企业的商业模式设计应该考虑三个层次。首先,对商业模式的基本要素进行定义,这些基本要素包括企业的价值主张、客户、内部流程、公司赚钱的方式等。其次,对于商业模式的构成要素进行组合,也就是对前一阶段所涉及的不同要素进行组合,形成企业独特的创新模式,从而建立起在市场上的地位,并且能够抵御竞争对手的模仿。再次,在要素组合的基础上建立起企业的运行规则,也就是将要素组合以及创造价值的过程制度化,将其作为企业运行的指导原则,确保商业模式对于企业的长期指导作用。

Zott 和 Amit(2010)进一步从交易系统的视角论证了商业模式设计方案。他们认为商业模式设计应考虑两类因素:一类是商业模式的构成要素,包括组织交易活动的内容、结构和管理三个方面的设计;一类是商业模式系统设计的主题,包括创新(如采用新的活动、新的活动连接方式、管理活动的新方法等)、锁定(如提高转换成本、外部性等)、互补性(如各产品和服务之间、线上和线下、技术、各活动之间的互补等)和交易效率(如搜寻成本、选择范围、对称的信息、规模效应等)四个方面。该观点认为,商业模式设计的本质就是跨越组织的边界,整合中心企业、提供商、消费者和合作者,使其在系统内有目的地从事互补性的活动,从而创造价值、共享价值。

Hedman 和 Kalling(2003)在整合产业组织理论(I/O)、资源基础理论(RBV)和战略过程理论的基础上,得出了商业模式的构建模型,如图 5-1 所示。该商业模式设计模型的逻辑是:企业通过对其各类活动、资源和要素市场(资本和劳动力)的投入以及原料的供应等方面的综合管理,更好地参与市场竞争和满足顾客需求。

我们认为,商业模式的设计同样应该落脚在创业机会的价值实现这一根本目的上。

首先,商业模式设计应当将创业机会的核心特征——产品特征和市场特征作为起点。商业模式不是凭空冒出来的。商业模式是对创业机会的持续开发直至形成可操作的行动方案。创业机会将是商业模式设计的起点。也就是说,在商业模式设计中,应当时刻关注创业者所面临的市场,以及所要提供的产品的潜在价值。脱离了创业机会的商业模式是创业者臆想的结果,也难以具备真正的市场价值。

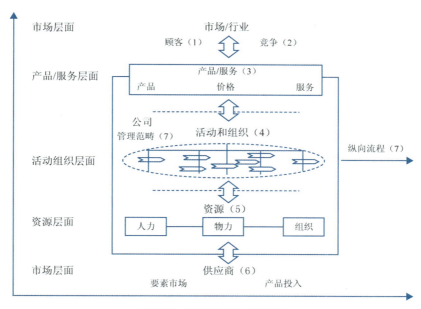

图 5-1　商业模式构建模型

资料来源：Hedman & Kalling,2003.

其次,商业模式设计应当注重模式的系统性。商业模式不是对企业可能的盈利点的反复论证,而是建立在一个完整运作系统基础上的一整套方案。在商业模式中必须考虑众多利益相关方的价值所在。这需要创业者对创业项目的盈利模式背后的各个运作节点通盘考虑。所谓商业模式系统,是建立在创业机会基础上的、能够充分实现创业机会的系统解决方案。

再次,商业模式设计需要考虑与环境和组织发展的动态适应性。创业机会本身也在不断地发展变化之中。基于创业机会所开发的商业模式也不可避免地面临内外部环境变化所带来的挑战。在商业模式设计中必须把探索和试错作为主要法则之一(Sosna et al.,2010)。创业者需要根据环境和组织的变化不断探索和改善新的商业模式,并开发和强化改善后的商业模式,这一过程需要耗费较多的时间。

5.1.3　从商业模式到商业计划书

就创业活动的启动过程而言,商业模式的起点是创业机会,其终点则是商业计划书。从这个意义上看,商业计划书实际上是纸面上的商业模式。因此,商业模式的相关构成和特征,也通常要反映在商业计划中。我们将在下一节专门论述商业计划书与风险投资。

以创业机会为起点,从商业模式到形成商业计划书的过程中,创业机会的核心特征——市场特征和产品特征都贯穿其中。商业模式本身就是围绕市场特征和产品特征所形成的价值创造体系。商业计划书中,也需要把市场特征和产品特征作为核心内容。所以在商业计划书中,创业者通常需要使用大量篇幅来论证项目的市场定位和产品开发。不过随着创意开发、创业机会识别、商业模式构建、商业计划书撰写这一过程的推进,创业机会的市场和产品特征将不断具体化。特别是在商业计划书撰写阶段，由于创业者需要向他人展示创业机会的价值，他们将通过数据和逻辑推理来证明创业机会的市场是有利的，产品是符合客户需求的。因此，借助创业计划书，创业者将会重新审视创业机会。创业机会与实质性企业的距离也更加接近。

从创业机会到最终形成商业计划书的过程中，创业机会识别和开发的边界在不断扩展。在最初的创意和潜在创业机会阶段，创业者的机会识别更多的是借助信息搜索整理以及自身过去的经验。机会识别和开发的边界仅仅局限于机会市场和产品特征。商业模式是建立在创业机会基础上的系统整体，尽管在开发阶段，它仍然围绕创业机会的市场/产品特征，但创业者如何通过组织设计和模式创新实现创业机会的方式和手段已经成为重点，这就使得机会识别和开发的边界拓展到了以系统为单位的组织活动。商业计划书撰写则是上述过程的进一步深化，并且通过财务数据的分析以证明商业模式的现实可行性。因此，在商业计划书撰写中，机会识别和开发的边界拓展到了（虚拟）企业的整个运行范围。

商业模式构建和商业计划书撰写的过程也将会反过来作用于创业机会本身。特别是在商业计划书的撰写过程中，创业者从企业运行的真正情境中反思创业机会的市场和产品特征，这相当于是对创业机会的一次模拟。创业者很有可能发现之前所识别的机会存在一些问题，有时候，这种问题甚至是致命的。此时，创业者必须重新回到创业机会识别的最初阶段，反思对于创业机会的设定是否有误，这一过程对于创业活动的推进是有利的。从这个意义上看，商业计划书撰写是不可或缺的。

5.2　商业计划书与风险投资

5.2.1　商业计划书的必要性

创业者的融资过程如图 5-2 所示。当企业刚刚创立的时候，风险投资者很少会（并不是完全没有）介入这样的企业。在这一阶段，创业者通常从朋友、家人、"傻瓜"（也被称为 3fs 或 FFF）或者天使投资人那里获得资金。许多天使投资者都是成功的企业家，通过经验，他们有专门的能力来识别其他企业家及其新企业的人才。这一阶段也被称为"死亡谷"，公司需要大量资本流入，但在随后的几年内很少或没有收入。风险投资者参与投资的阶段晚于天使投资者，同时早于企业公开上市。由于风险投资的特点，他们的投资阶段通常也会分为好几个不同的时期，每个时期有其不同的特点，也产生不同的投资要求。除了首次公开发行（IPO）以外，上述这些阶段中，创业者要想更快更多地融到资本，一份良好的商业计划书是不可缺少的，当然，根据融资对象的不同，商业计划书也存在很大的差别。

商业计划书是有关创业活动的计划。很多企业在成立之后也会撰写商业计划书，不过一般认为商业计划书主要是服务于尚未创办企业的创业者的，特别是在他们想要从外部获得融资的时候。从概念上看，商业计划书是一个书面的正式文件，它描述了创业企业（创业团队）目前的情况以及对未来的预期（Honig & Karlsson，2004）。它包含了创业活动推进的各个环节的细节，也包含了有关创业活动未来成长空间的理性预测。

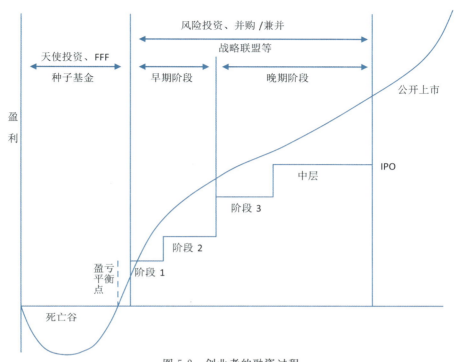

图 5-2　创业者的融资过程

资料来源：Cumming & Johan,2009.

在创业活动的实施过程中,商业计划书的撰写是在创业之前最被广泛关注的计划活动。商业计划书对于创业活动的重要性已经被很多教材和文章所认可(Timmons,1999；Kuratko & Hodgetts,2001)。撰写商业计划书也被很多学者认为是创业的重要准备工作之一,大量的书籍在反复论证如何撰写商业计划书。2002 年的一项研究数据表明全球每年大概产生 1000 万份商业计划书(Gumpert,2002)。考虑到创业活动和全球化的飞速发展,今天这个数据应当远远高于 1000 万份。不过,也有一些学者认为撰写商业计划书并不是必需的,实践中也有很多企业并没有撰写商业计划书。因为商业计划书不同于一般的生产经营计划或组织计划,创业者需要花费很多时间和金钱来撰写商业计划书,这使得有关商业计划书的必要性需要重新论证。

首先,商业计划书的主要功能在于帮助创业者获得外部资源。尽管商业计划书对于创业活动绩效改善的影响并没有得到学术方面的充分支持(Delmar & Shane,2004)。不过,我们认为,商业计划书并不是直接作用于创业活动的绩效环节的。事实上,对于一般组织来说,本身就很难把计划活动与组织绩效相挂钩,但是,在获取资源方面,商业计划书的角色是不可替代的。在融资活动中,外部投资者——不论是天使投资人还是风险投资机构——都需要商业计划书作为评判的依据。他们对于创业活动的第一印象,来自商业计划书所传递的信息。对于有投资意向的创业项目,他们会进一步深刻地阅读商业计划书,寻找企业的商业逻辑。除了商业机构,政府部门在支持创业活动时也需要商业计划书,因为他们的支持行动也需要一定的依据,支持活动的效果也需要考核。在这种情况下，没有比商业计划书更具有可评价的判断依据。因此，就商业计划书的主要功能而言，创业者在获取外部资源的时候，商业计划书是必不可少的。

其次，商业计划书是创业者证明自身合法性的有效信号之一。Stinchcombe(1965)指出，年轻的企业有高度的失败倾向，因为创业者以及相关组织成员不能迅速地适应自己的角色，同时这些组织缺乏相关的经营记录，与外部的供应商以及购买者的联系也尚未建立，他把这种生存困境叫作新生者的不利条件(liability of newness)。新生者的不利条件在大量的研究中得到支持(Carrol & Delacroix,1982;Freeman et al. ,1983;Singh et al. ,1986)。这一不利条件是创业活动所固有的。不过，通过撰写商业计划书，创业者能够改善外部利益相关方对于自身的认知。商业计划书中呈现的数据分析和逻辑推理能够从理性的角度证明创业活动的价值，因此，商业计划书有助于帮助创业者建立市场上的合法性(legitimacy)，从而在一定程度上克服新生者的不利条件。

再次，商业计划书是商业模式的书面呈现方式，也有助于创业者用更为理性和客观的方式推演创业活动的可行性，从而提升创业活动的生存可能。商业计划书与商业模式是一脉相承的。商业计划书所陈列的市场、产品、团队、运营等方面的内容，源自于创业者对商业模式的反复思考和分析。商业模式中所涉及的方方面面都要体现在商业计划书中。由于商业计划书的撰写通常是正规的计划过程，这实际上相当于对商业模式进行了一次检验。特别是商业计划书中要涉及大量的财务数据和财务指标，这些数据的分析结果也就是商业模式的运行效果预测。因此，商业计划书的撰写是商业模式分析的预演，创业者可以依赖这一计划过程对商业模式进行反思，查找其不足，并加以完善。

5.2.2 商业计划书的构成要素

作为融资的重要工具，商业计划书一般而言具备几个特定的构成要素。这些构成要素形成了投资者的评判依据，而且，它们实际上也就是商业模式的主要构成。

表5-2列举了投资者在评价商业计划书时所关注的指标。虽然这些指标是商业计划书的必要构成，但是，不同投资者对于不同要素的权重不同，这是由他们的企业背景和管理活动特征所决定的。在审核商业计划书时，他们会从不同的视角来评测商业计划书，和创业者面谈时所问的问题也不同。Mason和Stark(2004)的研究结果显示，银行在决定是否投资时，主要考虑财务方面的指标，它们较少地考虑创业者的能力或者机会的特征；风险投资机构同样关注财务方面的指标，同时也会重点考虑创业团队和市场方面的特征；天使投资人的考虑重点与风险投资机构相似，不过，相对于风险投资机构，他们会更关注创业者或创业团队，而且会更加考虑创业项目与自身的匹配度。因此，创业者必须根据他们搜索的融资对象来定制他们的商业计划书。

在获得资源方面，商业计划书的读者还可能包括外部的供应商、分销商、主要客户、董事会成员、外部咨询机构、会计服务机构等，他们在阅读商业计划书时的重点也不同。

表 5-2 商业计划书的评价指标

指标	描述
创业者/管理团队	创业者和团队成员的背景、经历、业务记录,他们的个人品质(例如奉献精神和热情),管理团队的技能/职能范围
战略	企业的总体运营和战略
运营(企业各职能的实践)	企业如何组织各职能以生产和销售产品(与生产过程相关的各项事宜)
产品/服务	产品/服务的属性,也就是它的概念设定、独特性、辨别度。它同时也包括产品/服务的质量、规格和性能、外观、款式和美学风格、人体工程学特征、功能和灵活性。
市场	市场的潜力和成长性、已经显示出来的市场需求、竞争特征/水平,以及进入门槛
财务事项	包括:(1)企业的财务结构(也就是成本和定价、收入来源和财务预测);(2)企业股份/资产的价值;(3)可能的回报率和可行的退出策略
与投资者的匹配度	包括:(1)投资者的背景、技能,以及行业、市场、技术等方面的知识与投资机会之间的关系;(2)投资者的偏好(也就是说这个项目是否属于投资者想要进入的行业或市场)
商业计划书的结构	商业计划书本身所包含的整体内容
其他	上面的分类中所不包含的任何内容

资料来源:Mason & Stark,2004.

除了上述要素,决定商业计划书成败的因素是多样化的。近年来有两篇文献提出了一些新的注意事项。

Chen(2009)的研究发现创业者对于商业计划书的展示非常重要,尤其是他们在展示过程中所呈现出来的热情与准备程度(passion and preparedness)。热情洋溢的创业者将会展示出强烈的正面情绪,他们使用口头语言(例如"我对于我们拥有的机会非常激动")和肢体语言(例如丰富的面部表情)来表达他们对于创业活动的信心和投入。准备充分的创业者则会在商业计划书中详细地论证有关市场需求、市场定位、竞争状况、期望收入等项目的内容,并且能够很好地回答投资者提出的问题,并且提出创造性的解决方案。Chen认为,这两类因素对于投资者的决策有着积极的作用。

Chan 和 Park(2015)的研究则发现商业计划书中的产品图像和颜色将会影响投资者的投资筛选决策。因为图像是容易感知、难以忘记、影响显著的,投资者更可能想起那些提供了产品图像的项目。不仅如此,他们进一步探讨了红色和蓝色这两种颜色的不同影响:红色往往与危险和警告相联系,会导致投资者更加警惕,更注意投资的风险规避,更认真地评价项目的细节,所以红色会负面地影响筛选决策;相反,蓝色则往往与安全、宁静等含义相连,它可能会诱发投资者探索性和风险承担的行为,投资者把企业与创业的盈利联系在一起,这将使投资者更愿意提供正面的投资评价。

5.2.3　风险投资的决策因素和增值服务

因为大部分创业者是通过风险投资来融资的，这意味着商业计划书大多数是面向风险投资的。这里我们主要针对风险投资的决策特征进行进一步的探讨。

顾名思义，风险资本的主要特征在于其投资的风险。这种风险本质上来自于创业活动所固有的属性。这些风险因素也是商业计划书中所必须重点陈述的。MacMillan等（1986）的研究表示，企业家的经验和个人特质是风险投资者评估风险的重要参考因素。他认为业务计划能够明晰产品、服务、市场和竞争状况，但是这些影响是显而易见的，虽然重要，但并不充分，被投资企业的管理者才是最终决定这些资金用途的人，因此，企业家的持久力、后劲、对风险的反应和对目标市场的了解程度才是至关重要的参考因素。在 1987 年的后续研究中，MacMillan 等（1987）进一步总结了评价风险投资中投资风险的四个参考要素，即创业团队的特点、产品或服务的特点、目标市场的特点和预测的财务特征等。

Kaplan 和 Strömberg（2004）认为应该将风险投资决策的影响因素分成两大类：内部因素和外部因素。内部因素考察的主要是管理的质量（经验、能力等）、被投资企业以往的表现（财务状况、经营状况）、资金风险和其他投资者的影响等。内部风险主要来源于管理方面，其中对 CEO 等高层领导者的分析尤为重要。外部因素考察的主要是市场规模、竞争、客户、金融市场和退出条件等。外部风险来源的影响由大到小分别是竞争、市场规模、顾客接受的风险和退出风险等。

Tyebjee 和 Bruno（1984）通过对美国 90 家风险投资公司的调查，确定了影响投资者决策的五类共 17 个主要因素，这些因素包括：市场吸引力（市场规模、市场需求、市场增长潜力和进入市场的渠道），产品差异度（产品唯一性、技术能力、利润边际和产品专利化程度），管理能力（管理技能、市场营销能力、财务技能和企业家风范），对环境威胁的抵制能力（防止竞争者进入的能力、防止产品老化的能力、风险防范的能力和经济周期的抵制能力），以及套现的潜力（未来通过合并、收购或公开发行实现资本收益的可能性）。该观点综合预期风险和收益两个方面，能够较全面准确地对投资决策进行评价。

从风险投资的过程来看，早期的 Tyebjee 和 Bruno（1984）的模型认为风险投资决策过程包括连续的五个步骤：①发起：将一项交易纳入未来投资的考虑范围；②处理筛选：划定重点决策变量，对限定的少数几个可控的项目进行深入评价；③交易评估：对感知风险和预期收益的评估，并决定是否进行投资决策；④交易的结构化：对交易价格的谈判，即对投资者可获得的股权和限制投资者风险的契约进行谈判；⑤投资后管理：协助创业企业招聘高管、战略规划、定位和扩大融资、兼并、收购或公开发售。Fried 和 Hisrich（1994）的模型则包括交易发起、风险资本公司特定筛选、一般筛选、第一阶段评估、第二阶段评估和结束等六个阶段。如图 5-3 所示。

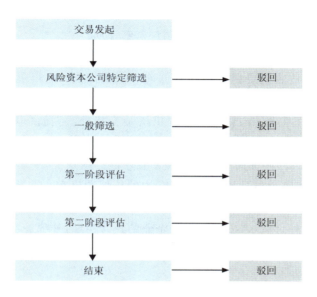

图 5-3　风险投资抉择模型

Fried 和 Hisrich 所界定的特定筛选阶段类似于 Tyebjee 和 Bruno（1984）提出的项目的筛选阶段，但是他们认为在该筛选过程中，还会有大部分的提案被快速否定。为了体现这一特征，他们加入了一个新的筛选阶段——一般筛选阶段，即通过分析风险投资企业中有关提案的资料和被投资公司的商业计划，进一步筛选出不符合投资标准的提案。另外，在评估阶段，Fried 和 Hisrich 也做了一定的变化：他们将评估阶段分成了两个环节，第一阶段的评估目标是确定交易是否有巨大的潜在利益，第二阶段的评估目标则是确定投资过程的障碍是什么，如何克服这些障碍。不过，Fried 和 Hisrich 研究的风险投资决策模型的结束点在于投资交易的完成，而没有涉及后续的风险投资撤回方面。

风险投资不仅为创业项目带来急需的资金资源，他们还会积极地参与新创企业的战略制定过程。有时候他们也会利用自身的信誉为新创企业招募高级管理人才，组建高层管理团队。这些活动被称为风险投资的增值服务。具体而言，风险投资的增值服务是指风险投资在投资之后，为创业者和新创企业在人力资源、财务、法律、营销等方面提供的一系列服务，这些服务有些仅通过管理咨询即可完成，有些则需要通过不同程度的管理介入。增值服务被认为是风险投资区别于其他投资的典型特征，一些研究甚至发现，风险投资机构的高级合伙人将 60% 的时间用于提供增值服务（Gorman & Sahlman，1989）。

MacMillan 等（1989）在 1986—1987 年两年间对 62 名风险投资家进行了调查，发现风险投资家参与新创企业的运营活动可以分为 20 项，其中 7 项活动与企业日常生产运营相关，5 项活动与企业人力资源管理相关，4 项活动与企业财务管理相关，此外，其他类型的活动还包括参与战略制定、处理企业危机等。MacMillan 等进一步研究了这些活动的出现频率，其中，排在前 5 位的活动依次是：担任高管团队的参谋、获取权益投资的替代资源、与投资者团队进行沟通与交流、监督与控制财务绩效、获取债务融资的资源。最不常参与的 6 项活动则包括：挑选生产设备和供应商、开发新技术、开发新产品与服务、与客户和分销商进行沟通、测试和评估企业营销计划、制订营销计划。

Gorman 和 Sahlman(1989)的研究调查了 49 位风险投资家，他们发现风险投资对于新创企业的增值服务按照重要程度由高到低前 6 项依次是：取得追加融资、进行战略规划、聘用管理团队、制订运营计划、挖掘潜在客户与联系供应商、处理报酬问题。在此基础上，他们认为风险投资家除了向新创企业提供资金支持外，还提供以下三种重要的服务：创建与维护企业关系网络、制定和控制企业战略以及组建高管团队。

Rosenstein 等(1993)则面向创业者开展调查。他们调查了 98 家新创企业的首席执行官，发现创业者们普遍认为包括风险投资家在内的外部董事在一些特定领域帮助最大，这些领域包括：担任创业团队的参谋、与投资者集团进行沟通和交流、聘请或者解雇 CEO、应对短期危机等。此外，创业者们还认为在企业的经营初期，外部董事的帮助更大。

5.3 市场开发计划

市场开发是商业模式中的重要构成，也是商业计划书的重要组成部分。创业者需要决定如何有效进入市场并且在市场上打开局面，这是创业活动中最重要的准备工作之一。在市场开发计划方面，无论是商业模式构建还是商业计划书撰写，需要完成的内容包括市场信息搜集和市场营销策略两个方面。

5.3.1 市场信息搜集

市场信息是与企业现在和潜在的外部利益相关方相关的信息(Kawakami et al.，2012)。它包含但不限于关于消费者、竞争者、供应商的数据以及影响上述利益相关行为的因素(Kohli & Jaworski,1990;Moorman,1995;Parry & Song,2010)。市场信息搜集是创业者成功进入目标市场，并且有效应对外部竞争的必要手段。创业者不能凭借假想的目标市场特征来制定创业活动的市场开发策略，不过这一点在创业中却常常发生。很多创业者对自己的创业点子或是产品技术非常乐观，他们忽视了来自于市场的真实反应，从而使得创业活动耗费大量资源却没有实现应有的目标。

Spohn(2004)的研究提出了一个有关市场信息、市场行为和绩效的分析框架。这一框架为理解市场信息在创业活动中的作用提供了一个整体性的理论基础(见图5-4)。

根据 Spohn 的分析框架，在创业前，创业者所要获取的市场信息大致分为以下三个方面：

政策环境。行业的成长潜力，以及行业内部主要参与者的运行规律都必须遵循政策的总体框架。政府所设置的税收、管制、优惠、激励等政策会直接影响行业的成长，也进一步限定或提升了创业者的进入机会。

供应和需求要素。供应和需求是产业链上最直接的相关环节。创业者在进入市场前，必须了解供应和需求方面的运行特征。创业者首先需要在供应和需求方面获取必要的资源才能够创办企业。在供应或需求方面如果有过于强大的力量都不利于创业活动的开展。

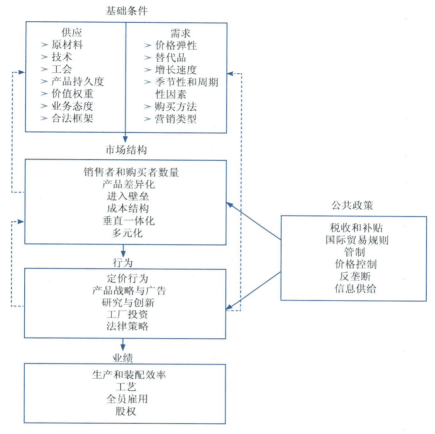

图 5-4　市场信息和市场行为的逻辑框架

　　市场结构。市场结构的内容将涉及除了供应和需求之外的更多的利益相关方和市场运行规则。市场结构是否有利于创业活动的开展也是创业者需要理性分析的。一个发展成熟、竞争力强的行业市场是创业者需要规避的。

　　上述三个方面的因素将对创业者的行动产生影响，并且最终造成企业的绩效差异。

　　市场信息搜索是创业者获得市场信息的过程。因为创业者要进入的往往是一个较狭小的市场。这个市场尚处于成长阶段，也没有太多的现成公开数据或资料可以为创业者的市场开发活动提供参考。在这种情况下，为了组建商业模式或是撰写商业计划书，创业者通常需要自行搜索市场信息。而且，通过自身的搜索行为所获得的信息和数据也更准确，更有价值。

　　在营销学中，市场信息搜索过程通常包括与客户常规性的会见、消费者抽样调查、与渠道和供应商的会见，以及其他形式的市场研究等（Jaworski & Kohli，1993；Parry & Song，2010）。总体来看，这些市场信息搜索方式一般要耗费大量的时间和资金，而且搜索方式越正规，耗费的成本越高。这对于创业者来说是不利的。因此，在创业活动的市场信息搜索中，创业者会倾向于使用非正式的方式来获得市场信息（Parry & Song，2010）。

所谓非正式的市场信息搜索一方面指的是上述几类搜索行动倾向于非正式化，例如，创业者不需要严格按照规范的抽样方式来获得消费者的代表数据，他们可以采用滚雪球的方式从最容易接触到的消费者开始了解所需要的市场信息，然后采用类似滚雪球的方式来进一步扩大样本范围（当然样本范围也不宜过大），在获得一定规模的数据和信息之后就终止调查。另一方面，非正式的市场信息搜索还包括一些非常规的手段（Kawakami et al.，2012）。例如，创业者可以在家族成员或是朋友圈内开展市场调查，将他们的消费倾向和口味偏好作为市场开发的依据。当然这些非正式的搜索方式也会带来一定的调查误差，这是创业者必须意识到的。

5.3.2　市场营销策略

在市场营销活动中，创业者将与真实的消费者发生交易。在这种情况下，创业者所面临的真实市场压力以及创业行动所天然具备的种种挑战将突显出来。在商业计划书中，创业者必须对此有所准备。

新进入市场的企业对于潜在消费者来说是未知的机构，因为在此之前没有它们的经营记录。这通常意味着新创企业缺乏必要的可信任度，也就很难获得客户。这是创业者在市场进入方面的首要障碍。除了难以获得客户以外，新创企业与市场中的其他组织机构也难以建立稳定的联系。由于缺乏稳定的经营记录和充分的市场认可度，在很多行业，新创企业与供应商、渠道商，以及其他群体建立联系非常困难，这增加了企业在市场上经营的成本。同时，也使得企业在市场竞争方面天然地处于下风。

新创企业的营销面临着严重的资源限制。营销推广往往是与高额的资金投入相关联的。大型企业动辄一掷千金用于推广活动。刚刚进入市场的创业者基本上不可能实施类似的营销手段，这就限制了他们能够应用的营销策略。这同时也意味着在很多情况下，新创企业不可能与已经在市场上经营多年的同行直接竞争。当然，除了资金资源以外，创业活动也缺乏各类人力、物质、技能，这都使得创业活动的营销策略面临着种种限制。

创业活动所要面向的市场往往伴随着高度的不确定性和动态性，这种市场也通常伴随着有潜力的发展机会，不过经营风险也很高。在不确定性高的环境中，之前创业者所搜集的市场信息会很快失效，也许会有实力强大的竞争者突然进入。在这样的市场环境中执行营销推广具备很大的难度。而且，由于新创企业的资源较少，这使得创业者在市场上的试错成本较高，这也限制了创业的营销推广活动。

基于上述几点，创业的营销活动与传统大型企业的营销活动有很大差异，甚至可以认为是对传统市场惯例的挑战（Morris et al.，2002）。创业者必须立足于较小的细分市场，所施展的营销策略是机会导向的（Hallbäck & Gabrielsson，2013）。由于规模所限，他们不能实现营销活动方面的规模经济和范围经济，创业者需要高度的效率来实施营销活动。

为了表明创业者的市场开发是强有力的，在商业计划书中，创业者需要重点论述的内容包括市场进入方式和市场营销措施。

（1）市场进入方式

市场进入是创业者面向消费者提供产品/服务的起点,也是创业者将之前的准备工作与后续市场推广行为联系在一起的桥梁。在特定的市场进入战略下,创业者所选择的目标市场决定了企业未来持续发展的战略基础。因此,市场进入代表了创业过程中的一个里程碑(Gruber,2004)。

在创业活动中,市场进入通常有两种含义,其一是创业者对要进入的目标市场的界定,其二是创业者的进入时机。对于创业者要选择的目标市场,一般来说,创业者所要进入的市场应当尽可能狭小,在这样的市场上,创业者更能够尽快打开市场获得利润(Romanelli,1989)。不过由于新创企业本身缺乏充裕的市场知识,因此很难清晰地界定目标市场的边界。他们常常会试图获得更多的潜在用户,并且提供更多的产品,但是这样常常会使得企业难以实现强有力的进入——它们的力量被分散,对于真正的目标客户缺乏有效而精准的销售攻势。因此,积极采纳传统营销书籍中的市场细分策略是有效的,即使创业者暂时不能找到有效的细分市场,按照传统营销的观点,从地理、年龄、职业等方面强制市场细分也能够在一定程度上达到效果。

在进入时机方面,通常认为率先进入市场的将会享受到先进入者的优势,企业可以领先其他竞争者建立起市场的认可度,由于没有其他的竞争对手,企业的推广成本也能够限定在一定范围之内。不过先进入者的风险也会很高,因为市场很可能没达到预期的成长性,也可能遭遇后进入者的强力竞争。这一点对于创业活动来说尤其明显,因为创业者对于市场的信息和知识是亏缺的,他们进入市场的选择往往带有一定的盲目性。因为新的产品(服务),或者新的产业并没有现成的经验教训可以参考,先期的巨额投资一旦无法回收,对新创企业的打击将是致命的。因此对于创业活动,选择适当的进入时机是必要的(Shepherd et al.,2000;Levesque & Shepherd,2002)。

（2）市场营销措施

传统营销研究认为企业的营销绩效仅仅是公司产品或项目的特征的函数,同时更是企业通过一系列精心编排的活动与消费者交互的结果。这意味着营销活动的开展具备多元化的手段,不仅仅是消费者,市场上存在的多样化利益相关者都会参与企业的营销过程。在创业营销活动中,这一点同样存在。不过,由于新创企业的资源严重匮乏,需要更为创造性的营销方案(Atuahene-Gima & Li,2004)。作为新进入者,创业者所提供的新营销方案需要更多的时间和资源以教育客户,同时要应对在位者可能的激烈反应,这使得创业者的营销活动挑战远远高于传统企业。

对于创业者来说,存在以下三类可行的营销策略:

首先,对于竞争对手的模仿战略。这是针对市场中的追随者而言的。如果创业者是率先进入市场的先行者,则没有太多的在位者可以模仿。对于竞争对手的模仿主要体现在产品设计和营销推广方面。创业者可以模仿竞争对手的产品属性,这样会降低一些研发费用;创业者也可以选择和竞争对手类似的广告和推销方式,因为类似的方式已经被证明有效。通过积极模仿早期的进入者,新创企业可以降低与产品和销售相关的成本。

其次，利用合作和联系进行市场推广。这一观点在创业营销领域被广泛接受（Stokes，2000；Wallnöfer & Hacklin，2013）。当然，对于创业行动来说，在进入市场的最初阶段就寻求和业内知名企业或组织的合作是不现实的。创业营销研究大多强调创业者在个人层面的联系。这些个体可能是创业者在创业前就认识的，或是不用耗费较多成本就可以产生合作联系的。通过他们，创业者可以较容易地建立起早期的市场认可度。基于个体的信任的建立也很容易转化为消费者对于整个企业的信任。

再次，采用按部就班（step-by-step）的营销行动。所谓按部就班，意味着创业者不用一开始就采用积极的进攻姿态，这样可以避开与其他企业的直接竞争。创业者可以先选择一个较狭小的市场进行营销推广，在成本可控的情况下获得一定的现金流，而后用赚取的利润投入进一步的营销活动中，这样一步一步扩大营销活动的范围和力度。

Gruber（2004）对于已有研究中的四个主要的创业营销阶段模型进行了总结，如表 5-3 所示。

表 5-3　创业者的营销阶段特征

模型	阶段 1	阶段 2	阶段 3	阶段 4
Tyebjee 等（1983）	创业型营销：将产品销售给朋友和有联系的人，获得市场可信度，组织实施灵活的营销策略，主要关注利基市场	机会型营销：获得产品经济性，扩大销售规模，开始进行销售管理，实施市场渗透策略	反应型营销：实现外部营销沟通以及内部沟通，积极跟踪消费者满意度，寻找进一步的市场/产品开发策略来加强企业成长	多样型营销：在公司层面建立营销职能部门，形成营销方面的专业化技能，进行产品生命周期和产品组合管理，寻找新的成长机会
Carson （1985）	初始的营销活动：寻找第一个客户，基于个人的联系、产品的质量和功能，以原始方式销售，口口相传	反应式的销售：来自陌生人的问询增加，需要更多正式的信息，企业对外部的问询做出应对，需要营销的专业技能	自我开发的营销方法：创业者仍需要亲自销售；营销活动中包含了间歇的和不连续的主动开发；营销活动总体上不平衡	整合的积极营销：朝着专业的营销演进，营销实践被整合在一起，有全职的营销人员或咨询师
Boag （1987）	寻找一些销售：组织会议，非正式的营销结构，企业文化倡导，没有战略或任务计划，没有业绩指标，没有评价/奖励过程	创造优秀的销售：正式的销售部门，没有战略计划，不完善的产品/销售预算，企业控制销售，没有评价/奖励过程	寻找有利的销售：营销部门在扩张；没有战略计划，但是有一份系统的任务计划，企业控制销售/利润，评价/奖励销售业绩	创造有利的销售：制度化的汇报程序，初步设定的战略计划，企业控制销售/利润，评价/奖励销售业绩

资料来源：Gruber，2004.

5.4 产品开发计划

产品开发同样是商业模式和商业计划书中的重要构成。这里的产品开发计划主要针对新产品开发。传统意义上的产品,是指那些由劳动创造的,具有使用价值和价值,并且能够满足人类需求的有形物品。不过,随着市场环境的不断发展变化、新技术的不断涌现,特别是互联网技术对于人类社会的不断改造,传统产品形态也在不断发展变化,甚至出现了一些虚拟的产品概念。在创业活动中,这些新型的产品概念尤其吸引了大量创业者和投资者的注意。

5.4.1 新产品开发的定义

在创业范畴探讨产品开发计划,存在不同的概念内涵。很多创业者所识别和开发的创业机会面向的是非常独特的市场需求,或是尚未满足的利基市场,他们并没有推出与现有产品存在较大差异的创新产品。对于这一类型的创业活动,商业计划书中有关产品开发的部分可以适当简略。不过,有相当一部分的创业者致力于为客户提供有特色、差异化的新产品,此时,新产品开发计划将是创业计划的重点。

有关新产品的定义目前存在多个视角。在较早期的研究中,Souder(1988)将新产品定义为企业之前从未生产、经营或者销售过的产品——不管这个产品现在是否存在于市场上。Rochford(1991)则从消费者角度出发,认为相对于其他产品,新产品是更能满足消费者欲望和新需求,并为之提供更好效用的创新组合。Song和Montoya-Weiss(1998)、Kleinschmidt和Cooper(1991)从市场视角出发将新产品分为真正新产品(really new product)和渐进式新产品(incremental product)。真正新产品是技术上在所处产业中从未被用过,且很有可能造成产业冲击或产业转变的全新产品;渐进式新产品则是指对现有产品的改进、精炼或强化。Kotler等(1991)和Trott(1998)从产品本身属性的视角出发,认为只要品质、价格、技术、品牌、特征等产品属性中的任意一项发生变化,这一产品就是新产品。

虽然上述定义角度不同,不过从创业活动的实践来看,一般而言,可以将新产品的定义分为狭义和广义两类:狭义的新产品是那些从未在市场上出现过的产品;广义的新产品则包括了采用新技术、新构想、新设计、新材料、有新的结构和功能、技术达到领先水平、生产经营情况可靠、有经济效益的产品。

新产品的开发对于创业活动的发展起到了举足轻重的作用。因为在创业机会识别乃至商业模式开发阶段,有关产品的设计都还只是概念上的论证。只有通过实质性的产品开发活动获得真实可靠的产品,创业者才能够从中获得极大的竞争优势和利润(Kline & Fain,2001)。新产品开发是一个集产品规划、概念生成、系统设计、细部设计、测试和修改、规模生产等步骤于一体的全范围控制与管理过程。这一过程实际上反映了创业者对创业机会的重新审视,进而创造产品雏形直至导入市场的系列过程(Baker et al.,1988)。

5.4.2　新产品开发策略

虽然新产品可能会给创业者带来巨大的成功和丰厚的利益，不过新产品本身具备巨大风险，一旦新产品开发失败将会为创业活动带来巨大损失。很多创业者在撰写商业计划书时，新产品开发还处于较初期的发展阶段。相对于在企业内部发生的新产品开发活动，创业行动中的新产品开发风险更高。因此，为了有效推进新产品开发，同时也是为了增强商业计划书的说服力，创业者有必要在商业计划书中阐明可行的新产品开发策略。

（1）新产品开发与创业战略

新产品开发首先要服从于创业行动的总体战略。这是因为，首先，创业行动的战略决定了创业资源的分配。如果创业者在创业初期把经营重点放在了市场开拓方面，那么新产品开发的投入就会削弱。其次，新产品开发的进度需要与创业战略行动相匹配，尤其是不能够晚于战略行动的步伐，否则会影响创业目标的实现。战略对于新产品开发的指导性作用在一些研究中得到验证。Atuahene-Gima 和 Li（2004）通过对广东工业园 1000 家新技术企业的问卷调查与数据分析，发现企业战略决策会影响新产品绩效和产品质量，而且技术和需求的不确定性会调节两者间的关系。这里，战略决策周密是指组织在制定相关战略决策时的全面性与包容性程度；技术的不确定性是指企业的主营产业中，技术变革的感知速度和技术的不确定性程度；需求的不确定性是指顾客产品偏好变化和需求变化的感知速度和不可预测性程度。

（2）新产品设计和成本

新产品开发往往伴随巨大的投入，这对于创业者来说是昂贵的。理性的创业行动必须考虑新产品的开发成本。在大公司内，新产品开发可以不计成本。而新创企业则必须把新产品开发的可能产出和巨额投资做一个平衡。这涉及新产品开发本身的范围界定和工作计划，同时也包括与新产品开发相关联的一些组织活动。Marion 和 Meyer（2011）提出应该将工业设计与成本工程应用到初创企业的新产品开发过程中以提升产品开发的效率和效果。工业设计，即使用多功能团队和完备的市场规划建立竞争优势；成本工程，即一切以降低产品成本为目的的活动，如设计包装、供应链管理等。Marion 和 Meyer 指出，合并执行工业设计和成本工程两种方案时，会最大限度地减少新产品开发的时间和成本，但是，单独使用工业设计和成本工程中的任意一种方法都会降低新产品开发的效率。

（3）与新产品开发相匹配的营销策略

产品开发和市场开发是相辅相成的。营销策略创新是指与新产品相关的营销策略与传统竞争战略的差异程度（Andrews ＆ Smith, 1996；Hambrick et al. , 1996；Sethi et al. , 2001），比如使用新设计的包装、新的分销方法和渠道、新的广告媒体、巧妙的定价和付款方式等。Atuahene-Gima 等（2006）发现营销策略创新会影响新产品开发绩效，高管团队的外部关系（行业内与行业间关系、与政府和金融组织的关系）和环境动态性（市场与技术的动态性）会调节两者间的关系。作者进一步强调，高管团队的行业间关系或市场动态性高时，营销策略创新与新产品开发绩效呈正相关，否则呈负相关；高管团队的行业内关系、与金融组织的关系或技术动态性高时,营销策略创新与新产品开发绩效呈负相关。

在商业计划书中,上述内容形成了新产品开发的主要内容。如果有可能的话,在商业计划书中,应当将创业者已经开发的产品图片附在其中,以证明新产品开发的可行性。

5.4.3 新产品开发效果的影响因素

新产品开发过程受到众多内外部因素的影响,这也正是新产品开发带有高风险和高不确定性的原因。除了新产品开发的实施策略,在产品开发部分,创业者还需要说明的是,创业者已经能够有效应对这些因素,并且筹集了充分的资源以推进新产品开发过程。一般来说,影响新产品开发过程的因素包括以下方面。

技术。新产品开发进程归根结底是与创业者所拥有的技术密切相关的。创业者本人或者创业团队拥有新产品开发所必备的技术,则能够迅速推进新产品开发。除了新产品开发本身,创业者及创业团队的技术实力还能够进一步影响企业产品的市场表现,以及企业后续的成长能力。Millson 和 Wilemon(2008)根据 204 个美国的重型建筑设备、电子器械和医疗仪器行业的有效调查数据,采用统计方法检验了新产品开发技术熟练程度、新产品开发进入战略、产品质量和产品感知风险四者的关系。技术熟练程度是指新产品开发项目执行过程中组织的研发、设计以及制造水平;开发进入战略是指新产品开发人员独自或与其他组织协作去开发新产品时所使用的方法,包括内部开发、合资企业、合作伙伴和许可等;产品感知风险是指那些可能导致企业无法成功推出新产品,赚取预期收入的因素;研究表明,产品开发团队对竞争市场和需要的技术熟悉程度越高,最终产品的质量就会越好,产品的感知风险也会越小。

企业人力资源。企业的人力资源禀赋影响新产品的开发过程,尤其是以 CEO 和高层管理团队为代表的管理者,他们的管理能力以及所拥有的信息资源会左右企业产品开发发展轨迹。Deeds 等(2000)的实证分析发现,在商业研究机构中从事过管理工作的 CEO,他的研究与开发经验会增强其企业新产品开发能力,加大其新产品开发项目的成功机会。然而,高层管理团队中研发博士人员占比过大会增加产品开发项目失败的可能性。换句话说,在组织管理方面过分依赖技术人员不利于企业产品开发过程的顺利开展。这是由于组织的人力资本分配不当引发的,技术人员会重研发轻管理,所以将他们的能力从实验室中转移到公司治理上,效果往往适得其反。Atuahene-Gima 和 Murray(2007)的研究进一步证实了高管团队的社会资本会影响其开发与探索性学习效果和学习的积极性,进而影响企业新产品开发绩效。具体而言,社会资本结构维度中的权力变量会促使具有工程研发背景的高管成员进行有效开发与探索活动,进而提高企业新产品开发绩效;高管成员的行业内管理关系则有助于提高产品的开发绩效,行业间管理关系的情况与之相反;最后,高管团队社会资本的关系和感知维度与企业产品开发绩效呈正相关。

行业竞争程度。每个企业都或多或少地面对竞争对手的威胁,在创业活动中,行业竞争的影响尤其明显,因为创业者往往缺乏能够在竞争中制胜的资源。不过,行业竞争程度对新产品开发过程能力的影响存在不同的观点。Deeds 等(1997)认为高度竞争的市场环境加大了资源的稀缺性,因为企业对新产品开发所需资源的获取会变得尤为艰难,不利于产品开发绩效的提升。Jin 和 Li(2007)对 250 家三种所有制类型的制造企业（国有、合资/外企、私营）进行对比分析，发现竞争型的市场环境对企业新产品开发活动的成功没有阻碍作用，反而起到促进作用。那些来自发达国家的企业虽然有技术和管理方面的优势，但其市场领导地位对于本土企业也不是什么威慑，反而可以促进追随者通过学习外企先进的管理思想和技术来提高自身的科研能力。

企业外部环境。这里的外部环境特指创业活动的发生位置。在什么样的地理位置进行新产品开发是每一位致力于研究与开发的创业者不可回避的问题，也是一个尤为重要的战略决策。Deeds 等(1997)指出企业将地理位置选择在距离同行业其他公司较近的地方进行新产品开发，会受益于知识的溢出效应、供应商的专业服务、充足的人才供给，但是在此区域上激烈的资源竞争也是不可避免的，它会阻碍企业新产品开发能力的提高。所以既定地理位置上，同行业企业的密度与企业新产品开发能力存在倒 U 形关系。密度较低时，企业间的资源竞争相对较小，地理位置的优越性也越明显；密度较高时，既定区域资源分配负担过重导致企业新产品开发能力的降低。所以，对于研究型企业的管理者，地理位置的选择是一个需要慎重考虑的问题。

本章小结

本章从整体上完成了创业机会—商业模式—商业计划书这一逻辑过程的原理论述，并且进一步就商业计划书中的两大重要构成——市场开发计划和产品开发计划进行了专题讨论。从内容上看，本章的重点在于帮助读者理解创业者在识别创业机会、构建商业模式、撰写商业计划书的时候，所依据的核心线索。这将成为创业者在创业初期管理工作的重点。

本章思考题

1. 你认为商业模式的最核心模块是什么？为什么？

2. 传统行业，如纺织、制造、加工等，有可能通过商业模式创新实现行业转型吗？

3. 如果把商业计划书压缩到 3 页纸以内，你觉得应当如何撰写商业计划书？

案例分析

迷你 KTV 成年轻人新宠："不烧钱只赚钱"的生意？

从 2017 年开始，迷你 KTV 成了年轻人的都市新宠。人们质疑迷你 KTV 将走向共享单车烧钱的老路，而业内人士却拍着胸脯保证：我们不烧钱，我们对标的是一本万利的娃娃机生意。娃娃机长盛不衰的理由只有一个：每次都能带来刺激感和新鲜感。但迷你 KTV 要如何更新迭代保有用户黏性呢？而它的商业模式，在无数大公司的站队中，又能迭代出多少种玩法？

如果你是个热爱逛街的年轻人，在北京的商场和影院里，你有很大概率会碰到一些奇怪的玻璃房：一两个年轻人拿着话筒在门内歌喉轻抒，毫不理会外面的人流和目光。

在传统线下 KTV 式微，"大歌星""钱柜"等品牌面临歇业的情况下，传统 KTV 必须要谋求新的转型之路，而这种转型，也为线上的互联网公司布局泛娱乐生意打开了一项新的大门。

北上广的年轻人都听过一个段子。孤独分十个等级，最低等级是一个人去超市，最高级别是一个人做手术。一个人去 KTV 则排在了第六级。而迷你 KTV 这种适合一两个人的产品，在某种程度上则消解了年轻人的这种孤独。

唱吧 CEO 陈华在 2017 年 2 月对市场上第一家迷你 KTV 品牌咪哒进行了战略投资，在他看来，这种新型的模式非常适合消磨线下的碎片时间。

从 2016 年 6 月起，他开始关注迷你 KTV。唱吧此前也试水了线下的唱吧麦颂，但迷你 KTV 和传统的 KTV 模式完全不一样——一个适合聚会狂欢，一个则是几个人的临时消费。

商场也看到了这部分的消费缺失。目前在北京的各大商场中，基本都有迷你 KTV 的身影。2016 年 8 月，10 台友唱 m-bar 入驻了朝阳大悦城，商场负责人介绍，之所以愿意与迷你 KTV 合作，是考虑迷你 KTV 一方面能解决顾客在商场等人等位的碎片化时间，另一方面，也提高了边角空间的利用效率。

从市场上第一家迷你 KTV 品牌咪哒 miniK 在 2013 年开始试水至今，这个痛点被证明确实存在。朝阳大悦城的相关负责人透露，目前朝阳大悦城友唱的单台机器月营业额在 1.5 万元左右，平均每天每台机器进账 500 元。

硝烟骤起，迷你 KTV 的竞争已经开始升级。4 月 10 日，"咪哒 miniK"起诉了"友唱 M-Bar"等三家迷你 KTV 专利侵权，要求共同赔偿经济损失 1.6 亿元。

咪哒提出，被侵犯的是一种练歌录音房（斜角）的外观设计专利。这件事被业内普遍看作是迷你 KTV 产业"开撕"的号角。官司目前也尚未定论，但同时也体现出了硬件产品的普遍问题：容易同质化，正如同遍大街只有颜色不一的共享单车。

生产咪哒的艾美科技公司前身研发的是舞蹈机，创始人李建斌向"寻找中国创客"记者介绍，从 2007 年起，公司就一直谋求到更大的娱乐消费 KTV 进行转变。从外观到内容都在进行全方位研发，"咪哒 miniK"陆续申请专利达 30 多项，其中包括 16 项外观设计专利、5 项实用新型专利、1 项发明专利等。

之后加入这个市场的玩家大多是传统 KTV 公司。友唱的前身是前沿科技,之前的产品主要是传统 KTV 点播系统;而 Wow 屋的东家雷石、EK-Zone 唱喔的东家海媚也都属于此列。

"与传统 KTV 的核心产品是一样的,生产这种迷你 KTV 并不困难。"友唱工作人员介绍,这也是市场上突然涌现这么多不同品牌的原因。即使有专利,但核心的技术壁垒并不存在。

于是就出现了和共享单车相似的局面——用资本迅速铺开市场,第一步竞争的是地理位置和资源渠道。从区域下手,抢先争夺一线城市再进行渠道下沉;一线城市中,首要先占领商场等核心市场。北京新中关、朝阳大悦城等商场内的迷你 KTV 经常大排长龙,而在国贸对面的银泰则基本无人问津,因为附近多为写字楼。

咪哒、友唱都有两种模式:一是自营,二是代理。后者就是铺开地方资源的最好方法。友唱的工作人员介绍,目前自营和代理的比例是 8∶2,日后希望将比例能提升到 6∶4 甚至更高。

不久前,友唱被友宝在线 1.2 亿元全资收购,而友宝在线则是一家做贩售机的公司。友唱的内部人士透露,友宝在线对地方渠道资源的掌控和推广都非常在行,而这也助推了友唱在全国大规模覆盖迷你 KTV 设备,据透露现在全国设备已经近万台。

一般而言,在一个地区,会综合考量渠道优势,只签一家代理商;而和商场的合作更是如此,商场会与合作方有硬性条款,当某一家品牌的迷你 KTV 进驻后,其他品牌的迷你 KTV 就不能再进驻同家商场了。在商场等地的内部选址中,据调查,咪哒大部分都设置在商场游戏厅里,而友唱则设置在商场人流量较多的地方,更对标核心碎片化时间的人群。

"迷你 KTV 与共享单车最大的不同就是,我们一开始就是盈利的!"这句话成了迷你KTV 在和共享单车对比时,呼声最高的一句话,也成了厂商吸引加盟方的点:三个月回本,两个月稳赚,成本却只要两万。

迷你 KTV 与共享单车的确不一样,它一开始就不存在烧钱的说法。因为有商场租约、电费、管理费等存在,迷你 KTV 天生就是"烧不起"的。碎片化的时间消费不仅不会免费,在北京的新世界百货中,根据两个人 60 元/半小时的标准,其实它比传统 KTV 还要贵三倍左右。

但是不免费就意味着不烧钱,稳赚吗?

与其对标共享单车,其实迷你 KTV 内部更喜欢对标娃娃机。娃娃机是商场存在多年的传统游戏。大部分娃娃机成本在 3000～8000 元,机器维护成本不高,一个月的利润高达 2万元左右。到周末 6 台机器营业收入最高时一天就能超过 5000 元。

目前迷你 KTV 的营业收入还到不了这个水平。据李建斌介绍,差一点的地段每天每台机器营业收入在 100～200 元,而好的地段则在 300～500 元。这样计算,在自营范围内,迷你 KTV 成本、租金和电费的成本大概有 2 万元,约半年可以回本。

然而加盟方的风险会更大。因为自营的大部分区域都在一二线城市,想参与体验的年轻用户偏多;地方的加盟商要面临更多人流量和对标人群不确定等因素。同时,也要面临机器损坏率等问题。之前共享单车进入三四线城市后，就出现了破损率高的问题。

但业内人士依然对盈利非常看好。友唱工作人员则透露，目前每天全国流水可以达到250万元，在周末更是会达到顶峰。并且在不同区域、不同时间，友唱的后台也会调整收费标准。"这个行业，只要大家不跟共享单车一样烧钱，是不可能不赚钱的。当然，我们本来也没想着烧钱补贴用户。"这名工作人员表示。

5月27日，斗鱼在武汉举办了嘉年华，每天人流量高达10万。主屏幕的左侧白色小帐篷内，有8个友唱迷你KTV。下午3点的烈日下，有近20个人在排队。

"里面的人怎么还不出来啊？大家注意每个人只能唱一首，唱完就得换人啦！"

此次友唱和斗鱼的合作，是为了进行唱歌节目的选秀海选，但更多的是为了品牌宣传。

即使想要模仿娃娃机，迷你KTV已经不能纯依靠线下的路子，它们也开始寻求与线上公司的合作，推广产品，进而增大人流量。之前唱吧对咪哒的战略投资，意义也正在于此：咪哒的线下场景补全了唱吧中缺失的一环，而唱吧的3亿用户和强大的品牌也为咪哒的线下突围做了支撑。

目前，在咪哒上唱完的歌曲可以直接传到唱吧进行排名，而这也为线下线上的社交提供了流通渠道。此前唱吧和湖南卫视也一直有深度合作，咪哒加入后，未来在音乐节目方面将有更多打通的空间。

友唱也开始大规模拓展线上。它找到的合作伙伴则是背靠腾讯的全民K歌，目前在友唱上唱完的歌曲会传到全民K歌平台。据内部人士透露，友唱也已经获得了腾讯的投资。

除了打通用户、宣传产品外，迷你KTV还在探索着多种产品模式。友唱目前在和斗鱼商议深度合作：譬如在友唱机器中植入斗鱼的摄像头或提供方便斗鱼直播的支架工具，直接将K歌和线下直播联合在一起。这也是看似传统的硬件生意在互联网时代新的探索渠道。

线上线下的布局离不开资本的纽带。而在迷你KTV的新型生意之中，既有传统KTV的转型，又有传统贩售机公司的推手，现在大公司的站队，也已经开始了。

案例来源：张皓月，唐亚华，张蓝予. 迷你KTV成年轻人新宠："不烧钱只赚钱"的生意？新京报，2017-07-01.

■■ 问题讨论：

1. 你认为迷你KTV的商业模式具有良好的发展空间吗？为什么？
2. 迷你KTV的商业模式与娃娃机有什么区别？

▌本章精读文献▌

Bhide A. How entrepreneurs craft strategies that work [J]. Harvard Business Review, 1994, 72(2): 150-161.

Chapter Article Summary(本章精读文献摘要):

However popular it may be in the corporate world, a comprehensive analytical approach to planning doesn't suit most start-ups. Entrepreneurs typically lack the time and money to interview a representative cross section of potential customers, let alone analyze substitutes, reconstruct competitors' cost structures, or project alternative technology scenarios. In fact, too much analysis can be harmful; by the time an opportunity is investigated fully, it may no longer exist. A city map and restaurant guide on a CD may be a winner in January but worthless if delayed until December.

Interviews with the founders of 100 companies on the 1989 *Inc*. "500" list of the fastest growing private companies in the United States and recent research on more than 100 other thriving ventures by my MBA students suggest that many successful entrepreneurs spend little time researching and analyzing. And those who do often have to scrap their strategies and start over. Furthermore, a 1990 National Federation of Independent Business study of 2994 startups showed that founders who spent a long time in study, reflection, and planning were no more likely to survive their first three years than people who seized opportunities without planning. In fact, many corporations that revere comprehensive analysis develop a refined incapacity for seizing opportunities. Analysis can delay entry until it's too late or kill ideas by identifying numerous problems.

Yet all ventures merit some analysis and planning. Appearances to the contrary, successful entrepreneurs don't take risks blindly. Rather, they use a quick, cheap approach that represents a middle ground between planning paralysis and no planning at all. They don't expect perfection—even the most astute entrepreneurs have their share of false starts. Compared to typical corporate practice, however, the entrepreneurial approach is more economical and timely.

What are the critical elements of winning entrepreneurial approaches? Our evidence suggests three general guidelines for aspiring founders: (1) Screen opportunities quickly to weed out unpromising ventures; (2) Analyze ideas parsimoniously. Focus on a few important issues; (3) Integrate action and analysis. Don't wait for all the answers, and be ready to change course.

本章精读文献评述：

本篇文献虽然在题目中强调了"战略"一词,不过,全文整体上关注的是创业者如何筛选和分析机会,直至制订行动方案,因此非常契合本章的主题。作者从整体上建议了面向创业者的三条基本方针：快速筛选机会,将没有前途的创业项目淘汰;仔细分析创意,集中关注一些重要事项；将行动与分析结合起来，不要老是等待所有问题的答案，要准备随时改变进程。在此基础上，作者提出了可供创业者参考的四个步骤：第一，筛选出失败的创意。作者认为，在筛选创意时，除了对创意本身进行判断以外，还需要仔细思考实施创意的能力。在这一方面，作者提出了三个重要的因素，即企业的目标、外部变化提供的发展机会以及实施市场竞争的基础。比较有趣的是，在这一步骤中，作者指出，大多数创业者的创业行动是为了解决创业者之前作为企业员工或者市场用户时就抓住的难题，来自于他们读书期间，在校内撰写的论文的创意实际上非常少。第二，衡量创意的吸引力。在这里，作者提到了几类可用于衡量吸引力的指标，比如，创业者应青睐那些非资本集中型、利润丰厚、能够用内部资金支持快速增长的企业；投资项目应该提供足够充分的回报，以补偿创业者的全身心投入；创业失败成本应当较低，获得回报速度要快，或者能够很快承认失败，以便在损失太多时间、金钱及信誉之前，将企业关闭。创业者应当根据自身的追求以及愿意付出的牺牲，对潜在的新创企业进行评估。第三，适度的计划及分析。作者在文章中提供了他的调查结果：针对 Inc. 杂志 1989 年评选出的 100 家成长最快的私营企业的创始人访谈结果发现，创业者在最初的商业计划上几乎没有耗费多少精力，其中，41% 的人根本没有商业计划，而 26% 的人只是制订了一份简短而粗略的计划。因此，作者认为采用全面分析的方法来做计划，不适合大多数新创企业，创业者的计划方式应当是一种介于贻误时机的过度计划和根本不做任何计划之间的方式。第四，将行动和分析结合起来。作者认为，在创业行动中，常常很难将行动和分析分隔开来。因为创业者在实施行动中可以依赖的条件和实施竞争的基础，往往很难从事先的分析中获得。而且，作者还认为，对机遇进行充分分析之前就采取行动还会带来许多益处。比如给自己和员工或是投资者增加信心；或者是更准确和清晰的战略，因为在行动中，创业者会对市场产生更准确的认知。

本篇文献所讲述的内容至少在以下三个方面存在明显的价值，同时也对本章内容学习与理解有明显的帮助作用：

首先，作者所描述的创业者如何制定战略（从文章内容来看，其实更确切的是创业者如何制订计划）的过程中，计划是一个非常核心的内容。显然，创意筛选和评价本身就是计划中的构成成分；适度的计划和分析对创业者所要开发的计划进行了界定；行动和分析结合部分，分析也就是创业行动计划的主要内容。因此，推敲全文，作者实际上对创业过程所涉及的计划范围、计划程度、计划实施等问题进行了论证。这从另一个侧面对本章所关注的商业计划部分进行了佐证。

其次，作者所提出的"适度计划及分析"的观点尤其值得注意。这一点也是长期以来在创业和中小企业领域存在争议的话题——创业者在多大程度上依赖于正规化的计划？诚然，计划能够帮助创业者更好地识别机会和威胁，分析企业的可能突破方向以及必然存在的经营风险。不过，由于资源和时间限制，创业者又不能像大型企业那样耗费大量精力用于正规计划。那么，多大程度的计划对于创业者是适用的？作者的研究，特别是实证方面的数据研究为这一问题提供了非常有参考价值的答案。所谓适度计划的观点也非常适用于创业者的实践操作。

第三，作者所探讨的计划和行动相结合的观点具有很好的研究空间。成熟企业的战略/计划拥有非常成熟的模式，企业如何制定战略、如何将战略转化为行动都有现成的模式可循。在创业行动中，创业者却很难找到类似的方法或者模式，因为创业者的战略或者计划往往是适时而变的，它们和行动之间的关系正如作者这里所说的，两者是难以截然脱钩的。这就形成了很多有趣的议题，比如，创业者的计划和行动之间的关系是如何匹配的，在什么情况下，行动会落后于计划，什么情况下则相反。这些问题的开发将会增进对创业行动的进一步认知。

本章作者：林嵩，中央财经大学商学院教授，清华大学管理学博士，入选教育部新世纪优秀人才支持计划。在 *Academy of Management Journal*，*International Entrepreneurship and Management Journal*，*Chinese Management Studies* 等国内外重要管理学术期刊上发表论文数十篇。

本章案例作者：林嵩。

本章文献评述作者：林嵩。

▌本章相关引用材料 ▌

[1] Afuah A & Tucci C L. Internet Business Models and Strategies：Text and Cases [M]. Boston：McGraw-Hill Higher Education，2000.

[2] Amit R & Zott C. Value creation in E-business [J]. Strategic Management Journal，2001，22(6-7)：493-520.

[3] Andrews J & Smith D C. In search of the marketing imagination：Factors affecting the creativity of marketing programs for mature products [J]. Journal of Marketing Research，1996，33(5)：174-187.

[4] Atuahene-Gima K & Li H. Strategic decision comprehensiveness and new product development outcomes in new technology ventures [J]. Academy of Management Journal，2004，47(4)：583-597.

[5] Atuahene-Gima K，Li H & De Luca L M. The contingent value of marketing strategy innovativeness for product development performance in Chinese new technology ventures [J]. Industrial Marketing Management，2006，35(3)：359-372.

[6] Atuahene-Gima K & Murray J Y. Exploratory and exploitative learning in new product development：A social capital perspective on new technology ventures in China [J]. Journal of International Marketing，2007，15(2)：1-29.

[7] Baker M J，Black C D & Hart S J. The competitiveness of British industry：What really makes the difference? [J]. European Journal of Marketing，1988，22(2)：70-85.

[8] Carroll G R & Delacroix J. Organizational mortality in the newspaper industries of Argentina and Ireland：An ecological approach [J]. Administrative Science Quarterly，1982，27(2)：169-198.

[9] Chan C S R & Park H D. How images and color in business plans influence venture investment screening decisions [J]. Journal of Business Venturing，2015，30(5)：732-748.

[10] Chen X P，Yao X & Kotha S. Entrepreneur passion and preparedness in business plan presentations：A persuasion analysis of venture capitalists' funding decisions [J]. Academy of Management Journal，2009，52(1)：199-214.

[11] Chesbrough H. Business model innovation：It's not just about technology anymore [J]. Strategy & Leadership，2007，35(6)：12-17.

[12] Chesbrough H. Business model innovation：Opportunities and barriers [J]. Long Range Planning，2010，43(2)：354-363.

［13］Cumming D J & Johan S A. Venture Capital and Private Equity Contracting：An International Perspective［M］. Burlington，MA：Academic Press，2009.

［14］Deeds D L，DeCarolis D & Coombs J E. The impact of firm specific capabilities on the amount of capital raised in an initial public offering：Evidence from the biotechnology industry ［J］. Journal of Business Venturing，1997，12(1)：31-46.

［15］Deeds D L，DeCarolis D & Coombs J. Dynamic capabilities and new product development in high technology ventures：An empirical analysis of new biotechnology firms ［J］. Journal of Business Venturing，2000，15(3)：211-229.

［16］Delmar F & Shane S. Legitimating first：Organizing activities and the survival of new ventures ［J］. Journal of Business Venturing，2004，19(3)：385-410.

［17］Freeman J，Carroll G R & Hannan M T. The liability of newness：Age dependence in organizational death rates ［J］. American Sociological Review，1983，48(5)：692-710.

［18］Fried V H & Hisrich R D. Toward a model of venture capital investment decision making ［J］. Financial management，1994，23(3)：28-37.

［19］Gorman M & Sahlman W A. What do venture capitalists do? ［J］. Journal of Business Venturing，1989，4(4)：231-248.

［20］Gruber M. Marketing in new ventures：Theory and empirical evidence ［J］. Schmalenbach Business Review，2004，56(2)：164-199.

［21］Gumpert D E. Burn Your Business Plan ［M］. Needham：Lauson Publishing，2002.

［22］Hambrick D C，Cho T S & Chen M J. The influence of top management team heterogeneity on firms' competitive moves ［J］. Administrative Science Quarterly，1996，41(4)：659-684.

［23］Hallbäck J & Gabrielsson P. Entrepreneurial marketing strategies during the growth of international new ventures originating in small and open economies ［J］. International Business Review，2013，22(6)：1008-1020.

［24］Hedman J & Kalling T. The business model concept：Theoretical underpinnings and empirical illustrations ［J］. European Journal of Information Systems，2003，12(1)：49-59.

［25］Honig B & Karlsson T. Institutional forces and the written business plan ［J］. Journal of Management，2004，30(1)：29-48.

［26］Jaworski B J & Kohli A K. Market orientation：Antecedents and consequences ［J］. The Journal of Marketing，1993，57(3)：53-70.

［27］Jin Z & Li Z. Firm ownership and the determinants of success and failure in new product development：An empirical study of manufacturing firms in the Guangdong Province of China ［J］. International Journal of Innovation Management，2007，11(4)：539-564.

［28］Kaplan S N & Strömberg P E. Characteristics，contracts，and actions：Evidence from venture capitalist analyses ［J］. The Journal of Finance，2004，59(5)：2177-2210.

［29］Karakaya F & Stahl M J. Barriers to entry and market entry decisions in consumer and industrial goods markets ［J］. The Journal of Marketing，1989，53(2)：80-91.

［30］Kawakami T，Maclachlan D L & Stringfellow A. New venture performance in China，Japan，and the United States：The impact of formalized market information processes ［J］. Journal of Product Innovation Management，2012，29(2)：275-287.

[31] Kleinschmidt E J & Cooper R G. The impact of product innovativeness on performance [J]. Journal of Product Innovation Management，1991，8(4)：240-251.

[32] Kline M & Fain N. Perceived effectiveness of creative new product development in virtual teams [J]. Trorija in Praksa，2001，48(6)：1666-1694.

[33] Kohli A K & Jaworski B J. Market orientation：The construct，research propositions，and managerial implications [J]. The Journal of Marketing，1990，54(2)：1-18.

[34] Kotler P，Saliba S & Wrenn B. Marketing Management：Analysis，Planning，and Control—Instructor's Manual [M]. Englewood Cliff，NJ：Prentice Hall，1991.

[35] Kuratko D F & Hodgetts R M. Entrepreneurship：A Contemporary Approach [M]. Orlando：Harcourt，2001.

[36] Levesque M & Shepherd D A. A new venture's optimal entry time [J]. European Journal of Operational Research，2002，139(2)：626-642.

[37] MacMillan I C，Kulow D M & Khoylian R. Venture capitalists' involvement in their investments：Extent and performance [J]. Journal of Business Venturing，1989，4(1)：27-47.

[38] MacMillan I C，Siegel R & Narasimha P S. Criteria used by venture capitalists to evaluate new venture proposals [J]. Journal of Business Venturing，1986，1(1)：119-128.

[39] MacMillan I C，Zemann L & Subbanarasimha P N. Criteria distinguishing successful from unsuccessful ventures in the venture screening process [J]. Journal of Business Venturing，1987，2(2)：123-137.

[40] Marion T J & Meyer M H. Applying industrial design and cost engineering to new product development in early-stage firms [J]. Journal of Product Innovation Management，2011，28(5)：773-786.

[41] Mason C & Stark M. What do investors look for in a business plan? A comparison of the investment criteria of bankers，venture capitalists and business angels [J]. International Small Business Journal，2004，22(2)：227-248.

[42] Massa L，Tucci C L & Afuah A. A critical assessment of business model research[J]. Academy of Management Annals，2017，11(1)：73-104.

[43] Millson M R & Wilemon D. Impact of new product development (NPD) proficiency and NPD entry strategies on product quality and risk [J]. R&D Management，2008，38(5)：491-509.

[44] Moorman C. Organizational market information processes：Cultural antecedents and new product outcomes [J]. Journal of Marketing Research，1995，32(2)：318-335.

[45] Morris M H & Laforge R W. Entrepreneurial marketing：A construct for integrating emerging entrepreneurship and marketing perspectives [J]. Journal of Marketing Theory & Practice，2002，10(4)：1-19.

[46] Morris M，Schindehutte M & Allen J. The entrepreneur's business model：Toward a unified perspective [J]. Journal of Business Research，2005，58(6)：726-735.

[47] Parry M E & Song M. Market information acquisition，use，and new venture performance [J]. Journal of Product Innovation Management，2010，27(7)：1112-1126.

[48] Rochford L. Generating and screening new products ideas [J]. Industrial Marketing Management，1991，20(4)：287-296.

[49] Romanelli E. Environments and strategies of organization start-up：Effects on early survival [J]. Administrative Science Quarterly，1989，34(2)：369-387.

[50] Rosenstein J，Bruno A V & Bygrave W D. The CEO，venture capitalists，and the board [J].

Journal of Business Venturing, 1993, 8(2): 99-113.

[51] Sethi R, Smith D C & Park C W. Cross-functional product development teams, creativity, and the innovativeness of new consumer products [J]. Journal of Marketing Research, 2001, 38(1): 73-85.

[52] Shafer S M, Smith H J & Linder J C. The power of business models [J]. Business Horizons, 2005, 48(2): 199-207.

[53] Shepherd D A, Douglas E J & Shanley M. New venture survival: Ignorance, external shocks, and risk reduction strategies [J]. Journal of Business Venturing, 2000, 15(4): 393-410.

[54] Singh J V, Tucker D J & House, R J. Organizational legitimacy and the liability of newness [J]. Administrative Science Quarterly, 1986, 31(2): 171-193.

[55] Song X M & Montoya-Weiss M M. Critical development activities for really new versus incremental products [J]. Journal of Product Innovation Management, 1998, 15(2): 124-135.

[56] Souder W E. Causes of crises: The behavioral accident [J]. Organization & Environment, 1988, 2(3-4): 185-194.

[57] Spohn D. Evaluating Market Attractiveness: A New Venture Perspective [D]. St. Gallen: University of St. Gallen Business Dissertations, 2004.

[58] Stevenson H H, Grousbeck H I, Roberts M J & Bhide A. New Business Ventures and the Entrepreneur [M]. Boston: McGraw-Hill, 1999.

[59] Stinchcombe A L. Organizations and social structure [J]. Handbook of Organizations, 1965, 44 (2): 142-193.

[60] Stokes D. Entrepreneurial marketing: A conceptualisation from qualitative research [J]. Qualitative Market Research: An International Journal, 2000, 3(1): 47-54.

[61] Teece D J. Business models, business strategy and innovation [J]. Long Range Planning, 2010, 43(2): 172-194.

[62] Timmons J A. New Venture Creation: Entrepreneurship for the 21st Century [M]. Boston: McGraw-Hill, 1999.

[63] Trott P. Innovation Management and New Product Development [M]. London: Prentice Hall, 1998.

[64] Tyebjee T T & Bruno A V. A model of venture capitalist investment activity [J]. Management Science, 1984, 30(9): 1051-1066.

[65] Wallnöfer M & Hacklin F. The business model in entrepreneurial marketing: A communication perspective on business angels' opportunity interpretation [J]. Industrial Marketing Management, 2013, 42 (4): 755-764.

[66] Zott C & Amit R. Business model design and the performance of entrepreneurial firms [J]. Organization Science, 2007, 18(2): 181-199.

[67] Zott C & Amit R. The fit between product market strategy and business model: Implications for firm performance [J]. Strategic Management Journal, 2008, 29(1): 1-26.

[68] Zott C & Amit R. Business model design: An activity system perspective [J]. Long Range Planning, 2010, 43(2): 216-226.

[69] Zott C, Amit R & Massa L. The business model: Recent developments and future research [J]. Journal of Management, 2011, 37(4): 1019-1042.

第6章 创业融资与创业投资

● 学习目标

了解创业融资的重要性

知道创业融资的关键要素、类型和途径、技术工具

了解创业投资的重要性

知道创业投资的类型、技术工具

章节纲要

● 创业融资与创业投资

● 创业融资

● 创业投资

● 创业融资与创业投资的热点问题

开篇案例

创业投资案例：拼多多

从《非诚勿扰》到《欢乐喜剧人》，什么电视节目火，拼多多就会斥资冠名赞助。可以说，原本日暮西山的传统电视媒体，一定是爱死拼多多这样的大"壕"了。虽然电视媒体被一线城市丰富多彩的生活给大大边缘化了，但是"五环之外"的人民还是很认电视广告的，认为能上电视的那肯定是好。正因为如此，拼多多很舍得砸钱让四五线城市和农村人民在电视上看到自己。而拼多多有这个底气，主要还是因为手里有大把的银子。且不说段永平、丁磊等人的天使投资，仅从公开融资数据上看B轮融资，拼多多获得的融资就达到1.1亿美元。B轮融资共分为四次融入，每隔几个月就拿几千万美元。所以，拼多多虽然一直亏损，但是根本就不差钱。

段永平，"小霸王""步步高"的掌舵者，投资人；丁磊，网易创始人；王卫，顺丰创始人；孙彤宇，阿里巴巴创始人之一，淘宝网缔造者之一。这四位中国商界的风云人物都是电商拼多多的天使投资人。除了获得资金，拼多多还通过获得腾讯的投资而顺利进入腾讯的白名单，以优惠价格全面利用微信的流量实现爆发式

增长。所以,融资融的不仅仅是钱,还有更多附带资源。而这些附带资源,对于急需资源的新企业来讲,有时候可能比钱的价值更大。从这一点上讲,拼多多站队腾讯是聪明的选择。从融资的必要性来说,拼多多从探索的商业模式基本清晰以后,需要在规模上快速扩张,这就需要投入大量的资金进行市场营销,进而就需要不断融入资金,确保增长的速度足够快,而把想要复制的潜在竞争对手甩在后面。可见与大量烧钱的互联网公司不同,拼多多的运营保持良性现金流周转,如表6-1所示。手里不差钱的时候融资,比差钱的时候融资,新企业的谈判砝码更多。拼多多就是在做一件符合常识的事情,对接很大程度上被忽视的广大三四五线城市和乡村群体的消费需求,让他们在平台上可以安心、方便地买到性价比高的商品。拼多多的这种简单经营逻辑让它在短短三年时间内迅速积累了3亿用户。拼多多未来的挑战还有很多。作为一个快速崛起的新企业,除了把已经建立起的优势进一步发挥,如果能够把自己的短板补上,也可能迎来又一波飞跃。

表6-1　拼多多融资数据

时间	轮次	金额(美元)	参与方
2015 年 6 月	A-1	669874	母公司、胡泽民
2015 年 6 月	A-2	8000000	高榕资本、胡泽民
2015 年 6 月	B-1	33337364	母公司、高榕资本、光速中国、IDG、魔量资本
2016 年 1 月	B-2	4377146	腾讯
2016 年 3 月	B-3	23000000	高榕资本、Castle Peak
2016 年 6 月	B-4	50000000	Sun Vantage、FPCI Sino-French、Sky Royal Trading
2017 年 2 月	C-1	20000000	红杉资本
2017 年 2 月	C-2	93691013	腾讯、高榕资本、Sun Vantage、FPCI Sino-French
2017 年 6 月	C-3	100000003	腾讯
2018 年 3 月	D	1368670321	腾讯、红杉资本、高榕资本
合计		1701745721	

资料来源:http://www.100ec.cn/detail_6495714.html.

　　拼多多作为一家专注于C2B拼团的第三方社交电商平台,用户通过发起和朋友、家人、邻居等的拼团,以更低的价格,拼团购买商品。2016年9月,拼多多和拼好货合并,用户破亿。拼多多作为一个案例,为人们了解创业融资与投资提供了一个很好的侧面。

　　案例来源:根据 http://www.sohu.com/a/231605853_211762,http://www.sohu.com/a/245859630_644007 等编写。

6.1　创业融资与创业投资

6.1.1　创业融资概述

创业融资是创业开始与发展必须解决的问题之一。创业企业的发展过程一般包括产品生产、品牌经营、资本运营等阶段。从资本的视角来看，这是一个融资、发展、再融资、再发展的过程。很大程度上，新创企业的发展取决于是否具有稳定的资金来源。资金是新创企业维持正常生产和经营活动的必要条件。如果没有足够的资金，新创企业的生存和可持续发展就不可能实现。因此，创业企业的融资是企业生存与发展必须解决的首要问题。

关于融资（financing），学术界至今没有一个普遍接受的定义。《不列颠百科全书》认为：融资是为任何一种开支筹措资金或资本的过程，企业融资作为应用经济学的一种形式，它是利用会计、统计工具和经济理论所提供的数量资料，使公司或其他工商业实体的目标得以最大化。国内出版的金融辞书《中华金融辞库》将融资定义为"货币的借贷与资金的有偿筹集活动"，具体表现为银行贷款、金融信托、融资租赁、有价证券的发行和转让等。也有学者认为："融资就是资本的调剂与融通行为，是资金的需求者即融资主体通过某种方式，运用某种金融工具，从某些储蓄者手中获取资金的过程。"

融资作为一项社会经济活动，兼具社会属性与经济属性，往往有广义与狭义之分。广义的融资是指资金在交易主体之间的双向流动，实现余补缺的一种经济行为，包括资金融入（即资金的来源）和资金融出（即资金的运用）。狭义的融资仅指资金融入，它既包括资金需求方以某种方式从外部资金供给方获得资金的过程，也包括某一经济主体通过一定的方式在自身内部进行的资金融通，即经济体内部进行的资金自我调节活动。

通常，我们理解的创业融资是指创业企业作为资金需求者进行的资金融通活动，属于狭义融资的范畴。具体而言，创业融资是指创业企业从自身生产经营状况及资金运用情况出发，根据未来发展的需要，采取一定的渠道和方式，从企业外部或者内部筹集资金的一种经济活动。简言之，创业融资是指创业者和创业团队在创业企业孕育期、创立期和成长期科学、合理地筹集资金的过程。

6.1.2　创业投资概述

20 世纪的最后 10 年，美国经济长达 9 年的持续经济增长似乎改变了资本主义经济的发展规律，传统的经济理论受到前所未有的质疑与挑战。人们在探寻"新经济"的内涵和成因时，东西方经济学家或者企业家都不约而同地发现一样东西，且普遍承认它是"新经济"的重要成因之一，也是"经济增长的推动器"。它就是源于美国的、名曰"venture capital（VC）"的一种崭新的资本形态。

自 20 世纪 80 年代起，西方各国及东方新兴国家对美国的"VC"十分追捧并且争相效仿。10 年之后，随着"知识经济""网络技术""基因革命"等概念铺天盖地进入中国大地，

"venture capital"也接踵而至,人们把它译为"创业投资"或"风险投资"。那么 venture capital 到底是什么含义呢?

从"venture"的词典意义解释来看,"venture"一词的意义是:①风险的计划;②投资的事业;③风险的事业。因此,"venture"通常用来描述需要承担风险(Risk)的具有不确定的损益结局的"商业冒险"或投机活动。如果把"venture"的概念延伸到管理学和经济学中,"venture"是指创建新企业的过程,中文对应的词应该是"创业"。"capital"的意义为资本、投资。但是在英文中,风险对应的单词是"risk",风险资本对应的词是"risk capital",它表示一切未做留置或抵押担保的资本形态。显然,"risk"和"venture"是有一定的区别的。由于技术及产品创新过程、市场概念创新过程及相应的经营管理成功与否都具有较大的不确定性,因此创业过程或创业活动比一般商业活动的风险性更高、要求创业者的胆识也更大。风险(risk)只是创业(venture)所包含的一部分内容,而高收益则潜藏在高风险之中。由此可见,venture capital 用汉语准确地表达,应该是"创业投资",而不是"风险投资",创业投资是对具有高成长性的创新企业提供权益投资及人才资本(增值服务)的支持,以期在被投资企业成长壮大后通过撤出投资而获得预期的理想收益。创业投资不是传统的实业投资和金融投资,而是新经济形态中的新型投融资行为,同时,也是在对传统经济论冲击之下逐渐形成的新的理论和思维。

到目前为止,创业投资的基本概念在国内外并没有统一的定义。创业投资作为一种新型资本形态,起源于 1946 年乔治斯·多里奥特(Georges Doriot)等人创立的"美国研发公司"(ARD)。理解经典的"创业投资"的内涵,可借鉴多里奥特的经营理念和 ARD 的投资准则:①投资于新技术、新市场概念及新产品应用;②投资于有杰出能力及正直品格的创业家(即"下注骑士不下注赛马"准则);③投资者参与所投企业的经营管理,创业资本家能够为企业做出超越货币资本投资以外的贡献(即通常出现的"增值策略");⑤有望在几年内公开上市或整体出售(即公认的"退出策略")。由此可见,创业投资是一种涉及投资对象、人力资本增值及退出策略的一种具有投资特性的资本运作过程。按照美国创业投资协会(NVCA)的定义,创业投资是"由职业金融家投入到新兴的、迅速发展的、有巨大竞争潜力的企业中的一种权益资本"。按照欧洲创业投资协会(EVCA)的解释,创业投资是一种"由专门的投资公司向具有巨大发展潜力的成长型、扩张型或重组型的未上市企业提供资金支持并辅之以管理、参与活动的投资行为。"经济与发展合作组织(OECD)对创业投资的含义曾有三种解释:①创业投资是以高新技术和知识为基础,对生产与技术密集型的创新产品或服务进行的投资;②创业投资是购买在新思想和新技术方面独具特色的中小企业的股份,并培养和促进这些企业的形成和创立的投资;③创业投资是一种向极具发展潜力的新创企业或中小型企业提供股权资本的投资行为。

尽管对创业投资有多种表述,但归结起来创业投资包含了两种类型,即广义的创业投资和狭义的创业投资。广义的创业投资泛指一切具有高风险和潜在高收益的资本投资。狭义的创业投资则专指购买在新思想和新技术方面独具特色的新创企业的股份,并以股东的身份参与创业企业的建立和管理。

综合以上分析，我们将创业投资定义为：创业投资以股权投资为主要方式，对以创新技术为主的创业企业提供资金支持、技术支持和市场服务，以期在企业成长后获得股权增值、超额收益的投资方式。它包含三个方面：

①创业投资是以高新技术和知识为基础，对生产技术密集型的创新产品和服务提供的投资。

②创业投资是一种股权投资，主要投资于创新型的中小型高新技术企业，获得其股份，并不同程度地参与企业的经营和管理。

③创业投资的目标是通过股权增值后转让股权获得超额收益，而不是获取利润分配的收益。

6.1.3　创业融资与创业投资的意义、重要性和实践性

（1）创业融资的意义、重要性和实践性

创业融资是公司资本运动的起点，也是公司收益分配赖以遵循的基础。足够的资本规模，可以保证公司投资的需要；合理的资本结构，可以降低和规避融资风险；融资方式的妥善搭配，可以降低资本成本。因此，就融资本身来说，它只是公司资本运动的一个环节。但融资活动，决定和影响公司整个资本运动的始终。在当前市场经济条件下，公司日益朝着集约化、大型化的方向发展，生产的规模已成为公司在激烈的竞争环境中立于不败之地的重要条件之一。对公司而言，融资机制的形成、迅速地筹措到资金，直接决定和影响公司的经营活动以及公司财务目标的实现。创业融资的意义、重要性和实践性体现为以下方面。

①创业融资是创业企业经济活动的第一推动力。企业能否获得稳定的资金来源，及时、足额筹集到生产要素组合所需要的资金，对经营和发展都是至关重要的。但很多企业发展中遇到的最大障碍是融资困境。在创业阶段，90%以上的初始资金都是由主要的业主、创业团队成员及其家庭提供的，银行贷款和其他金融机构或非金融机构的贷款所起的作用很小。由此看来，掌握创业融资策略与实务的重要性和迫切性显而易见。

②创业融资是创业企业技术转化为生产力并且创造经济价值的基础，也是创业企业形成和提升社会资源、获取人才资源的必要手段。由于创业企业在创业初期会存在一定时期的资金回笼空白期，而这一段时间也将导致企业的入不敷出。如创业者缺乏相应的应对措施，则极有可能使非常具有市场前景的项目破产。通过融资能够使企业在短期内得到一笔资金，帮助企业渡过困难、扩大生产，其是现代创业企业快速发展壮大的重要方式，对创业企业有着重要的意义。鉴于融资对创业企业的重要意义，科学研究创业企业的融资特点、方式及策略有助于企业融资工作的顺利推进，促进企业渡健康发展。

③创业融资影响着公司治理结构的功能和运行绩效。现代公司的一个重要显著标志是公司资金来源的外部性，由此产生了股权和代理问题。现代资本结构理论提出，最优融资模式形成的资本结构是代理成本最小化的资本结构，此时治理结构也是最优的。公司治理结构的主要功能，一是选择合适的代理人，二是建立良好的激励约束机制。在一个有效的融资市场里，股权、债权通过各自与公司的契约关系，形成对公司行为（经理行为）的

激励、约束和对经理的选择。公司可以通过特定的融资模式,达到股权和债权的合理配置,以降低代理成本,保证公司治理结构的功能和运行绩效。

④创业融资可以提升公司的价值。公司融资理论认为,增加负债可以取得财务杠杆收益。由于公司支付的财务利息可以计入财务成本而免交所得税,债权资本成本低于股权资本成本,因此,资产负债率似乎越高越好。因为负债率提高时,公司价值会增加,但负债率上升到一定程度后再上升时,公司价值因破产风险和代理成本的增加反而会下降。这样,由于公司负债率增高会令公司价值增加,同时也会引起公司破产风险和代理成本上升而使公司价值下降。当两者引起的公司价值变动额在边际上相等时,公司的资本结构最优,负债率最佳。所以说,如果全靠自有资金发展当然没有风险,但是也就丧失了通过财务杠杆扩大公司规模、提升公司价值的机会。因此,我们需要重视创业融资在提升公司价值中的作用,促使公司获取最优的资本结构。

(2)创业投资的意义、重要性和实践性

自20世纪40年代创业投资在全球诞生以来,特别是80年代以来,创业投资在自身获得迅速发展的同时,也为全球经济发展做出了巨大的贡献。纵观全球创业投资的发展,其在促进人类发展和改善人民生活方面的作用突出。在创业投资比较发达的美国,风险资本对中小高科技企业的扶持率超过了90%,为社会创造了大量的就业机会,并带动了许多相关产业的发展。近年来,由于我国市场经济体制的逐渐完善和资本市场的逐渐形成,如果我国充分依靠创业投资促进高技术产业的发展,可以更好地实现整体国民经济实力和国际竞争力提高的战略目标。

创业投资不同于一般投资,它是资本和人才的结合,对新兴经济体的产生和发展及社会影响具有极大的促进和杠杆作用。其现实作用具体表现在以下几个方面。

①创业投资是科技成果产业化的助推器。

发达国家经验表明,风险投资在以高科技生产力为主要特征的知识经济社会中,能够加速科技成果向生产力的转化,带动整个经济结构的升级和经济的蓬勃发展。

一般而言,一项技术从研究开发到转化成市场上成熟的商品要经过三个阶段:研究开发阶段、中试阶段、产业化阶段。整个过程的资金投入在国际上通行的参考比例通常为1:10:100。一般而言,创业企业在技术转化为商品的过程中需要投入大量的资金,但是企业在成立之初一无信誉、二无资产,很难从银行获取贷款。创业投资的出现正好解决了初创企业最为头痛的资金问题,为企业发展提供了充足的动力。

②创业投资对于我国乃至全球经济的影响还表现为对高新技术产业的推动,促进了我国产业结构的调整。

西方市场经济发达国家第二次世界大战后产业发展的历程和中国40余年改革开放的实践表明,单个产业自身技术创新的动力是有限的。尤其是一些过度成熟的产业由于自身生命力延续期较长,不可能通过主动的技术创新来进行产业结构的转换与提升。

目前,我国传统基础产业在国有经济中占支配性位置,但是企业整体科技水平和效益低下。如钢铁、建材(水泥)业已有的生产能力虽然基本满足社会需求,但是也存在产品生产工艺老化，产品种类不足和附加值低的问题。另外，我国产业包括所有高科技产业，都存在关键部件的非自主知识产权制约问题，导致市场利润更多流向国外。因此，我国传统产业不仅无法带动其他产业的科技水平提高，而且本身需要新兴的高技术产业来刺激并带动其科技水平的提高。国内外实践表明，以20世纪50年代以来新科学技术产业化为基础的高技术产业，在一定社会机制下，完全可以发挥促进产业结构调整和科技水平提高的积极作用。而创业投资可以满足新科技企业成长发展的需要。

③创业投资有利于我国资本市场体系的完善和发展。

创业投资运用股权作为投资工具进入市场，使得风险企业产权证券化，加速经济的金融化过程。创业企业的资产证券化，从技术上解决了企业资产转让困难。企业所有者转让资产不仅可以通过实物形式，也可以运用金融资产价值形式，扩大风险企业产权交易流通变现。如利用产权交易市场，尤其是二板市场，风险企业资产不仅容易重组而且未来的盈利可以通过金融资产价值得到迅速反映，成为资源合理流通的指示器，将风险企业所需各要素从效益低的领域吸引过来。所以，创业投资发展可以有效促进风险资本市场形成，为新创企业提供新的融资渠道，从而完善资本市场的专业化分工。

通过风险资本的金融创新活动，还可以培育和发展投资的中介作用。各中介机构可以整合风险企业所需的各种物质要素和信息要素，加速高科技成果、人力资源和资本有效地结合。

④创业投资有利于培养新的投资概念，形成信息化社会的风险价值观。

社会的风险价值观是创业投资重要的生存发展环境，无论是创业投资家和风险企业家的培养成长和创业投资动力的形成，还是投资失败造成的经济损失和社会压力，都源于一个正常的社会风险文化的潜在支持。

如在美国硅谷，因为存在一个自由开放、高度竞争的环境，并且倡导创新和对失败的宽容，所以产生了成千上万的具有创新精神的技术专家和企业家；同时在新技术迅速转化为生产力、带来巨额财富的影响下，社会把更多的资金投入到高科技产业，形成了一个社会分担创新风险和收益的良性经济活动循环。

风险价值观念是社会文化的一部分，文化的改变需要整个社会进行较长时间的努力。因此，创业投资发展有利于全社会提倡创新冒险精神，对于创业者的失败不怜悯也不幸灾乐祸，最终形成一个良好的创新人才的成长环境。

6.1.4 创业融资与创业投资的特点

（1）创业融资的特点

创业融资是一种以资金供求形式表现出来的资源配置过程。从企业自身来看，企业融资的目的主要是满足企业发展。但在不同的成长阶段，创业企业对资本的需求表现出不同的规模特征，创业融资呈现出多元化的特点。创业融资的特点可以归纳如下方面。

①创业融资市场化。企业创业初期，自我积累的资金有限，不可能满足技术创新的高投入需求，必须从外部市场进行广泛的融资。

②创业融资多元化。融资多元化，即融资渠道多样化，是指企业获得资金的途径可以

有不同的便捷的选择。资金是企业的"血液"。任何一个企业的创立、生存、发展、成熟,都要以投入、保持和再投入、再保持一定数量的资金为前提,融资过程贯穿在整个企业运行、发展中。企业要发展,除了通过自身积累外,借助金融市场进行外部中小企业融资是必经之路。为了满足创业企业多方面融资需求,创业企业需要从多种渠道、将不同的融资方式相结合筹集资金,建立完善的融资体系。

③创业融资组合化。创业企业技术创新的风险产生于研究与开发活动的不确定性。这种风险的初始值最大,随着技术创新各阶段的依次顺利发展而逐渐减少。创业企业在融资过程中应当实施融资组合化。合理、有效的融资组合不仅可以分散、转移风险,而且能够降低企业的融资成本和债务负担。

④创业融资社会化。融资社会化是指创业企业的融资需要各方面的力量,特别是需要政府的引导和扶持。创业企业的发展不仅具有较高的成长性和效益性,并且对整个国家的经济发展具有重要的战略意义。创业企业的发展离不开国家、机构和个人的参与。

（2）创业投资的特点

创业投资是以中小高新技术企业为主要投资对象,因而是与中小高新技术企业发展规律以及高新技术产业化发展相适应的,与传统投资机制有着重要区别的新的投资机制,具有自身独有的特征。

①高风险与高收益并存。创业投资兼具高风险与高收益性,同时要求智力和资金紧密结合。由于无法准确把握高新技术产业化产品的可能性,也无法把握市场对高新技术产业化产品的接受程度,因此,风险投资是一项收益具有不确定性、风险极大的投资,从国外的经验看,失败率大致在 $60\%\sim80\%$ 。创业投资风险主要体现在三个方面:首先是技术风险,即技术能否开发成功、产品能否落地具有不确定性;其次是市场风险,即市场能否接受该产品、市场容量大小、市场未来的竞争状况存在不确定性。与高风险相伴随的是高收益,风险投资支持的创业企业一旦产业化成功,可能获得比投资高出几倍、几十倍甚至上百倍的收益,这成为资本投向创业企业的动力之源。

②投资机制具有灵活性。在投入机制上,风险投资正视风险的客观存在和不可避免性,不因风险而放弃对高科技项目的投资;在收益机制上,强调高风险与高收益对等,而高科技成果产业化成功可能带来的高收益为此提供了保障;在风险约束机制上,风险投资采用最大化化解风险投资的有效途径是,在对项目充分评估的基础上,采用分散投资多个项目或不同发展阶段,以及多个风险投资联合投资的策略,以分散项目非系统风险,提高项目的成功率;在风险运作机制上,采用风险投资与一般投资相结合,资金投入与管理投入相结合,既满足科技产业化过程中的资金需要,又保证科技产业化过程中管理方面的需要。

③资金投入具有长期性。创业投资是一种长期投资,其投资周期主要由研究开发、产品试制、正式生产、盈利,再到扩大生产、盈利规模进一步扩大、生产销售进一步增加等阶段组成。创业投资主要采用组合投资和分段投资的方式,组合投资的目的是尽可能化解非系统性风险,分段投资的目的是化解不对称信息的管理风险,形成有效的风险防范意识。

④资金退出有风险性。创业投资退出是指风险企业发展到一定阶段后,创业投资者选择一定的方式通过资本市场将风险资本撤出,以求实现资本增值或者降低损失,并为介入下一个项目做准备。创业投资的高收益是通过创业投资的成功退出而实现的,可行的退出机制是创业投资成功的关键。但是这些退出方式或多或少都存在一定的风险,尤其是采用最为频繁的公开上市方式,经常遇到退出风险,在市场经济或者资本市场不完善的情况下更是如此。

6.2　创业融资

6.2.1　创业融资的关键要素

创业融资是创业企业成长发展的关键环节,包含了制定融资目标、编写融资计划书、确定融资来源、融资谈判四大关键要素。

（1）制定融资目标

创业融资为什么首先要定目标？因为融资需要成本,所以创业者首先要明白需要用多少钱,哪些地方需要钱,再去融资。一般而言,制定融资目标需要考虑两个方面,创业企业所需要的固定资本以及运营资本。固定成本的主要形式是材料、设备、厂房、产品等,其中对固定成本还要考虑其长期适用性,以免以后出现财务危机。另外,筹集的资金还有一部分是为了支付企业的运营开支,如水电费、工资、各种日常生活开支等,这些成本被统称为运营成本。

（2）编写融资计划书

一份好的融资计划书是获得贷款和投资的关键。高品质的融资计划书,会使创业者更快、更好地了解投资项目,也会使投资人对项目更有信心,最终达到为项目筹集资金的目的。认真准备的商业计划书能帮助创业者更恰当、准确地回答投资人质询的各类问题,并抓住重点,自如地同投资人谈判。

（3）确定融资来源

与大部分交易一样,资本拥有者希望能从提供给创业企业的投资中得到回报。在评价潜在机会时,资金提供者通常会使用一些风险回报模型的公式。也就是说,当投资者们承担高风险时,他们就会要求高回报。创业者的目的当然是希望以尽可能低的成本融资。因此,成功的融资艺术在于用一种由资金提供者看来风险相对较小的方法获得资金。

在这里,创业者可以根据自己的人脉初步进行筛选,初步选择可以成为融资对象的各种关系。同时,也需要搜集其他方面的信息,以获得包括银行、政府、担保机构、天使投资者提供的帮助。

（4）融资谈判

这是获得融资最后也是最关键的一步,无论商业计划书写得多好,对于企业的前景多么看好,在与资金提供者谈判时表现糟糕的创业者都很难获得投资。因此谈判前要做好充分准备,事先想好有关问题,谈判时要表现出信心,晓之以理,动之以情,让投资者知道投资这家企业将会获得的利润和好处。同时创业者也要提高谈判技巧,搜集相关资料,提高谈判成功率。

6.2.2 创业融资的类型

企业从不同融资渠道和用不同融资方式筹集的资金,由于具体的来源、方式等不同,形成了不同的融资类型。不同类型的资金的组合,构成了企业具体的融资组合。从不同角度划分,创业融资可以分为以下几类。

(1)自有资金融资与介入资金融资

按照资金权益性质的不同区分为自有资金和借入资金。自有资金也称自有资本或权益资本,是企业依法筹集并长期拥有、自主调配运用的资金来源。自有资金主要包括资本金、资本公积金、盈余公积金和未分配利润。创业企业利用自有资金不需要担心到期还本付息,财务风险小。但是,自有资金一般数量较小,不足以支撑新创企业的发展,筹集的权益资本往往要求比债务资本有更高的收益。如果企业采用权益资本进行融资,最主要的是企业的所有权问题,利用权益资本进行融资有可能使企业失去新创企业的所有权。借入资金也称借入资本或债务资本,是企业依法筹措并依约使用、按期偿还的资金来源。主要包括各种债券。企业的债权人有权按息索取本息,但一般不参与企业的经营管理,对企业的经营状况不负担责任,要求的收益也比权益资本投资者要求的收益低。企业的借入资金是通过银行、非银行金融机构、民间等渠道,采用银行借款、发行债券、商业信用、租赁等方式筹取获得的。一旦企业进行了债务融资,就会产生财务风险,如果处理不当会危及企业的生存。创业者必须权衡这两种融资方式,在融资成本和风险之间进行平衡。低成本的债务融资具有财务风险,高成本的权益融资没有财务风险。创业者需要根据新创企业的情况选择合理的融资方式,为创业企业的发展提供动力。

(2)内部融资与外部融资

从企业的角度可以把企业的资金来源划分为内部融资和外部融资。内部融资是指在企业内部经过计提折旧而形成的现金来源和通过留存收益等增加的资金来源。内部融资是在企业内部,随着企业的生产经营形成的,只要企业能够将生产持续下去,并获得相应的利润,企业内部就是固定的资金来源。新创企业应在充分利用内部资金之后,如果对于资金的需要仍然得不到满足,或者新创企业需要投入资金来扩大企业经营,实现企业的更快发展,可以采用外部融资的方式。外部融资是指向企业外部筹资形成的资金来源。创业企业的内部融资是很有限的,即使度过了初创期,在成长期的企业仅仅依靠内部融资来实现企业发展还是很困难的。企业外部融资渠道和方式都很多,而且还需要付出一定的融资费用。

(3)直接融资与间接融资

企业的融资活动按照其是否以金融机构为媒介,可分为直接融资和间接融资。直接融资是指企业不经过银行等金融机构,用直接与资金供应者协商借贷或发行股票、债券等办法筹集资金。直接融资主要是通过资本市场筹集资金,具体包括股票和债券。在直接融资过程中,资金供求双方直接实现资金的转移,而不需要银行等金融机构作为媒介。直接融资具有广阔的范围,可以利用的融资渠道和方式较多。但是,直接融资的相关手续较为复杂,所需要的文件较多,准备时间长,效率低且费用较高。就目前状况而言,新创企业要想通过二级市场发行债券是相当困难的,因为监管机构和主管部门对企业发行债券进行了严格的限制。虽然深圳证券交易所已经设立了新创企业板块,相对于主板块降低了企业上市门槛,但是我国新创企业想立刻上市筹集资金也并非容易之事。正如中国有成千上万家新创企业,而目前在证券交易所挂牌交易的仅仅只有一百多家而已。间接融资是指企业借助银行等金融机构而进行的融资活动,是传统的融资形式。在间接融资形式下,银行等金融机构发挥中介作用,它预先筹集资金,然后提供给融资企业。间接融资往往办理过程比较简单,具有很高的效率,可以通过银行等金融机构完成融资的过程。新创企业进行间接融资主要是指向银行贷款。首先,我国银行对新创企业常常有"所有权歧视"。在我国,国有银行掌管着70％的资金,其放贷条件较高,而不愿把钱借给民营新创企业。换个角度说,银行贷款给新创企业的经营成本远远高于给大企业的经营成本。相反,对创业者来说,其自身发展能力较弱,不确定因素很多,银行对其放贷有很大的风险。所以,创业者想从银行获得贷款有相当的难度。在现有金融体系中,缺乏为创业者提供资金的专业银行机构,且现有的商业银行还未对创业者开辟专门的服务业务,这就使创业者在获得资金的渠道上受到限制,从而影响其创业活动。其次,抵押、担保制度的不健全也严重阻碍了新创企业融资,新创企业能用来抵押贷款的财产数量不够且价值不高,以及贷款担保基金较少等原因致使新创企业较难通过抵押、担保获得融资。

6.2.3　创业融资的途径

（1）财政融资

政府为创业企业提供的资金援助包括财政补贴、贴息贷款、税收优惠、政策性贷款、政策性担保等形式。

①财政补贴。财政补贴是指国家财政为了实现特定的政治、经济和社会目标,向企业或个人提供的一种补偿。为了鼓励新创企业的发展,国家对一些重点产业、关键领域会给予补贴。

②贴息贷款。贴息贷款是指政府给予新创企业贷款的利息补贴。贴息贷款能以较少的财政资金带动较多的社会资本参与新创企业的援助,因此尤其适合资金缺乏的发展中国家。其具体做法是:对新创企业的自由贷款高出市场平均利率的部分给予补贴或给予新创企业最难获得的长期贷款以贴息。

③税收优惠。税收优惠是指国家为了鼓励新创企业的发展,对新创企业的某些项目设立了减免、返还等优惠政策。税收优惠与财政援助表面上并不一样,但本质上是对企业采取财力资助政策,有利于新创企业资金的积累和成长。

④政策性贷款。政策性贷款是指由政策性银行发放的利率较低、期限较长、有特定服务对象的贷款。其放贷支持的主要是商业性银行在初始阶段不愿意进入或者不涉及的领域。

⑤政策性担保。政策性担保是为了解决新创企业融资难的问题,对符合标准的行业和企业,政策性担保机构提供的贷款担保。政府出资的政策性担保机构其资金来源全部由政府出资或以政府出资为主,担保业务承担着政府的某些职能,其担保品种体现出发挥财政资金的效益特征,担保收益不以营利为目的,有明显的政策导向功能。由于这种形式社会信誉好且易于监管,因此银行乐于接受。

（2）银行融资

向银行借钱是创业企业解决资金短缺的首要途径。一方面,这种方式比较简单,不需要太多的专业知识;另一方面,企业在地理位置上与银行比较接近,申请贷款比较方便。随着金融改革步伐的加快,专为中小企业服务的中小金融机构也不断涌现,这些都给创业企业贷款带来了极大的便利。

创业企业要积极地开拓银行融资渠道。一方面,一旦贷款成功,按时还款,这家企业在银行就拥有了良好的信用记录,从而踏上了向银行申请贷更多资金的第一个台阶;另一方面,银行贷款是各种借钱渠道中成本最低的。也许有些企业习惯从民间融资或向私人借钱,但是这种途径容易造成企业股权稀释。

①资本市场融资。资本市场融资指的是公司可以在金融市场上筹集到用于生产经营的额外资金。在发展中国家,资本市场融资往往是相当复杂的事情,而且与资金融通相关联的细节也是错综复杂的。公司可通过不同的方式在资本市场上融资,最常见的就是债务、债券和股票融资。为了在金融机构之间保持一个统一的标准,政府通常会设法规范资本市场。

债务融资是非常传统的资本市场融资方式。通常情况下,所有公司都可以采用债务融资方式,只要符合贷款要求就能获得贷款。金融机构贷款给公司一段时间,要按照贷款本金的一定比例收取利息。金融机构不会一直持有公司用于特殊用途的贷款,在某些情况下,还允许通过资本市场融资参与二级市场的货币交易。资金通过这些方式进行有效的分配是在债务融资方式之间建立稳定的秩序所必需的。

债券通常是资本市场融资中的下一级债务融资工具。大型公司或者组织可以通过发行债券来融资,用以取代向金融机构贷款这种融资方式。债券是公司向投资者发行的债务工具,它与贷款基本相似。唯一的区别是公司本身有责任向购买其债券的投资者偿还本金和支付一定的利息。同样,当针对某些商业目的而使用此类债务融资方式时,公司还要符合政府的一些具体要求。

股票是投资者参与公司股权投资的一种方式,简而言之,就是投资者通过融资工具购买了公司的一部分所有权。用发行股票这种方式进行的资本市场融资是一种非常普遍的融资方式,公司获得用于经营的外部资金。在大多数情况下,发行股票或债券是公司比较喜欢的债务融资方式,因为投资者往往享有比其他投资类型更少的权利。在公开市场上,公司的股票可以在许多想要实现资本增值的不同的投资者之间进行交易。投资者通过股票和其他股权投资实现资本增值后,有助于公司发行更多的股票,从资本市场上筹集更多的资金。

②商业信用融资。"信用"就是本钱，信用融资是无须支付利息的，如果运用得好，可以筹到一大笔资金，即"借人家的鸡生蛋"。在市场经济发达的商业社会，利用商业信用融资已逐渐成为小企业筹集短期资金的一个重要方式。

商业信用融资，是指企业利用其商业信用，在销售商品、提供服务的经营过程中向客户筹集资金的行为，包括收取客户的预付款、押金、订金，给客户赊款、开具商业汇票等，巧妙运用商业信用融资方式，可以吸引一批长期稳定的客户，更重要的是，可以筹到一笔可观的无息资金。想要借鸡生蛋，首先企业要有一定的商业信用基础，企业提供的服务在市场上和人们心中有较高的价值。其次，融资的最终结果必须是双赢，企业通过商业信用获得别人的资金，除了要让自己获利，更要让利给别人，要达到"双赢"，才能让企业的商业信用水平得到提高。

6.2.4 创业融资的技术工具

为了解决新创企业融资难的问题，西方新兴的融资工具不断出现。就我国创业企业的实际情况来说，灵活采用新的融资工具，将有助于创业企业的成长发展。创业企业一方面要善于学习、借鉴和利用西方新的融资工具；另一方面也要开动脑筋，因地制宜、因事制宜，创造性地实现融资。

（1）知识产权担保融资

针对新创企业有形资产少、无形资产比例高、可抵押物缺乏，导致银行借贷困难的现象，世界各国为支持新创企业发展的融资需求，开展了灵活的无形资产抵押方式——知识产权担保融资。知识产权担保融资是一种新的融资方式，它为创业企业获取资金提供了很好的思路。知识产权担保融资的两个重要程序是担保的确定和融资评估。

①担保的确定。对于高科技新创企业来说，虽然它们拥有技术方面的无形资产，但是缺乏传统的有形资产抵押物，很难获得商业银行的资金支持，以知识产权作为创新担保品来替代传统担保品，对高科技新创企业的融资具有重要的现实意义。对金融机构来说，知识产权担保融资属于债权融资，本金和利息的亏损不能用创业企业的资本获利来进行补偿，所以必须考虑获得一定利息以上的收益，并寻求本金安全回收的保障手段。

②融资评估。融资评估必须对企业的营利性和风险管理手段进行综合考虑。一方面要鉴定企业现有的收益性和未来的还债能力；另一方面当作为债务者的企业不能履行任何债务时，融资评估作为强制性执行手段，将企业的最终回收收入设定为担保。通常评估的途径主要包括成本方法、市场方法和收益方法。

（2）孵化器融资

企业孵化器（business incubator）是一种新型的社会经济组织，它通过提供低成本的研发、生产、经营用地，通信、网络与办公等方面的共享设施，系统的培训和咨询，政策、融资、法律和市场推广诸方面的支持系统，使创业企业的创业风险和创业成本得到降低，创业企业的成活率和成功率得以提高，创业者得以成长、成熟，表现为虚拟的、物理的、适于创业中小企业聚集的、含有生存与成长所需的共享服务的系统空间。一个成功的孵化器离不开六大要素：共享空间、共享服务、孵化企业、孵化器管理人员、风险资金、扶植企业的优惠政策。企业孵化器为创业者提供良好的创业环境和条件,帮助创业者把发明和成果尽快形成商品进入市场,提供综合服务,帮助新兴的中小企业迅速长大形成规模,为社会培养成功的企业和企业家。

(3)融资租赁

融资租赁是在分期付款的基础上,引入出租服务中所有权和使用权分离的特性,租赁结束后将所有权转移给承租人的现代营销方式。通俗来说,融资租赁法就是"借鸡下蛋,卖蛋买鸡"。它促进了设备制造企业的销售,解决了使用设备企业融资难的问题。除此以外还具有理财、资产管理、盘活闲置资产等功能。

租赁融资包括直接租赁、售后回租、转租赁、杠杆租赁等形式,具有适应中小企业需求,促进现金周转;节省企业开支,减轻当期现金支付压力;加速技术设备的改造,适应市场变化需求的优势。

(4)风险投资基金融资

风险投资基金又称为创业投资基金,是风险投资人通过集合投资筹措资金,通过组合方式分散风险,以长期股权的投资方式投资于某一企业,特别是尚处于创业阶段的新兴高科技企业,以追求所投资企业的成长,而获得以长期资本增值为目标的一种投资基金。

(5)保理业务融资

保理(factoring)全称为保付代理,指卖方企业与保理银行(商业银行或专门从事保理业务的非银行金融机构)之间存在的一种契约关系,根据该契约,卖方企业将其现在或将来的基于与买方订立的货物销售(或服务)合同所产生的应收账款转让给保理银行,由保理银行为卖方企业提供资金,并负责买方资信评估、管理、催收应收账款和坏账担保等业务。保理业务也是一种集融资、结算、账务管理和风险担保于一体的综合性服务业务。对于卖方企业来说,它能使企业免除应收账款管理的麻烦,提高企业的竞争力。

6.3 创业投资

6.3.1 从天使到新企业 IPO 过程

一般来说,一个企业从初创期到稳定成长期,需要三轮投资。第一轮投资大多是来自个人的天使投资作为公司的启动资金;第二轮投资往往会有风险投资机构进入,为产品的市场化注入资金,也就是我们本章所说的创业投资;而最后一轮则是上市前的融资,即新企业 IPO(initial public offering,首次公开发行)。1997 年,美国学者冈珀斯(Gompers)和勒那(Lerner)提出了创业资本循环模型,将创业资本分为筹资、投资和撤资三个阶段。不同融资阶段的企业融资逻辑是不一样的,其收益和风险也大有不同。对于投资者来说,清晰掌握创业投资的准阶段即天使投资阶段和资本退出阶段的要点,才能更好地把握创业投资的方向。

(1)天使轮或种子轮融资

天使投资(angel investment)是权益资本投资的一种形式,是指有经济实力的个人出资协助具有专门技术或独特概念的原创项目或小型初创企业，进行一次性的前期投资。企业创办者此时可能只拥有一个概念或构思，产品或服务很可能还未成形，初创企业相当需要一些资金，将概念实体化。在这个时期，企业因为失败风险太高，创办人及其团队往往只能获得最相熟的朋友、亲戚或商业伙伴化身天使（angels），对企业投下资金以作支持。因此，天使投资，特指企业创业过程中的第一批投资，是指富有的个人或团体直接对有发展前途的创业初期的小企业进行早期直接权益性资本投资的一种民间投资方式，投资人可以在体验创业乐趣的同时获得投资回报。一笔典型的天使投资金额往往很少，是风险投资家随后可能投入资金的零头。但是对于极具创造力的创业企业来说起到了至关重要的作用。

（2）股票首次公开发行

首次公开发行（IPO）的退出方式，是当风险企业发展到一定程度，风险投资家通过在证券市场公开发行股票的方式，将其所拥有的风险企业的股份公开出售，以实现其风险资本的退出及投资收益的方式。由于风险企业大多难以达到主板市场的上市条件，为了实现风险投资能够通过公开上市退出，在国外，许多国家专门设立了"二板"市场，其上市条件一般都低于主板市场，以便于风险企业的公开上市。

公开上市是风险投资最理想的退出方式。对风险投资公司（或基金）和风险投资企业家而言，公开上市有其独特的功能和优势，一方面，有利于风险投资公司所拥有的风险企业的股票迅速变现，并实现丰厚的收益。据统计，公开上市的投资回报率大约为 7 倍，比企业并购退出的方式高出 4 倍左右。另一方面，还可以提高风险企业的声誉，以利于其日后筹资。

6.3.2　创业投资的类型

（1）种子期（seed stage）的创业投资投入

种子期是指技术的酝酿与发明阶段，这一时期的资金需要量很少，从创意的酝酿，到实验室样品，再到粗糙样品，一般由科技创业家自己解决，有许多发明是工程师、发明家在进行其他实验时的"灵机一动"，但这个"灵机一动"，在原有的投资渠道下无法变为样品，并进一步形成产品，于是发明人就会寻找新的投资渠道。这个时期的风险投资称作种子资本（seed capital），其来源主要有：个人积蓄、家庭财产、朋友借款、自然科学基金，如果还不够，则会寻找专门的风险投资家和风险投资机构。

（2）导入期（start-up stage）的创业投资投入

导入期是指技术创新和产品试销阶段，这一阶段的经费投入显著增加。在这一阶段，企业需要制造少量产品。一方面要进一步解决技术问题，尤其是通过中试，排除技术风险。另一方面，还要进入市场试销，听取市场意见。这个阶段的资金主要来源于原有风险投资机构的增加资本投入。这时期投入的资本称作导入资本（start-up capital）。如果这种渠道无法完全满足需要，还有可能从其他风险投资渠道获得。

（3）成长期（growth stage）的创业投资投入

成长期是指技术发展和生产扩大阶段。这一阶段的资本需求相对前两阶段又有增加,一方面是扩大生产,另一方面是开拓市场、增加营销投入,最后,企业达到基本规模。这一阶段的资金称作成长资本(growth capital),其主要来源于原有风险投资家的增资和新的风险投资的进入。另外,产品销售也能回笼相当的资金,银行等稳健资金也会择机而入。

(4)成熟期(mature stage)的创业投资投入

成熟期是指技术成熟和产品进入大工业生产阶段,这一阶段的资金称作成熟资本(mature capital)。该阶段资金需要量很大,但风险投资已很少再增加投资了。一方面是因为企业产品的销售本身已能产生相当的现金流入,另一方面是因为这一阶段技术成熟、市场稳定,企业已有足够的资信能力去吸引银行借款、发行债券或发行股票。更重要的是,随着各种风险的大幅降低,利润率也已不再是诱人的高,对风险投资不再具有足够的吸引力。成熟阶段是风险投资的收获季节,也是风险投资的退出阶段。风险投资家可以拿出丰厚的收益回报给投资者了。风险投资在这一阶段退出,不仅因为这一阶段对风险投资不再具有吸引力,而且因为这一阶段对其他投资者,如银行、一般股东,具有吸引力,风险投资可以以较好的价格退出,将企业的接力棒交给其他投资者。风险投资的退出方式有多种可以选择,但必须退出,不可犹疑。由此看来,创业投资的类型可以根据投资阶段分为四类:种子期的小投入、导入期的大投入、成长期的大投入及成熟期的部分投入,他们分别对应着产品成长的四个过程。而实际上,这四个阶段之间并无那么明显的界限。企业成长的四个过程是产品生命周期理论的观点,较常用的区分四个过程的方法是看销售增长率的变化。

6.3.3 创业投资的途径

(1)政府出资

政府资金在风险投资的资金组成中有非常重要的地位,对其他私人资本的投资方向有非常强的导向作用,同时高新技术企业的创立和发展有很强的社会效应,甚至会超过企业自身的利益收益,对国家经济体系的建设和发展有重要作用。

(2)社保基金

我国是世界上人口最多的国家,职工数量也非常可观,职工养老基金的数量非常大。随着我国社会保障体系和金融资本市场制度的完善,职工养老基金已经进入资本市场,风险投资也是社保基金的投资渠道,将带动创新型企业和新兴行业的新一轮高速发展。

(3)私人资金

我国有非常庞大的人口基数,并且我国大多数居民的理财习惯是将收入存入银行,我国城乡居民的储蓄额非常高。但是由于贫富差距的存在,大多数的资本在少数高收入者手中,理财意识的提高会使这部分人用部分资金进行投资。风险投资机构能够筹集到部分私人的资金,随着居民收入的提高和理财意识的提高,私人资金将成为非常重要的筹资来源。

(4)大中型企业和上市公司的部分自有资金

我国大中型企业和上市公司的资金累积汇集起来的数量非常可观,由于国家政策和法规的制约，单个企业想找到比较好的资金增长途径非常困难。所以，将大中型企业的部分资金吸收入股，进行风险投资，也是筹资的途径之一。风险投资中的一个重要问题便是风险投资的筹资问题。我国风险资本的来源与发达国家相比存在较大的差异，主要体现在养老基金、银行和保险公司的资金所占比重太小，民间资本、境外资本以及真正意义上的风险投资公司都尚未发挥重要作用。随着风险投资的发展，我国不能仅仅依靠政府的支持，而应鼓励大中型企业将资金投到风险投资领域，并且应该以民间资本为主体，把政府当作公共事业的管理者。

此外，我国的创业投资公司的股东比较集中，多由国家或地方财政发起并作为主要出资人，极少有私人、保险公司的介入。我国金融市场发展还不够成熟，资金筹资来源受到限制，意味着发展创业投资需降低投资资金进入创业投资的准入条件，在监管方面提高防风险能力，逐步形成民间商业性创业投资资金为主、国家财政拨款的政策性创业投资资金为辅的格局。

6.3.4 创业投资的技术工具

从国外创业投资实际成功的操作经验看，优先股、附购股权债、可转换债券以及期权等是创业投资者对创业企业进行有效财务管理的技术工具。

（1）优先股

在国外，优先股是公司长期权益资本的重要来源。优先股有固定的基本收益，一般高于债券而低于普通股。对于风险企业，当公司财务困难时，可暂不支付或不支付优先股股息，由此可以减少企业承担更大的财务风险。所以优先股在创业投资中充当着重要的金融工具，一方面为投资者锁定了风险，保证了稳定的收益；另一方面也为风险企业减少了财务风险。

（2）附购股权债

附购股权债是指在风险资本以债权资本形式进入被投资企业的同时，被投资企业给予创业投资人一项长期选择权（认股权证），即允许创业投资人在未来按某一特定价格买进既定数量的股票。附购股权债也是期权的一种，在国外，发行后多数可与其相关的债券相分离，并且可单独上市交易。大多数附购股权债都附有赎回条款，当较大比例的附购股权债已实现购股时，发行人有权要求剩余的小部分权证持有人在较短的时间内实现购股或放弃购股权。

（3）可转换债券

可转换债券是兼具债权和股权双重性质的金融工具。表现为：①可转换债券具有债券性质，持有人可以获得固定的年息，其票面利率通常低于同等条件下的普通债券，以反映可转换债券转换期的价格，对公司资产具有优先分享权。②具有股票性质，当经营业绩快速增长，可转换债券按约定期限和转换价格转换成公司股份时，可转换债券持有者分享股票持有者的增长利益。

（4）期权

期权（option），是一种选择权，是一种能在未来某特定时间以特定价格买入或卖出一定数量的某种特定商品的权利。它是在期货的基础上产生的一种金融工具,给予买方(或持有者)购买或出售标的资产(underlying asset)的权利。期权的持有者可以在该项期权规定的时间内选择买或不买、卖或不卖的权利,他可以实施该权利,也可以放弃该权利,而期权的出卖者则只负有期权合约规定的义务。

创业投资工具的适应性与创业投资实践的效果密切相关。我国投资工具单一,已严重制约了创业投资的发展。作为最适合创业投资的投资工具——优先股,在我国的资本市场暂未启用;可转换债券,目前也仅限于上市企业试点运作,未允许全面推广。因此,加强对适合我国国情和创业投资特点的投资工具的设计、开发与研究是十分必要的。

6.4　创业融资与创业投资的热点问题

6.4.1　众筹

众筹(crowdfunding)即大众筹资或群众筹资,利用互联网和社交网络传播的特性,让小微企业、艺术家或个人对公众展示他们的创意,争取大家的关注和支持,进而获得资金援助。众筹通过网络平台进行,发起人是那些有创意但是缺乏资金的人,对项目有兴趣并且有能力提供资金的人作为支持者。图6-1展示了众筹的商业模式。

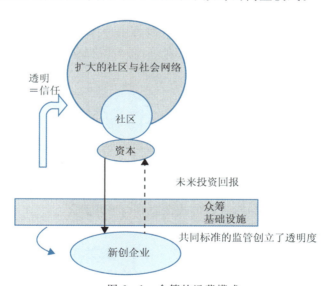

图6-1　众筹的运营模式

资料来源:世界银行《发展中国家众筹发展潜力报告》。

众筹作为一种商业模式最早起源于美国。美国网站 Kickstarter 通过搭建网络平台面对公众筹资,让有创造力的人获得他们所需要的资金。这种模式不同于以往的融资模式,它使得每一个普通人都可以通过该种众筹模式获得从事某项创作或者活动的资金,使得融资的来源不再局限于风投等机构,而是源于大众。众筹模式在运行过程中形成了以下基本规则:①众筹项目必须在发起人预设的时间内达到或者超过目标金额才算成功。

②在设定天数内,达到或者超过目标金额,项目即成功,发起人可以获得资金;筹资项目完成后,网友将得到发起人预先承诺的回报,回报方式可以是实物,也可以是服务,如果项目筹资失败,那么已获得资金全部退还给支持者。③众筹不同于捐款,支持者的所有支持一定要设有相应的回报。

大多数基于众筹平台发起的众筹项目都可以归结为捐赠型众筹和投资型众筹两类。

捐赠型众筹有捐赠众筹和回报众筹两种模式。捐赠众筹是指投资者对项目或者公司进行无偿捐赠,捐赠者不要求回报,没有风险,但是往往难以募集到大量资金。回报众筹是指投资者对项目或公司进行投资,并且可以获得产品或者服务。这种众筹方式的风险比较低,但是同样捐赠者获取的回报也低,产品或服务若没有吸引力,很难帮助众筹发起者募集到大量资本。

投资型众筹有股权众筹、债权众筹和收益权众筹三种形式。股权众筹是指投资者对项目或公司进行投资,获得一定比例的股权,这种方式的优点在于投资者能够分享企业未来收益从而获取高回报;缺点在于与高收益伴随高风险,并且相关法律也不尽完善。债权众筹是指投资者以债权的形式对项目或公司进行投资,未来获取利息收益并收回本金。这种众筹方式的好处在于投资人众筹得到的利率是提前约定的,公司出现风险时债权人的权益得以可以到保护;缺点在于由于初创企业的高风险,其失败率并不比股权性投资低。收益权众筹是一种不常见的众筹模式,项目发起人将某一商品、服务的未来销售收入的一定比例作为回报,以吸引众多投资者参与的一种资金筹集方式,其潜在收益大,但回报率已根据利率提前确定,风险和收益低于股权众筹,高于债权众筹。但它的风险与股权投资相当,收益比股权投资低。

6.4.2　第三方借贷

第三方借贷是指相对于银行而言,社会中公民与法人两者之间或者内部进行资金的借贷,并且需要有第三方保证作贷款担保。此种方式需要借款人提供贷款银行认可的保证人,保证人必须为企业法人,为借款人提供贷款保证为不可撤销的连带责任保证。

在经济层面上,第三方借贷属于经济现象,而从法律层面上看,它属于法律行为。目前还存在很多非法的第三方借贷,这些形式主要有以下几种。

（1）高利贷

高利贷是以高额的利息作为回报的贷款,《中华人民共和国民法》规定,在借贷中利息超过同期同类贷款基准利率四倍及以上,那么超出的部分不会受到法律的保护。

（2）非法集资

非法集资又被称为非法吸收公众存款,该种行为违反我国金融管理的法律,变相地向社会吸取资金。非法集资的认定主要有四点:①未经有关部门批准而吸收资金;②通过一些传播媒介,为筹集资金向社会公开去做宣传;③对到期的回报予以承诺;④向社会筹资的主体不确定,范围广。但是,在亲戚朋友之间或者是单位的内部对特定的对象吸取资金,并且未在社会中公开宣传的,这不属于非法集资。

（3）地下钱庄

地下钱庄，往往以股份制或者合作制的形式存在，主要进行发放贷款、吸纳存款、资金结算以及外汇交易等活动。在法律上是禁止私人钱庄的。根据《中华人民共和国刑法》的相关规定可知，未经国家有关主管部门批准，擅自开设银行、期货和证券等交易所、期货和证券经纪公司等行为，构成擅自成立金融机构罪。

（4）互助会

互助会是基于血缘、地缘的关系，同时具有一定的互助关系，集储蓄以及信贷于一体的自发性的群众融资组织。在这个组织里面的成员相互非常熟悉，在发展中由于协会成员人数增加，因此他们之间的相互了解会减少，会费会不断增加，最终可能变为金融诈骗的组织。

6.4.3　私募与公募

（1）私募与公募的定义

基金按是否面向一般大众募集资金分为公募与私募。私募基金和公募基金是相对的，它们是根据证券发行方法的差异，以是否向社会不特定公众发行或公开发行证券的区别来界定。

私募基金（private placement fund），又称向特定对象募集的基金，是通过非公开方式向少数投资者（包括个人和机构）募集资金而设立的基金，其销售和赎回都通过基金管理人与投资者私下协商进行。

公募基金，是指以公开方式向社会公众投资者募集资金并以证券为投资对象的证券投资基金。公募基金是以大众传播手段招募，发起人集合公众资金设立投资基金，进行证券投资。这些基金在法律的严格监管下，有着信息披露、利润分配、运行限制等行业规范。

（2）两者的区别

公募基金和私募基金的主要区别表现为以下方面。

①募集方式不同。公募基金采取公开发行的方式，而私募基金采用非公开方式，这是公募基金与私募基金的主要区别。

②募集对象不同。公募基金面向不确定的广大公众，而私募基金面向少数特定投资者，包括机构和个人。

③信息披露要求不同。一般说来，公募基金对信息披露有非常严格的要求，其投资目标、投资组合等信息都要披露；而私募基金的要求则低得多。

（3）私募基金的分类

私募基金根据投资对象可以分为三类。

①证券投资私募基金。顾名思义，这是以投资证券及其他金融衍生工具为主的基金，典型代表为量子基金、老虎基金、美洲豹基金等。这类基金基本上由管理人自行设计投资策略，发起设立为开放式私募基金，可以根据投资人的要求结合市场的发展态势适时调整投资组合和转换投资理念，投资者可按基金净值赎回。它的优点是可以根据投资人的要求量体裁衣，资金较为集中，投资管理过程简单，能够大量采用财务杠杆和各种形式进行

投资,收益率比较高等。

②产业私募基金。该类基金以投资产业为主。由于基金管理者对某些特定行业如信息产业、新材料产业等有深入的了解和广泛的人脉关系,他可以有限合伙制形式发起设立产业类私募基金。管理人只是象征性地支出少量资金,绝大部分资金由募集而来。管理人在获得较大投资收益的同时,亦需承担无限责任。这类基金一般有 7~9 年的封闭期,期满时一次性结算。

③风险私募基金。它的投资对象主要是那些处于创业期、成长期的中小高科技企业权益,以分享它们高速成长带来的高收益。特点是投资回收周期长、高收益、高风险。

(4)公募基金的分类

公募基金可以分为四大类型:货币型、股票型、债券型、混合型。

①货币型基金。货币型基金只投资于货币市场,如短期国债、回购、央行票据、银行存款等,风险基本没有。其流动性仅次于银行活期储蓄,每天计算收益,一般一个月把收益结转成基金份额,收益较一年定期存款略高,利息免税。随时可以赎回,一般可在申请赎回的第二天资金到账,非常适合追求低风险、高流动性、稳定收益的单位和个人。

②股票型基金。股票型基金是以股票为投资对象的投资基金,是投资基金的主要种类。股票型基金的主要功能是将大众投资者的小额投资集中为大额资金。它主要投资于不同的股票组合,是股票市场的主要机构投资者。股票型基金风险分散、费用较低、经营稳定、收益可观,投资对象和投资目也具有多样性。

③债券型基金。以国债、金融债等固定收益类金融工具为主要投资对象的基金称为债券型基金,因为其投资的产品收益比较稳定,又被称为“固定收益基金”。根据投资股票的比例不同,债券型基金又可分为纯债券型基金与偏债券型基金。两者的区别在于,纯债券型基金不投资股票,而偏债券型基金可以投资少量的股票。偏债券型基金的优点在于可以根据股票市场走势灵活地进行资产配置,在控制风险的条件下分享股票市场带来的机会。一般来说,债券型基金不收取认购或申购的费用,赎回费率也较低。

④混合型基金。混合型基金设计的目的是让投资者通过选择一款基金品种就能实现投资的多元化,而无须去分别购买风格不同的股票型基金、债券型基金和货币型基金。混合型基金会同时使用激进和保守的投资策略,其回报和风险要低于股票型基金,高于债券型和货币型基金,是一种风险适中的理财产品。一些运作良好的混合型基金回报率甚至会超过股票基金的水平。

6.4.4　估值、风险与趋势

创业企业的价值估值伴随着创业投资的每一投资阶段,它决定投资双方的股权比例,进而影响投资决策的制定。一般而言,企业价值具有如下特点:①企业价值是企业拥有或控制的全部资源价值的总和;②企业价值取决于其潜在的未来获利能力;③企业价值体现了时间价值和风险价值;④企业价值是市场评估的结果;⑤企业价值极富有动态性。

从国内外学者对创业企业的价值估值方法的研究来看,其主流方法是将传统企业价值估值向创业投资移植。风险调整折现率法应是创业企业价值估值的基本方法,它将企业未来价值按依风险调整后的折现率折算出企业的现值而进行估价,以折现率的调整弥补风险损失。这种方法的优点是简单易行,只要估算出折现率和企业未来价值,就可对企业的现值进行估价;其不足是难以找到合理的调整基准,过高的折现率使创业者难以接受。针对创业企业的特点,可分步估价,即首先在不考虑企业资本结构变化的情况下对现金流进行折现,然后考虑加入债务因素引起的税收优惠的影响,最后考虑企业弥补亏损带来的税收优惠。很显然,该方法适用于创立期和发展期的创业企业。创业公司融资前的市场估值,无论是对老股东还是对新股东而言,都非常重要。公司融资前的价值被高估,原有股东将从中受益;公司融资前的价值被低估,新股东将从中受益。对于能够创造现金流的资产而言,其价值取决于预期现金流的持续时间、金额大小及其预见性。

创业企业的估值需要考虑多方面因素,比如投资人之间的竞争、成长潜力、创始人的背景等。表 6-2 比较了初创企业估值的各种影响因素。

表 6-2 初创企业估值的考虑因素比较

影响因素	具体影响方式
投资人之间的竞争	如果其他创投对某家公司也产生了兴趣,那么第一家创投就会认为这项投资有利可图。在创业公司的一轮融资中,投资人的个数是有限的。因此公司越受欢迎,估值就会越高
早期客户	公司存在的重点是获得用户,吸引用户的速度越快,公司的价值就越大
成长潜力	创业公司最具决定性的因素就是成长。在融资阶段,活跃用户或付费顾客数量正在逐月增长,而且增长速度很快,为预测未来收入提供依据
收入	一旦创业公司开始有收入了,那么就有了许多可以使用的估值工具来对它进行估值
创始人	创始人曾经在哪里工作,承担什么样的项目,从哪个公司离职,都是影响估值的因素
员工	员工的技能、为业务技术进行的培训和知识非常有价值
行业	每个行业都有自己独特的估值逻辑和方法
期权池	期权池是为未来的员工预留的股票,确保有足够的好处吸引高手到你的创业公司来工作。期权池越大,你的创业公司估值就越低,因为期权池是你未来的员工的价值,是你现在还没有的东西。期权池的价值基本会从估值中被扣除
实物资产	公司拥有的每一件东西都算进去
知识产权	专利的价值应该加在公司估值里面
竞争和进入壁垒	市场竞争力对公司的估值有很大的影响。如果能显示出公司可以大比分领先于竞争对手,应该要求增加估值

资料来源:http://www.sohu.com/a/194057507_492538.

本章小结

　　创业融资是创业者和创业团队在创业企业孕育期、创立期和成长期科学、合理地筹集资金的过程。创业企业的发展过程一般包括产品生产、品牌经营、资本运营等阶段。从资本的视角来看，这是一个融资、发展、再融资、再发展的过程。

　　很大程度上，成功创业的要素之一在于是否具有稳定的资金来源。资金是新创企业维持正常生产经营活动的必要条件。如果没有足够的资金，创业的启动与发展都会遇到困难，新创企业的生存和可持续发展都会遇到重大障碍。因此，创业融资是创业最重要的要素之一，也是新企业生存与发展必须要解决的问题。融资是为任何一种开支筹措资金或资本的过程，企业融资是应用经济学的一种形式。也有学者认为："融资就是资本的调剂与融通行为，是资金的需求者即融资主体通过某种方式，运用某种金融工具，从某些储蓄者手中获取资金的过程。"融资有广义与狭义之分：广义的融资是指资金在交易主体之间的双向流动，实现余补缺的一种经济行为，包括资金融入（即资金的来源）和资金融出（即资金的运用）。狭义的融资仅指资金融入，它既包括资金需求方以某种方式从外部资金供给方获得资金的过程，也包括某一经济主体通过一定的方式在自身内部进行的资金融通，即经济体内部进行的资金自我调节活动。我们通常理解的创业融资是指创业企业作为资金需求者进行的资金融通活动，属于狭义融资的范畴。

　　创业投资是对具有高成长性的创新企业提供权益投资及人才资本（增值服务）的支持，以期在被投资企业成长壮大后通过撤出投资而获得预期的理想收益。创业投资不是传统的实业投资和金融投资，而是新经济形态中的新型投融资行为。

　　一般而言，创业投资是以股权投资为主要方式，对以创新技术为主的创业企业提供资金支持、技术支持和市场服务，以期在企业成长后获得股权增值、超额收益的投资方式。它包含三个方面的内涵：①创业投资是以高新技术和知识为基础，对生产技术密集型的创新产品和服务提供的投资。②创业投资是一种股权投资，主要投资于创新型的中小型高新技术企业，获得其股份，并不同程度参与企业的经营和管理。③创业投资的目标是通过股权增值后转让股权获得超额收益，而不是获取利润分配的收益。

？本章思考题

1. 创业投资与融资的定义和概念分别是什么？
2. 创业投资与融资的意义、重要性和实践性体现在哪里？
3. 创业投资与融资分别包括哪些类型？
4. 私募与公募的区别有哪些？

案例分析

创业融资投资人物案例：沈南鹏

现实社会中人们可以发现，企业家常常不以常人的思维方式行事；政治家常常不以今天的得失判断；创业家则常常不以常人的思维方式行事，也常常不以今天的得失判断，如乔布斯、史玉柱、段永平。资金是新创企业维持正常生产经营活动的必要条件。如果没有足够的资金，创业的启动与发展都会遇到困难，新创企业的生存和可持续发展都会遇到重大障碍。创业融资是创业最重要的要素之一，也是新企业生存与发展必须要解决的问题。因此，融资与投资对于投资人或创业者来说是创业成功的关键要素。改革开放40余年，中国出现了很多杰出的创业融资投资人，其中沈南鹏及其红杉中国正是一个非常值得关注与学习的案例。沈南鹏自2012年开始出现在《福布斯》的年度全球最佳投资人榜单，而且是排名最高的华人投资者……沈南鹏所带领的红杉中国被誉为"创业者背后的创业者"，多年来先后投资京东、阿里巴巴、唯品会、聚美优品、美团网等知名公司，并成功地推动这些公司上市。

1967年，沈南鹏出生于浙江海宁，7岁到上海跟随姑姑一起生活。他年少聪慧，从小就显示出天赋异禀的数学能力。进入上海市第二中学学习期间，他拿到过全国数学竞赛一等奖。沈南鹏在1982年还获得了第一届全国中学生计算机竞赛冠军。在上海交通大学学习期间，沈南鹏选择了数学专业。1989年，刚刚在上海交通大学数学系毕业的沈南鹏抵达美国纽约。在人才济济的哥伦比亚大学，沈南鹏真正地审视了自己，并开始思考自己的人生方向。身在世界金融中心纽约的沈南鹏，接触到了美国的商业社会，华尔街的金融投资氛围也在不知不觉中影响着他。出于对商业的兴趣，之后他进入了耶鲁商学院攻读工商管理硕士（MBA）。在耶鲁商学院，沈南鹏觉得课程具有很强的实践性，学生也经常有机会进入大公司进行"实战演练"。两年的耶鲁理论与实践的训练提升了沈南鹏独特而敏锐的商科意识。两年后，沈南鹏去纽约华尔街寻找未来，他应聘过十几家公司，都失败了。最终，好运来了。花旗银行接纳了他，他在那里默默无闻地做普通的投资银行工作，专注拉美证券及衍生产品。那时候也就有十来个中国留学生在华尔街投资银行上班。沈南鹏相信与遵守的一个规则是做自己喜欢的事。沈南鹏说在美国，你得面对现实。一个中国人在那里，什么生存之道最好，可能就变成了我自己的生存之道。1993年年底对于沈南鹏来说是一个转折，那年深圳证券交易所有一个代表团访问华尔街，沈南鹏他们去参加聚会，听到代表团兴致盎然地介绍中国的证券市场，他感觉到了眼前的机会，产生了回中国工作的想法。同时，中国的发展潜力，使包括花旗银行在内的美国金融巨擘都意识到中国的价值，也意识到沈南鹏们的价值，因此，在离开中国五年后，沈南鹏这个"海龟"带着美国投行的工作经历选择了回国发展，并经过反复比较，接受了雷曼兄弟提供的工作职位。在中国发展，虽然是属于他自己的一个机会，但因为他在出国前并没有任何工作经历，因此虽然美国人以为他了解中国，但是事实上他并不真正了解中国的商业环境。多年后沈南鹏回想往事，对自己的那段投行经历心存感激，因为那段过往为他后来的创业和投资打下了基础。从1994年至1999年，原来不太懂中国商业环境的沈南鹏，到了1999年已经自称是比较"土鳖"的投资人了。这些年的经验积累使沈南鹏成为全球排名最高的华人投资人，其成功案例有很多，以下选择几例。

漫游携程

1994 年，沈南鹏回国到香港雷曼兄弟、德意志银行等多家知名投行工作，积累了丰富的资本运作经验，为诸多中国企业在海外市场的成功融资提供了帮助，对中国经济发展趋势的洞察也愈加深刻。他目睹了别人的成功，开始期望自己能够赢得同样值得尊敬的未来。此时，他和一个叫梁建章的人开始了创业。他和梁建章曾在 1982 年第一届全国中学生计算机竞赛中同时获奖，后来都在上海读大学，1989 年同时去美国留学，毕业后一位在花旗银行任职，一位在甲骨文工作。1999 年的某天，沈南鹏和梁建章还有季崎三个具有创业目标的年轻人在上海相遇。当时正是互联网第一波浪潮的时候，他们自然就谈到能否在互联网方面找到一些好的创业机会。他们谈到了新浪、网易、搜狐，想着还有什么产业能和互联网结合可以擦出火花，梁建章首先提出了改造传统旅游产业的想法，就这样，携程网随后诞生了。这家创办于 1999 年的互联网公司，2003 年 12 月 9 日在纳斯达克上市，代码为"NASDAQ：CTRP"，初始发行价 18 美元，开盘价 24.01 美元，当日收盘价 33.94 美元。携程的成功让沈南鹏完成了个人创业的一次升级，创立一家市值一度达到 45 亿美元的公司，让无数正确或错误的决策与执行，最终都沉淀成了宝贵的创业经验，也因此使业界很多人认识了沈南鹏这个人。

创办如家快捷连锁酒店

在创办携程网的同时，这几个年轻人又创办了如家快捷连锁酒店。他们创办如家的原因很简单，因为有携程的顾客在订旅馆的时候提出有没有既干净、舒适又价廉的酒店，沈南鹏发现这样的酒店很难找到，因此机会就在其中。沈南鹏分析认为高档酒店往往价格昂贵，而便宜的招待所却无法保证卫生和舒适。他们了解了美国的经济型酒店现状，通过美国酒店业协会的统计发现，美国经济型酒店约有 6 万家，数量上占到酒店总数的 88%，但在中国当时这一类酒店的比例非常小。沈南鹏曾说："以前酒店业的问题是，对所有的人都是同一种产品。如家的对象是中低端的消费者。这一类人最关心的是价格以及有限的舒适，于是传统酒店的很多设施在如家都将其取消，因此如家酒店没有豪华的大堂，没有浴缸，但是加强中低端消费者注重卫生、实惠的特点，价格一般在 120～298 元之间。"然而到了今天，"如家"正在成为一种生活方式的代名词，很多中高端的商业人士也开始选择如家，因为如家所拥有的特色，与他们的需求非常契合。在投资如家的过程中，一开始，风险投资并不看好如家，因为它不是一家互联网公司，不代表高科技，而代表"传统"。可是如家代表了潮流，从 2001 年年底开始创业，只用了五年时间就超越了历史更长的锦江之星连锁酒店，成为同类市场的第一名。北京时间 2006 年 10 月 26 日 21：30，如家快捷酒店正式在美国纳斯达克证券交易所挂牌上市，代码为"NASDAQ：HMIN"，开盘价 22 美元，高出发行价 59.4%，融资金额达 1.09 亿美元。这是沈南鹏等人继携程之后，三年内第二次带领公司登陆纳斯达克。携程和如家的成功，让沈南鹏完成了一次巨大的人生飞跃。这种飞跃不仅仅是个人财富上，更多是对实业经营与资本投资的思想与认识。

红杉中国十年

有人问世界上有比创业成功更让人有成就感的事情吗？如果有，可能就是投资了。八年投行，加上创办两家上市公司使沈南鹏积累与具备了一个优秀投资人最关键的经验与视野。2000年至2005年期间，他还曾以个人身份分别参与投资了分众传媒、易居中国。在携程上市18个月后，沈南鹏携手美国顶级投资机构红杉资本，开创了红杉资本中国基金：捕捉中国最卓越的创新企业。红杉中国基金运营具备鲜明的特点，即全球视野和全球资源、本土运营和本土决策。从2005年9月成立至今，红杉中国的合伙人及投资团队在科技、消费服务业、医疗健康和新能源及清洁技术等分城投资了众多具有代表意义的高成长公司。有数据统计，2010年之后，12家超过100亿美元估值的独角兽企业中，红杉资本捕捉到9家。至2018年，中国独角兽企业数量达到181个，而红杉投资的独角兽企业数量达到50家，占比近30%。如果按照上市公司市值计算，红杉中国投资的上市公司市值已超过6200亿美元。在中国概念被电商公司中，红杉中国包揽了中国前三大电商平台——阿里巴巴、京东、拼多多，红杉也是唯一一个投资了TMD（今日头条、美团点评、滴滴）的公司。除了创新，红杉还有在同一领域"多点占位"的投资模式。比如，在化妆品电商领域，它同时投资了聚美优品和乐蜂网；在在线旅游市场，驴妈妈和途牛网都多次被红杉下注；而在订餐领域，它不仅入股了饿了么，还投资了南京的零号线、美团；在新兴的O2O本地生活领域，红杉同样在寻找多处下注的机会。2005年至2018年的红杉中国大事记如图6-2所示。

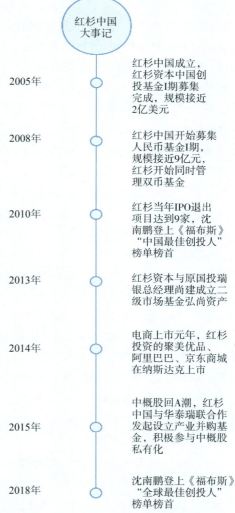

图 6-2　红杉中国 2005—2018 年大事记

资料来源：《中国企业家》根据公开资料整理。

沈南鹏的创业投资信条

（1）做理性的赌徒

在风险投资的世界里，沈南鹏似乎就是那个"有心计的赌徒"，而他的心计，则更多地体现在对"理性"这两个字的诠释上。沈南鹏不止一次地承认自己是个"保守的人"，他说："假如手上有100元钱，我可能只会投资20元。"过往的经历也足以证明这一点。携程创业时，本已算得上富有的他只拿出60万元人民币获得40%的股份，并在随后几轮融资中高度稀释。如果他不是那么想要规避风险，他完全可以在携程占有更多的股权。在风险投资的过程中，即便有再充分的准备，到了决定的最后时刻，"51 和 49"的判断依旧会出来捣乱——51％想投，49％不想投；或者是 51％不想投，49％想投。而最终的决定，往往就取决于那极有可能临时倒戈的 1％。以如此微妙的悬殊来决定输赢，更加突显投资前面的"风险"二字。这不禁为风险投资添加了一些赌博的意味——下注之后，只待庄家掀开结果。目前，沈南鹏投资的项目包括互联网、消费品及服务、连锁、商业地产、媒体、科技应用、生物医药等几个领域。他承认，人的精力总是有限的。于是，沈南鹏所做的就是一个学习曲线的累积：一方面尽可能通过一次又一次的投资深化理解他所熟悉的行业；另一方面不停地问自己，是否看到了新的可持续成长的行业？如果答案是肯定的，他甚至不在意这些新领域是否符合其个人兴趣，因为"兴趣是可以培养的"。从这个角度上说，沈南鹏的投资决策同样是一个高难度的平衡：对冲其性格中保守一面的，是他尽可能详尽地了解自己所投资领域的专业知识，让局面可控。

（2）不依赖僵硬的量化做投资决定

由于投资对象所处的行业不同，红杉中国基金没有一个僵化的量化标准。沈南鹏将自己风险投资的三原则归纳为：市场、企业家、商业模式。一个新的商业模式，就是对原有模式的创新和否定。每个好的项目，竞争力的角度都是不同的，没有先例可以照搬。在他看来，项目选择过程，主要是一个对创业团队、行业、商业模型的多层次考察的过程。要看创业者的背景、经历，了解客户、合作伙伴对创业者的评价；要尽量拿到行业的统计数据，理解行业内的各种政策法规；对于已经进入成长期的企业，财务数据的规范性也是考察的重点。首先，对企业家的关注总是第一位的。早期企业的 CEO 往往会对企业未来的发展起到决定性作用。其次，是市场。具有潜力的广阔市场，无疑会在行业内的企业走向伟大的过程中，起到积极的推动作用。再次，是商业模式。以如家酒店为例，如家在传统的酒店业中增加干净、舒适、经济等价值观，把传统的建造酒店改为连锁租赁。投资者有理由相信，新型的商业模式可以带领如家走向成功。

（3）看准风口，把握机遇

风口也就是机遇，看准风口，把握机遇。做投资，是看长期趋势和未来，不是短期热点。有些风口可以产生长期的价值，适合投资，有些却不会。这就需要静下心来做大量分析。沈南鹏足够幸运，红杉和其他所有创投的成功，都离不开中国经济，尤其是新经济和互联网这个风口带来的发展红利。过去十年中，互联网成就了中国的风险投资，在中国的风险投资行业里几乎 70％的利润是来自于互联网。沈南鹏将互联网比喻为市场经济的"试验田"。这是因为行业准入有相当宽松的门槛，绝大部分创业者只要有想法，有一小部分的资金支持就可以进入这个行业。在中国，赛道的选择对红杉中国的投资起着关键作用。红杉成功的重要因素之一是对行业趋势的前瞻性判断，然后选择最有前途和投资机会的领域去投资，也就是买最好的赛道。相比一级市场，二级市场的投资自由度更大。以红杉方面的说法，按照惯例，并不会投资一个领域内两个竞争对手。而在二级市场，可以尽情地选择该行业、领域、产业链中的相关公司。沈南鹏认为投资人一定要看大量的公司，如此才能看到怎样的趋势正在产生。从单一个体，所看到的是一个愿景和一个商业模式，但如果今天访谈 10～30 个创业者,得到的就是一个行业大致版图,当然,这不是让投资人盲目听从某创业者的想法,而是要形成自己的一些意见和观点。同时,二级市场优秀的投资者都需要勤奋和频繁的调研,尤其是在目前的市场环境下,宏观经济的波动幅度减小,经济转型和创新的方向是未来的大趋势,二级市场投资者不仅需要跟上市公司多接触,还要打通产业链,把海外领先企业(包括国内的海外上市公司)、产业链上下游和未上市公司纳入视野,才能敏锐地把握投资方向。

(4)重视基于经验的创业投资

丰富的创业经历使沈南鹏学到了很多投资者需要掌握的经验,这样能够很好地理解创业过程中的艰难。反过来作为投资者,就会比较容易帮助创业者们去成长。作为投资者,沈南鹏很善于关注细节。而作为风险投资,所有的投资商都认为,投人比投资某种商业模式更为重要。对于创业型企业而言,不仅需要创业者有干一番事业的激情,同时也要把这种精神感染给整个团队,因此团队的精神面貌也至关重要。对商业模型的考核和团队的考核是投资的两大要素。在决定投资奇虎网之前,他会利用去奇虎网办公室的机会,私下观察那里的装修环境和员工士气。"创业型企业都应该具备艰苦朴素的品质和实用主义的态度,这就要求管理层必须具备很强的管理能力,包括成本控制,而这种意识会体现在装修等各个方面。"这就是沈南鹏在做出投资决定之前,会关注企业细节的原因。也许,这也是沈南鹏的成功的原因——"能够在细节上有很好的观察,但也能够退回到宏观层面去把握"。

案例小结

我们回过头来看沈南鹏走过的创业投资之路,仿佛是顺风顺水,其实都是在发展的环境中努力奋斗的结果。在他成功的背后我们可以发现创业投资者的特质,理解这些特质可以帮助我们吸取相关的成功经验与认识失败的教训。通过沈南鹏的经历可以看到他作为风险投资家独到的眼光和过人的智慧。他有强悍的逻辑思维和逻辑推演能力,注重规律,注重数据分析,能根据自己的认知迅速又精准地推演下一个时间维度的画面。他看问题不设限,能不断跳出问题的框架,多角度、多维度探索事物的本质。他有一套行之有效的操作方法与思维方式,能帮助他在互联网大潮中迅速应用到新行业新产业,开辟新的体系或者调整原有体系的架构和细节变量。他每一步稳扎稳打,层层升级,所有的经历帮助他不断取得创业的成功。作为商业思想的探索者,沈南鹏和红杉中国正是站在浪潮最前端,砥砺前行。

案例来源:根据张笑恒. 做擅长的事:沈南鹏传. 北京:现代出版社,2016 相关内容改写。

■■ 问题讨论:

1. 如何从沈南鹏和红杉中国看创业投资机会?
2. 沈南鹏是如何理解与建立携程创业商业模式的?
3. 沈南鹏是如何理解与建立如家创业商业模式的?
4. 沈南鹏的创业信条是什么?

┃本章精读文献┃

De Clercq D, Fried V H., Lehtonen O, et al., An entrepreneur's guide to the venture vapital galaxy [J]. Academy of Management Perspectives，2006，20(3)：90-112.

Chapter Article Summary(本章精读文献摘要)：

  This article provides a foundation for an understanding of the dynamics of venture capital from the entrepreneur's point of view. An important aspect of understanding venture capital involves the different sources of risk capital for the entrepreneur, i. e., (classic) venture capitalists (VCs), business angels, and corporate venture capitalists. Furthermore, whatever source of risk capital entrepreneurs choose, they have to take into account the different phases of the investment cycle, i. e., the pre-investment, post-investment, and exit phases. The authors discuss some of the key issues of which entrepreneurs need to be aware when dealing with venture capitalists during each of these three investment phases. Furthermore, they provide hands-on advice to help entrepreneurs maximize the value of their relationship with VCs throughout the investment cycle, and they point to trouble spots which can endanger value creation. For instance, in the pre-investment phase, the challenges of finding an (adequate) investor, obtaining the right amount of money, and structuring a fair deal are paramount for entrepreneurs. During the post-investment phase, entrepreneurs must attend to managing the relationship with the VC via the creation of effective communication, mutual trust, and the establishment of objectivity and consideration towards the other party. For the exit phase, they discuss the importance of establishing a timely and harmonious exit for the VC. They begin with a brief comparison of venture capitalists in classic venture capital firms with business angels and corporate venture capitalists. The focus of the article, however, is on classic venture capital.

本章精读文献评述：

  本章精读文献讨论了创业者与风险投资人的相处之道。百森商学院丹·伊森伯格(Dan Isenberg)教授在《创业生态系统到底是什么？》一文中谈到，无论在波士顿，还是约翰内斯堡，调查结果都显示创业者最苦恼的事情都是"融资难"。融资之"难"不仅指创业企业获得融资很难，还包括创业者与投资者，尤其是与股权投资者难以和谐相处，双方各尽其能、各取所需。这篇精读文献阐述了创业者如何与三类股权投资者关系的价值最大化，并实现共赢。除了自有资金和非正规融资渠道外，创业者主要有三类潜在投资者，分别是(传统)风险投资、天使投资人、公司风险投资。文章作者明确提出，创业者与以上三类股权投资者关系价值最大化的根本在于深刻理解在投资前、投资后和退出三个阶段三类股权投资者不同的诉求与担心。例如，天使投资人一般都是创业老手或大企业的退休高管，是本行业的"老司机"，因此往往希望深度介入投资企业的决策和运营，目的是利用行业人脉和行业专长发挥余热；风险投资人往往也希望深度介入创业企业，但目的却是激励创业者以实现投资企业价值持续增值，甚至在企业严重偏离轨道之际取"创业者"而代之；而公司风险投资在投资过程中更关注母公司的战略利益能否得到保证，至于创业企业自身价值增值并不是其最重要的考量因素。这篇文章的表3列示了在投资各个阶段，三类投资者最关心的一系列问题,为创业者管理在各阶段与投资者的关系提供了"菜单"。此外,这篇精读文献还提供了创业者在投资前、投资后与退出阶段管理与投资者关系的共性建议,例如投资前,创业者的最大挑战是找到"正确"的投资者、获得充足融资、构建公平交易;投资后,创业者必须学会与投资人高效沟通、相互信任、客观评价、换位思考;而在退出阶段,要为投资人提供及时、和谐的退出机制。这些建议极"接地气",提醒创业者关注各类风险投资人在不同投资阶段的最大诉求。风险投资既不是"活雷锋",也不是"吸血鬼",只有深刻理解风险投资人的动态诉求才能够实现投资人、创业者的共赢。这篇精读文献的另一个启发是提醒创业者三类股权投资人各有所长,存在互补空间,如何在企业不同成长阶段用三者所长形成"互补效应",也是创业者在融资阶段需要考虑的问题。另外,文章提醒股权投资人在投资后会有多个角色,体现在战略、融资、人脉、教练、声誉、戒律等诸多方面。股权投资人的这些额外角色对创业者和企业而言是增值服务,换言之,选好投资人、管理好与投资人的关系,创业者赢得的不仅仅是钱。

这篇经典文献发表于 2006 年。十几年过去了,全球和中国的创业环境均发生了很多根本性变化,但这篇文章的观点和建议仍然非常宝贵、非常奏效。创业者和股权投资人是一个健康创业市场的两个关键主体,虽然双方"联姻"是一个注定要以"离婚"收场的故事,但是这个故事未必一定是悲剧。这篇文献提供了双方换位思考的战略和手段,让双方好聚好散,并且共同成长,是每一位创业者常读常新的经典文献,特别值得推荐。

本章作者:斯晓夫。

本章案例作者:刘婉,浙江大学管理学院博士研究生。

本章文献评述作者:于晓宇,上海大学管理学院教授、博士生导师,*Academy of Management Perspectives* 编委。

▌本章相关引用材料 ▌

[1] Belleflamme P, Lambert T, Schwienbacher A. Crowdfunding:Tapping the right crowd[J]. Journal of Business Venturing, 2014, 29(5):585-609.

[2] Burchardt J, Hommel U, Kamuriwo D S, et al., Venture capital contracting in theory and practice:Implications for entrepreneurship research[J]. Entrepreneurship Theory and Practice, 2016, 40(1):25-48.

[3] Bygrave W D, Timmons J. Venture capital at the crossroads. University of Illinois at Urbana-Champaign's Academy for entrepreneurial leadership historical research reference in entrepreneurship[C]. Urbana, Ill.:University of Illinois, 1992.

[4] Cox Pahnke E, McDonald R, Wang D, et al., Exposed:Venture capital, competitor ties, and entrepreneurial innovation[J]. Academy of Management Journal, 2015, 58(5):1334-1360.

[5] De Bettignies J E, Brander J A. Financing entrepreneurship:Bank finance versus venture capital[J]. Journal of Business Venturing, 2007, 22(6):808-832.

[6] Drover W, Busenitz L, Matusik S, et al., A review and road map of entrepreneurial equity financing research:Venture capital, corporate venture capital, angel investment, crowdfunding, and accelerators[J]. Journal of Management, 2017, 43(6):1820-1853.

[7] Emekter R, Tu Y, Jirasakuldech B, et al., Evaluating credit risk and loan performance in online

peer-to-peer（P2P）lending[J]. Applied Economics，2015，47(1)：54-70.

[8] Gompers P A，Lerner J. Risk and reward in private equity investments：The challenge of performance assessment[J]. The Journal of Private Equity，1997，1(2)：5-12.

[9] Hellmann T，Thiele V. Friends or foes? The interrelationship between angel and venture capital markets[J]. Journal of Financial Economics，2015，115(3)：639-653.

[10] Kaplan S N，Schoar A. Private equity performance：Returns，persistence，and capital flows[J]. The Journal of Finance，2005，60(4)：1791-1823.

[11] Mason C，Stark M. What do investors look for in a business plan? A comparison of the investment criteria of bankers，venture capitalists and business angels[J]. International Small Business Journal，2004，22(3)：227-248.

[12] Schwienbacher A，Larralde B. Crowdfunding of small entrepreneurial ventures[M]//Cumming D ed. The Oxford handbook of entrepreneurial finance. Oxford：University Press，2012.

[13] Smith J，Smith R L，Smith R，et al.，Entrepreneurial finance：Strategy，valuation，and deal structure[M]. California：Stanford University Press，2011.

[14] Wallmeroth J，Wirtz P，Groh A P. Venture capital，angel financing，and crowdfunding of entrepreneurial ventures：A literature review[J]. Foundations and Trends® in Entrepreneurship，2018，14 (1)：1-129.

[15] 黄福广,张晓,彭涛,等.创业投资对中国未上市中小企业管理提升和企业成长的影响[J].管理学报，2015，12(2)：207.

[16] 刘冰,罗超亮,符正平.风险投资和创业企业总是完美一对吗[J].南开管理评论，2016，19(1)：179-192.

[17] 张玉利,李新春.创业管理[M].北京：机械工业出版社，2016.

创业生态系统

● 学习目标

了解创业生态系统的定义及其生态系统的构成

掌握创业生态系统组成要素的构成及要素之间的互动关系

了解创业生态系统的演进

章节纲要

- 创业生态系统概述
- 创业生态系统的组成要素
- 创业生态系统组成要素及互动关系
- 创业生态系统的演进

开篇案例

硅谷有何魔力？

简而言之，当前改变人类的生活、工作、社会化方式的每一项技术或者创新，几乎都出自硅谷。同时，如今的硅谷也在持续创造让全世界感兴趣的、革命性的新产品。硅谷的迅速成长展现了异常强健的区域经济优势，因此，硅谷的成功也很好地解释了为什么21世纪经济是由区域化都市来定义的。硅谷一直都在进化，它就像一座活火山，每隔几年就会"爆发"一次，用创造力带来新观念、新技术、新的企业经营方式以及新的商业模式。

"我们是一个泡沫型经济体，会持续自行重新创造。"协同经济学公司（Collaborative Economics, Inc.）董事长兼CEO道格·亨顿（Doug Henton）如此形容。亨顿相信，硅谷经济的发展是一系列的自然成长曲线组合，不是随着单一产品或单一技术起伏。进一步而言，在硅谷每个人或每一家公司都会产生很多新想法，沸沸扬扬一阵子，接下来一旦市场饱和了，这些想法会再转换成新颖、革新性的概念。例如硅谷孕育了像Google（谷歌）、Apple（苹果）这些拥有自我持续进化，并成为全球技术市场领先的公司，足以体现硅谷在世界上具有巨大的影响力。

技术不但能让世界"加温"，也可以使其"蒸发"。全世界大部分地区都以硅谷作为"风向标"，进而模仿、复制它的观念，等到市场饱和、消退，然后再期待着硅谷进一步的创新发明出现，周而复始。这就是为什么现今破坏式创新的创业家必须要思考五到十年之后的技术。

从微观层面来说，硅谷这个地区不仅要负责创造出生活上不可或缺的破坏式创新技术，还要启发资本较不密集的企业模式。这种经济类型的秘诀在于正确地整合各种类别的人力资源，即那些甘愿冒险、时时在适应，而且不喜欢久坐不动的人，从互相信任到互相影响，最终加强彼此的企图心，正是这样的合作文化才是"硅谷文化"的关键所在。进一步而言，这种文化中最重要的一点，是他们都必须要能够接受失败。硅谷之所以能如此轻松、容易地吸引到人才，是因为他们知道自己并不用为了失败的风险投资而"背黑锅"。在硅谷，如果你在某件事上栽了跟头，可以只管跳脱到下一个好想法上。

这就是硅谷竞争这么激烈的原因。这里并不只是一个紧邻大学的科技园区，而是个"产业生态系统"。斯坦福大学前教务长比尔·米勒（Bill Miller）喜欢说硅谷是个"栖息地"，因为这里不仅仅与创意发明有关，而且还与有能力把概念商品化的人才有关。这个栖息地里不只有种子，也有土壤。

硅谷成功的核心，正是人们很少会问你："你为什么来上班？"而是问："你最热爱的是什么？"

案例来源：节录自黛博拉·裴瑞·彼颂恩.落脚硅谷：一位创业家的贴身观察.林东翰，译.台北：行人文化实验室，2015.

7.1 创业生态系统概述

7.1.1 创业生态系统的起源

生态系统的概念，可追溯至 Tansley（1935）提出的概念，即自然界若是在一定空间范围内，生物群落与自然环境会相互影响，通过互动和制约形成一种保持稳定的动态平衡。随后 Hannan 和 Freeman 1997）对组织生态的概念进行更详细的界定，并将生态观点加入组织研究中，建构组织和群体生态发展与演化的研究模型。Moore（1993）则将生态系统理论引入企业管理领域，提出"商业生态系统"的概念，将商业生态系统视为一种基于商业组织互动的经济综合体，以美国硅谷地区创业集群迅速崛起为例，企业、消费者群体与其他经济活动主体形成一个封闭的循环系统。Cohen（2006）更进一步将创业生态系统定义为一个地理区域内，把一系列不同且相互依赖的参与者聚集起来，构成整个生态系统的形态，并影响其潜在的经济性。创业生态系统是一个循环系统，通过建立创业活动主体来促进和吸引更多新创企业进入，实现当地区域的可持续发展。许多学者也在先前研究的基础上陆续提出"创新生态系统"的概念并进行研究（Nambisan & Baron，2013；Ács et al.，2014），使创业生态系统理论更为丰富多元。

7.1.2　有关创业生态系统的定义

创业生态系统结合了人文、自然地理与社会文化环境,表 7-1 为相关文献对创业生态系统所下的定义。

表 7-1　创业生态系统定义整理

文献出处	创业生态系统定义
Spilling (1996)	创业生态系统包含复杂与多样化的行动者,通过行动者和环境因素产生的相互作用进而决定一个区域或地区的创业绩效
Neck 等 (2004)	创业生态系统被定义为创业系统各组成部分之间的相互作用,使新企业在特定的区域环境内被创造
Cohen (2006)	可持续创业生态系统被定义为在一个社区中相互依存的行动者团体,通过相互支持以促进可持续发展的新企业
Isenberg (2011)	创业生态系统有六大共通现象:有利的文化、有益的政策和领导、适当的资金可及性、优质的人力资本、对新产品友善的市场以及一系列相关的机构和基础设施的支持
Roberts 和 Eesley (2011)	一个包含人类与非人类的复杂社会的整体共同运作
Qian 等(2013)	经济、社会、制度以及其他重要因素之间的互动,从而影响创业机会的创造、发现和开发
Ács 等(2014)	创业家们依其创业态度、能力和志向,进行动态的、制度嵌入式的互动,由个人通过创建和运营新企业来推动资源分配
Mason 和 Brown (2014)	一组相互关联的创业行动者(包括潜在的和现有的),创业相关组织(例如公司、风险资本家、天使投资人、银行),机构(例如大学、公共部门、金融机构)和创业数据(例如高增长公司数量,"大牛"企业家的数量、连续型创业家的数量、创业心态和创业野心)正式或非正式地联合起来,在当地的创业环境中影响整体的创业绩效
Mack 和 Mayer (2016)	创业生态系统由相互作用的各部分组成,由此促进了新企业的形成和区域内的创业活动
Stam (2015)	创业生态系统是一系列相互依存的行动者和创业因素协调起来,以便在特定区域内实现具有生产力的创业
Audretsch 和 Belitski (2017)	一个由相互依赖的参与者(创业家、供应商、买方、政府等)和系统性的制度、信息,以及社会经济环境所组成的动态社区……通过信息技术和网络进行互动,以创造新的想法和提供更有效的政策
Auerswald 和 Dani (2017)	代表更高层次的基础设施,使产业界的创业促进者和机构之间能够互动……他们跨产业并且专注于创业家之间周遭的环境,而创业家精神在此环境中居于领导地位
Bruns(2017)	创业生态系统是一个多维度的相互作用因素,可以调控创业活动对经济增长的影响

续表

文献出处	创业生态系统定义
Kuratko 等（2017）	创业生态系统协调并尝试建立一个有利于新企业发展且能提高其成功概率的环境……创业生态系统的重点是创造有利于创业家及其新企业成功的环境
Spigel（2017）	一个区域内的社会、政治、经济和文化元素的组合，支持创新型初创企业的发展和成长，并鼓励新生企业家和其他参与者承担启动资助和其他各种方式来协助高风险企业成长

资料来源：根据 Cavallo，Ghezzi & Balocco（2019）整理。

7.1.3 创业生态系统的组成

回顾先前创业生态系统的相关研究，学者们看待创业生态系统的视角大相径庭，而使创业生态系统的组成要素和而不同。Cohen（2006）着重创业生态系统的永续性，认为创业生态系统的要素组成有正式与非正式网络、大学、政府、专业服务设施、资本与人才，创业生态系统是一个可持续循环的系统，一些创业活动主体的创建会带动更多新创企业进入创业生态系统，实现创业生态系统的可持续发展。Isenberg（2011）则着重政府角色的重要性，认为政府是使得所有系统要素相互作用并达到创业生态系统持续成长的动力。Isenberg 将创业生态系统分为六大面向（见图 7-1），分别为创业文化（社会风俗与成功故事）、政府政策（政策与领导）、财务金融、人力资本（人才与教育机构）、市场机会（早期消费者与网络）与支持因素（基础设施、专业服务机构与民间机构）。Isenberg 认为政府应将这六大方面整合为一个整体系统，这一观点随后也成为各国创业政策的重要施政架构。但 Isenberg 也在其研究中表明每个生态系统皆是由数百个要素以高度复杂、各具特色的方式相互作用而产生的结果，因此每个生态系统都是独特的。Isenberg 归纳出创业生态系统一般性的规律并无意义，应视当地条件而定。

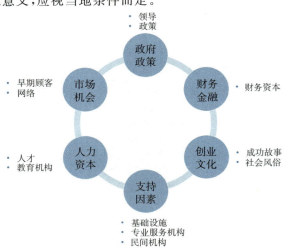

图 7-1 创业生态系统的组成

资料来源：Isenberg（2011）.

7.1.4　创业生态系统的分类

创业生态系统可以从生态系统的组成主体进行划分。如 Baumol，Litan 和 Schramm（2007）结合市场、政治、经济等"指针"，将创业生态系统分为四种类型：寡头政治型、政府主导型、大企业主导型和创业型（见表 7-2）。寡头政治型，由单一寡头企业掌控市场，占有并支配生态系统，这类生态系统发展缓慢、较为脆弱；政府主导型，通常是政府主导经济发展，市场缺乏创新与效率；大企业主导型，通常比较发达，由大企业主导生态系统，但往往因为全球统一的规模化经营与大量资本及研发投入，该生态系统应对市场变化的反应慢，创新能力较差；创新型，则常见于经济快速成长的国家和地区，知名案例如硅谷，其系统内拥有大量小型、敏捷的新创企业与频繁的创业活动，大企业也持续投资于产品创新中。

表 7-2　创业生态系统分类

分类	寡头政治型	政府主导型	大企业主导型	创业型
特色	经济力量集中于少数特权者手中	政府主导经济发展并自有生态系统要素	大企业指导并掌控市场	小型、敏捷的创新企业，创业活动频繁
优点	快速决策、大量资源	低廉劳动力成本、专家领导成长、着重公平性	大量资源、国际化规模与研发投资	快速、弹性、创新、面对挫折的韧性
缺点	成长缓慢、社会不安定、非正式、贪腐、依赖自然资源	依赖出口、官僚政治、思想限制	创新速度慢、僵固且具有庞大的固定成本	有限资源、不稳定、有创业辅导需求

资料来源：根据 Baumol 等（2007）改编。

7.1.5　相关生态系统的比较

除了创业生态系统（entrepreneurial ecosystem），学者们还对其他相关生态系统的理论架构进行了探究，如商业生态系统（business ecosystem）、创新生态系统（innovation ecosystem）、集群创新系统（cluster innovation system）与区域创新系统（regional innovation system）等。创业生态系统与集群创新系统、区域创新系统三者共同之处在于其皆关注企业的外部环境，亦即企业的竞争力并非全部都来自内部组织，而是从外部环境、地区的资源中获得，只是集群创新系统着力于地区化经济，同个垂直应用产业中从相邻企业获得成本节省优势，如共享基础建设、降低交通成本等（Malmberg & Maskell，2002），而区域创新系统则着力于创业者在商业环境中找到特殊需求的利基。此外，集群创新系统与创业生态系统最大的不同点为：集群创新系统着重的是多家企业共享客户或市场以降低成本，而创业生态系统则更着重于共享创业中所需的特定资源（Spigel & Harrison，2018）。表 7-3 比较了五种生态系统的类型与定义。

表 7-3　生态系统之类型与定义比较

类型	定义
创业生态系统	创业生态系统由一系列个体组成，例如领导、文化、资本市场与消费者，其元素之间以较复杂的方式相结合(Isenberg，2010)。创业生态系统关注企业的外部环境，亦即企业的竞争力并非全部来自内部组织，而是从外部环境、地区的资源中获得，着重于共享创业中所需的特定资源(Spigel & Harrison，2018)
商业生态系统	商业生态系统是产品供应商、经销商、外包厂商、制造商和其他组织间松散的网络，与每一家公司创造和输出的产品与服务之间存在相互影响的关系。在商业生态系统中每一个成员的命运，最终都与这个彼此共享的网络联动，即使是特别强大的企业亦是如此(Iansiti & Levien，2004) 商业生态系统是一个由组织与个人互动所组成的经济体，创造产品与服务的价值给消费者。商业生态系统中包含消费者、供货商、领导厂商、竞争者与其他利害关系人，随时间递延，这些成员共同演化出自身的能力与角色，倾向于彼此联盟，并跟随着一家或多家主要企业的方针发展(Moore，1996)
创新生态系统	创新生态系统是一个合作的协调机制，企业提供产品与服务，将其整合为一个以顾客为中心的解决方案，且依赖于信息技术以帮助成本管控，创新生态系统的运用已经成为各个行业成长的关键策略(Adner，2006)
集群创新系统	集群创新系统关注企业的外部环境，着重在本土化经济中，相同垂直应用产业中相邻企业的成本节省优势，如共享基础建设、降低交通成本等(Malmberg & Maskell，2002)，注重多家企业共享客户或市场以降低成本(Spigel & Harrison，2018)
区域创新系统	区域创新系统同样放眼于企业的外部环境，着力于创业者在商业环境中找到特殊需求的利基(Malmberg & Maskell，2002)

资料来源：根据 Scaringella 和 Radziwon（2018）整理。

7.2　创业生态系统的组成要素

7.2.1　物质

（1）政府政策

欲了解政府政策在创业生态系统中的定位，必须先了解政府在科技创新中的角色。过去集群创新系统理论与区域创新系统理论的讨论，多将政府设定为制订创业支持计划与项目的主要筹划者角色，即由政府机关主导，将不同生态系统中的角色集结在一起创造公共财富，同时政府也会大量投资研究型或协调型组织。而创业生态系统对于政府角色的界定，则弱化许多，生态系统主要由创业者及其人脉网络组成，从而支撑组织发展，政府仅扮演辅助或提供必要资源的角色(Spigel & Harrison，2018)。Isenberg(2011)也认为政府的职责是将所有创业生态系统要素整合为一个系统，而非只单靠政府来独立推动。但由于在科技创新领域中，市场失灵的现象普遍存在，故政府通过科技政策与制度设计，以提升该国或该地区的科技创新能力并促进创新就显得至关重要。在设定科技研发领域的政策优先级时,政府通过透明、科学且系统的数据收集与分析后,进行方法与程序的设计,有效促成跨领域部门的讨论,并着眼于中长期策略规划的制订,达成对国家发展方向的共识后,进一步评定研发创新领域的优先级。

（2）大学及科研机构

创业教育与训练对培养一个国家或地区的创业文化,有着显著积极的影响。创业意愿是预测个体创业行为的指标,而创业意愿又可以通过创业教育来提升（Zhang, Duysters & Cloodt, 2013）。大学提供创业生态系统的价值体现为发展新科技以创造创业机会（Smith et al., 2014）。大学及科研机构的创业家可以走入市场,或是将创业知识外溢至现有新创企业中（Kirchhoff et al., 2007）。既有企业可以通过雇用毕业生、与大学或科研机构开展合作研究等方式获得人才和知识。大学能为一个地区创造人力资本,同时将创业想法植入学生心中,鼓励学生创业。以美国为例,哈佛大学商学院于1947年首先开设了创业教育课程,百森商学院则于1968年设立了创业教育学士学位。如今,美国的创业教育已从当年的商学院扩展到大学的各个学院,从大学扩展到小学、初中、高中,形成了较为完整、规范的国民教育体系。大学及科研机构与市场紧密结合,一些科研人员将其看作实践创业技能的一种机会或者是获得资源的一种手段、促进发展的一种策略。从创新生态系统运行的角度而言,大学及科研机构是重要推手。但也有另一派学者认为,创业教育并非是形成一个创业生态系统的必需元素,创业训练虽然能在短期内促进新创公司成立,但无法在中长期持续支持公司的营运绩效（Fairlie, Karlan & Zinman, 2015）。

（3）基础设施

创业生态系统的运作需要良好的基础设施支持才得以发展,其可分为实体的基础设施建设与非实体的商业服务,两者对于新创企业的发展皆有举足轻重的影响。实体的基础设施建设如水电、交通、电信设备与网络服务等,其完备度与稳定度将是新创企业能否顺利成长的基本要素。商业服务则可分为以下三种类型（Mason & Brown, 2014）:专业商业服务（例如法律与专利咨询服务、广告营销公司、会计师事务所与管理顾问等）、技术服务（例如精密加工、原型设计、精密成型、测试等）与金融服务（例如创业投资等）。上述相关商业服务提供商相当熟悉新创企业所面临的各种挑战,通过提供各种商业服务给创业者,使其专注于自身的擅长领域,最终促进其新创企业的成长（Saxenian, 1994）。而相对于以上专精于特定服务的商业服务提供商,孵化器、加速器与众创空间提供的则是一站式的服务与综合的整体解决方案,协助新创企业与商业服务提供商接洽,取得专业建议,也协助创建创业圈的社群网络（Tötterman & Sten, 2005）。

（4）开放市场

强大的本地市场是创业生态系统创造机会的重要元素,当地的消费者能为新创企业提供创业机会并促进创业分拆（Spilling, 1996; World Economic Forum, 2013）。因为创业家与当地的潜在消费者互动较频繁,较能发掘本地的市场机会,且进行产品测试也较为容易。因此,本地市场能给予新创企业一个进行早期销售与储备未来扩张能力的平台（Feldman, 2001）。例如,早期美国加州的国防工业厂家,就是当地微电子公司的初期客户,可见初期的国防市场促成了如今的硅谷生态系统(Markusen,1991)。不过,对于资源稀缺的岛屿国家而言,因本地市场狭小且距离主要消费市场遥远,如冰岛、爱尔兰与新西兰等地,此时优质的人力资本是发展生态系统的重要基石,也正因为资源稀少,该地区的人们表现得更有创造力(Isenberg,2010)。

7.2.2 社会

(1)创业人才

投入创业的人力资本是影响创业生态系统活跃度的重要因素。人才是新创企业提升竞争力的必要条件。人才包含了技术性人才与有经验的管理人员,能帮助创业者促进企业长足发展。但在创业生态系统中,人才除了要有技术能力或管理能力外,还要有如同创业者般的风险承受能力,才能在复杂的环境中生存。因此,取得能适应挑战的人才也是新创企业的重要课题(Spigel,2017)。

(2)创业网络

人脉网络包含创业者之间,创业者与创业投资人,学者、大企业等其他利益相关团体之间的社群互动与关系网络。而无论是财务支持或人力资本,创业者皆须依靠社群网络的联结才能取得,天使投资人与创业投资者就是利用自身人脉网络去诊断、评估有潜力的投资目标(Powell et al.,2002)。Thompson,Purdy 和 Ventresca (2018)也认为,"社交互动"在创业生态系统的形成过程中是相当重要的资源和催化剂。社交互动使原先散落在各处的个人重新连接起来建立新的关系,专业组织(如法律与金融机构等)的加入,能共同影响创业生态系统的结构,形成新的制度,甚至改变传统的资本主义市场。

(3)投资资本

投资资本是新创企业用来获取资源、分配资源的重要媒介 (Brinckmann,Salomo & Gemuenden,2011),主要的资金来源有机构投资人(如创业投资者、天使投资人等)或创业者的家人与朋友,投资资本是创业经济中的重要元素(Malecki,2012)。新创企业可获得的风险投资资本几乎都需要通过社会的关系网络才能取得(Fritsch & Schilder,2008);相反的,社会网络也帮助投资人找寻合适的投资目标,并减少信息不对称(Shane & Cable,2002)。

7.2.3 文化

过去许多学者皆提出创业文化对地区的创业过程有显著的影响 (Vaillant & Lafuente,2007;Stuetzer et al.,2014)。不同的创业文化能影响并塑造不同区域的创业历程,例如 Saxenian (1994)认为,硅谷与波士顿两大创业生态系统因为其所在地区对创业的态度与风险忍受程度不同,而塑造出具有显著差异的经济形态与创业路径。而一个地区是否有著名的创业成功故事,也是形成良好创业文化的关键。Isenberg (2011)认为,成功的创业故事能为创业生态系统创造显著的外溢效果,强化系统中其他要素的发展,因为成功创业家能化身成为投资人、董事会成员或讲师去启迪其他创业者,让社会与市场更趋于喜好冒险与创新,最终能影响法规与政府治理方针。Feldman 和 Zoller (2012)同样指出,一个成功进入国际市场的创业先例,能有效激励年轻创业家步入相同的创业路。

7.3　创业生态系统组成要素及互动关系

虽然过去文献中有许多对于创业生态系统的讨论,但皆着重于探讨个体文化、经济与政治等元素的内涵,而忽略各元素之间的相依关系是如何创建并滋长整个生态系统(Motoyama & Watkins,2014;Spigel,2017)。结合前段对于各创业生态系统关键要素的讨论,Spigel（2017）将创业生态系统组成元素分为三大要素:资源要素（material attributes）、社会要素（social attributes）与文化要素（cultural attributes）。资源要素是一地区内实体形态的资源,包含创业补助政策和法规、投入研发与知识外溢的大学及科研机构、提供法律与商业专业服务的组织、工作空间和电信交通等实体基础设施,以及开放的在地和国际市场机会。社会要素为一地区内由社会网络获得或组成的资源,包括愿意投入新创企业的人力,新创企业从亲友、天使投资人和创业投资者中取得资金的可行性,创业家与企业导师、投资人和同业间的社交网络,以及企业导师和成功创业者的经验传承等。文化要素则被定义为一个地区对于创业的信仰与认同,包含勇于冒险与创新的创业氛围以及当地著名的成功创业故事。

在创业生态系统中,各组成要素是无法独立存在的,而且会彼此互相影响、共同发展(见图7-2)。举例而言,当一股富有创业家精神的文化潮流被合法地采纳并广为散播,此时生态系统中的"文化要素"因而形成,它会创造出一个脉络,支持"社会要素"的产生。社会要素的创建与稳固发展,有赖于创业家彼此间交流的社群、投资人和企业导师的互动等,从而塑造出人脉网络,以强化社会要素的根基。而此时一些缺少与创业家社群、导师和人才联结的创业家,就需要政府的扶植政策与补贴计划等"资源要素"来支持其发展。不过,这些政府计划的设置与导入,在没有稳健社会网络与创业友善的文化要素的支持下,是不可能成功的。由此可见,文化要素支持社会要素与资源要素的建立,而资源要素又会强化社会要素与文化要素的发展,彼此之间的相互影响与关联能促成整个创业生态系统的活络(Spigel,2017)。并且,创业生态系统中的组成要素之所以能永续发展,要素与要素之间的关系扮演着至关重要的角色,一旦缺少了与其他要素之间的联结,再怎么推动单一要素的发展,都无法让整个生态系统顺利运转。

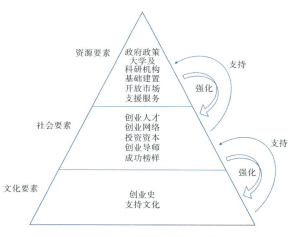

图7-2　创业生态系统要素关系模型

资料来源:Spigel（2017）.

然而,这些要素之间的关系并无层级之分,而是着眼于创业生态系统中多种可能的配置。故生态系统代表的是多重交互的要素组合,能促进创业活动并提供重要资源给新创企业来利用，作为其扩张与进步所需。要素之间的关系又可分为密集与疏离两种类型，在要素关系密集的生态系统中，创新的产生与复制性将在各要素之间的关联与互动中产生；而在一个要素关系疏离的生态系统中，要素之间的联结稀少，此时单一要素主要支配着其他要素的生产行为。

7.4 创业生态系统的演进

过去对于创新生态系统的讨论主要集中在两个方面，即要素本身或要素之间的关系，以静态的角度切入。近两年学者较多从创新生态系统的动态演进历程着手，包含整个生态系统从无到有的兴衰变化过程，以及个别要素的演化历程等两个类别。从生态系统的角度而言，Spigel 和 Harrison（2018）提出创业生态系统的转化（transformation）模型，探讨生态系统从初期（nascent）要素之间疏离的联结与资源的外流情形，发展到后来生态系统的强化（strengthening），包含新创企业彼此之间和新创企业与外部利益相关者之间的紧密联结，以及生态系统内的资源如何循环利用，并吸引外部资源进入，到最后形成坚韧（resilient）或是沦为衰弱（weakened）的生态系统。而从个别要素的角度而言，Thompson，Purdy 和 Ventresca（2018）认为生态系统的形成是内生的，从社会互动开始，跳脱过去理论广泛认定的由上而下推动所产生，其强调"社交互动"在生态系统的形成过程中，扮演着重要资源与催化剂的角色，能把未被联结的个体串联起来，创造新的关系。其价值在于提出一个流程模型，追踪生态系统形成的不同社交互动指标，并从互动的频率、社会组织的层级与联结密度去看社会制度。

观察台湾新竹科学园区的发展历程发现，其初期由台湾当局主导规划，后期开始发展成有机生长的生态系统。当初工业技术研究院与美国无线电公司（Radio Corporation of America，RCA）签订集成电路 IC 示范工厂技术移转计划，派出团队前往 RCA 进行培训与技术移转，一年后回台建立了世界级的 IC 晶圆厂，而参与技术转移的成员回台后将晶圆厂技术移转民间，陆续创立了数十家相关科技衍生公司，工业技术研究院则继续深入研究，最后联华电子股份有限公司、台湾积体电路制造股份有限公司成立，渐渐形成了台湾的半导体晶圆产业。反观硅谷则是有机式成长的创业生态系统，凭借着优越的地理位置、宜人的气候、开放的文化、具有冒险性的创业精神，加上斯坦福大学、加州大学伯克利分校等名校在研发方面的支持，以及移民的多元文化融合，趁着网络与行动浪潮的兴起，吸引了越来越多厂商与新创企业进驻，而相关衍生的商业服务设施（如孵化器、加速器）也因而设立，最终形成产业群聚，成为现今的硅谷。

本章小结

本章旨在介绍创业生态系统,包含创业生态系统定义、组成要素、要素间的互动关系及系统的演进。创业生态系统结合了人文、自然地理与社会文化环境以及一系列相互依赖的参与者,他们共同构成了一个循环系统,以实现区域创业环境的可持续发展。创业生态系统的组成因子环环相扣,各个要素之间存在着相互支持或强化的关系,以高度复杂的方式互动,演进出独具特色的循环系统。

本章思考题

1. 创业生态系统有哪些重要的组成要素?

2. 相关的生态系统之间有何差异?创业生态系统与其他生态系统比较,更重视哪些资源?

3. 创业生态系统组成要素之间如何互动?它们是如何演进的?

案例分析

波士顿:地表最创新的 1 平方英里

如果说洛杉矶是电影业的代表,纽约是金融业的代表,旧金山是科技创业的代表,波士顿则代表了生物技术产业,波士顿知名生物医药产业创业投资机构"旗舰创投"(Flagship Ventures)合伙人贝瑞(David Berry)说。这里除了有哈佛、麻省理工学院(MIT)顶尖人才加持,也汇聚了全美最多的一流医学院、知名药厂、新创公司、风投大咖。其中,被誉为"地表最创新 1 平方英里"的肯德尔广场(Kendall Square),更是全球创新的心脏,在这步行约 10 分钟的街区内,挤进约 1000 家公司,超过半数与生物医学相关。

硅谷是全球创新事业的大本营,但谈到生物技术产业,位于马萨诸塞州的波士顿地区才是全球枢纽。根据美国生物制药权威刊物 *GEN*(*Genetic Engineering & Biotechnology News*)评比,2016 年,波士顿地区再度压倒旧金山及纽约,稳居全美,也是全球第一的生物制药宝座。"生物制药产业已深深认定波士顿的创新金字招牌。"*GEN* 肯定地说。

由波士顿洛根机场进入市区,便利的公共交通、密集发展的市中心,有大量的行人与公共自行车。以查尔斯河为界,大波士顿主要由东岸的波士顿市区及哈佛、MIT 所在的西岸剑桥市(Cambridge)构成,人口约 75 万。但这里却汇聚世界级顶尖大学、美国最多的知名教学医院、医学院、全球龙头药厂、新创公司、风投大咖及最优秀的生物医药业人才。

全球排名前 20 的医药制造商有 16 家在这里设立据点,排名前 10 的医疗设备制造业者更全数进驻。马萨诸塞州生物医药产业协会 MassBio 的会员数量在过去十年中翻了一倍,增至 800 多家。据 MassBio 统计,过去十年来,马萨诸塞州生物制药产业雇员人数持续稳定成长,2014 年达到 6 万余人,平均年薪高达 12 万美元,企业为人才共支出近 73 亿美元薪酬。

目前全世界正在开发中的新药,在波士顿区域研发的就占 5.5%,共 1491 款新药正在研发中。更重要的是,在以 MIT 为首的生物学界努力下,未来科学家将能像写计算机程序般快速编辑生物基因。许多人看好生物创新的成本将大幅下降。

MIT 媒体实验室(media lab)传奇创办人尼葛洛庞蒂(Nicholas Negroponte)因此大胆预言"Bio is new digital",他认为生物技术产业正在上演当年数字科技产业起飞的盛况。现任媒体实验室掌门人伊藤穰一(Joi Ito)更进一步表示,生命科学、生物学正在加速发展、无所不包。人们已经进入"Kitchen Bio""Street Bio"的时代。就像开发手机 App,未来生物医药产业将是人人都可能从事,跟所有人都相关的产业。

"我们看到的是一个生物世纪正在到来,而波士顿的位置就在正中央,"贝瑞说,"现在的波士顿,就像是文艺复兴时的佛罗伦萨。"一个又一个的科学突破,吸引了大量生物医药人才聚集、创业,形成一个生态体系。国际生物制药业早在十年前就预见此未来,争先恐后到波士顿占位。

2002 年,来自瑞士的全球制药龙头诺华(Novartis)进驻剑桥市。翌年生物制药厂商健赞(Genzyme,现属法国赛诺菲)更将总部搬迁至此,包含辉瑞、默克及罗氏等知名药厂,过去十年络绎不绝涌入。直到 2016 年 1 月,旗下有大规模生物制药事业的奇异(GE)也宣布集团总部将转移到波士顿。

究竟波士顿有什么魅力,让全球生物医学制药业非到此不可?

"因为 MIT 啊! 光是立足波士顿,可以和很多人交流就是优势,"在 MIT 任教已 40 多年的生物学泰斗洛迪西(Havey Lodish)说,"波士顿有 MIT 的教授们,还有来自世界各地的优秀学生,大家都想留下来,不管来自哪里,大多不想走。""就像人往高处走的道理,所有的生物制药领域的人才当然也都想到波士顿。"

第一,毫无疑问,拥有全美最密集的顶尖大学,就是波士顿生物制药产业聚集于此最无可取代的优势。根据英国高等教育调查机构 QS 排名,全球排名分居第一、第二的 MIT 和哈佛,都位于与波士顿只有一水之隔的剑桥市。全美 154 所顶尖大学,马萨诸塞州就占 10 所,以人均数量来看,傲视全美。马萨诸塞州生命科学中心(Massachusetts Life Sciences Center,MLSC)总裁兼执行长麦克里迪(Travis McCready)就说,光是大波士顿地区就有大约 40 所大学,整个州共有 125 所大学从事生命科学相关研究。麦克瑞迪分析,一方面,这意味在波士顿可以很容易找到一流人才;另一方面,这代表每天都有大量研究在此进行,是最新技术突破的保证。统计数字也可佐证波士顿的地位,过去三年马萨诸塞州生物制药专利申请数量以人均来看是全美最高的,2014 年度更超越纽约、洛杉矶,提供全美最多生物制药类的研发工作机会。

第三,全美最好、最先进的教学医院都在这里。以马萨诸塞州综合医院(MGH)为首,全美前五大教学医院,就有四家位于波士顿;前 14 大有八家在马萨诸塞州。波士顿的教学医院群聚,不仅收治大量当地病患,还有全美,甚至全世界的各式罕见疾病患者前来求医,让研究人员占尽地利之便。美国基因疗法明星企业"蓝鸟生物科技"(Bluebird Bio)的免疫疗法业务副总裁摩根(Rick Morgan)就说,蓝鸟的目标是解决基因疾病,病患基因样本来源是否充足,就成了能否发展的关键。有些罕见疾病发生率低于十万分之一，患者少之又少，没有实验对象，就没有临床数据，等于没有疗法可言。

第三，波士顿一带有全美最充裕的创投资金。美国生物技术创投资金虽远胜各国，却高度集中在加州与马萨诸塞州两地，合计囊括近六成。过去三年加州生物技术创业投资总额虽高于马萨诸塞州，但以人均来看，马萨诸塞州有1395美元，约是加州的三倍。旗下掌管14亿美元的"旗舰创投"，2005年时就是看到波士顿生物制药业的成长，选择进驻。至今旗舰创投已成功投资38家生技公司。

第四，这里有全美最充裕的研究经费。2015年，美国国立卫生研究院(NIH)在全美共拨出229亿美元研究经费，波士顿就拿走17亿美元，连续21年居全美第一。NIH是美国最大生命科学相关研究经费来源，据其统计，每挹注1美元研究经费，可为当地带来2.21美元的经济成长。

第五，这里有全美最支持生物制药产业的政府。除了私人投资外，波士顿所在的马萨诸塞州政府投入大量基础建设，也是生物技术业发展的基石。2007年，时任州长帕特里克(Deval Patrick)宣布斥资10亿美元，成立马萨诸塞州生命科学中心(MLSC)，作为促进该州生物技术业发展的推手。此后九年，MLSC投资协助马萨诸塞州大学兴建科研大楼，补助小镇弗雷明翰(Framingham)兴建生物技术产业的废水处理系统，吸引健赞进驻设厂。更在马萨诸塞州各地挹注多家孵化中心，包含2013年投资500万美元成立的Lab Central，就位于MIT旁边，如今已是全美最成功的孵化中心。

最后也是最重要的一点，即这里的生物技术产业竞争是全美最激烈的。"竞争是人们想来这里的原因，在生物技术领域需要大量的合作，靠近你的竞争者是很重要的事情。"蓝鸟副总裁摩根(Rick Morgan)指出。在辉瑞(Pfizer)带领精准医疗临床研发团队的主管洪(Kenneth Hung)也坦言，生物制药技术发展极为迅猛，即便是国际知名制药厂如辉瑞，也要靠合作、靠并购，才能维持成长。也就是说，竞争最激烈的地方才是最安全的地方。各大药厂都很清楚波士顿的地理优势，也是过去十年来这里生物制药产业发展如此快速的原因。

"这是一个连锁反应。"目前已创立一家生物制药公司的魏硕指出，新创公司靠的就是创投资金和大学里的研究成果，而研究又很大程度上与NIH经费相关。"如果具备前面这些元素，后面的创业、IPO和就业机会自然就会成长，造就一个繁荣的环境。"但若你以为波士顿生物制药业的繁荣景象已是巅峰，那可就错了。事实上，波士顿人深信，现在只是生物制药业的发展起点。

已在波士顿创立Synlogic、Sample6等多家生技公司的MIT副教授卢冠达指出，过去生物制药业要从一个想法变成一家公司，至少要花费200万美元才能知道这个想法所产生的产品是否会起作用，但很少有人有这样的资本。但这件事正在改变，生物制药产业的创业成本正快速下降。关键之一是CRISPR-Cas9基因编辑技术的大幅提升让基因合成的成本下降，速度甚至比摩尔定律还快。成本变得更便宜，就等于创业门槛更低。哈佛遗传学大师丘奇(George Church)就主张，这个速度将是摩尔定律的五到六倍，比网络发展还快。

《远见》杂志实地走访了多家波士顿生物制药新创公司，看到这里的企业如蓝鸟，已经在尝试修改人类基因，目标是治愈癌症、阿兹海默症等不治之症。还有银杏生物科技(Ginkgo Bioworks)，利用修改酵母、微生物基因，不用玫瑰花，就能制造出天然成分的玫瑰香精。如今基因排序的费用已低于1000美元，再过三至五年甚至可能低于100美元，甚至不需要自己拥有实验团队，只要上网下个订单，就会有人把测试结果做好送过来。卢冠达乐观地说，"这种情景在未来五至十年内就会成真，到时候生技业就会出现像软件业这样大学生创业成功的例子。"

在全世界最成功的生物技术产业聚落，波士顿在生物技术领域正如30年前数字科技产业一样，处于黎明时刻，正在全面崛起中。

案例来源：林佳谊.超越未来三部曲系列3：波士顿地表最创新1平方英里.远见，http://grinews.com/news/%E3%80%8A%E9%81%A0%E8%A6%8B%E3%80%8B30%E9%80%B1%E5%B9%B4%E6%85%B6—%E8%B6%85%E8%B6%8A%E6%9C%AA%E4%BE%86%E4%B8%89%E9%83%A8%E6%9B%B2%E7%B3%BB%E5%88%973%E6%B3%A2%E5%A3%AB%E9%A0%93%E5%9C%B0%E8%A1%A8/.

■ ■ 问题讨论：

1. 波士顿的创业生态系统内有哪些重要的利害关系人？
2. 波士顿的创业生态系统的成功关键因素为何？
3. 波士顿的成功案例能否在其他地区被复制？

本章精读文献

Spigel B. & Harrison R. Toward a process theory of entrepreneurial ecosystems [J]. Strategic Entrepreneurship Journal，2018，12(1)：151-168.

Chapter Article Summary（本章精读文献摘要）：

Although not new，the idea of entrepreneurial ecosystems (EE) has rapidly gained currency within entrepreneurship practitioner and research circles. Ecosystems are a conceptual umbrella for the benefits and resources produced by a cohesive, typically regional, community of entrepreneurs and their supporters that help new high-growth ventures form, survive, and expand. However, academic research on EE has lagged behind popular interest, leading to the term becoming a chaotic conception characterized by little systematic and consistent empirical evidence and few theoretical frameworks (Sayer，1992). As Stam (2015) argues, this leads to a situation of policy leading theory rather than theory informing policy and practice. There is a risk of limiting an otherwise fertile research field because of a lack of conceptual rigor, in which research is confined to identifying best practices rather than exploring the broader relationships between context and entrepreneurial strategy within modern capitalism.

In response to this challenge, this article makes the following contributions to the growing ecosystems literature: First, the authors demonstrate that the study of EE is a unique domain, distinct from related work on clusters and regional innovation systems. Second, the authors develop a process perspective on EE, in which ecosystems are viewed as ongoing processes of the development and flow of entrepreneurial resources such as human and financial capital, entrepreneurial know-how, market knowledge, and cultural attitudes. The presence and circulation of these resources helps explain how ecosystems evolve and transform over time and allows us to distinguish between strong, well-functioning ecosystems and weaker, poorly functioning ones. Third, the authors show that a process perspective on ecosystems provides a more nuanced approach to how ecosystems operate and influence the entrepreneurship process, which can lead to more effective policy interventions.

本章精读文献评述：

本文作者基于流程观点阐述创业生态系统，以了解新创企业与其利害关系人在生态系统中的角色与互动关系，从微观视角为新创企业的成长提供了完整的生态框架，并从宏观视角解释了创业生态系统的演化和转变。本文首先分析创业生态系统、集群生态系统、区域生态系统的差异，作者接着提出创业生态系统的兴衰过程观点。生态系统被视为企业资源的开发和流动的持续过程，如人力资本、财务资本、创业知识、市场知识和文化态度等。这些资源的存在和流通有助于解释生态系统如何随着时间的推移而发展和变化。

在创业资源获取与演化过程上，作者主张新创公司若能够有更强的能力获取生态系统上的资源，将更具有竞争力。同理，成为高增长企业的主要原因取决于创业家获取生态系统内流动资源的能力；而创业家与生态系统持续互动的能力和意愿，将影响创业家从生态系统中获益的能力。同时，若创业生态系统的发展水平愈高，则公共部门创造机会群聚创业家的程度就愈高。

从创造和循环利用创业资源的角度上，作者主张创业家在成功的生态系统中善用过去的成功和失败经历所产生的知识、人才和其他资源，从而促进整体创业生态系统的成功。在创造和维持创业资源上，运作良好的生态系统将吸引并维持更多的资源在生态系统中；而运作良好的生态系统的特性则主要表现在技术和制度等方面，对创业家有强烈的印记效应。在创业资源循环较不发达的创业生态系统中，创业家、财务资本和其他资源都将逐渐流失，进而阻碍创业社群的发展。

创业家获取生态系统内资源的能力决定了创业生态系统的功能强健度。一个好的创业生态系统有创业家、投资者、顾问和本地文化等众多关键参与者基于互信所联结的密集网络生态系统。这种结构支持生态系统内的资源流动，使创业家更容易接触这些资源。反之，运作不良的创业生态系统可能因为文化范式或欠缺信任，导致网络联结松散，造成创业家不易接触到创业所需之关键资源。此外，资源流动对于创业生态系统的成功亦至为重要；要研究创业生态系统，必须了解资源创建的过程或进入到生态系统的过程，以及创业家撷取资源的过程。

创业生态系统不应该以其整体的创业活动水平或新创企业成立来定义。创业生态是一个因果循环的过程，是一个不断革新的过程，资源在生态系统内发展，在创业家和其他参与者之间流动，随着时间的推移创造或吸引更多的资源，从而改变生态系统的整体结构。富有创业资源的生态系统以及拥有促进资源流动的结构将会有更多的创新。

本文最大的贡献在于以流程的视角创建一个创业生态系统内资源流动的框架，以了解生态系统如何发展和为创业家带来利益。过去创业生态系统的研究都是静态的和横向的，而非纵向的以资源流动角度探讨创业生态系统的成长或衰退。

本章作者：郑至甫，台湾政治大学科技管理与智慧财产研究所副教授兼所长、产业组博士班(DBA)主任，台湾政治大学商学院 EMBA 文化创意、科技与资通创新组召集人，台湾政治大学创新创业学院副执行长。研究方向：创新与创业、运营策略、决策分析。在 *Journal of Business Research*，*Management Decision*，*International Entrepreneurship and Management Journal* 等国际期刊上发表论文 20 余篇。

本章案例作者：郑至甫。

本章文献评述作者：郑至甫。

▌本章相关引用材料 ▌

［1］Ács Z J，Autio E & Szerb L. National systems of entrepreneurship：Measurement issues and policy implications［J］. Research Policy，2014，43(3)：476-494.

［2］Adner R. Match your innovation strategy to your innovation ecosystem［J］. Harvard Business Review，2006，84 (4)：98-107.

［3］Audretsch D B，Falck O，Feldman M P & Heblich S. Local entrepreneurship in context［J］. Regional Studies，2011，46(3)：379-389.

［4］Audretsch D B & Belitski M. Entrepreneurial ecosystems in cities：Establishing the framework conditions［J］. The Journal of Technology Transfer，2017，42(5)：1030-1051.

［5］Auerswald P E & Dani L. The adaptive life cycle of entrepreneurial ecosystems：The biotechnology cluster［J］. Small Business Economics，2017，49(1)：97-117.

［6］Baumol W J，Litan R E & Schramm C J. Good Capitalism，Bad Capitalism and the Economics of Growth and Prosperity［M］. New Haven：Yale University Press，2007.

［7］Brinckmann J，Salomo S & Gemuenden H G. Financial management competence of founding teams and growth of new technology-based firms［J］. Entrepreneurship Theory and Practice，2011，35(2)：217-243.

［8］Bruns K，Bosma N，Sanders M & Schramm M. Searching for the existence of entrepreneurial ecosystems：A regional cross-section growth regression approach［J］. Small Business Economics，2017，49(1)：31-54.

［9］Cavallo A，Ghezzi A & Balocco R. Entrepreneurial ecosystem research：Present debates and future directions［J］. International Entrepreneurship and Management Journal，2019，15(4)：1291-1321.

［10］Cohen B. Sustainable valley entrepreneurial ecosystems［J］. Business Strategy and the Environment，2006，15(1)：1-14.

［11］Delgado M，Porter M E & Stern S. Clusters and entrepreneurship［J］. Journal of Economic

Geography，2010，10(4)：495-518.

［12］Fairlie R W，Karlan D & Zinman J. Behind the GATE experiment：Evidence on effects of and rationales for subsidized entrepreneurship training［J］. American Economic Journal：Economic Policy，2015，7(2)：125-161.

［13］Feldman M & Zoller T D. Dealmakers in place：Social capital connections in regional entrepreneurial economies［J］. Regional Studies，2012，46(1)：23-37.

［14］Feldman M P. The entrepreneurial event revisited：Firm formation in a regional context［J］. Industrial & Corporate Change，2001，10(4)：861-891.

［15］Fritsch M & Schilder D. Does venture capital investment really require spatial proximity? An empirical investigation［J］. Environment and Planning A，2008，40：2114-2131.

［16］Hannan M T & Freeman J. The population ecology of organizations［J］. American Journal of Sociology，1997，82(5)：929-964.

［17］Iansiti M & Levien R. Strategy as ecology［J］. Harvard Business Review，2004，82 (3)：68-81.

［18］Isenberg D J. Introducing the entrepreneurship ecosystem：Four defining characteristics［EB/OL］.（2011-05-25）［2019-03-10］. http://www. forbes. com/sites/danisenberg/2011/05/25/introducing-the-entrepreneurship-ecosystem-four-defining-characteristics/.

［19］Isenberg D J. What an entrepreneurship ecosystem actually is［EB/OL］.（2014-05-12）［2019-03-10］. https://hbr. org/2014/05/what-an-entrepreneurial-ecosystem-actually-is.

［20］Isenberg D J. How to start an entrepreneurial revolution［J］. Harvard Business Review，2010，88(6)：40-50.

［21］Isenberg D J. The Entrepreneurship Ecosystem Strategy as A New Paradigm for Economic Policy Principles for Cultivating Entrepreneurship［M］. Massachusetts，Babson College：The Babson Entrepreneurship Ecosystem Project，2011.

［22］Isenberg D J. Applying the ecosystem metaphor to entrepreneurship：Uses and abuses［J］. Antitrust Bulletin，2016，61(4)：564-573.

［23］Kenney M & Patton D. Entrepreneurial geographies：Support networks in three high-technology industries［J］. Economic Geography，2005，81(2)：201-228.

［24］Kirchhoff B A，Newbert S L，Hasan I，et al.，The influence of university R&D expenditures on new business formations and employment growth［J］. Entrepreneurship Theory and Practice，2007，31(4)：543-559.

［25］Kuratko D F，Fisher G，Bloodgood J M & Hornsby J S. The paradox of new venture legitimation within an entrepreneurial ecosystem［J］. Small Business Economics，2017，49(1)：119-140.

［26］Mack E A & Mayer H. The evolutionary dynamics of entrepreneurial ecosystems［J］. Urban Studies，2016，53(10)：2118-2133.

［27］Malecki E J. Regional social capital：Why it matters［J］. Regional Studies，2012，46(8)：1023-1039.

［28］Malmberg A & Maskell P. The elusive concept of localization economies：Towards a knowledge-based theory of spatial clustering［J］. Environment and Planning A，2002，34(3)：429-449.

［29］Marshall A. Principles of Economics［M］. 8th Edition. London：MacMillan，1920.

［30］Mason C & Brown R. Entrepreneurial ecosystems and growth oriented entrepreneurship［C］.

Background paper prepared for the workshop organized by the OECD LEED Programme and the Dutch Ministry of Economic Affairs on Entrepreneurial Ecosystems and Growth Oriented Entrepreneurship, The Hague, Netherlands, 2014.

[31] Markusen A. Fuzzy concepts, scanty evidence, policy distance: The case for rigour and policy relevance in critical regional studies [J]. Regional Studies, 1999, 33(9): 869-884.

[32] Moore J F. Predators and prey: A new ecology of competition [J]. Harvard Business Review, 1993, 71(3): 75-83.

[33] Moore J F. The Death of Competition: Leadership and Strategy in the Age of Business Ecosystems [M]. New York: Harper Business, 1996.

[34] Motoyama Y & Watkins K. Examining the Connections within the Startup Ecosystem: A Case Study of St. Louis (Kauffman Foundation Research Series on City, Metro and Regional Entrepreneurship) [M]. Kansas City: Kauffman Foundation, 2014.

[35] Nambisan S & Baron R A. Entrepreneurship in innovation ecosystems: Entrepreneurs' self-regulatory processes and their implications for new venture success [J]. Entrepreneurship Theory and Practice, 2013, 37(5): 1071-1097.

[36] Neck H M, Meyer G D, Cohen B & Corbett A C. An entrepreneurial system view of new venture creation [J]. Journal of Small Business Management, 2004, 42(2): 190-208.

[37] Patton D & Kenney M. The spatial configuration of the entrepreneurial support network for the semiconductor industry [J]. R&D Management, 2005, 35(1): 1-17.

[38] Powell W, Koput K, Bowie J, et al., The spatial clustering of science and capital: Accounting for bio-tech firm-venture capital relations [J]. Regional Studies, 2002, 36: 291-305.

[39] Qian H, Acs Z J & Stough R R. Regional systems of entrepreneurship: The nexus of human capital, knowledge and new firm formation [J]. Journal of Economic Geography, 2013, 13(4): 559-587.

[40] Roberts E B & Eesley C E. Entrepreneurial impact: The role of MIT [J]. Foundations and Trends® in Entrepreneurship, 2011, 7(1-2): 1-149.

[41] Saxenian A. Regional Advantage: Culture and Competition in Silicon Valley and Route 128 [M]. Cambridge: Harvard University Press, 1994.

[42] Scaringella L & Radziwon A. Innovation, entrepreneurial, knowledge, and business ecosystems: Old wine in new bottles? [J]. Technological Forecasting and Social Change, 2018, 136: 59-87.

[43] Shane S & Cable D. Network ties, reputation, and the financing of new ventures [J]. Management Science, 2002, 48(3): 364-381.

[44] Smith H L, Chapman D, Wood P, et al., Entrepreneurial academics and regional innovation systems: The case of spin-offs from London's universities [J]. Environment and Planning C: Government and Policy, 2014, 32(2): 341-359.

[45] Spigel B. The relational organization of entrepreneurial ecosystems [J]. Entrepreneurship Theory and Practice, 2017, 41(1): 49-72.

[46] Spigel B & Harrison R. Toward a process theory of entrepreneurial ecosystems [J]. Strategic Entrepreneurship Journal, 2018, 12(1): 151-168.

[47] Spilling O R. The entrepreneurial system: On entrepreneurship in the context of a mega-event [J]. Journal of Business Research, 1996, 36(1): 91-103.

［48］Stam E. Entrepreneurial ecosystems and regional policy：A sympathetic critique ［J］. European Planning Studies，2015，23(9)：1759-1769.

［49］Stuetzer M，Obschonka M，Brixy U，Sternberg R & Cantner U. Regional characteristics，opportunity perception and entrepreneurial activities ［J］. Small Business Economics，2014，42（2）：221-244.

［50］Thompson T，Purdy J & Ventresca M J. How entrepreneurial ecosystems take form：Evidence from social impact initiatives in Seattle ［J］. Strategic Entrepreneurship Journal，2018，12(1)：96-116.

［51］Tötterman H & Sten J. Start-ups：Business incubation and social capital ［J］. International Small Business Journal，2005，23(5)：487-511.

［52］Vaillant Y & Lafuente E. Do different institutional frameworks condition the influence of local fear of failure and entrepreneurial examples over entrepreneurial activity? ［J］. Entrepreneurship and Regional Development，2007，19：313-337.

［53］World Economic Forum. Entrepreneurial Ecosystems around the Globe and Company Growth Dynamics（Industry Agenda）［M］. Geneva：World Economic Forum，2013.

［54］Zhang Y，Duysters G & Cloodt M. The role of entrepreneurship education as a predictor of university students' entrepreneurial intention ［J］. International Entrepreneurship and Management Journal，2013，10(3)：623-641.

［55］黛博拉·裴瑞·彼颂恩. 落脚硅谷：一位创业家的贴身观察 ［M］. 林东翰，译. 台北：行人文化实验室，2015.

- 学习目标

理解新企业的基本概念及生存和发展中的一些基本常识

了解新企业的资源与资源管理

从 0 到 1 看新创企业

了解新企业生存与发展中的热点问题

章节纲要

- 新企业概述
- 新企业的资源管理
- 新企业的成长途径
- 创业失败
- 连续创业
- 平台与联盟创业

开篇案例

新企业案例：凯叔讲故事

2013 年 3 月 14 日，王凯从央视辞职后创立了"凯叔讲故事"公众号，专门为孩子们讲儿童故事。2015 年，用户数量超过 400 万，完成 A$^+$轮融资；2016 年用户数量超过 600 万，同年"凯叔讲故事"App 上线，自 2016 年下半年公司开始变现，半年营收 6000 多万人民币。

2018 年 3 月，"凯叔讲故事"对外宣布完成 1.56 亿元人民币的 B$^+$轮融资，由微影资本、正心谷创投、上海坤言投资领投，挚信资本、前海母基金跟投。此前，2017 年 5 月，"凯叔讲故事"完成了 9000 万元人民币的 B 轮融资，由新东方领投，挚信资本、浙数文化（原浙报传媒）、艾瑞资本跟投。

在 2018 年年初，"凯叔讲故事"的公司年会上，凯叔讲了三个关键词：快乐、成长、穿越。这实际上就是"凯叔讲故事"对自身产品的判断和标准："我们自己的产品必须先让孩子感受到快乐，这是我们的第一性原理，如果一个产品的这一点不存在或者弱的话，这个产品就要被废掉。还有一个需求既是家长的需求，也是我们作为儿童内容生产者或者儿童教育者必须有的使命,就是带着孩子成长、进步。"在此之外,凯叔将整个公司定位为一家打造极致产品的公司。他认为极致产品应该具备穿越能力,可以穿越时间,能够承受住时间的考验,在产品上线十年之后可以卖,二十年之后也依然可以卖。

做到这三个关键词的基础则需要"凯叔讲故事"能够保证产品的质量。为了保证这一点,"凯叔讲故事"作为创业公司,曾经选择直接销毁 200 万个已经生产出来的但是存在声音瑕疵的随手听。

2017 年开始,"凯叔讲故事"在故事类内容之外,有了《声律启蒙》等一些国学类的内容。2018 年,"凯叔讲故事"继续深耕内容,儿童内容更加丰富化,其将自己定位为"儿童非课堂教育"生产者。同时,凯叔还在努力搭建一个可以良性运营的组织生产体系,以保证"凯叔讲故事"能够脱离凯叔自己的 IP 进行运营。"凯叔讲故事"希望把公司建设成一个平台化的品牌,表面上是几个人在做一个产品,但是在这个工作室背后开启的模式是几个产品经理、十几个作家、很多画家和专业的后期公司共同完成的。

在每一个音频产品问世之后,还会衍生出一个包括硬件、图书等产品在内的产品系列。同时,"凯叔讲故事"还推出了面向父母的付费服务"凯叔父母训练营"。凯叔表示,现在这个训练营的收入与儿童内容的收入基本持平。

"凯叔讲故事"还在线下签约了 50 多个城市的城市合伙人,希望与这些合伙人一起推动"凯叔讲故事"品牌向更多城市的线下市场渗透。

案例来源:李威.B⁺轮融资 1.56 亿元人民币,凯叔讲故事将如何继续铺设商业化路径? http://www.sohu.com/a/225709561_114731,2018-03-16.

8.1　新创业概述

8.1.1　新企业的定义

一个国家或地区新企业的产生、发展与制度环境以及制度环境的变化是高度关联的。例如,美国在 2008 年前新企业的产生与运作监管是比较宽松的。但 2008 年金融危机发生以后,美国人想成立新企业的人数在减少。人们看到了失败的企业数量首次超过了正在创建的企业数量,这一趋势始于奥巴马政府的第一年,当时大约每两个半小时在美国颁布一项新规定。事实上,美国当时的监管成本要高于世界上 G7(七国集团)国家的经济成本。因此,各种规模的企业都不得不面临更高的合规成本,规则的空前增多使得创业更加艰难。政府忙于对公司的监管,每天,我们都看到这个国家的创新与监管框架之间存在着斗争。像 Uber(优步)和 Lyft(来福车)这样的汽车共享服务平台不得不与保护出租车司机的法律做斗争;驾驶史员使用谷歌眼镜违反了交通法;自动驾驶汽车受到国家保险要求的阻碍。为了防止金融危机,政府不再鼓励再投资,而是继续增加税收和法规要求。这种制度环境不仅不会创造就业机会与新的财富，而且还会侵蚀这个国家建立起来的企业家精神。近年来，美国政府看到了这些问题，并竭尽全力地通过制度环境的改善来为新企业的创立提供便利。

什么是新企业？新企业是创业者识别和开发创业机会的成果。创业者把机会实体化，通过企业的方式来运营机会。企业意味着这一组织是具备法人资格的实体，它在为消费者提供产品或服务的同时，也在积极地获取商业利润以维系组织的生存和发展。

作为刚刚成立的企业，新企业往往具备新生者的不利条件（liabilities of newness）。新生者的不利条件通常来自两个方面：一方面在组织内部，企业刚刚进入市场，从高层管理者到基层员工都面临着经验不足的局面，需要一定的时间来学习；另一方面在组织外部，新进入者通常没有稳定的供应商和客户，在与已经进入的企业竞争时也存在先天劣势。这使得新企业缺少品牌认知度和市场接受度，导致相对较高的失败风险。

新企业往往是相对成熟企业而言的。如果把企业的成长看成随着时间推演而向上发展的曲线，那么新企业就在这条曲线最靠近原点的一侧。随着企业的成长，如果企业能够摆脱新生者的不利条件，就能够进入高速成长期，甚至最后进入成熟阶段，如图 8-1 所示。

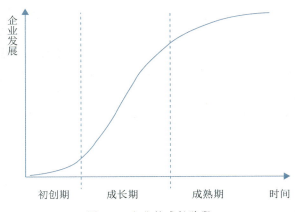

图 8-1 企业的成长阶段

新企业的创立和发展绝不仅仅反映在组织商业价值的提升方面，创业者的成长也伴随其中。创业者和组织之间存在着紧密的互动关系。Bruyat 和 Julien（2000）对这种互动关系做了较为详细的说明：创业是一个充满变化，新生者随时出现，充满创造力的过程。不仅创造新的价值（new value creation），同时改变和创造了创业个体（individual）。

$$individual \ (I) \Longleftrightarrow new \ value \ creation \ (NVC)$$

因此，根据个体的改变和新价值的创造程度，可以将新企业分为四种类型，如图 8-2 所示。

其中，复制型创业指的是新企业所面向的机会本身并没有太多的创新价值，创业者个体也没有发生很多变化，比如某个传统企业的管理者下海创业，进入他原本就很熟悉擅长的领域。模仿型创业指的是虽然机会本身创新价值并不突出，但是由于创业者本人并不熟悉这一领域，他需要积极模仿一些在位者的成功做法来进入市场。稳定型创业指的是

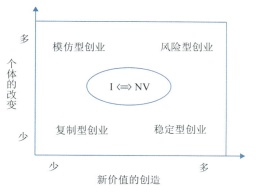

图 8-2 新企业的四个类型

创业者本人进入较为熟悉的领域,但是这一项目能够创造巨大的商业价值。由于创业者已经是领域内的专家,其创业行动也就避免了很多不确定性。风险型创业指的是创业者个体和创业组织都得到巨大改变的创业类型。虽然它非常有诱惑力,但是结果往往难以预测,而且新生者的不利条件在它的身上也表现得最为明显。因此,从个体的改变和新价值的创造两个维度认识创业行动,新企业的不利条件具有很大的差别。

8.1.2 新企业生存和发展的生态系统

新企业的生存和发展除了与资源、商业模型、领导者等因素高度相关外,企业所在的生态系统也与新企业的生存和发展有关系。回顾先前创业生态系统的相关研究,一些研究者认为,创业生态系统的要素由正式与非正式网络、大学、政府、专业服务设施、资本与人才组成。创业生态系统是一个可持续循环的系统,一些创业活动主体的创建会带动更多新创企业进入创业生态系统,实现创业生态系统的可持续发展。创业生态系统有六大共通现象:有利的文化、有益的政策和领导、适当的资金可及性、优质的人力资本、对新产品友善的市场,以及一系列相关的机构和基础设施的支持。除了创业生态系统,新企业还必须了解企业所在的生态系统的其他方面,比如,商业生态系统是产品供货商、经销商、外包厂商、制造商和其他组织间松散的网络,与一家公司创造和输出的产品与服务之间存在相互影响的关系。在商业生态系统中每一个成员的命运,最终都与这个彼此共享的网络联动,即使是特别强大的企业亦是如此。创新生态系统则是一个合作的协调机制,企业提供产品与服务,将其整合为一个以顾客为中心的解决方案,且有赖于信息科技以帮助成本管控。还有集群创新系统,它关注企业的外部环境,着重在本土化经济中,相同垂直应用产业中相邻企业的成本节省优势,如共享基础建设、降低交通成本等,注重多家企业共享客户或市场以降低成本。除了上述生态系统外,区域创新系统也是生态系统的一个重要组成部分,尤其是这些年来区域经济与区域发展越来越受到人们的重视,越来越多的人研究与探索区域创新系统,区域创新系统放眼于企业的外部环境,着力于创业者在商业环境中找到特殊需求的利益。

8.1.3 新企业的生存和发展与创业环境

新企业的生存和发展是与其所处的创业环境分不开的。创业环境是一系列经济、社会、政治等要素的组合，这些要素能够影响创业者意愿，并且支持和服务于创业过程。值得注意的是，如果将创业环境按照不同类型的要素区分开的话，不同的环境要素对创业者或者新企业的影响是不同的。

（1）家庭环境

家庭环境是指创业者的家庭成员对于创业活动的投入状况以及成员之间的家庭关系。家庭资源、规范、态度和价值观，这些要素在不断施加对于创业活动的影响的同时，也受到了创业活动的反作用力。一方面，家庭成员是个体日常相处的对象，家庭成员的支持和反对将直接影响创业决策的制定。另一方面，家庭成员对于创业活动的投入缓解了创业初期对于资源的高需求，而且，由于家庭成员之间很容易建立起信任，他们在企业中参与管理和运作避免了较高的协调管理成本，提高了创业活动的效率。因此，当家庭成员支持创业行动，并且愿意为创业活动提供财务或人力方面的资源时，个体会更加愿意选择创业行动，新企业的生存和发展也更为容易。

（2）社会网络

社会网络是单一的联系或关系的聚合体。在潜在的创业者决定是否创业时，如果社会网络中的其他成员大力支持他的决策，并且能够为创业行动提供资源的话，这将积极促进个体的创业行动。当创业行动发生之后，社会网络能够为创业者提供各种各样的资本、技能、劳动力，正常情况下这些资源需要很多时间来积累或者获取。因此社会网络能够使避免在初创期由于缺乏必要的资质或市场信誉，避免难以获得企业经营活动急需的资源。

（3）商业环境

商业环境是企业经营的市场环境，特别集中于创业者将要开发的行业领域。在机会识别和机会开发时，市场环境的特征将对创业者及其创业活动产生重要影响。市场环境的特征是多元化的，既有市场的总体容量，也就是市场需求的规模大小，也有市场的发展预期，也就是未来市场的发展趋势，特别是在竞争强度方面的趋势。如果市场环境中存在不利因素，不足以提供充分而且稳定的市场需求，这意味着该项目并不是一个好的创业机会。可以看出，相对于家庭环境以及社会网络，商业情境距离新企业更远，因为无论是否创业，创业者每天都要接触他的家人和朋友，而商业情境是创业者必须真正开始考虑实施创业行动之后才会接触到的。

（4）制度环境

制度环境是指在区域的政治、法律、文化等要素中与创业活动密切相关的成分。在已有经济学及管理学的传统研究中，制度是一个重要元素。作为区域层面的总体特征，制度因素反映了区域社会人群对于创业活动的认知状况，以及政治法律体系对于经济活动的限制或推进作用。制度环境对于创业活动的影响是多方面的。政府所指定的创业政策是制度情境的重要构成，这些政策涉及创业活动的税费减免，或是针对某些特定类型创业活动的低息贷款，它们为创业活动的开展提供了更为有利的政策环境。制度环境中的文化和价值观念也是促进创业活动的有利因素,如果大多数人都对创业活动抱有正面评价,对于创业失败也持充分宽容或鼓励态度,这不仅将鼓励更多个体投入创业活动,也为创业者提供了更多积极向上、热衷创业的雇用人群,从而有利于创业者开展企业经营活动。

(5)地理环境

地理环境反映了区域在物质层面的总体特征,包括了区域的地理位置、经济水平、人口分布等因素。这些变量对于创业活动的影响是多方面的,既有区域创业活动方面的,包括区域内的供应商和分销商、失业人群数量以及变化速度、区域资金资源的可获得性、区域教育水平、区域科技水平、基础设施水平等;也有区域需求方面的,包括区域经济状况、行业市场容量、人口统计学特征等。它们是创业活动能够存在和发展的必要条件。

根据上述分析,创业环境的构成如图 8-3 所示。

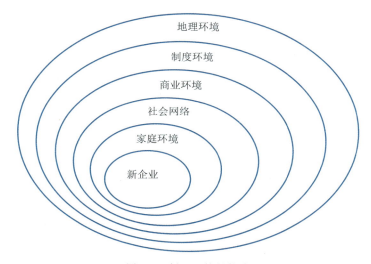

图 8-3　创业环境的构成

8.1.4　新企业文化建设

新企业需要企业文化的支持,企业文化是新企业不可或缺的一部分,它几乎影响到新企业的每个方面。从招聘人才到提高员工满意度,它是快乐员工队伍的支柱。如果没有积极的企业文化,许多员工将很难在工作中找到真正的价值,这会给新企业带来各种负面影响。根据已有的研究,85%以上的高管和员工认为强范式文化或积极文化对新企业的成功至关重要。本章作者调查发现,一些自己感到快乐和重视工作的员工与拥有强文化的新企业之间存在很强的相关性。另外,那些优秀新企业看到了员工的精神面貌,会倾向于建设更加强大、积极的新企业文化,帮助员工在工作中达到绩效与快乐并存的感受。新企业文化是在企业成员相互作用的过程中形成,为大多数成员所认同的,并用来教育新成员的一套价值体系(包括共同意识、价值观念、职业道德、行为规范和准则等)。实践证明,新企业最高层次的竞争最终还是文化的竞争。企业都有文化,没有没有文化的组织,只有文化不同的组织。那么,什么是新企业的企业文化范式? 根据现有的企业文化管理文献与理论前沿，我们可以得出这样的结论：企业文化没有好坏之分，有的只是强弱文化（strong and weak culture）范式之分与正负（positive and negative culture）文化范式之分。管理实践证明，新企业强型与正向企业文化对企业长期经营业绩有重大作用，这个作用不是促进，而是直接提高。

强型文化（strong culture）范式是相对弱型文化（weak culture）范式而言的。强弱型文化的根本区别就是下级支持上级或者员工支持管理者/领导者的程度。在新企业，就是看员工或者团队成员是否支持上级或管理者，支持程度与一致性越高，则新企业的强文化越高，反之也一样。大家都知道马云当年创立阿里巴巴的故事，其中阿里巴巴的"十八罗汉"更是成为美谈。就连孙正义当年也说，别人创业能拿个 5 人的核心团队就很不错了，可马云一下子能聚集 18 人，更重要的是作为新企业成员的 18 人，都是自愿与马云绑在一起创业的。这种高强度的成员对领导者/创业者的信任与支持，说明当初的新企业阿里巴巴的强型文化范式，事实上这种强型文化范式一直保持至今，它也是阿里巴巴成功的主要原因。

正向文化（positive culture）范式是相对负向文化（negative culture）范式而言的。新企业负向文化一般指企业员工之间，员工与管理者/创业者之间互相散发负能量，彼此揭对方的短处与缺点，相互之间缺乏建设性意见。新企业正向文化指企业员工之间、员工与管理者/创业者之间互相帮助，相互鼓励与学习，共同成长。新企业正向文化有三个主要特征：一是新企业全员有一个共同目标，这个新企业目标并不是管理者/创业者一个人制定的，而是新企业员工共同形成的；二是新企业员工之间、员工与管理者/创业者之间相互信任，可以大胆发表建设性意见，新企业全员之间沟通渠道畅通；三是新企业全体员工与管理者/创业者都有一个相互依存的关系，是一个企业发展共同体，具有明确的全员共同利益。上面阿里巴巴的例子也是企业正向文化的一个案例。阿里巴巴的"十八罗汉"中，有一个人就是蔡崇信，此人当年在全球都享有知名度，在 1999 年的时候，年薪就高达 100 万美元，而那时候的马云不过就是一个普通创业者。但蔡崇信却不远万里地跟随马云回到中国创业，可见他们之间相互信任的程度之高，创业目标的一致性之高，还有他们之间的共同利益之高。

8.1.5　新企业团队

新企业成功涉及很多因素，但最关键的因素还是有杰出的创业者与团队。马云如此，史蒂夫·乔布斯如此，比尔·盖茨亦如此。因此，我国的新企业，创业者/领导者要把工作重心放在杰出人才的获得与团队组建上。乔布斯一生参与过 5000 多次招聘，但能入他法眼的人并不多。他要的人才是能够在面对问题时找到一流的解决方案，而不是短期奏效的方法。也正因为如此，进入苹果公司的都是全美精英，他们热爱并传承着苹果的这种创业文化，形成了苹果公司 A 级人才的"海盗团队"。苹果公司的成功经验告诉我们，我国新企业发展的关键不可能依靠一个人。事实上，一名出色的员工等于 50 名平庸的员工，新企业的创业者/领导者最重要的是找到精英，组成具有创新精神的创业团队。对于精英团队成员，他们的工作经历与素质都很重要，这与商学院的教育有关，但是没有必然关系。

很多优秀的创业者都是从创业实践中训练出来的,而不是教育出来的。新企业对团队成员的工作经历与素质有其特定要求,他们必须是有创新思想与理念的人,是有经济头脑敢冒风险的人,是有胆量但又警觉理性的人,是商人又是懂得社会责任的人。最重要的是具有与人相处与共事的能力。另外,衡量新企业团队的一项重要指标是"心齐"问题。心齐的概念是指新企业管理层团队心是否往一处想,劲是否往一处使。"人无完人,金无足赤"。新企业团队成员的优缺点呈现状况与"心齐"程度高度相关。但新企业创业团队成员"心齐"的时候,团队成员个人会自觉地将自己的缺点与不足克服与隐藏,或调整到最低水平;反之,团队成员个人的缺点与不足会最大限度地暴露出来,它的破坏性可以使团队的功能与作用降到很低的水平。因此,新企业的领导者最重要的目标之一就是创造积极的文化与建设"心齐"的团队。建立独特、积极、正面的新企业文化,是让员工为新企业投资他们的才能和未来的最佳及最简单的方法之一。

8.2 新企业的资源管理

8.2.1 创业资源的定义与分类

资源对于管理的重要性已经达为共识。资源的内涵是多样化的。在企业管理实践中,资源就是企业所拥有的或者支配的能够用于实现企业战略和战术目标的各项人、财、物等要素的组合。常见的资源包括企业的资产、专利、人员(全职或兼职)、渠道、外部联系等。在不同的企业发展阶段,企业所需要的资源重点也有很大不同。在创业行动中,资源也是创业者的重要决策依据和行动支撑。机会的开发需要资源相匹配。如果资源跟不上,即使创业机会再有价值,创业者也很难将创业机会付诸现实。

创业者所需的各项资源是多样化的。各类有利于创业活动开展的要素都可以称为创业资源。Clough 等(2019)提供了一个创业资源的分类,如图 8-4 所示。

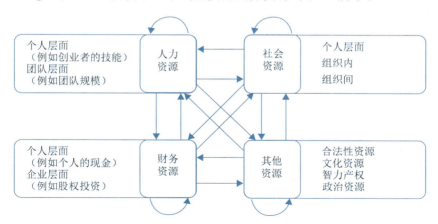

图 8-4　创业资源的分类

（1）人力资源

人力资源是创业者所能掌控的首要资源。由于创业行动通常不是由一个人来执行的，所以人力资源往往分为个体层面的人力资源和团队层面的人力资源。其中，个体层面的人力资源既包括了创业者自身，也包括了组织每个成员的技能或知识。团队层面的人力资源则主要是指创业团队的能力。因为团队的规模、团队的异质性等特征也会影响企业是否能够更快更有效地开发创业机会。

（2）社会资源

社会资源是创业者或者创业组织所嵌入的社会网络所能够带来的资源。在网络关系越来越重要的今天，社会资源已经成为创业者能够利用的最重要的资源之一。在最新的研究文献中发现，创业行动的社会资源也是多层次的，既包含了创业者（以及团队成员）个体的联系，也包含了新企业与其他组织机构的联系，还包含了新企业作为一个组织内部的沟通和联系。这些不同的社会资源能够方便创业者以更便捷或者更低成本的方式获得其他创业所必需的各类资源。

（3）财务资源

财务资源是大多数研究的关注焦点。客观来看，财务资源的重要性是创业行动中最为直观的。因为新企业在最初阶段非常耗费资金，而在这个阶段企业还没有太充裕的资金收入。在新企业的创立和发展过程中，财务资源的来源一般包含了创业者个体的资金储蓄，因为很多创业行动一开始的资金来源都是创业者自身的积蓄；同时还包含了创业者从外部机构获取的资金，在后续的内容中我们还将专文论述。

（4）其他资源

除了以上资源以外，新企业还需要其他一些类型的资源，例如企业的智力资源、政治资源、文化资源、合法性资源等。在特定的创业情境中，这些资源会发挥着非常独特的作用。比如企业的专利或者技术，在高科技创业行动中，这样的智力资源尤其重要。

上述资源之间存在着一定的联系，这也正是 Clough 等（2019）研究的重点。比如创业者的人力资本对于他们的社会资本有一定的积极影响，因为受教育程度较高或有创业经验的创业者往往会建立更好的社会网络位置；另外，当创业者具备很好的社会资源时，他们也能够更好地应用社会网络提供的各项资源提升自身的人力资源。因为创业资源之间存在着复杂的关联关系，这也使得创业行动的开展呈现出很大的不确定性。

值得注意的是，创业资源并非越多越好。新企业对于创业资源的需求与创业机会的特征是密不可分的。如果创业机会是在一个全新的技术领域开展新的市场需求，那么新企业迫切需要的就是技术方面的资源。为了积极促进技术方面的研究和开发，充裕的资金也是必要的。反之，如果创业机会是进入一个已经拥有很多在位者，竞争高度激烈的市场，那么新企业对于渠道、信息方面的资源的需求程度就更高。

另外，在创业资源的获取方面，新企业应当把内部资源的获取作为重点，而不能在一开始就把外部资源作为经营重点。这是由于新企业刚刚进入市场，无论是经营经验还是企业自身的信誉都有很大的不足，此时创业者很难从外部获得资源；另外，从新企业的资源获取规律来看,在新企业的最初阶段也不能主要依赖外部机构来支持企业的发展。因此,在本节的后续分析中我们将主要探讨外部资源的获取方式。

8.2.2　新企业的资源谋略

新企业的主要困境之一就是资源匮乏。特别是相对于成熟企业来说,新企业几乎很难在资源方面与之竞争。然而,创业行动的开展对于资源的需求是多方面的。缺乏必要的创业资源,创业者很难克服创业行动中的种种障碍。这就需要创业者采取积极的方法来获得创业资源。不过,很多研究也发现,资源并不是越多越好,一些创业者在没有闲置资源的情况下也能够让企业成长得又快又好。在这一背景下,近年来,在创业领域,已经出现了一些文献探讨创业者的资源谋略(resourcefulness)(Bradley,2015)。

在心理学领域,资源谋略是个体应对与压力生活事件相关的情境和认知因素的一种方法。在压力情境中,个体能够通过调节自我的反应来干扰压力从而顺利习得行为和技能。也有学者把这种谋略描述成一种战略能力(Ganz,2000),这种能力能够把知识结合在一起,通过启发式的过程来形成处理问题的创新思维。

创业活动的核心是创业机会的识别与开发。在很多情况下,机会的追逐是在资源相对匮乏的情况下发生的。创业者需要在不考虑当前资源局限性的情况下积极开拓机会,由此而产生了积极进取的创业精神。在这一过程中,因为资源的有限性,创业者需要充分利用好已有的每一份资源,在对资源进行排列组合的同时,最大化地利用资源。这一过程也就是心理学或者社会学中的资源谋略。

在 Powell(2011)的研究中,适用于创业行动的资源谋略有三个类型:

拼凑(bricolage),即利用手头的资源来应对新的挑战和机遇。在英文的原意中,拼凑带有修修补补的意思,这就意味着创业者在寻找创业资源时,应当首先将自己已有的资源进行盘点,在新企业的起步阶段,没有什么资源是冗余的,这些资源都应当积极地利用起来。同时创业者还需要主张资源的有效组合,在必要时添加一些新的资源要素,这样来实现资源结构的合理优化,甚至发生蜕变,从而满足新企业的发展需要。因此在拼凑的资源获取情境中,创业者往往应当具备一种善于发现的眼光,熟悉手头已有资源的各种属性,并且能够以创造性的方式将其搭建起来。比如,不同员工之间的技能搭配、厂房设施之间的组合,或者是信息渠道与工艺流程的匹配,如果能够找到合理的组合策略,这些原本看似零散的资源可以形成强有力的运营模式,这就促进了新企业的发展。当然资源拼凑并不意味着创业者要把所有能够利用到的资源都组合在一起,资源拼凑可以发生在某些资源要素之间,只要它们的组合有利于企业发展就行。

节俭(thrift)是创业者内部融资的一种方式。节俭意味着创业者会积极节约企业的各项支出,节省各类资源的耗费,通过谨慎节约的策略将已有的资源最大化利用。因此在企业的战略行动上,也许创业者是积极进取的,但是在支持战略行动的财务和经营哲学方面,创业者又是审慎而保守的。除此以外,节俭还意味着创业者会积极寻找一些外部的补贴机会,例如一些社会组织提供的经营补贴,把自身的开支降低到最小的程度。节俭也许是创业者最能够实施,也最能够奏效的一种资源获取方式。它适用于创业活动的不同阶段，而不仅仅是起步期。即使企业开始迅速成长，节俭仍然是创业者的有力工具。很多创业者，特别是拿到了一些外部融资的创业者，会在这一方面出现失误。他们大肆挥霍来之不易的资金，这样的企业很难坚持到创业成功。

群体行为（community）是指创业者积极从他人处获得一些常规情况下难以拿到的资源。群体通常是一个由不同背景的个体所组成的社区。当创业者嵌入在这样的群体内时，可以获得较为充裕的资源，掌握与供应商、渠道、用户等不同利益群体有关的信息。比如，现在很多企业都喜欢与消费者一起建设产品使用社区，这就是一项非常典型的群体行为谋略。在这样的社区中，消费者在体验了企业的产品后，会把使用体会以及产品的优缺点上传到社区中，企业可以依据这样的信息调整产品的性能。在这种情况下，企业没有在实验室中耗费更多的研发经费，而是通过群体行为中的反馈获得了有利于企业发展的资源。这种方式的投入产出比非常可观。

总而言之，这些不同的资源谋略应用于新企业发展的不同场景。无论创业者是否可以方便地从外部获得资源，掌握这些资源谋略都是非常必要的。

8.2.3　新企业的融资渠道

对于新成立的企业来说，资金是所有资源中最为关键的，没有资金企业将无法存活下去。资金的重要性体现在三个方面：企业需要大量资金启动；企业需要大量资金来进行宣传，从而开拓市场，占领市场份额；企业需要大量资金进行研发及日常运营。而创业的融资与一般其他的融资不同，创业的风险高，而且企业在前期也无稳定的收益，所以新创企业的价值评估也不同于一般的企业价值评估，因此需要发展一些独特的融资方式。总体来看，新企业的融资方式可以分为如下几个方面。

（1）内源式融资和外源式融资

创业初始，创业者更倾向于在创业团队内部融资，这种融资方式的优点是成本较低、资金来源渠道简单、容易操作、风险小；其缺点也显而易见，团队内部人员的个人资产往往不多，所以融资量也有限，当企业高速发展需要大量资金支持时，过分依赖于内源式融资可能导致资金流无法及时跟上，从而使企业存在发展停滞的风险。外源式融资则大大拓宽了新创企业融资的范围，但创业者与企业外投资者的不断谈判，不仅会让企业无法专注于本身的业务，创业者也必须适当放弃企业的一些权益来赢得这些资金，融资的成本相比内源式融资无疑大大地增加了。

（2）直接融资和间接融资

直接融资是指资金提供方和企业直接接触，从而融通资金的方式。资金提供方通过购买企业债券、股票等方式将资金提供给企业。直接融资具有长期性、流通性等特点。间接融资是指企业通过金融中介机构找到资金提供方，由金融机构充当信用媒介使资金进行流动。间接融资具有周期性、集中性等特点。

（3）股权融资和债券融资

股权融资是企业向投资方出售企业股权，发行股票进行融资。其特点是引入资金无须归还，不需要支付利息，但企业所得利润需按比例分配给投资者。债券融资就是企业向投资方发行债券来进行融资。其特点是融资企业必须根据协议按期归还本金并定期支付利息,所得利润无须按比例分配给投资者。

（4）私人资本融资与机构资本融资

私人资本融资包括自己本身的资金、向亲戚好友借的资金和天使融资。机构资本融资包括银行贷款、风险投资等。

不同发展阶段的企业对资金的要求各不相同,从企业创办一直到企业取得成功或出于种种原因而中途夭折,都对融资有不同要求。一般来讲,投资者对中小企业的投资往往也是阶段性的,企业成长的阶段性特点是帮助投资者确定各阶段投资额度的主要依据之一。

在新企业还没有成为实体机构时,创业仍然是停留在创业者脑中的创意或者机会,创业者所殚精竭虑的是如何合理评价商业机会来构建独有的商业模式,招募合适的企业核心人员,获取足够的有形及无形资源。此时,企业的技术或某一高新技术产品正处于酝酿与发展阶段,还远远谈不上商品化,企业也谈不上什么规模,更不涉及组织结构问题,企业只是几个志同道合的创业者走到一起组成创业团队,进行相关技术的研究开发和前期的准备活动。种子期所需的资金并不多,投资主要用于新技术或新产品的开发、测试。在这个时期,如果这个创意或科研项目十分吸引人,很有可能吸引被西方称为"天使"的个人风险投资者。

新企业创办成功后,处于传统行业的初创公司就会对产品进行试生产,而处于新兴的互联网行业的初创公司则会对产品进行推广和更深一步的开发。在这一阶段企业需要一定数量的"启动资金"（数量由项目和企业的规模决定）,资金主要用于购买机器设备、租用厂房或办公楼层、办公设备、生产资料、后续的研究开发和初期的推广等,所需的资金往往是巨大的。只靠创业者的资金往往是不能支持这些活动的。而且初创者在过去大多没有经营的记录和经验,企业也无稳定的收入,所以也不太可能从银行申请到贷款。因此,这一阶段的融资重点是创业者需要向新的投资者或机构（主要是风险投资和天使投资）进行权益融资。

度过创建期,踏入成长期的创业者可能会稍微放松一点。这一阶段的企业基本摆脱了生存问题,开始着手考虑盈利。组织规模开始膨胀,创业者初步尝到了发展的甜头,但是各种复杂事务迅速出现,又对创业者产生了困扰,未来要如何走,是否应该持续创新,如何应对新出现的竞争者,这些层出不穷的问题需要创业者开始考虑如何建立一套合理的管理制度来适应企业迅速的扩张和发展。成长期需要大量资金投入,用于进一步开发和加强营销能力。目前,进入上市的资产重组和上市辅导阶段的中小企业和民营企业大多处于此阶段。与此同时,企业拥有较为稳定的顾客和供应商,以及比较好的信用记录,取得银行贷款或利用信用融资相对来说比较容易。但企业发展非常迅速,原有资产规模已不能满足需要。为此,企业必须增资扩股,注入新的资本金。原有股东出资是一种理想的方式,但通常需要引入新的股东。经历了成长期,进入成熟期的企业已经不属于新企业的范畴,它们的融资问题本书不再讨论。

8.3 新企业的成长途径

8.3.1 从0到1看新创企业

新创业企业要思考从 0 到 1 的问题。《从 0 到 1：开启商业与未来的秘密》（简称《从 0 到 1》）是一部世界著名的、具有创业思想性的专著。作者彼得·蒂尔（Peter Thiel）开篇便让我们思考一个关于新创企业的问题：如果你新创立一家企业，希望制造的是从第 0 台到第 1 台的打字机还是从第 1 台到第 100 台的打字机？如果你选择的是前者，也就是说，你所新创立的企业不是为了修补过往产品或服务的细枝末节，也不是跟风建立一个没有特色的企业，你将打造的一定是一家与众不同的企业、一家唯一的企业。这就是新创企业从 0 到 1 的思维。对于成功创业，蒂尔总结了七大问题，如图 8-5 所示。

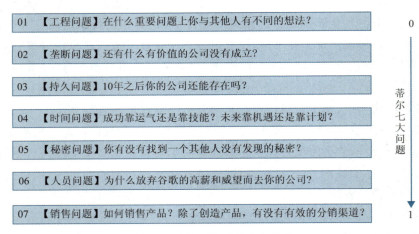

图 8-5 《从 0 到 1》的七大问题

蒂尔认为，0 到 1 的思维，就是一个初创公司的创业者要说服一群人，一起有发现秘密的好奇心。一个新公司最重要的力量是新思想，新思想甚至比灵活性更重要。一家从 0 到 1 的企业要识别出那些不切实际的大众观点，看到隐藏在这些观点背后的反主流事实，而且很有可能，流行观点的对立面是正确的。

8.3.2 新创企业：从0到1的价值创造

最有价值的公司始终鼓励发明创造，只要公司创新，创业就还没有结束，一旦创新停止，创业就结束了。从这个角度来说，创业甚至可以无限延续下去。如果创业时机正确，创业者能把创造价值一直延续下去，这样的公司可以把握未来的发展方向，使其向着创新的道路发展，而不是局限于已有的成功。从 0 到 1 的企业，需要突破过往，进行"破坏式"创新，不是技术的稍加改进，而是具有突破性的创新。未来的进步可以分为两种类型来呈现，一是水平的进步，也称广泛的进步，是照搬已取得的成功经验，从 1 跨越到 n。目前中国的经济发展更多的属于水平的进步，例如，19 世纪的铁路、20 世纪的空调，甚至城市化的进程路径。当然可以看见，国内的许多企业及其产品也是一种成功经验的复制，比如滴滴打车对应于Uber(优步)，微博对应于Twitter(推特)，更早则包括当当网对应于亚马逊，等等。二是垂直的进步，垂直进步属于深入进步，意味着要探索新的道路——从0到1的进步。垂直进步需要尝试从未做过的事，如果使用创业机会识别理论，则这样的新创企业所利用的创业机会，不是在客观环境中能够被简单发现的，而是通过创业者构建出来的。垂直进步的本质来自科技的发展，但科技不限于计算机技术的发展，任何新方法、新工艺等能使得事情更易完成的方法都是科技。图8-6显示了垂直进步与水平进步两种进步类型，而表8-1显示的是"从0到1"的产品与"从1到n"的产品的区别。

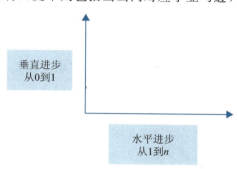

图 8-6　垂直进步与水平进步

表 8-1　"从 0 到 1"的产品与"从 1 到 n"的产品对比

从 0 到 1 的产品	从 1 到 n 的产品
创新	复制
质变	量变
垂直	水平
蓝海	红海
垄断	竞争
厚利	薄利

资料来源：彼得·蒂尔、布莱克·马斯特斯,2015.

　　从0到1具备技术性创新的企业，并不一定马上能得到利润回报。一个企业今天的价值是它以后创造利润的总和。初创科技公司开始几年常常会亏损。因为创造价值的东西需要时间，所以收益延迟。一个公司要想有价值，不但必须成长，还必须能持续发展，但是许多企业家只看到短期发展。因此，一个初创企业必须要看到未来极具价值的公司的样子。在蒂尔看来，这必须具备四大因素，如表8-2所示。

表 8-2　未来极具价值公司的特征

特征	含义
专利技术	最实质性的优势，它使你的产品很难或不能被别的公司复制
网络效应	使一项产品随着越来越多的人的使用而变得更加有用
规模经济	产品不需要重复的投入，边际成本趋近于零
品牌优势	一家公司最显而易见的垄断是对自己品牌的垄断，因此打造一个强势品牌是形成垄断的有力方式

资料来源：彼得·蒂尔、布莱克·马斯特斯,2015.

8.3.3　新创企业：从 0 到 1 的激励制度

文化是一种社会交流及社会传递，通过特定的途径，被社会成员共同获得。这种获得共同文化的特定途径，其实就是文化得以交流和传递的制度文化。文化的存在只有被认同和学习时才是有意义的。而被认同和学习的实现，必须依靠一套相关的制度规则。从 0 到 1 的企业在团队文化以及激励制度上也有其独特性。

选择创立一家从 0 到 1 的企业，在一开始创业的时候，创业者首先要做的至关重要的决定是和谁一起做。选择合伙人就像结婚，而创始人之间闹矛盾就像离婚一样令人不快。技术能力和才华互补固然重要，但创始人之间的了解程度和他们之间合作的默契程度也同样重要。创始人在共同创业前应有深厚的交情，如此在公司的所有权、控制权和经营权方面产生矛盾的可能性便更低。

挑选员工也同样重要，一般来说雇用的员工应该是全职的。员工间紧密团结，他们必须有才华，但更为重要的是，他们要由衷地喜欢具有挑战性的工作。根据蒂尔的建议，从 0 到 1 的人力资本开发应该做好如下一些事项：

①挑选认可公司使命与愿景的员工；

②尽量避免远程工作；

③让员工专注，最好一人只负责一件事；

④从激励手段来说，股票激励＞现金红利＞现金报酬；

⑤CEO（首席执行者）的年薪不应该太高，至多 15 万美元。

初创公司是肩负同一使命的一个团体，企业文化的好坏取决于内涵。创业者必须有才华，但更为重要的是，他们要由衷地喜欢与其他同事共事，雇用真正喜欢团队合作的人。员工不需要解释工作的重要性，而是解释为什么你在做别人从未想过要做的重要事情。所有成功的企业都是基于鲜为人知的秘密创立的。好企业是改变世界的"密谋者"，当你与他人分享秘密时，听众就成了你的"谋士"，这在从 0 到 1 的企业中更为明显。

8.3.4　新创企业：从 0 到 1 的营销

一般来说，从 0 到 1 的企业主要把精力放在创新性产品上，那么一款创新性的产品是否也还需要营销呢？答案是肯定的，顾客在目前信息产品爆炸的时代并不会轻易地自动上门。首先，在营销上，须谨慎选择市场，占领小市场。每个初创企业刚开始都很小，而垄断企业都在自己的市场内占主导地位，因此，每个初创企业都应该在非常小的市场内起步，宁可过小也不能大，但并不意味着去找一个不存在的市场。一个初创企业的完美目标市场是特定的一小群人，而且几乎没有其他竞争者。其次，对新创企业而言，还必须选择一条适合自身的销售渠道。对于新创企业来说，总得有一种销售类型适合自身的产品或服务，如果所有的销售渠道都不能解决产品的销售问题，可能暗示了你的企业所生产的产品并不为市场所接受，也就是说创业面临失败的巨大压力。对于从 0 到 1 的新创企业，除了面向特定客户，还必须抓住一切机会向员工、投资者、媒体等推销自己的产品和公司。当然，对于一家小型的创业型企业，如果没有专业的销售人员，技术人员以及创业者自己也必须充当起销售员的角色。

除了上述几个从 0 到 1 的新创企业问题,蒂尔列出的七大问题,几乎对于初创企业的运作与发展都是非常有价值的,值得初创企业创业者学习与思考。

8.4　创业失败

8.4.1　创业失败的定义

创业活动的风险和不确定性很高,创业失败非常常见。一项美国人口统计局的调查指出,34%的企业在创立前两年死亡,50%的企业存活时间不超过 4 年,60%的企业不超过 6 年(Hayward et al.,2006)。国内类似的数据显示,中国创业企业的失败率为 80%左右,企业平均寿命不足 3 年,而大学生创业失败率更高达 95%。

在关注创业失败之前,首先需要界定什么叫失败和创业失败。就概念定义本身而言,失败(failure)的定义是最宽泛的——它泛指未达到预期目标的一种状况(Cannon & Edmondson,2001),可以广泛应用于管理学、经济学、心理学、社会学等。失败不仅仅限定于企业或组织自身的失败。当我们关注组织内部产品开发和设计、市场推广、项目研发、团队合作等层面或事务时,都有可能探讨失败的发生概率以及相应的应对措施。在组织外部,产业和区域层面也常常将失败作为重要的研究议题。例如,2012 年前后,在欧洲市场削减光伏补贴、欧债危机爆发,银行信贷缩紧的情况下,很多媒体使用了"大溃败"的字眼来描述以光伏、风电为代表的新能源产业的发展情况。

创业失败集中于考察创业活动的失败。这种失败一般指的是新创企业在业务层面的终止(Ropega,2011),换言之,也就是创业者停止了创业活动,新创企业也被关闭或出售。与创业失败相关的常见词语还包括死亡(death)、终止(discontinuance)、倒闭(insolvency)、破产(bankruptcy)等(Cope et al.,2004)。需要说明的是,创业失败通常不是创业者所乐于见到的情况,也就是说,创业者终止企业的业务是基于内外部不利条件所被迫的。创业者为了盈利将所创立的企业出售给他人,这种情况一般不被视为创业失败。

8.4.2　创业失败的特征

创业失败的特征是学者和创业者所共同关注的。这里的失败特征,指的是创业失败刚刚形成或者初露端倪时的特征,而不是创业失败已经暴露出来之后的特征。显然,对于前者的关注可以在早期阶段就识别出创业可能失败的迹象,从而采取相应的措施来克服创业的不利因素,减少创业失败造成的影响,甚至避免创业失败。

财务指标是常用的创业失败指标。不论是在学术研究还是在创业实践中,财务指标的重要性都是不言而喻的。创业者保持对于财务指标的敏感性,可以有效识别新创企业可能存在的问题,避免企业陷入困境。当然,针对不同的创业行为,所关注的指标侧重点也会有所不同。这里仅仅列出一些常见指标。

(1)偿债能力指标。创业活动一般要通过各类渠道获得必要的启动和运营资金。在获得资金的同时,创业者也需要承担必要的偿债责任。偿债能力又分为短期偿债能力和长期偿债能力。短期偿债能力所反映的是企业偿付下一年到期的流动负债的能力,反映的是企业资产的流动性,是衡量企业财务状况是否健康良好的重要标志。长期偿债能力是企业对债务的承担能力和对偿还债务的保障能力,这一能力是企业债权人、投资者、经营者和其他利益相关者都十分关注的重要问题。衡量企业长期偿债能力主要看企业资金结构是否合理、稳定以及企业长期盈利能力的大小。适用于创业活动的常见长期偿债能力指标包括资产负债比率、负债权益比率、股东权益比率等。

(2)营运能力指标。营运能力指企业的经营运行能力,即企业运用各项资产以赚取利润的能力。对于创业活动而言,营运能力意味着创业者能够有效利用所掌握的资源获得收入的能力。营运能力不足,创业活动就难以获得较可靠的成长空间。适用于创业活动的常见营运能力指标包括应收账款周转率、应付账款周转率、存货周转率、流动资产周转率、负债结构比率等。一般来说,应收账款周转率、应付账款周转率、存货周转率、流动资产周转率这几个指标越高,说明创业者对于资产的利用率越高,企业获得收入的经营周期越短。负债结构比率越高,则说明创业者在短期负债方面力度过大,需要注重债务的比例和平衡问题。

(3)成长能力指标。顾名思义,成长能力指标所反映的是创业活动的核心问题。企业成长性和企业的盈利有一定的相关性。如果盈利能力过低,创业者难以获得企业维持经营的必要收入,企业的失败风险就大大上升。不过,通常而言,创业活动的盈利指标在绝对的数量值方面,往往很难和成熟企业或者大企业相比。所以,在创业活动范畴,我们通常考察企业的成长性而非直接的盈利指标。适用于创业活动的常见成长能力指标包括:主营业务收入增长率、净利润增长率、总资产扩张率等。

除了上述财务指标以外,现有研究还更加关注一些专属于创业活动的特征要素。相对而言,财务指标是显性的,创业者或投资者能够积极、理性地分析企业财务状况,即可发现企业可能存在的问题,从而在一定程度上应对创业失败。不过对于现实中的大部分企业来说,一旦财务指标出现不正常迹象,往往意味着企业的经营状况已经出现了较为严重的问题。此时,创业者的应对效果会大打折扣。

与财务指标不同,那些创业活动中的隐性指标,往往在创业失败之前数年就出现了苗头。如果创业者能够在这些方面保持清醒的头脑和敏锐的警觉性,就能够大大降低创业失败的可能性。Duchesneau 和 Gartner(1990)的研究关注了 26 家新创立的小企业,发现相对于较成功的企业,失败企业往往缺乏先前的经验,家庭背景中没有创业相关的活动,对企业的控制不够,投入也不足。

8.5 连续创业

8.5.1 连续创业的定义

很多创业者不是首次创业,他们在创业之前都有过多次创业的经验。数据显示,在英国、德国等国家,超过 15% 的创业者在本次创业前都曾创过业(Hyytinen & Ilmakunnas,

2007）。国内的创业者中连续创业者也非常多，马云在创办阿里巴巴之前就曾多次创业，直至最终创业成功。连续创业的现象已经引起了很多学者的研究兴趣，但是相关的理论和实证研究都很少。

连续创业者（serial entrepreneur）是相对于初次创业者（novice entrepreneur）而言的。初次创业者是指那些之前没有任何的创业经验，首先识别和开发创业机会、搭建创业组织的创业者。而连续创业者则具备之前的创业经验，当然，这种经验可能是创业成功，也有可能是创业失败。除了之前的创业经验以外，连续创业的定义中还强调，连续创业行动是在上一次创业行动终止之后发生的。此时，上一次创业的企业有可能被出售或关闭。

与连续创业者相关的另一个概念是组合创业者（portfolio entrepreneur）。他们同样有着之前的创业经验，不过组合创业者之前的企业并没有终止业务，他们同时拥有数家企业。

连续创业者和组合创业者又被称为习惯创业者（habitual entrepreneur）或重复创业者（repeat entrepreneur）。

初次创业者、连续创业者、组合创业者之间的差异非常明显。这种差别首先反映在他们的创业动机上。一般而言，初次创业者的目的往往非常明确。不论是机会型创业，还是生存型创业，创业者的动机往往都是尽可能通过独立创业的机会获得商业价值，改善个人财务状况，实现创业目标。但是连续创业者和组合创业者往往有更多的考量。有的时候，连续创业者的创业行动是为了弥补上一次创业的遗憾，他们会持续开发之前未完工的产品，直至实现上一次创业的目标。组合创业者所创建的企业之间也会蕴含着某种联系，比如，创业者可能为了降低供应的成本在上游建立一个供应基地，供应商和原企业之间就形成了组合创业的关系。

不同类型的创业者在不确定性应对方面也存在着差别。相对而言，拥有创业经验的连续创业者会更为保守一点，对于创业活动的不确定性会更为警惕。特别是那些之前曾经失败过的创业者，更有可能避免风险和不确定性更高的创业项目。不过组合创业者有可能比初次创业者更愿意涉足一些高风险和高不确定性的领域。这是因为组合创业者拥有的企业之间可能存在着某种联系，在一定程度上抵消了创业的风险。

不同类型的创业者的创业资源充裕程度不同。初次创业者在创业资源方面通常是最匮乏的。因为创业者缺乏相关领域的必要积累，在资金和人才储备、创业经验、业内联系等方面往往都比较缺乏。连续创业者的资源充裕程度会强于初次创业者。因为先后多次创业，创业者至少在经验方面比较丰富，即使过去的失败耗费了大量的资金，这些经验仍有利于创业者开展新的创业活动。投资者在选择投资对象的时候，也愿意把资金投向之前创过业的人。组合创业者则可能拥有最多的创业资源，因为这样他们才能支撑起多项同时开展的创业行动。

不同类型的创业者在获取启动资金时所倾向的渠道是不同的。初生次创业者在获取外部资金来源时难度是最大的，因此他们的启动资金往往依靠自筹。个人积蓄、家族或朋友提供的资金扶持是其启动资金的主要来源。相对而言，连续创业者和组合创业者更容易获得外部的启动资金。其中，连续创业者在获得天使投资、风险投资等方面可以凭借其创业经验获得一定的优势。而组合创业者则更有机会获得银行或政府部门提供的外部资金。

不同类型的创业者在机会开发过程中的侧重点不同。初次创业者更加关注与创业机会相关的开发方案，例如加强技术研发、提升产品的创意、提高企业的竞争力等。连续创业者的机会开发过程通常是对上一次创业行动的纠正和加强：那些成功的经验需要加强，而失败的教训则需要吸取。组合创业者则更为关注企业管理的技巧、外部资源的利用，并且致力于提升企业的成长性。

8.5.2 从创业经验中学习

过去创业经历对于后续创业行动的影响主要是通过从经历中学习的机制来实现的。这是一种典型的经验学习（experiential learning）。已有文献指出创业情境中的学习活动天然是一种经验学习（Minniti & Bygrave，2001；Politis，2005；Lans et al.，2008）。在 Kolb（1984）的经典著作中，经验学习分为四个阶段：具体经历（concrete experience）、反思性观察（reflective observation）、概念抽象（abstract conceptualization）和积极试验（active experimentation），如图 8-7 所示。通过这个过程，个体能够将经验转换为新的知识。在连续创业行动中，创业经历的学习过程同样存在着类似的四个阶段。

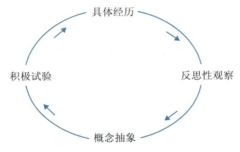

图 8-7　Kolb 的经验学习过程

（1）具体经历

连续创业者的具体经历就是他们之前的创业实践。连续创业者至少拥有一次实质性的创业经历。即使这一经历非常短暂，也经历了机会识别、企业创立、产品设计和出售等环节。这些环节所产生的经验就是创业者学习的来源。有些创业者的创业经历非常曲折，经历了大起大落，比如史玉柱的巨人集团。这种经历更是宝贵的学习源泉。与其他类型的学习活动不同，因为创业者是从自身经历和体验的事情中学习，这种学习更为直观，能够产生更多的反响。

（2）反思性观察

在上一次创业成功或失败之后，创业者通常会对创业经历进行反思，特别是寻找其成功或失败的原因。理性的创业者会较全面地反思过去自己在市场和消费者识别、产品和技术研发、商业模式和战略决策、人力资源配置等方面的有效做法或失误行动。这一过程相当于电影的回放。通过不断反思，创业者可以在一定程度上认清自身的优势和劣势，为后续的行为奠定基础。当然，在反思性观察中，不是所有的创业者都能够对过去的经历加以理性认识，特别是那些过去失败过的创业者。一些研究也指出，创业者会把失败的原因更多地归结于外部的不利条件，而不是自身在机会识别或开发方面的不足。

（3）概念抽象

概念抽象是指创业者对之前创业经历中所暴露出来的问题或者展现出来的成效进行概括和总结，并且形成对下一次创业行动的初步设想。换言之，创业者会在认知层面建立起一整套的创业设想——如何将之前的成功经验发扬光大，并且避免之前的错误做法。当然，也有一些创业者会坚守之前的做法，哪怕过去这些行动曾经造成企业经营上的困境。在这种情况下，创业者也往往会在主观上为自己的行为找到依据。

（4）积极试验

积极试验是创业者将之前的创业设想付诸行动的过程。在连续创业中，其也就是创业者实施下一步创业行动的过程。不论是改变行动方案或者坚持原来的做法，创业者都需要用事实上的创业行动来检验自己的想法是否合理有效。在试验中，创业者会根据创业效果来调整和改进之前的设想。有时候，创业者要再回到经验学习的反思性观察阶段，将当前创业所面临的情境与之前做对比，进而设计新的行动计划。

上述四个阶段是一个周而复始的过程，对于连续创业者，就是从之前创业经历到下一次创业的循环过程。在这一过程中，经验学习对创业者的影响主要体现在两个方面。

一是连续创业者将从经验学习中获得更多的创业专属知识和技能。因为，实际创业的体验所能够给予的学习是方方面面的——囊括创业之前的准备工作、创业初期的产品销售、创业过程中的组织管理，等等。这些学习所带来的知识和技能与创业活动直接相关。同时，由于创业者亲身体验过，所带来的实际感受要远远高于通过课堂学习或数据阅读所带来的体会。因此，连续创业者往往拥有丰富的创业知识和技能。这些知识和技能进一步地归纳和整合，就转化为特定的创业能力。

二是连续创业者将改变他们对于创业行动的认知。初次创业者对于创业的认知一般来自于外部，比如创业榜样的言传身教，或是报纸媒体的宣传。这些因素的影响毕竟是非直接的，而且常常带有偏差——典型的例子是，媒体在宣传创业案例的时候，很少涉及失败案例。通过自身经历体验创业，并且通过经验学习反思创业，则能够带来创业的直接体会。这种体会会从根本上改变创业者的认知。很多创业者会变得更为审慎，所以一些创业者在创业之后就放弃了创业目标，即使重新创业也会更加小心翼翼。也有一些创业者会更加乐观，特别是之前创业成功的人。他们会更大胆地进入新的领域，在后续的创业行动中也会更加积极进取，甚至冒之前不敢冒的风险。

8.5.3　连续创业的行动特征

（1）连续创业行动的时机

在上一次创业成功或失败之后，连续创业者会选择等待多久再次创业？一些创业者会迅速找准新的方向，开始新的征程，不过很多创业者会有一段沉寂期，他们往往在积累了必要的资源、做好了准备工作之后东山再起。不过，如果间隔时间太长，创业者在之前的创业经验中得到的知识和技能也有可能失效，使得连续创业者失去优势。一般来说，创业者的连续创业行动时间间隔（创业时机）和创业绩效之间存在着如图 8-8 所示的曲线关系。

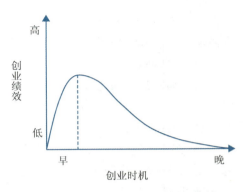

图 8-8　连续创业的时机与创业绩效

　　显然，创业者在上一次企业关闭或出售之后立刻创业并不是一个明智的选择。除非上一次创业很早就已经名存实亡，创业者的下一次创业准备早就在企业实质性的死亡之前就已经开始。在创业结束之后即刻创业的主要问题在于创业者没有充分的时间来吸收、消化之前创业经历所带来的知识和技能。创业者的反思性观察和概念抽象都不是一蹴而就、立竿见影的事。正如对于一般创业行动所强调的创业准备工作，经验学习和反思也是连续创业者必须使用大量时间和精力完成的事务。

　　随着创业者用于学习和反思的时间逐渐增加，创业者所能够从中获得的知识和技能也在迅速上升。因为创业行动是一个复杂的工作，相关的知识繁杂众多，这些知识需要时间来消化。因此，时间的耗费总体上对于后续创业行动是有利的。例如，创业者在反思方面的时间越多，甚至花费大量时间对之前的领域和客户进行调查，就越有可能获得有关上次创业得失的细节。不过创业时机有一个最优点，超过这一点，创业者的经验学习效果将会削弱。因为学习效果没有及时应用，创业者有可能丧失部分创业记忆。同时，由于外部环境的迅速变化，创业者之前的创业经验也有可能失效。不过总体来看，时间演进所带来的经验学习效果的下降过程是缓慢的，因为创业者在机会识别和开发方面的学习在很大程度上是根深蒂固、很难消逝的。

　　（2）连续创业行动的机会选择

　　连续创业者一般会选择什么机会？按照创业机会的两个主要维度市场和产品，可以将连续创业者所选择的创业机会分为四个不同类型（见图 8-9）。具体如下所述：

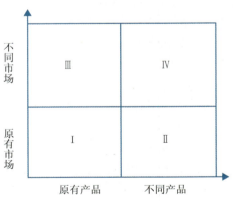

图 8-9　连续创业者的机会选择

　　象限Ⅰ（原有市场，原有产品）的创业机会。选择这一类型创业机会的创业者往往在之前的创业经历中出过问题，因此寄希望于在后续的创业行动中弥补之前创业的不足，实现更高的创业业绩。这一类型的创业机会优势在于创业者对目标市场的特征以及所开发产品的特征非常熟悉，能够以较低的成本推进创业活动。不过，如果创业者不能够清醒地认识之前创业行动的经验教训，新的创业仍有可能重蹈覆辙。

　　象限Ⅱ（原有市场，不同产品）的创业机会。选择这一类型创业机会的创业者往往是因为在经验学习中认识到了自己在产品开发方面的不足，所以会努力通过产品方面的改变形成新的创业机会。同时，创业者对之前所选择的行业和市场仍持有较大信心，所以依然会进入同样的领域。这一类型的创业者仍然能从之前的创业行动中获得充分的经验和知识,但产品方面的变化则将带来一定的风险。

象限Ⅲ(不同市场,原有产品)的创业机会。选择这一类型创业机会的创业者一般对自己的产品和技术有较强的信心,但同时从之前的创业经历中认识到行业和市场方面的定位问题,创业者转而选择不同的目标客户来推广产品。在这种情况下,创业者之前在行业和市场方面的经验失去用武之地。创业者会尽可能地在市场聚焦和定位方面进行分析。应当注意的是,这里所谓的原有产品并不意味着和现有产品完全相同,不过至少在核心技术方面大致一样。

象限Ⅳ(不同市场,不同产品)的创业机会。选择这一类型创业机会的创业者放弃了之前的创业机会,完全进入一个新的创业领域。不过,创业者在团队选择、人力资源配置、资金融通、商业模式方面的经验仍然有一定的应用空间。作为全新领域,创业者会面临与初次创业者类似的压力和挑战。

(3)连续创业行动的机会开发

连续创业者的机会开发行为可以从战略力度和组织模式两个方面来认识。在战略力度方面,如果连续创业者进入的是一个与之前创业机会相关的领域(不论是产品或是市场),创业者一般会选择一个较为激进和积极的战略模式。因为创业者可能面临一些与之前创业活动类似的问题,在这些方面创业者已经拥有一些现成的经验。在相对熟悉的领域,创业者会更快地制定和实施战略。如果连续创业者放弃了熟悉或相关的领域,进入一个全新的领域,则很有可能趋于谨慎和保守。因为曾经创业的经历让他们能够更清晰地知道创业的风险和不确定性。

在组织模式方面,连续创业者有可能趋于更规范的管理模式。相对而言,初次创业者往往会采用较为灵活、非正式的管理模式,因为创业活动需要创业者迅速机动地做出决策。连续创业者则拥有相对充分的时间来进行计划,因为在创业结束和新的创业行动启动之间创业者拥有较完整的时间。创业者会更审慎地思考如何管理企业。这些思考反映在企业的组织和管理方面就是趋于正规化的计划、组织、控制等流程设计。

8.6 平台与联盟创业

新企业创业者往往是基于有价值的新思想、新点子建立新企业,因为这些新思想、新点子有可能不断更新,继而产生连续性的新思想、新点子来支持企业的发展。但另外一种情况则是新思想、新点子只能维系一段时间,因为很多其他企业可以复制或通过相似的方法向市场提供相同的产品与服务。因此,对于如何基于新思想、新点子来支持新企业发展来说,以最快的速度取得行业中的定位,通过产品或服务取得最大的利润,或者以有吸引力的价格被其他企业收购而获得利润是重要的目标。被誉为数字经济之父的唐·塔斯考特(Don Tapscott)认为,当前最具颠覆性的技术就是大规模协作。平台创业和联盟创业是两种实现上述目标的途径。

8.6.1 平台创业

平台创业（platform entrepreneurship）作为一种越来越常见的创业商业模式，经济学中解释这一模式是网络外部性创业，社会学则解释这一模式是社会网络创业。另外，知识管理领域也有隐性知识和显性知识的说法。如何解释平台创业中的平台，以及它的要素是什么？应该说一个成功的平台首先要有巨大的客户流量，否则设计得再完美，没有客户也是产生不了价值的，它自然也不符合新企业迅速扩张与发展的目标。其次，一个成功的平台要能承载多种业务，例如，Wintel（微软英特尔）联盟下聚集了大量的应用软件厂商、硬件制造商、整机装配商、渠道经销商，从而成为一个庞大的体系。再次，成功的平台要有较强的定价力，这种定价力可能来自于独特的低成本优势。例如，出自中国工厂的运动鞋，打上耐克的商标，售价就可以高几倍，事实上耐克品牌这个平台就具有一种定价力。因此，可以简单地说，拥有巨大的用户流量才可以做大，拥有广泛的承载力才可以扩张，拥有较强的定价力才可以做强，对于新企业来说，如何形成一个成功的平台是非常重要的，形成一个成功的平台，实际上就是获得一种杠杆力量。通过这种杠杆力量的赋能，可以使新企业得到迅速扩张与发展。因此，设计与建设一个有价值、与众不同、很难被他人模仿的，又与时代和市场潮流相一致的平台，对于新创企业特别重要。

平台的质量直接关系到流量/用户，而对于很多初创企业来说，最重要的是向同行与市场展示企业的前景，通过流量/用户的不断增加来树立市场对于企业的信心。就是像脸书（Facebook）这样的优秀企业，在初创时期企业利润也是负数，企业 CEO 扎克伯格逢人便说的就是 Facebook 目前有几千万流量/用户，接下来又告诉市场 Facebook 流量/用户过亿了，等等。因为，流量/用户可以说明外界看好新创企业，因此可以得到大量用户的支持，取得利润与提高企业的绩效。

在创业实践中，我们可以看到平台创业通常是有一个创新理念在先，然后根据这个创新理念建立合适的商业模式，并迅速建立多地区性、全球性的产品与服务网络，以最快的速度取得行业中的地位。例如，租车公司优步（Uber）的商业与经营模式是全新的。卡兰尼克根据酝酿多年的商业理念与思想，与其他创业者一起建立了优步公司。公司成立至今也就十年的时间，从公司的对外介绍中可以看到：2009 年优步开始在市场出现，最早是由特拉维斯·卡兰尼克（Travis Kalanick）和加勒特·坎普（Garrett Camp）成立，当时名为"UberCab"。优步在 2010 年 6 月正式于美国旧金山推出服务，同年 8 月瑞安·格雷夫斯（Ryan Graves）就任首席执行官。格雷夫斯不久后卸任首席执行官一职，由卡兰尼克接任。起初优步学习了伦敦出租车的风格，司机穿着西装驾驶清一色黑头的林肯城市轿车（Lincoln Town Cars）、凯迪拉克凯雷德（Cadillac Escalade）、宝马（BMW 7）系列和梅赛德斯-奔驰（Mercedes-Benz）S550 等车系。在 2012 年后，优步推出"菁英优步"（UberX）服务，加入更多不同系列的车型。优步在 2012 年宣布扩展业务项目，其中包括可搭乘非出租车车辆的共乘（ridesharing）服务。优步的移动应用程序于 2010 年在旧金山地区推出，支持 IOS 和 Android 系统的智能手机。2014 年 7 月 24 日，优步推出支持 Windows Phone

的智能手机应用程序。2010 年下半年,优步获得加州硅谷一群超级天使投资人的创业投资资金注入。2011 年年初,优步获得来自创投公司 Benchmark 的 3200 万美元资金。2011 年下半年,优步再次从多位投资者处获得了 3200 万美元的资金,投资者包括高盛、门罗风投(Menlo Ventures)和杰夫•贝佐斯(Jeff Bezos)等。2012 年 4 月,优步在芝加哥测试以较低价预约传统出租车的服务,并于 7 月进入伦敦市场。2013 年 7 月 3 日起,优步开始在纽约市和汉普顿市之间提供实验性的直升机招呼服务,称为"UberCHOPPER",定价为 3000 美元。优步于 2013 年进入中国市场,2013 年 6 月 27 日,优步开始在台湾台北市试行营运。2014 年 3 月 12 日,Uber 在上海召开官方发布会,宣布正式进入中国大陆市场,确定中文名"优步",并与支付宝合作。经过数月的试营运后,于同年 6 月 19 日正式在香港部分地区推出服务,初期服务范围仅涵盖中环及邻近地区;同年 8 月 14 日,增加招呼普通出租车的服务。在中国内地,人民优步(People's Uber)是优步公司所推出的一个非营利的公益拼车平台。综合优步这几年的发展,一个创新点就是将打车行业转型成社区平台,叫车的客户通过手机 App,就能与欲做兼职司机的优步用户和有闲置车辆的租户联系,一旦交易成功即按比例抽佣金、分成给予回馈等去监管化的金融操作手法,有人认为优步摧毁了传统出租车公司与租赁汽车产业的基础。但未来的商业竞争还是看谁在创新方面做得最好,基本模式还是平台—流量/用户—利润。

对于平台创业,创业者必须要注意以下方面:①平台的逻辑通常都是正确的,你一定可以说出供需双方不够有效率的现有做事方式,并认为自己的平台可以更有效率地解决问题,但平台的真正难处只有运作后才知道。通常做平台的人具有技术背景,但是,平台本身毫无价值,如果不能够把平台很好地运转起来,再好的平台设计也无济于事。然而,如何把平台很好地运转起来?关键是平台与市场的结合。如果设计者或者创业者不懂市场,是很难将平台很好地运转起来的。②平台创业的价值绝对是巨大的,是成功的创业者必须要思考的一个问题,然而,创业者必须认识到:从世界上成功与失败的创业案例来看,建立创业平台并将其成功运转起来,是一件非常困难的事。平台创业的创业者应该要多去研究一下目前成功的平台从零开始到现在的过程,找出其成功的关键因素,在学习别人的过程中得到提高。

8.6.2　联盟创业

唐•塔斯考特认为,当前最具颠覆性的技术就是大规模协作。联盟创业(alliance entrepreneurship)是一种在西方很流行的协作方式。联盟创业是两个或两个以上的企业为了实现各自的商业目的而达成的一种长期或短期的合作关系。这种协作是企业为了实现扩张需要而采取的行动,有明确的意图和目标,但合作关系本身则不一定是长期稳定的。然而,在协作期间初创企业之间追求的是 1+1>2 或双赢的特征。它的形成过程如图 8-10 所示。

联盟创业主要是通过协议形式进入多地多点经营,其中也有与对方机构的合作。合作协议的目的是初创企业可以得到或增加流量/用户,这一点对于初创企业来说显得特别重要。前文所提平台创业中优步的案例,其实也具有联盟创业的特征。

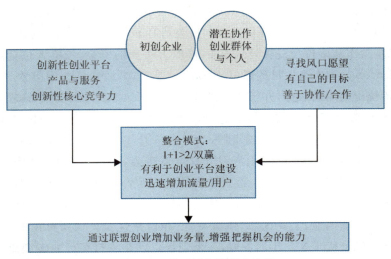

图 8-10　联盟创业的形成过程

　　联盟创业与战略联盟是不同的,战略联盟追求的是初创企业的明天与未来,联盟创业主要考虑的是眼前的业务,即将该企业眼前的业务建立在新点子基础上,有价值的业务得到迅速扩张与发展。联盟创业中,有一点是清楚的,就是初创企业与联盟伙伴保持着引领性的协作/合作的关系,两者之间也存在竞争关系,但绝对是第二位的。联盟创业伙伴虽然在部分领域中进行合作,但在协议之外的领域可以保持各自的经营管理。

本章小结

　　本章主要阐述了企业初创时期,创业团队的类型和重要组成因素,比较了各种企业组织形式的利弊,探讨了初创企业生存的关键因素。对于新创企业来说,资金是所有资源中最为关键的,创业融资方式和融资渠道有多种,处于种子期、创建期和发展期的企业具有不同的融资需求,企业必须从战略的高度对企业各个阶段的融资问题拟订整体性规划,并根据不同阶段的特点开展融资活动。在进入融资阶段时,企业需要大量的人力资源来确保良好运转,新创企业的创业团队可以提供人力资源和社会资源这两种极为有价值的资源,并需要对其加以合理利用,以利于巩固企业发展基础,获得竞争优势。股权融资和债券融资是企业的两种融资方式,两者具有不同的优缺点。对于新创企业来说,需要了解各种正式的和非正式的融资途径,尤其需要对非正式融资途径进行严格的利弊权衡,克服其阴暗面,确保获得互补的多种融资渠道,更好地服务新创企业。创业失败是创业过程的组成成分。大量创业活动的生命周期都很短,不过有很多创业者在创业失败之后仍继续创业,这些现象虽然普遍,但是相关的理论和实证研究都很少。本章将创业失败作为重点内容,分析了创业失败的概念、特征、原因,并且进一步探讨了连续创业的概念和行为特征。本章还分析了平台创业与联盟创业的相关理论与实践,并着重从实践的角度探讨了新创企业从 0 到 1 的思维、价值创造、激励与营销等问题,这些都属于创业的前沿议题。

❓本章思考题

1. 什么是新企业？谈谈你对新企业四种类型的认识。

2. 谈谈你对新企业的生存和发展与创业环境关系的认识。

3. 创业资源的分类是什么？什么是新企业的融资渠道？

4. 你认为在不同行业，创业失败的特征和原因存在区别吗？请列举一两个行业，分析其中的典型创业失败案例。

5. 连续创业者的最大挑战是什么？为什么？

6. 从现实出发列举平台创业或联盟创业的案例，分析其创新模式或运作模式。

案例分析

拼多多

从创立到登陆纳斯达克只用了三年时间，拼多多的奇迹是如何诞生的？作为一个新企业，在上市以后，拼多多能否延续奇迹？拼多多能否最终成长为稳定发展的成熟企业？

三年上市的奇迹

2015 年 9 月，拼多多微信公众号上线，两周后粉丝破百万。2015 年 11 月，微信公众号上线两个月，没有投广告，用户突破 1200 万人。

2016 年 1 月，拼多多付费用户突破 1000 万人，且单日成交额突破 1000 万元。

2016 年 7 月，拼多多 B 轮融资，获得来自高榕资本、IDG（美国国际数据集团）和腾讯的投资。（成为腾讯大家族成员，获得微信推广的优惠和白名单）

2016 年 9 月，拼多多和拼好货合并，用户破亿人。

2016 年 11 月，日均订单超过 200 万元，单日流水破 2 亿元。

2017 年 9 月，用户破 2 亿。

2018 年 7 月 26 日，拼多多用户破 3 亿人，在纳斯达克上市。

拼多多是干什么的？

拼多多 2015 年 9 月正式上线，是一家专注于 C2B 拼团的第三方社交电商平台，用户通过发起和朋友、家人、邻居等的拼团，以更低的价格，拼团购买商品。旨在凝聚更多人的力量，用更低的价格买到东西，体会更多的实惠和乐趣。通过沟通分享形成的社交理念，形成了拼多多独特的新社交电商思维。

连续创业者黄峥

黄峥是拼多多创始人、董事长兼首席执行官，"80 后"连续创业者，毕业于浙江大学和美国威斯康星大学麦迪逊分校计算机专业。毕业后加入美国谷歌，后跟随李开复回国参与谷歌（Google）中国办公室的创立。2007 年，黄峥从谷歌离职，开始自己创业，并先后创办手机电商、电商代运营和游戏公司。2015年4月，黄峥创办的拼好货上线，创立了社交电商新模式。同年9月，他的另一家游戏公司内部孵化出了拼多多。黄峥曾于2009年参与"巴菲特午餐"，受巴菲特稳健型投资理念的影响，着力于社交电商的变革。2016年9月，拼多多、拼好货宣布合并，黄峥出任新公司董事长。

突围：拼多多的新社交电商思维

拼多多作为一个新企业，在中国电商已经存在阿里、京东等巨头的情况下，迅速用一年时间就已经有过亿的付费用户，然后很快就突破了两亿、三亿的付费用户，用户的增长速度，持续增长的态势超过了很多人的预期，包括创始团队的预期。这首先得益于拼多多的产品逻辑：新社交电商。有人提出了这样的疑问："拼多多的这种社交电商模式，对于用户来说实际上是一种人际关系的透支。用户为了便宜几块钱、几毛钱，将商品信息发散到众多亲友群求帮忙，对于大部分人来说这就相当于垃圾信息轰炸。况且拼多多上面存有大量假冒伪劣商品，所有参与团购的用户有很大可能不仅没有享受到优惠，反而付出了代价。由此连带着损伤的不仅是拼多多的信誉，还有亲友之间的人情。这样一看，拼多多的社交电商模式无异于杀鸡取卵，卵取完了，就再也生不出来了。"

但黄峥在接受采访时指出，社交电商，核心在社交，而非电商上，而拼多多的逻辑是电商通过运营新时代的社交网络，把同质化的需求归集起来。与其说是社交电商，倒不如说是人以群分的电商，过去搜索电商是人去找东西，现在是相似的人连接在一起，相似的需求被归集起来，销量可以迅速提高，这个在短时间之内的量的聚集，也给供应链的优化带来了很大机会，使得性价比可以更高。

此前的社交电商，其实是主打关键意见领袖（KOL）的，这些可能并不是真正的社交电商，而是网红经济。以"网红经济"为模式的社交电商中，KOL和其他消费者是不对等的。但在拼多多模式中，任何人都可以发起团购，动员身边的人购买，用户的参与感很强。随便一个普通人，都可以在他的朋友圈宣称，这个商品怎么好，怎么便宜。因此，在拼多多的模式中，所有人都是对等的。

拼多多这样的新社交电商带来的好处是：通过"拼团""开团1分钱抽奖""砍价免费拿"等，获客成本远远低于一般的电商平台。有人以朋友圈中的"砍价免费拿"活动为例测算拼多多获客成本。某20寸行李箱显示价格398元，每位好友能"砍"掉的价格平均在4.5元左右，也就是说398元显示价格要全部"砍"完，需要邀请$398/4.5 \approx 88$位左右好友"砍一刀"。参考网易严选20寸行李箱价格249元，我们假设该行李箱的实际成本为200元（从拼多多平台商品价格来看，200元极可能是高估的）。如若88人都为新增用户，则意味着拼多多新客获客成本为$200/88 \approx 2.27$元/人；若一半为新客，则获客成本为$200/44 \approx 4.55$元/人，相比至目前行业平均超100元/人的获客成本，不可谓不低。

嬗变：从自营电商全面转型为平台电商

在起步到快速成长的过程中，新企业可能根据内外部环境进行重大转型。拼好货是黄峥因病修整后的第一个项目，专注"社交水果电商"并且很快实现了盈利，拼好货采用的是自营模式。看到拼好货在社交电商道路上走得比较顺利后,凭借做游戏积累的产品嗅觉,游戏团队觉得可以根据社交电商模式来运作一个电商平台,而不仅仅采用直营模式,于是,立项了拼多多。从财报上看,拼多多在2016年实现用户破亿后,在2017年第一季度开始全面转型为平台电商,来自在线平台的广告和佣金收入取代自营收入。2016年自营业务收入为4.57亿元(占比90.44%),2017年第一季度该部分收入降至338.5万元(占比9.14%),2017年第二季度开始完全停止自营业务。取而代之的是2017年、2018年第二季度的17.41亿元、13.85亿元的互联网平台收入。为什么拼多多从自营电商起家做到近5亿元收入,然后全面转向平台电商呢?如果要做平台电商,为什么一开始没有直接做平台电商呢?自营电商是一种电子商务模式,其特征是以标准化的要求,对其经营产品进行统一生产或采购、产品展示、在线交易,并通过物流配送将产品投放到最终消费群体的行为。自营电商有品牌力强、产品质量可控、全交易流程管理体系完备等特点。例如京东就是典型的自营电商。平台电商一般指电子商务平台。电子商务平台是一个为企业或个人提供网上交易洽谈的平台。企业电子商务平台是建立在互联网上进行商务活动的虚拟网络空间和保障商务顺利运营的管理环境;是协调、整合信息流、货物流、资金流有序、关联、高效流动的重要场所。例如淘宝就是典型的平台电商。平台电商通常以获取广告费、会员费、佣金作为主要收入来源。拼多多选择从自营电商转型平台电商,最重要的应该还是追求发展速度。自营电商需要自己建立商品的流通和管理体系,势必在规模扩张速度上受到制约。例如自营电商的典型代表京东,"不够互联网化",是员工提及京东时的高频词语。在京东员工们看来,从商业模式来看,京东本质上还是一家零售公司——这意味着追求效率和强执行,讲究组织链条的严丝合缝,甚至有时带有半军事化色彩。而拼多多由于要追求流量的继续快速增长,进入完全的平台电商模式以后就可以把原来在自营电商方面投入的精力转移到扩大平台的流量上来。这是一个重要的战略措施。而流量对于拼多多的意义无论是从融资方面还是从走向资本市场的估值方面来看都是至关重要的,这关系着拼多多的融资能力,以及支撑快速发展所需要的营销费用。

转型为平台电商后,拼多多的业务核心逻辑如图8-11所示。可以看到,货物的调配和物流已经不由拼多多直接操作了,而是完全由商家自行与买家进行交易了。拼多多只要做好平台的各种支持功能,有足够多的用户来这个平台,就可以坐地收钱了。

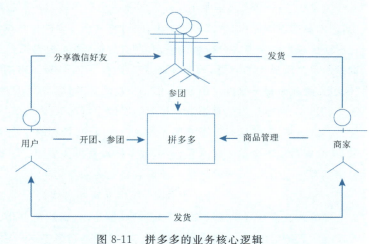

图8-11　拼多多的业务核心逻辑

资料来源:https://baijiahao.baidu.com/s?id=1607020018627032164&wfr=spider&for=pc.

社会网络：黄峥的伯乐们

段永平，"小霸王""步步高"的掌舵者，与巴菲特共进午餐的成功企业家、投资人；丁磊，网易创始人；王卫，顺丰创始人；孙彤宇，阿里巴巴创始人之一、淘宝网缔造者之一。这四位中国商界的风云人物还有一个共同的身份，那就是电商黑马拼多多的天使投资人。尤其是段永平，大家可能不会忘记 2006 年他以 62 万美元的价格拍下了与股神巴菲特共进午餐的机会。而当年还在美国求学的黄峥也受到段永平的邀请参加了这次午餐。他说，这顿饭对他最大的意义是，巴菲特用任何人都能听懂的简单语言让他明白了"常识"和"简单"的力量。拼多多就是在做一件符合常识的事情，对接很大程度上被忽视的广大三四五线城市和乡村群体的消费需求，让他们在平台上可以安心、方便地买到性价比高的商品。拼多多的这种简单经营逻辑让它在短短三年时间内迅速积累了 3 亿名用户。而黄峥能够在做学生的时候就收到段永平的邀请，得到与巴菲特共享午餐这样难得的学习机会，可见两人的交情在那时就非同一般。段永平是江西泰和人，1977 年考入浙江大学无线电系，是黄峥的校友。段永平 1989 年 3 月到中山市怡华集团下属的一间亏损 200 万元的小厂当厂长，他决定做小霸王电子游戏机。三年之后，这间小厂产值已达 10 亿元。1995 年，他到东莞成立了步步高电子有限公司，很快使"步步高"步步登高，成为中国无绳电话、VCD、教育电子产品等行业中的名牌。1999 年、2000 年，"步步高"两夺央视广告标王。1999 年，段永平以其"明晰的远见和创新能力"，被《亚洲周刊》评为亚洲 20 位商业与金融界"千禧年"行业领袖之一。有了这样的创业导师的支持和指导，黄峥在美国硕士毕业后放弃待遇丰厚的微软而选择加入当时影响力还小的谷歌，并且后来又回国建设谷歌中国办公室，并且成为连续创业者，应该都是创业生涯规划的既有部署了。同样值得一提的伯乐，还有丁磊。2002 年，黄峥即将从浙江大学毕业赴美留学之际，当时的网易 CEO 丁磊主动联系到他，希望其帮助解决一个技术问题，因为丁磊在网上看到黄峥发表过的一篇文章。最终丁磊遇到的难题在黄峥的帮助下，得以成功解决。也许是为了感谢黄峥的帮忙，丁磊给黄峥介绍了一位学长——1982 年毕业于浙江大学无线电系的段永平。彼时的段永平，已经实现财务自由，刚刚获得美国绿卡，举家移民美国，同时也开启了他的投资事业。与段永平见面时，黄峥已在威斯康星大学麦迪逊分校就读硕士，初次见面，两人聊得相当投机。硕士毕业时，黄峥还咨询段永平关于择业的问题，段永平指点他选择了当时未上市的谷歌，而非如日中天的微软。"Google 看起来是一家挺牛的公司，值得去看看。对你未来创业也是有好处的。去的话至少待三年，因为一两年是没法真正进入重要的岗位了解这家公司的。"段永平如是建议。三年以后，因为谷歌上市，黄峥拥有了百万美元身家。所以说，社会网络是个很奇妙的资源。如果没有丁磊，黄峥很可能不会认识段永平，也就很可能没有机会参加巴菲特午餐。如果没有从巴菲特午餐得到那样深的触动，黄峥还能不能得到拼多多的灵感呢？

稳定型创业：玩转电商和游戏的完美结合

黄峥本人先后在电商和游戏领域试水、创业，然后他在电商这个熟悉的领域，糅合了在游戏产业积累的经验，让电商变得好玩、有趣，这就是拼多多这一项目能够创造巨大的商业价值的重要起源。电商在中国已经发展了很多年，传统电商依托于中心化的平台和体系积累，形成的是一个完备的商业体系。传统电商的时代，就是流量为王的时代。今天大部分人所谈论的社交电商目前来看更像是一种聚客手段——通过社交平台的流量优势和分享机制低成本获客。从这个角度上定义拼多多，则依然是流量思维，这显然是有误的。这种看法的背后逻辑是，通过社交获取流量就能成功，如果成立的话，微信早已成为最大的社交电商了。拼多多的很多社交功能，例如邀请好友帮忙拆红包、帮忙砍价都有很明显的游戏性，和游戏高手呼朋唤友一起"打碉堡"的乐趣是一脉相承的。而黄峥的游戏公司的创业经验无疑让拼多多在设计这种社交游戏性方面做到了极致，让大家不仅仅觉得买到了实惠，还玩得很"嗨"。拼多多上市后，2018 年 8 月 8 日网上一篇文章里写到："最初的拼团模式之后，拼多多最近又出了很多社交新玩法，包括邀请微信好友为自己想要的商品砍价、帮好友开红包拿现金等，很多拼多多相关群纷纷崛起，大家一起互相帮忙砍价。你尽管说这是五环之外的世界，五环之外的人自有他的乐趣。"的确，虽然一线城市用拼多多的比例很低，但是"五环之外的人"也需要有自己的乐趣。而拼多多设计的游戏性恰恰提供了这种乐趣。这和黄峥的游戏公司的创业经历肯定是分不开的。

融资能力强大的拼多多：我们烧得起钱！

在拼多多之后，很快就出现了拼夕夕、拼趣多等许多模仿者，套路都是照抄。对于拼多多来讲，快速把自己吃成一个最大的胖子，让那些模仿者望尘莫及，就建立起了自己的壁垒。有一种新企业的思路是完全靠融资，不断烧钱不断融资。这种模式是许多互联网公司采用的套路，也是许多互联网公司死掉的原因。而拼多多之所以持续得到资本的青睐，一定程度上也得益于它的现金流表现与传统的互联网公司很不一样。

拼多多的现金流量表数据显示，公司经营活动产生的现金流量净额始终为正，2017 年、2018 年第一季度分别为 3.15 亿元、6.29 亿元。由于其经营现金流良好，而上述融资显示筹资能力强劲，使得公司保持大量在手现金，2017 年、2018 年第一季度的现金及现金等价物分别为 30.58 亿元和 86.34 亿元。而这些现金为公司 2017 年、2018 年第一季度分别带来8078.3 万元、5016.3 万元的利息收入。这说明与大量烧钱的互联网公司不同，拼多多的运营保持良性现金流周转。手里不差钱的时候融资，比差钱的时候融资，新企业的谈判砝码更多。

制度环境的风险：饱受争议的山寨货和劣质产品问题

拼多多从诞生起就伴随着关于山寨货的质疑。据《新京报》报道，2018 年 8 月 1 日，国家市场监督管理总局要求对拼多多开展调查。虽然拼多多全力配合调查，但记者在拼多多平台上依然发现不少山寨产品。由于中国的知识产权保护不尽如人意，在巨大的商业利益面前，违法成本实在太低了。对于拼多多这样的新企业而言，如果要长期稳定地发展壮大，也要考虑到中国知识产权保护在不断加强的趋势。如果中国的知识产权保护力度做到美国的地步，可能拼多多早就被数不清的诉讼给拖垮了。关于劣质产品问题，如果不存在假冒他人品牌，其实是一个性价比的问题。俗话说，一分钱一分货。从拼多多瞄准的"五环之外"用户群体来看，用户其实并没有太高的质量期望。但是，对于拼多多而言，如何建立起完善的售后服务体系，却是一个避不开的问题。淘宝已经建立起这样的体系。从大量的新闻报道来看，拼多多前几年主要顾着一路狂奔，之后势必需要建立起完善的售后服务体系，否则对用户的留存率会是一个减分项。

结　语

拼多多未来的挑战还有很多。作为一个快速崛起的新企业，除了把已经建立起的优势进一步发挥，如果能够把自己的短板补上，也可能迎来又一波飞跃。

案例来源：根据 http://www. sohu. com/a/245859630_644007，http://www. sohu. com/a/245859630_644007，http://finance. ifeng. com/a/20180618/16343939_0. shtm，http://finance. ifeng. com/a/20180618/16343939_0. shtml，https://tech. sina. com. cn/i/2019-05-11/doc-ihvhiqax8026396. shtml，https://baijiahao. baidu. com/s? id＝16070200186627032164&wfr＝spider&for＝pc，http://finance. sina. com. cn/stock/relnews/us/2019-05-09/doc-ihvhiews0708187. shtml，https://www. eefocus. com/consumer-electronics/417716/r0 等公开网站资料整理改写。

■ 问题讨论：

1. 拼多多在未来进一步发展的路上，还有什么挑战？

2. 如果拼多多没有转型成平台电商，而是坚持做自营电商，情况可能会怎样？

3. 哪些电商公司也采用了裂变式营销？效果如何？为何拼多多能够胜出一筹？

4. 如果拼多多下一步走向国际化，将是一条怎样的路？

■ 本章精读文献 ■

Alvarez S A & Busenitz L W. The entrepreneurship of resource-based theory[J]. Journal of Management，2001，27(6):755-775.

Chapter Article Summary(本章精读文献摘要)：

This paper examines the relationship between resource-based theory (RBT) and entrepreneurship and develops insights that advance the boundaries of RBT and begins to address important questions in entrepreneurship. They extend the boundaries of RBT by introducing two entrepreneurial concepts：(1) entrepreneurial recognition，which is defined as the recognition of opportunities and opportunity seeking behavior as a resource；(2) the process of combining and organizing resources as a resource. They also build a theory for the field of entrepreneurship that is organized around the four conditions of RBT：resource heterogeneity，ex post limits to competition，imperfect factor mobility and ex ante limits to competition. They show how RBT from another area of inquiry can be a very helpful exploration tool for probing and better understanding entrepreneurship related phenomena. They use RBT to show how entrepreneurship generally involves the founder's unique awareness of opportunities，the ability to acquire the resources needed to exploit the opportunity，and the organizational ability to recombine homogeneous inputs into heterogeneous outputs. Looking at these from multiple levels of analysis perspective involves significant truncation or problems with theory development. By analyzing these different aspects of entrepreneurship as unique resources they resolve the level of analysis problem and facilitate better theory development. Furthermore, their development of the entrepreneurship in RBT paves the way for addressing important research questions. For example, one such question might be under what conditions is the firm's most efficient way of exploiting economic opportunities identified by entrepreneurs? Entrepreneurs have individual-specific resources that facilitate the recognition of new opportunities and the assembling of resources for the venture. By focusing on resources, from opportunity recognition to the ability to organize these resources into a firm and then to the creation of heterogeneous outputs through the firm that are superior to the market, they help identify issues that begin to address the distinctive domain of entrepreneurship. From an entrepreneurial perspective, one contribution to RBT is that they are now able to identify resources such as entrepreneurial alertness, insight, entrepreneurial knowledge, and the ability to coordinate resources, as resources in their own right.

本章精读文献评述：

这篇文章从理论上考察了资源基础理论与创业之间的关系，资源基础理论在创业研究领域的应用主要体现在创业机会识别和创业资源整合两个方面。创业者具有的独特的个人认知能力作为一种资源有助于识别新机会和积累新创企业资源。本文通过聚焦资源，从机会识别能力，到创业资源整合能力，再到创造出领先市场的异质性成果，帮助我们识别出了这些具有独特性的创业研究领域。作者认为构建新创企业优势和获取创业资金的基础可以归结为四个方面：资源异质性、事前竞争约束、要素的不完全流动性和事后竞争约束。作者在创业者异质性方面的论述，应该说对我们当前的"大众创业、万众创新"的社会环境和创业教育具有较大启发。这篇文章的作者认为相对于管理者，创业者更多会使用简单化的直观推断的思维模式（heuristic-based logic）进行思考，使用有限的或关键的经验来做决策，而不是以全面信息和严密论证为基础。这对我们的传统教育，尤其是高等教育提出了重大挑战。我们传统教育以提供系统性和应试性教育为主，这种模式下的学生具有较严密的逻辑思维能力和求全求真的精神，并形成思维惯性，却很难形成作者所提到的"创业警觉"和"快速决断"。因此对稍纵即逝的创业机会不敏感，即使捕捉到也容易因为追求更全面信息而错失良机。作者还提出创业者的另一项关键资源是隐性的一般知识（tacit generalized knowledge），即难以言述清楚的更全面的综合知识。有了这些知识，创业者就可以更有目的性地搜寻和整合更专业高深的具体知识和资源。匈牙利哲学家波兰尼认为人类的知识有两种，通常被描述为知识的，即以书面文字、图表和数学公式加以表述的，称之为显性知识；而未被表述或很难被表述清楚的知识，像我们在做某事的行动中所拥有的知识，是隐性知识。因此，如何设计并有效传递宽口径的、能激发深度思考的知识体系是每一个高校和教育者都应该思考的问题。如何设计出一套更加有效针对创业素质的能力模型和知识体系是创业教育当前面临的一项重大挑战。

本文还强调创业者在社会关系中的弱联系强度对于创业成功至关重要。弱联系理论是社会学的一个经典理论，该理论认为人与人之间的关系，从沟通互动的频率来看，可以简单划分为强联系和弱联系。强联系产生于个人与核心家庭成员、好朋友、工作上的合作伙伴和主要客户之间,表现为在生活和工作中有较多的互动机会;弱联系则存在于更为广泛亦更为肤浅的社会交往中,一个人在社会上获得机会的多少,与他的社交网络结构很有关系。如果只跟亲朋好友交往,或者认识的人都是与自己背景类似的人,那么他的认知结构和信息结构就比较有限。由于创业者思考问题是跳跃性的和非线性的,将自己置于非常规的、思想迥异的人和情境当中,会激发他们创新思维的火花,会让他们接触到更多异质性的信息和资源。这些资源的整合无论对于创业机会的识别还是利用都很必要。2012 年,哈佛商学院的冈珀斯(Gompers)等发表了一篇《友谊的代价》(The cost of friendship)的论文。这篇文章考察了 3510 个风险投资者,以及他们在 1975—2003 年间的 11895 个投资项目。有些人选择与自己能力相当的人合作,比如大家都是名校毕业;但更多的人选择与自己的"熟人"合作,比如曾经的同学、同事。这个研究发现,按能力搭档可以增加投资的成功率,而找熟人搭档,则会极其显著地减少投资成功的可能性。因此,如何经营好弱联系资源对于意欲创业和已经创业的人来说都意义非凡。

本章作者: 斯晓夫;林嵩。

本章案例作者: 詹朋朋,复旦大学中国风险投资研究中心研究员,跨境天使(Angels Global)、硅航资本创始人,资深创投人,热衷于双创教育研究与实践。

本章文献评述作者: 魏峰,同济大学教授,美国弗吉尼亚大学达顿商学院访问教授,在 *AMJ* 国际等期刊上发表过管理研究论文。

▌本章相关引用材料▐

[1]Bradley S. W. Entrepreneurial resourcefulness[J]. Wiley Encyclopedia of Management,2015(3).

[2]Bruyat C & Julien P A. Defining the field of research in entrepreneurship[J]. Journal of Business Venturing,2001,16(2),165-180.

[3] Cannon M D & Edmondson A C. Confronting failure: Antecedents and consequences of shared beliefs about failure in organizational work groups [J]. Journal of Organizational Behavior,2001,22(2):161-177.

[4] Cardon M S, Stevens C E & Potter D R. Misfortunes or mistakes? Cultural sensemaking of entrepreneurial failure [J]. Journal of Business Venturing,2011,26(1):79-92.

[5] Carter S & Wilton W. Don't blame the entrepreneur, blame government: The centrality of the government in enterprise development: lessons from enterprise failure in Zimbabwe [J]. Journal of Enterprising Culture,2006,14(1):65-84.

[6] Clough D R, Pan Fang T, Vissa B & Wu A. Turning lead into gold: How do entrepreneurs mobilize resources to exploit opportunities? [J]. Academy of Management Annals,2019,13(1):240-271.

[7] Cope J, Cave F & Eccles S. Attitudes of venture capital investors towards entrepreneurs with previous business failure [J]. Venture Capital,2004,6(2-3):147-172.

[8] Duchesneau D A & Gartner W B. A profile of new venture success and failure in an emerging industry [J]. Journal of Business Venturing,1990,5(4):297-312.

[9] Ganz M. Resources and resourcefulness: Strategic capacity in the unionization of California agriculture,1959-1966[J]. American Journal of Sociology,2000,105(4),1003-1062.

［10］Hayward M L，Shepherd D A & Griffin D. A hubris theory of entrepreneurship［J］. Management Science，2006，52(2)：160-172.

［11］Hyytinen A & Ilmakunnas P. What distinguishes a serial entrepreneur?［J］. Industrial and Corporate Change，2007，16(4)：793-821.

［12］Kahiya & Eldrede T. Export barriers as liabilities：near perfect substitutes［J］. European Business Review，2017，29(1)，61-102.

［13］Knott A M & Posen H E. Is failure good?［J］. Strategic Management Journal，2000，26(7)：617-641.

［14］Kolb D A. Experiential Learning［M］. Englewood Cliffs，NJ：Prentice Hall，1984.

［15］Lans T，Biemans H，Verstegen J，et al.，The influence of the work environment on entrepreneurial learning of small-business owners［J］. Management Learning，2008，39(4)：597-613.

［16］Lee S H，Yamakawa Y，Peng M W，et al.，How do bankruptcy laws affect entrepreneurship development around the world?［J］. Journal of Business Venturing，2011，26(4)：505-520.

［17］Lewis V L & Churchill N C. The five stages of small business growth［J］. Harvard Business Review，1983，61(3)：30-50.

［18］Minniti M & Bygrave W. A dynamic model of entrepreneurial learning［J］. Entrepreneurship Theory and Practice，2001，25(3)：5-16.

［19］Patel P C & Jayaram J. The antecedents and consequences of product variety in new ventures：An empirical study［J］. Journal of Operations Management，2014，32(1-2)：34-50.

［20］Politis D. The process of entrepreneurial learning：A conceptual framework［J］. Entrepreneurship Theory and Practice，2005，29(4)：399-424.

［21］Powell E E & Baker T. Beyond making do：Toward a theory of entrepreneurial eresourcefulness［J］. Frontiers of Entrepreneurship Research：2011，31(12).

［22］Robinson S. Business failure rates：A look at sex and location［J］. Academy of Entrepreneurship Journal，2007，13(1)：45-57.

［23］Ropega J. The reasons and symptoms of failure in SME［J］. International Advances in Economic Research，2011，17(4)：476-483.

［24］Singh J V & House T R J. Organizational legitimacy and the liability of newness［J］. Administrative Science Quarterly，1986，31(2)，171-193.

［25］Stinchcombe A L. Organizations and Social Structure：Handbook of Organizations［M］. Chicago，IL：Rand McNally，1965.

［26］孟丁. 平台企业竞争战略框架及策略性行为研究［J］. 华东经济管理，2013(1)：107-112.

［27］彼得·蒂尔，布莱克·马斯特斯. 从 0 到 1：开启商业与未来的秘密［M］. 高玉芳，译. 北京：中信出版社，2015.

Chapter 9

第9章 公司内部创业

→ **学习目标**

了解公司内部创业的内涵及其六个特征

知道公司内部创业的激励机制、运行机制和团队构成

了解四类公司内部创业常见的组织模式

章节纲要

- 公司内部创业的内涵与特征
- 公司内部创业需要的相关机制
- 公司内部创业常见的组织模式

开篇案例

第一台 IBM-PC 开发者的辉煌往事

在 IT 产业史上，曾经参与世界上第一台 IBM-PC 开发的 12 名工程师改变了计算机行业的发展方向和竞争格局。当时，工程师比尔·洛（Bill Lowe）向 IBM（国际商用机器公司）总裁建议开发个人电脑，以期在当时由苹果、Commodore 和 Atari 等品牌占据的电脑市场中开辟一块属于 IBM 的市场。IBM 总裁接受了比尔·洛的建议，并将开发个人计算机的行动命名为"跳棋计划"。由此开始了围绕个人计算机的公司内部创业，继而使 IBM 成为 PC（个人计算机）界的大鳄。

IBM 在佛罗里达州的博卡拉顿（Boca Raton）设立了个人计算机研发总部，诺埃尔·福尔韦尔（Noel Fallwell）所在团队即开始了命名为"跳棋计划"的公司内部创业，并选择了使用其他公司零件和技术来开发系统的道路。

特别是，在 IBM 此前的产品开发中，工程师们习惯使用 IBM 自己的零件来设计开发系统，甚至连开发新品所需要的大部分硅芯片和设备都是 IBM 自己生产的。但开发个人计算机时，鉴于英特尔和摩托罗拉等公司已在生产新的微处理器和外围设备，IBM 即考虑能否将别人生产的 CPU（中央处理器）整合进 IBM-PC 的产品设计。由此，IBM 的研发小组很快开发出了基于摩托罗拉 68000 微处理器的个人计算机。

比尔·洛和诺埃尔·福尔韦尔所在研发小组将他们的成果向IBM总裁进行了汇报,得到了总裁的认同。进而,采用同一方法,IBM又开发出了使用英特尔8088处理器和Standalone打印机的个人计算机。相应地,在个人计算机上市的最初几个月里,IBM卖掉了原来估计需要若干年才能卖完的产品。

鉴于IBM-PC事业的建立与发展采取了公司内部创业的组织模式,故IBM-PC的开发往往被视为内部创业的典例之一。

案例来源:雷家骕,洪军.技术创新管理.北京:机械工业出版社,2012.

9.1 公司内部创业的内涵与特征

9.1.1 两个重要概念

(1)公司内部创业

所谓公司内部创业,即公司内部的某些个体或群体,面对新的商机,利用公司提供的条件和其他支持,为公司创建新的业务机构,进而推动组织内部战略更新的过程。

公司内部创业不仅有助于有效利用公司资源,促使公司迅速抓住新的市场机会,同时也是公司激励员工,发挥其创新创业精神的有效方式之一。公司内部创业也是企业开辟新的业务、谋求持续经营的可行途径。

在市场竞争条件下,企业既要保持组织的动态灵活性,快速响应市场的需求,又要克服组织内部的低效率,充分调动内部人员的积极性,公司内部创业即成为大公司持续成长的可行途径之一。典型的是,在2010年《财富》世界500强企业排行榜中,名列前100位的大公司,在产品创新方面有55%采用了公司内部创业的模式。

实践中,诸多企业成功地开展了公司内部创业,如3M、施乐、宏碁等知名的大公司。这些公司通过建立内部市场和规模相对较小的自治或半自治的经营部门,用独特的方式利用企业资源以生产产品、提供服务或技术。在我国,不少企业也逐渐意识到了公司内部创业的重要性,华为、用友的内部创业就是典型代表。

2000年,深圳华为集团为了解决机构庞大和老员工问题,鼓励员工内部创业,将华为非核心业务与服务业务,如生产、公交、餐饮业以内部创业方式社会化,先后成立了广州市鼎兴通讯技术有限公司、深圳市华创通公司等。这些内创公司依托华为强大的经济实力与市场占有率,为其产品提供相关技术服务,同时也成就了企业内部员工的创业梦。

财务软件公司"用友"是另一个典例。前些年,"用友"在合肥、武汉和温州推出了"创业计划",公司总裁王文京希望地区分公司的员工离开公司,转为自行创业的代理商。公司为离职代理并成立公司的员工提供资金和产品支持。员工级的能获得8万元赞助,经理级的能获得15万元赞助。这就缓解了用友原有的渠道成本压力太大的问题。

(2)创业家和内创业家

所谓创业家,即开创或经营某项业务,特别是要涉及许多财务风险的人。这类人往往具有强烈的创业愿望，善于捕捉机会，愿意去组织团队，筹措所需资金，承受相应风险，进而去开发新的事业。

相对于公司外部、与公司无关的创业家，不少研究者发现，公司内部也会有一些创业者。他们富有创造力和创新创业精神，总是偏好去创立新的事业。如果公司能够为他们提供相应的资源和机会，他们即可能成为公司新的业务的开拓者。我们可以将这些员工称为公司内部的创业家，即内创业家。

内创业家是公司内部创业的主体，他们不同于一般的企业经理人。经理人是被公司雇用来控制、组织、指导企业各项业务活动的经营管理者。内创业家固然也是公司雇用来的，公司雇用他们的目的是让他们承担某些方面的工作。但被雇用来了之后，由于内创业家有着强烈的创新创业精神，在某些情况下，他们可能"违背"公司雇用他们的初衷，而努力去发现新的商机，进而为公司开发新的业务。他们能否成功，多在于他们是否愿意承担风险，能否有效地利用公司所提供的资金和平台，以及他们是否有坚忍不拔的毅力。

9.1.2　关于公司内部创业的讨论

公司创业概念的出现，是 Westfall（1969）在《美国管理学会》（AMJ）杂志上首先[1]提出创业应被包含到已有企业的职责范围，文章指出了组织内不平衡的信息流、短缺的管理资源等因素对公司创业的妨碍以及刺激公司创业的相应举措。Peterson 和 Berger（1971）在《管理科学季刊》（ASQ）上发表了一篇研究流行音乐产业环境动荡性对企业创业影响的论文，想进一步通过"公司创业"的概念把个体创业与组织层面创业行为区隔开来。然而，学术界对于公司内部创业的界定有不同说法，如果把公司创业比喻为一个百货商店，其包含的物品用"琳琅满目"来形容绝不为过。首先，公司创业的概念名称本身就包括公司创业、内创业、公司风险投资（Sharma & Chrisman，1999）。公司创业的内涵所包含的内容就更多，如战略更新（Guth & Ginsberg，1990），发展新产品或新市场（Jennings & Lumpkin，1989），发展组织所接受的公司文化和制度规范（Kuhn，1999），培育创新（Baden-Fuller，1995），为未来企业的利润流获得知识（McGrath et al.，1994），国际化的成功（Birkinshaw，1997），产品、流程或管理创新（Covin & Miles，1999），多元化（Burgelman，1991），个体观点赋予组织集体（Chung & Gibbons，1997），商业模式和领域重构（Covin & Slevin，1988），公司建立新的实体商业及风险投资（Phan et al.，2009），创业战略姿态（Covin & Slevin，1991），延展公司相关机会（Burgelman，1984）以及创业导向中的多维度（Miller，1983；Lumpkin & Dess，1996），等等。

学界对于公司创业称谓与定义的多样性，公司创业的学者先驱伯格曼（Burgelman）似乎有先见之明，"公司创业"这一术语本身看上去似乎是"矛盾的修辞"（oxymoronic）（Burgelman，1984）。Dess 等（1999）认为相对于"创业"这个概念，"公司创业"显得更加模

---

[1]　Zahra，Jennings 和 Kuratko（1999）提出，Peterson 和 Berger（1971）发表在《管理科学季刊》（ASQ）上一篇研究流行音乐产业环境动荡性对企业影响的论文为公司创业领域的奠基之作，此观点有待商榷。

糊,因为公司创业更加复杂,它所要挑战的领域包括组织的战略、结构和过程。而公司创业内涵的多样性,甚至存在着不同的学者使用不同的公司创业内涵以满足学者本身写作目的的情况(Sharma & Chrisman,1999;Busenitz et al.,2001)。

尽管说法有所不同,但一致的观点是公司内部创业是在现有企业中的创业,而这类创业为现有组织中的管理者提供了主动尝试新鲜创意的自由平台。公司内部创业是"在位企业"通过非主流业务创新来驱动业务整体增长和战略更新的主要动力,同时也是促进产品、流程、管理创新和业务多元化,促进员工把个人的创新构想转化为集体行动的主要动力(Barringer & Bruedorn,1999)。由此认为,公司内部创业对于企业的生存和发展具有极其重要的意义。

正如创新理论的始祖熊彼特先生所说,"创新就是建立一种新的生产函数",也就是 $f=f(k,l,t)$,其中,k 为资本、l 为劳动、t 为技术。而创业,不外乎是在这类生产函数中加了一个组织变量(o)。这样,创业的生产函数就是 $f=f(k,l,t,o)$。可以说创业是创新的特殊形态。公司内部创业是在现有企业内建立全新事业的独立部门。公司内部创业的本质是某个公司已有很好的业务方向,且这些业务发展得很好,但市场上又产生了新的机会,于是公司即以创业的思维和组织形态,利用现有的资源开发出新的业务。由此,公司内部创业是不少公司迅速成长的重要途径。

值得关注的是,尽管学界对公司内部创业的内涵的阐述不尽相同,但一种广义的公司内部创业概念已被众多学者所认同,即在现有公司组织内部,以类似于独立企业的机制去为公司开发新的业务,可视为是公司内部创业。

公司内部创业既可以是由内创业家(创业团队)自发推动的,也可以是由公司战略引导而发生的。公司内部创业既可以在公司现有部门内实施,也可以成立新的组织来实施,关键是要采取类似独立企业的运行机制。

公司内部创业通常强调两个方面:一是新开发的业务要服务于公司的整体战略,有利于增强公司的核心竞争力;二是新的业务最好能利用公司既有资源和专长,从而使新业务的开发成本降至最低。但不能排除的是,在某些情况下,以内部创业的方式开发新的业务,可能会要求既有公司做出一些调整。这可能涉及公司的资源配置,甚至会涉及既有公司的组织结构或战略层面(郭鲁伟、张健,2002)。

9.1.3　公司内部创业的特征

(1)新开发的业务不在公司原有业务范围内

新开发的业务虽然不在公司原有业务范围内,但这个新开发的业务未来有可能变成公司新一轮的优势业务,且不会影响公司既有业务方向的可持续发展,除非企业本身拟放弃原有的业务。相应地,公司内部创业与狭义创新的主要差别是,狭义创新的方向通常与企业现有的经营方向一致,而公司内部创业通常与企业现有的经营方向并不一致。典型的是,IBM-PC 业务的开发,就不在 IBM 原来的业务范围之内。

(2)新业务的开发是为了既有公司的业务发展

换言之,不能将公司员工利用公司资源来干"自己的营生"理解为公司内部创业。例如，前述比尔·洛等人开发个人计算机业务，是为了 IBM 发展新的业务、扩大 IBM 的业务范围，为了 IBM 整体上更好地发展，故我们说它是内部创业。但如果比尔·洛及其团队开发这项业务纯粹是为了开发团队的利益，甚至开发出 PC 后与 IBM 分道扬镳了，这就不属于内部创业了，甚至只能称之为"团队创业"了。

（3）新业务的开发得到公司高层的认同

不管新业务的开发是由内创业家（或创业团队）自发推动的，还是由公司战略引导而发生的，只要真正想让这个业务发展起来，即需要使用既有公司的平台、资源和外部价值网络。此时，既有公司高层的认同和支持，能够自主地使用公司内部可以用于发展新业务的资源，成为公司内部创业必备的条件。典型的是，IBM-PC 业务的开发，能以内部创业的方式来实施，就在于比尔·洛等人的动议得到了 IBM 时任总裁的积极回应。

（4）公司高层支持以类似于独立公司的架构来开发新的业务

任何创业活动的实施，创业者都需要"独立自主"。在公司内部创业也是如此。如果新业务开发团队不能相对独立地运行，就很难有团队和公司高层所期待的开发效率，甚至会迫使"内创业家"离开现有企业。因此，当"内创业家"致力于为公司开发新的业务时，高层最好能支持他们以类似于独立公司的架构来开发新的业务，给予他们足够的自主权。典型的是，IBM-PC 业务之所以能在一年后即在市场上获得佳绩，这与 IBM 时任总裁给予比尔·洛等人足够的自主权有极大的关系。

（5）战略更新与主动竞争同在（冯婷、林嵩，2009）

企业借助内部创业发展新业务、进入新领域，公司战略必然要相应调整。这就意味着，内部创业实际上也是"公司战略更新"的过程。因为如果公司决心实施内部创业，即表明高层在考虑公司新的发展方向及其战略，进而会重新整合资源。这显然就有着"战略更新"的寓意。相应的战略往往被称为"创业导向的公司战略"。进一步看，这样的企业在市场中也会表现出"主动竞争"的姿态。因为既有公司致力于进入新的领域，势必对该领域现有企业形成威胁。如果既有公司是一家在原有领域有较大规模和较强竞争力的公司，则新领域内的既有企业就会产生较大的"被威胁感"，相应也会采取"反击"的措施。由此，一旦某家公司选择进入新的领域，往往会引发更为激烈的竞争。而企图通过内部创业进入新领域的公司，则会根据新的市场机会和自己的资源能力，主动出击、重塑环境、影响趋势，甚至努力去创造新的需求。

（6）创新与风险同在

公司内部创业通常是以创新为动力的，且相应的创新与公司正在经营的业务有较大差异。这就决定了公司既有的核心能力不一定能支撑这些创新的实现，进而导致相应的创新必然存在很大的风险。近些年，国内不少企业都有公司内部创业的动议，力图推出跨领域的新业务，实现企业转型，但成功的却不多。究其成因，往往是企业高层和内部创业团队对于开发新业务的风险估计不足，或者是缺少有效的应对措施。这就要求创业战略导向的企业及企业高层，以及内部创业团队，必须对开发新业务的风险有足够的考量，要把握具体风险所在，并应有应对风险的合理预案和有效行动。当然，一家既有公司，如果真的拟借助内部创业来实现转型,甘冒风险,也是必需的,同时也应尽可能地将开发新业务的风险降到最低,那就需要尽可能地在"能力亲近度"较高的领域开发新的业务,同时应加强开发新业务的战略管理和过程管理,关注提升新业务开发团队的创新能力。

 小案例

比尔·盖茨隐藏于他人公司的创业

电脑迷发现了商机

如今全球无人不晓的比尔·盖茨1955年10月28日生于美国西北部华盛顿州的西雅图。其父亲是律师,母亲是教师,他们后来在盖茨与IBM历史性的合作中发挥过关键性作用。

1972年的一个夏天,年龄比盖茨大3岁的保罗拿来《电子学》杂志,指着一篇只有十个自然段的短文章对小盖茨说,有一家新成立的叫英特尔的公司推出了一种叫8008的微处理器芯片。两人不久就弄到了这种芯片,摆弄出了一台机器,可以分析城市交通监视器上的信息,随即成立了"交通数据公司"。

1973年,盖茨上了哈佛大学,保罗在波士顿一家叫"甜井"的电脑公司编程。但两人经常会面,探讨电脑相关问题。1974年春,当《电子学》杂志宣布英特尔推出了比8008芯片快10倍的8080芯片时,盖茨和保罗都认定那些像PDP8型的小型机的末日快到了。他们在新芯片背后看到了电脑的前景:个人化、适应性强、不超出个人的购买力。这似乎点燃了保罗与盖茨的电脑梦,也使正在哈佛上学的盖茨看到了商机。

在MITS公司蕴壤的创业

盖茨给MITS公司的罗伯茨打电话,表示要给Altair研制Basic语言,但此时的罗伯茨将信将疑。然而,盖茨和保罗没日没夜地干了8周,为8080芯片配上了Basic语言。1975年2月,保罗亲赴MITS为罗伯茨演示他们的软件。这年春天,保罗进入MITS,担任软件部经理。在哈佛念完大二后,盖茨也飞往MITS,加入了保罗的工作。那时他们已有创业的念头,但在Basic被广大用户接受之前,他们是不会离开罗伯茨的,他们在等待羽翼渐丰。

1975年微软公司诞生了。但当时微软与MITS的关系十分模糊,即"寄生"于MITS之中。1975年7月下旬,盖茨和保罗与罗伯茨签署了协议,期限10年,允许MITS在全球使用和转让Basic软件及源代码,包括第三方。借助Altair的风行,Basic语言也推广开来了。此事使盖茨和保罗获利18万美元。于是,两人开始将更多的精力放在了自己的公司上,但他们仍在MITS兼职。

早期的微机用户多数是谋求改变世界的年轻人。他们依靠俱乐部和展销会而彼此交流,互购产品。当时著名的"家酿俱乐部",就主张向所有的人免费传播软件编码和内部运行情况。正是这种开放的理念,促成了早期PC业的成长。盖茨赞同这种理念,因为这有助于他的软件形成标准,但他又不愿让自己的软件成为免费的午餐。

通过与 IBM 合作而开始独立运营微软公司

1977 年，罗伯茨将 MITS 公司卖给了 Perterc 公司，Perterc 公司要求把软件作为交易的一部分。但盖茨和保罗提出，他们与罗伯茨签署过协议，故他们提出软件应单独出售。这个争端最后诉诸仲裁，但在盖茨父亲及其律师朋友的帮助下侥幸获胜。保罗离开 MITS 后不久的 1977 年元旦，盖茨正式退学。解决了与 MITS 的关系后，两人开始独立运营自己的企业。

盖茨有位朋友叫加里·基尔代尔。加里是美国海军研究院的研究员，他曾为英特尔 8008 芯片写出了 PL/I 这样大型、复杂的计算机语言，他也是解释型 Basic 程序的发明者。与 MITS 合作期间，盖茨和保罗用 Basic 开发出一个简单的 DOS（磁盘操作系统），但很不好使，且与别的微机不兼容。于是，盖茨潜移默化地谋求与加里·基尔代尔合作。

1980 年，IBM 公司准备进军 PC 市场，想购买加里·基尔代尔开发的 CP/M* 做系统。盖茨表现出十足的骑士风度，为 IBM 安排了与基尔代尔的会晤。1981 年 8 月 12 日，IBM-PC 问世。负责这个项目的唐·埃斯特利奇是 IBM 中盖茨最为诚服的人，他 1984 年就给 IBM 带来了 40 亿美元的收入。但 IBM 高层却让另一个人洛伊代替了埃斯特利奇。洛伊对 PC 一窍不通，这就为微软创造了与 IBM 合作的空间。1985 年 6 月，微软与 IBM 公司达成协议，联合开发操作系统。

根据协议，IBM 公司可在自己的电脑上任意安装微软与 IBM 联合开发的操作系统，同时允许微软向其他电脑厂商转让该系统。当时 IBM 公司在 PC 市场上拥有绝对优势，但在兼容机市场中的份额极低。而到了 1989 年，IBM 公司在兼容机市场上达到了 80% 的份额。盖茨的微软公司收取的操作系统许可费，短短几年盈利 20 亿美元。

开发独特技术而迅速成长

在与 IBM 公司合作的同时，微软公司也从 1981 年开始独立开发"Windows"系统。如今微软已成为业内"帝国"，除了主宰 PC 操作系统和办公软件外，还涉足个人财务软件、教育及游戏软件、网络操作系统、商用电子邮件、数据库及工具软件、内部网服务器软件、手持设备软件、网络浏览器、网络电视、上网服务等。

由此，1990 年，微软公司引起了美国联邦贸易委员会的关注。该委员会调查了微软将操作系统与应用软件捆绑销售的情况，这种搭售方法正是美国反垄断法规制的行为之一。1993 年司法部接管调查。1994 年，司法部对微软公司的市场行为做出了限制性裁决，尤其是当微软公司准备并购财务软件"领头羊"Intuit 公司时，司法部挺身而出，指控这起并购为非法行为。由此，微软不得不放弃了这起并购。

值得关注和思考的是，1974 年春比尔·盖茨进入 MITS 公司，1977 年元旦离开了 MITS 公司。而此间的 1975 年，比尔·盖茨即创办了微软公司。他创办这个企业，算不算公司内部创业呢？

案例来源：根据 http：//zt.blogchina.com/2012zt/Microsoft/和 http：//www.chinavalue.net/BlogFeeds/413823.aspx 改编。

9.2　公司内部创业需要的相关机制

9.2.1　公司内部创业的激励机制

公司内部创业的说法兴盛于 20 世纪 80 年代,此间美国电话电报公司(AT＆T)、3M 公司、宝丽来公司(Polarold)等借助内部创业方式发展新业务,获得了巨大成功,由此使这一概念逐步在学界和业界得以流行。内部创业的本质是公司为了发展新的业务领域,而给"内创业家"以组织授权和资源保证,并旨在实现企业长期使命与目标的活动,这对于企业持续成长具有十分重要的意义。

要使内部创业在企业内得以兴盛,最为基本的是公司应构建相关激励机制。

(1)鼓励员工的创业精神在既定的组织框架内得以张扬

企业内部往往会有不少充满创业精神的员工,即潜在的"内创业家"。他们有着不同于多数员工的创造性经营思维,企业如果在制度上鼓励这些员工通过内部创业的方式,来张扬他们的创业精神,则将既有利于企业在关键时刻的突破式发展,又有利于员工自身的职业发展。反之,如果企业压抑充满创业精神的员工的个性,则他们就可能离开现有企业,而去独立创业。如前述 IBM-PC 的开发,如果 IBM 时任总裁不接受比尔·洛等人的建议开发个人计算机业务,则很难想象 IBM 后来会成为 PC 界的大鳄,而比尔·洛很可能联络相关人员去独立创业。

(2)鼓励员工以内部创业的方式在企业内部升迁

升迁是企业多数员工的职业追求,特别是那些优秀的员工,他们都会有"不想当将军的士兵不是好士兵"的意识。基于此,对于那些具有强烈创业精神的员工,与其让他们自愿离开现有企业而另谋高就,不如鼓励这些人以内部创业的方式在企业内部升迁。这既不挤占企业现有高管的位置,也有助于创造新的高管岗位。一项研究认为,在那些鼓励内部创业的公司,内创业家所创造的部门经理级的高管就业机会,至少相当于现有部门经理的 1/5。这对企业吸引并保有优秀人才无疑是有益的。

(3)要将内部创业作为企业成长的重要途径

2002 年《哈佛商业评论》发表的文章称,企业有以下七个有效的成长途径:一是打破惯例,寻求增长契机;二是价值创新,创造高速增长的战略理念;三是兼并收购;四是多元化;五是使企业成为有生命力的公司;六是服务创新,捕获附加服务的新价值;七是开发虚拟价值链。但这篇文章的一个缺憾,就是忽视了内部创业对于企业成长的价值。从国内外的不少案例中可以发现,企业只有真正视内部创业为企业成长的有效途径,实践中才能真正将内部创业作为企业快速成长的实际途径。相应地,企业也才会充分重视激励员工的内部创业。

9.2.2　公司内部创业的运行机制

激励机制要解决的是鼓励公司产生内部创业的问题,运行机制要解决的则是有效实施内部创业的问题。企业要有效地实施内部创业，至少需要建立以下运行机制。

（1）将"内创业家"的创业冲动与企业高层的引导结合起来

实践中公司内部创业多数源于"内创业家"的创业冲动，但如果公司高层也能引导员工去内部创业，那就相当于"双重力量"在推动内部创业，这对公司内部创业的发生及推动无疑是有益的。1995年，日本富士通公司三位员工从公司获得了100万美元的内部创业基金，他们与公司合资创立了通力（日本）公司，研制数码相机软件产品。由于富士通公司的大力支持，加上产品研制方向对路，很短时间之后，这家新创企业即成为富士通强劲的合作伙伴。由此可见，公司引导员工内部创业对于企业和社会都是十分有益的。

（2）使创新与创业在企业内部相互协调

企业的创新多数与企业现有的经营方向一致，多是在现有经营领域及方向上"建立新的生产函数"；而内部创业多数情况下与企业现有的经营方向不一致，是为发展新的业务，在新的经营领域构建"新的生产函数"，这就势必分散企业的资源配置。因此，如果企业并不志在整体性转变企业的经营领域，而是谋求、确保企业在"可持续经营"基础上的"可持续成长"，企业高层推动内部创业时，需要充分考虑企业可掌控资源的允许程度，以免在内部创业上投入过多资源，而影响企业在既有经营方向上竞争优势的丧失。当然，如果企业在现有经营方向及领域已无竞争优势，或者是即便靠创新也难以抑制竞争优势的日渐丧失，在这种情况下即需要在内部创业方面投入更多的资源、付诸更多的努力，以期为企业在新的经营领域缔造新的竞争优势。

（3）合理确定"内企业"的边界

既有企业有合理边界的问题，内部创业企业也存在合理边界的问题。根据科斯的制度经济学理论，当将某项业务置于企业内部经营时，如果内部管理交易的代价大于将这项业务置于企业外部的市场交易费用时，企业应将这项业务剥离出去，交由市场交易来完成；反之，当将某项业务置于企业外部交易来实施时，如果外部市场交易的代价远大于将这项业务置于企业内部的管理交易费用时，企业应将该业务拿进企业内部，通过企业内部的管理交易来完成。内部管理交易的边际费用与外部市场交易的边际费用相等时的企业边界，即企业的合理边界。相应地，内部创业的"内企业"也有合理边界的问题，即当"内企业"置身于现有企业内部的交易费用大于独立运行的交易费用时，"内企业"即应从现有企业分离出去，独立运行，只保留与既有企业的产权关系。这才有利于"内企业"的进一步发展，同时也有利于既有企业整体上的发展。

（4）要敢于和善于打破对待客户的不适当惯例

客户是企业外部价值网络的"终级节点"。企业成长的本质之一是"外部价值网络的不断优化"。但问题恰恰在于，一些企业往往形成了某些貌似合理的"惯例"，不能善待客户，淡化甚至恶化了企业与客户之间的关系，使客户对企业的满意度不断降低，这就势必降低甚至破坏企业外部价值网络的功效，进而使企业很难有业绩上的理想增长。企业一定要发自内心地关注"自己是否有未能善待客户的惯例"，努力寻求改进，以此来使企业产品价值的及时实现，进而求得企业在内部创业时能更新与成长。

9.2.3 公司内部创业的团队构成

创业团队是创业得以成功的最为重要的因素，素质较高、结构合理的创业团队有助于解决创业中遇到的所有困难，继而使创业活动步入良性的发展轨道。公司内部创业也是如此。在公司内部创业中，以下三类成员尤为重要。

（1）创业的领导者

不管是公司引导的公司内部创业，还是团队自发推动的公司内部创业，创业的领导者都是不可或缺的。他们通常是公司内最具企业家精神的"内创业家"。他们所追求的，并不一定、至少排在第一位的不是金钱方面的报酬，而是成就感、实现理想的机会、工作的自主性等。公司内部创业的团队领导者，不应是公司高层直接任命的，而应是创业团队推举的。大量案例证明，只有那些具有远见卓识、有献身精神、能够为追求成功而不计得失的"内创业家"，才可能将一个团队的"内部创业"引向成功。而只有创业团队才能发现这样的人。因为在团队成员的朝夕相处中，每个成员都可能辨别出哪个人最适合引领整个团队"做正确的事、正确地做事"，从而使整个团队最有效率地付出努力。

（2）创业团队成员

创业要靠集体的努力。在 IBM 围绕个人计算机的内部创业中，固然工程师比尔·洛向 IBM 总裁提出了开发个人计算机的动议，但如果没有诺埃尔·福尔韦尔等人的加入，如果没有整个开发团队的有效努力，IBM 个人计算机业务的发展，要么不可能成功，要么不可能推进得那么快。但恰恰是这个团队，为 IBM 做成了这个事。这就告诉我们，在内部创业过程中，就团队组成而言，一是公司高层应赋予"创业的领导者"自主选择成员、组建团队的权利。二是团队成员首先应选自既有公司内部，因为他们相互有着较多的了解，甚至有着以往相互配合的良好基础。相应地，除非内部寻找不到适合承担某些工作的成员，才从公司外部招聘相关人员。三是团队成员之间应加快磨合，以使整个团队尽快进入开发新业务的工作状态。四是创业的领导者应保有调整团队、辞退成员的权力，以使整个团队处在"最佳协作"的状态。一般来说只有具备以下特点的人，才适合进入核心团队：四有，有激情、有恒志、有经验、有社会资本；三敢，敢于担当责任、敢于创新、敢于打破常规；三善，善于与人沟通、善于交朋友、善于解决困难；三特，思想特活跃、思路特独特、处事特灵活。

（3）"内企业"董事会

公司内部创业的团队，也应有其核心，即决策层。这相当于"内企业"的"董事会"。这有别于独立公司董事会的"董事会"，一是就新业务开发的重大问题做出决策。诸如技术方向的选择，技术路线的设计，技术方案的选择，新业务上市时机的安排。二是就创业团队的组成及运行做出决策。诸如人员的招聘或辞退，重要岗位的人员安排，不适当人员的辞退。做好这两类决策，是这个"董事会"义不容辞的责任，这相应地对"董事会"人员的选择，也提出了一些独特的要求。一是"董事会"多数成员应有强烈的创业精神与创新意识。因为他们决定着整个创业团队的士气。二是也需要选择一些团队之外的人员担任"外部董事"，诸如商业名流、科技名家、市场分析师，以使"董事会"天然地拥有更多的信息来源，使"董事会"具有更为理性的决策态度。

小案例

日本江崎糖业公司的泡泡糖业务开发

20 世纪 90 年代，日本泡泡糖市场年销售额约为 740 亿日元，但其中大部分市场被"劳特"公司所占有。泡泡糖江山唯"劳特"独坐，其他企业很难挤进泡泡糖市场。但有家名为"江崎糖业公司"的企业，偏偏想进入泡泡糖行业。

为此，江崎糖业公司成立了内部创业团队，专门从事泡泡糖产品和市场的开发。该团队首先调研了泡泡糖市场霸主"劳特"的产品存在哪些不足，进而去寻找可能的"市场缝隙"。经过大量调查和分析，他们发现了"劳特"公司的产品至少存在四方面不足：

（1）"劳特"产品的市场重点是儿童泡泡糖市场。而当时，恰恰是成年人泡泡糖市场正迅速成长的时期，市场需求日益扩大。这对江崎糖业公司应该是个机会。

（2）当时消费者的需求正在多样化，而"劳特"的产品主要是果味型泡泡糖。对此江崎公司貌似也有机可乘。

（3）"劳特"多年来一直生产单调的条板状泡泡糖，而缺乏新型式样。在此情况下，江崎公司可否搞点新的花样？

（4）"劳特"产品价格为 110 日元，顾客购买时需多掏 10 日元硬币，往往不甚方便。那么，江崎公司可否在价格上方便一下顾客？

略做分析，江崎公司决定：

（1）以成人泡泡糖市场为主攻的目标市场。

（2）多样化。陆续推出四大类成人泡泡糖产品。一是司机喜欢嚼的泡泡糖，使用了浓度薄荷和天然牛黄，以强烈的刺激消除开车嚼糖者的困倦感。二是运动员专用的泡泡糖，内含多种维生素，有利于消除剧烈运动后的疲劳。三是成人特别是异性交际用的泡泡糖，可清洁口腔，祛除口臭。四是轻松型泡泡糖，通过添加叶绿素，可调节人的情绪。

（3）精心设计产品的包装和造型，以满足顾客的新奇感。

（4）定价方便顾客一枚钱支付。即将每枚泡泡糖的价格定为 50 日元和 100 日元。日元恰好有这两种硬币，顾客从口袋摸出一枚硬币，即可购买一枚泡泡糖，以此避免找零钱的麻烦。

基于以上实践，江崎公司的功能型泡泡糖迅速打开了市场，不仅挤进了劳特公司独霸的泡泡糖市场，而且席卷日本，产品上市当年即占到 1/4 的市场份额，销售额达到 175 亿日元。

案例来源：http://www.chinadmd.com/file/trrswocsrur6ozeeavo6u6ct_1.html.

9.3 公司内部创业常见的组织模式

常规的独立创业,多数是创业家或创业家团队独立创办新的企业(暂且不管它的组织形式的多样性)。相对而言,公司内部创业因为有可依托的既有公司的组织平台和资源网络,创业的组织模式更为多样化。但较为常见的主要是项目小组、创业孵化器、创客实验室、公司创业投资等四类。

9.3.1 旨在发展新业务的项目小组

传统上,公司如采取常规的创新方式来开发新的业务,大都会将新业务按职能专长进行分解,以借助公司既有平台及其资源来完成新业务的开发。如将新业务的技术获取交给研发部门,将新业务的产品制造交给生产车间,将新业务的市场开发交给营销部门。这种组织方式固然轻车熟路、简单易行,但不足之处就是新业务开发的协调性较差。参与项目的人员固然不少,但他们大多还承担着其他业务的职能性工作,这往往会贻误新业务进入市场的最佳时机,甚至会降低新业务开发的成功系数。

而通过组织旨在发展新业务的项目小组,以内部创业的方式开发新业务,则会使新业务的开发团队具有专业性,开发过程具有协调性。因为在项目小组,新业务的开发是"以任务为导向"的,要根据公司总体战略安排去开发新的业务。

以项目小组形式开发新业务,有几个特点:一是它要服务于公司整体战略,与现有业务建立较为紧密的相关性;二是小组有明确的目标,即预期可能上市的产品或服务;三是新业务开发的资源投入全由既有公司承担,且新业务开发过程中有公司各部门的配合,并可利用公司各种资源;四是与常规方式相比较,项目小组形式更易调集资源,协调跨部门力量,从而集中、快速开发新的业务。

特别是,如果新业务全部在公司内部进行,资金由既有公司投入,往往会享受"软预算约束"的优惠。所谓软预算约束,即新业务开发项目启动后,由于各种不确定性,资金需求往往会突破初始预算,公司决策层也很难"忍痛割爱"、终止新业务开发。相反,多数情况下既有公司会持续投入资金,以确保新业务开发成功。

9.3.2 旨在培育新业务的创业孵化器

在社会层面,创业孵化器是创新创业者得以起步与发展的"助推器",是助推公众创业的重要机制,是处境艰难的新创企业得以生存的平台。创业孵化器所服务的企业,在一些地区甚至成为高增长的企业群体。故在国际上,一些人将孵化器对于经济增长的作用称为"孵化器经济"。

在企业层面,为开发有利于公司总体发展的新业务,有时也可以采取建立企业内部创业孵化器的方式。即通过建立面向"内创业家"的孵化平台及其机制,为公司内部诸多创新创业团队提供所需的资源和服务,助推这些团队努力开发新的业务,以期使其中一些成为有助于公司持续成长的重要业务。

企业内部创业孵化器有以下特点：一是它类似于社会上特别是高新区的企业孵化器，但它主要服务于"内创业家"主导或领导的创新创业团队，甚至团队的大部分成员来自于企业内部。二是企业创办这样的孵化器，基本宗旨是为新业务的开发引入创新创业的思维，同时为团队构建有利于他们更为有效地做事的"小环境"。三是进入孵化器的新业务，都是以独立的团队载体出现的。孵化器服务的直接对象是一个个创新创业团队，而不是一个个新的业务。四是孵化器青睐的业务方向与新业务，通常是未来能与企业总体战略"协同"的，即那些有助于加强企业既有主导业务群，或者为企业开发新的业务领域的创新创业活动。五是企业也希望通过这样的孵化器，降低所进入团队的创新创业风险和成本，助其缩短创新创业周期，提高创新创业成功率。六是从结果上看，在孵化器中发展较好，且预期有更好前景的新业务，往往是公司未来整合进主导业务群的重点。

有必要重视的是，建立公司内部创业孵化器，应该把握"专业化"的原则，即应明确专业方向、专业领域，以期形成创业孵化的独到的"核心优势"。因为特定的孵化器不可能擅长孵化所有领域的创新创业，聚集于孵化个别方向、少数领域的创新创业，才可能多、快、好、省地为公司培育真正有价值的新业务。

9.3.3　旨在培育创新者的企业创客实验室

2014年9月，李克强总理在达沃斯论坛开幕式上首次发出了"大众创业、万众创新"的号召。2015年3月，国务院办公厅下发了《关于发展众创空间推进大众创新创业的指导意见》，旨在推动社会青年和在校大学生创业的政策构想，这一指导意见也引发了企业建立旨在培育自身员工成为创新者的"创客实验室"。

企业内设的创客实验室，类似于大学工科院系的实验室，通常是为企业内部有强烈创新意识的员工提供一定的实验条件和环境，吸引员工在该类空间中开发出新的产品、工艺、服务或商业模式。它与企业内部孵化器的最大差异在于：一是不要求创新者成为"内创业家"，但不排除一部分创新者后来成为"内创业家"；二是任员工自由发挥，但并不要求创新者在此开发的产品、工艺、服务或商业模式成为企业未来业务的来源。换言之，并不要求员工所做的事情与企业的业务形成"战略协同"关系。

企业内设的创客实验室，通常有以下特点：一是旨在激发员工的创新意识与创新努力。以培养创新者为目标，而不是以培育企业新的业务为目标。二是进入实验室的人员被称为"创客"。他们主要是企业既有的员工，但不排斥经企业批准进入的企业外人员，诸如其他企业的员工、无业者，或者是学校的师生。三是鼓励员工做出有商业价值的新产品、新工艺、新服务或新的商业模式原型，企业提供相应的生产经营条件，引导员工尽可能地将所开发的新的产品、工艺、服务或商业模式原型推进到商业化的程度，即便这些新的产品、工艺、服务或商业模式原型与企业经营毫无关系。当然，万一员工开发的新的产品、工艺、服务或商业模式原型有助于加强企业既有的业务，企业则多会将这些产品、工艺、服务或商业模式原型纳入企业的业务序列之中。四是如果某个创客团队开发的产品、工艺、服务或商业模式原型有助于另一家企业的经营与发展，创办"创客实验室"的企业就会"大大方方"地充当创客团队与另一家企业之间的"中介"。在这种情况下，创办"创客实验室"

的企业通常会从另一家企业那里收取一定程度的"服务补偿"。

由前述第四个特点可以看出,企业创办的"创客实验室",其效果具有一定程度的"外部性",即一些企业创办的创客实验室的社会效益远大于本企业的收益。这就要求创办创客实验室的企业有一定程度的"社会公益心",例如,青岛海尔集团创办的创客实验室。

9.3.4 面向内创业家的公司创业投资

在社会范围,创业投资公司往往是创业者实现创业梦想的资金提供者,即股权投资人。自第二次世界大战后在美国出现创业投资的机制以来,不少创业投资机构成为当地居民创业和当地产业转型、经济增长的"助推器"。鉴于创业投资对于创业的巨大推动力和支撑作用,近年来,一些企业为了助推"内创业家"的创业努力,也建立了"面向内创业家的公司创业投资平台和机制"。

笼统地看,公司创业投资是有明确主营业务的非金融企业在其内部和外部所进行的创业投资活动。这类公司从事创业投资,通常是公司直接成立独立的创业投资子公司,其运作方式与专业、独立的创业投资公司极为相似。

与专业、独立的创业投资公司相比,公司创业投资具有以下特点:一是投资资金来源于企业自身,而不是来自于愿做有限合伙人(limited partner,LP)的其他企业;二是投资对象通常是所开发业务能对本企业业务起到改进、加强作用的那些创业团队;三是得到创业投资资金的团队,主要是"内创业家"主导甚至领导的创业团队,但不排除投资于所开发业务能对投资者公司的业务起到加强、改进作用的独立创业团队或新创企业;四是投资团队会像独立创业投资公司那样,给来自企业内外的创业团队以投资之外的其他增值服务,诸如财务规划、客户发现、市场开发等服务。

值得提及的是,美国施乐公司即是成功运用公司创业投资机制的典范。该公司10年中投资18个新创企业,其中投资于"内创业家"创办的6个新企业的业务,对施乐公司的业务发展具有很强的助推和加强作用,最终施乐公司将这些业务整合到了自己的业务之中。一个典型的例证是,施乐公司通过创业投资机制给某家新创企业投资1200万美元,这在后来的10年内为施乐公司带来了2亿多美元的回报,同时也加强了施乐公司的某些业务。

 小案例

携程潘飞的项目小组式创业

携程公司是原CEO梁建章创建的一家服务型公司。离开携程的老员工潘飞,在外面"神游"几年后,又回到了携程公司。而吸引他回归携程公司的原因,便是他离开携程公司后,老东家所推动的"小单位创业计划"。

2011年,在携程干了5年的潘飞选择了离职。在另一家同业公司干了一段时间,帮那家公司开发了高端酒店业务后,2014年3月,潘飞又回到了携程。

这之前，CEO 梁建章对公司架构进行了调整，把公司分拆成了多个事业部（business unit，BU），提出了鼓励事业部内小单位自主创业（small business unit，SBU 以及 entrepreneurship unit，EU）的构思。

回到携程公司后，在旅游事业部（BU）下属的地面事业部（SBU），潘飞负责全球的"当地玩乐"项目，售卖"目的地碎片化的吃喝玩乐"。

"当地玩乐"项目于 2014 年立项，半年后员工数达到 180 人左右，半数员工通过外部招聘而来，半数则是从公司内部"流通过来"的。为激发这 180 人的工作积极性，围绕"当地玩乐"项目，公司授权潘飞自己去构建新的激励机制，包括估值与股份期权两方面。

在该激励机制下，公司对"当地玩乐"项目每半年做一次估值。当时的情况是，如果半年期该项目的利润是负的，则该项目的估值即是负的。按照公司相关规定，该项目就有可能被其他事业部或创业项目合并掉。

可能"被合并"的压力，激励潘飞及其属下员工努力追求"当地玩乐"项目的高估值。于是，潘飞及其属下的员工不得不加大努力程度。

既然公司授权以"小单位创业"的方式来实施"当地玩乐"项目，潘飞及其团队即借助于互联网技术努力挖掘"流量"。他们发现，"当地玩乐"项目的 40% 流量来自于酒店、国内门票、旅游等交叉流量，30% 为用户搜索或直接通过携程主站进入"玩乐频道"，剩下约 30% 是完全的外部流量。而且 70% 的自有流量，远比外部流量的质量高得多。

于是，潘飞及其团队将工作重点锁定在"有效挖掘内部流量"上。经过一年多的努力，潘飞及其团队使"当地玩乐"项目成为携程所有项目中最为吸金的项目之一。因而携程公司 CEO 感叹道："你们正是携程所需要的狼团队！"

案例来源：根据曾宪皓. 员工谈携程内部创业：没想到改得这么彻底，http://www.traveldaily.cn/article/89320 改编。

从创新小组到内部创业

大学衍生企业的一个重要功能，是将大学的知识创新成果二次开发，并孵化成新的企业。清华同方公司（简称"同方"）亦同。对于"同方"这类以大学为技术背景，又在资本市场上具备融资能力的上市公司来说，努力孵化有市场价值的新技术的产业化，是企业成长的有效途径之一。

股票公开上市不久，清华同方公司即就此进行了大量探索，逐渐形成了一套适合于自身技术创新模式的组织制度。这套组织制度的核心，即先围绕项目成立一个创新小组，然后通过创新小组不断完善技术，并同时完善产业化团队。项目孵化到一定程度即有两个流向：一是如果所孵化项目可以形成一种技术成熟、可靠的产品，则将其并入公司已有主业领域，或直接转移到社会企业；二是如果所孵化项目足以推动新的产业，则即以孵化项目为依托，以创新小组为基础建立新的内企业（分公司、子公司），这些内企业可能为公司创造新的利润增长点，也可能在资本市场上以"技术＋团队"的方式转移给社会企业。

通常,社会企业的技术创新主要是围绕自身"主线产品"进行的,或在此基础上适度拓宽。而大学衍生企业往往不同,它需要通过内部创业的方式来转移、转化大学的科技成果,因而其创新必然要涉及较多学科领域,甚至往往是与公司现有主业无关的全新领域。在此情况下,要对不同领域的项目进行孵化,创新小组即可能是一种可取的组织形式。如前所述,创新小组是由技术、市场、管理等方面人员围绕特定创新目标和任务而形成的,且享有充分授权的创新组织,在以创新小组为组织载体对项目进行孵化时,清华同方公司拥有一种特殊的优势,即它能够把技术连同技术的掌控者同时整合到所孵化的创新项目之中。

一般来讲,科技人员的创新行为是影响大学科技成果转化的关键因素之一。大学的一些科技人员为了不使自己的创新思路落为空想,往往会直接到社会上创业。鉴于这种情况,为使科技人员有机会开拓自己的事业,清华同方公司建立起了一种由"创新小组"到"内企业"的创业组织机制。创新小组成员可以以一种"内企业家"的身份进行具有企业家特征的创新活动,一旦项目孵化成功,达到预期的产值目标与市场规模,就可能以创新小组为基础建立独立的分公司、子公司。这就是内部创业。

在同方公司这种内部创业机制中,内企业家(创业者)可以充分利用企业内部的各种资源,而风险则由公司整体来化解,由此促进了大学科技成果转化的孵化成功率的提高。故有人言,同方公司这种允许科技人员以内企业家的身份进行内部创业的方式,为科技人员提供了广阔的创新与发展空间,同时也为同方公司的可持续成长构建了可行的途径,从而使同方公司能够在若干年里持续保持高技术、高成长公司的基本特征。

本章小结

本章首先讨论了公司内部创业的内涵与特征。在理论界,尽管有关公司内部创业的界定有不少争论,但一致的观点认为公司内部创业是在现有企业中的创业,并总结了公司内部创业的六个特征。其次,本章对公司内部创业需要的相关机制进行了探讨,主要讨论了公司内部创业的激励机制、运行机制和团队构成。最后,本章总结了公司内部创业常见的组织形式,较为常见的组织形式包括旨在发展新业务的项目小组、旨在培育新业务的创业孵化器、旨在培育创新者的企业创客实验室以及面向内创业家的公司创业投资。

本章思考题

1. 寻找相应案例,分析公司内部创业的主要特征。
2. 为活跃公司内部创业,"内创业家"可怎样组建创新创业团队?
3. 结合某项实际的内部创业活动,思考新产品营销的可能途径。
4. 结合相应案例,分析公司内部创业主要有哪些组织模式。

案例分析

海尔的创客实验室

2014年，海尔集团推出了新的战略主题：企业平台化、员工创客化、用户个性化。在该战略引领下，海尔集团创办了"创客实验室"。

（1）海尔办起了创客实验室

海尔创客实验室是开放、共享的创客交互平台，秉承"相信一切创新力量"的价值观，促进创客的联结互动，并聚合产业力量，让创新生态体系中的创客、众创空间、创投机构、供应链及营销渠道等资源，在该实验室中开放式分享与对接，以期帮助创客们将梦想、创意等变为现实。

该实验室结合用户反馈和海尔的战略考虑，鼓励创客构思创意、进行创新。如果"创客"有好的产品创意，海尔可以提供软硬件设备支持及供应链整合服务，涵盖从研发设计到试制与中试再到模具设计，甚至生产、销售、物流配送的服务支持。海尔网上商城、日日顺及海尔的渠道伙伴国美、苏宁、京东、天猫等都可合作对接。

通过联络区接口人的沟通、选拔，海尔 M-LAB 创客实验室总部任命各高校创客实验室的总负责人，由后者选拔、任命三名核心团队成员，任命两名辅导老师，三名核心团队成员分别负责运营、企划和研发，核心团队下面可以有10名骨干成员和其他普通成员。

在海尔创客实验室，海尔的员工可以创新，海尔的用户甚至合作伙伴的员工也可以来此创新。海尔将创客实验室与高校的创新公开课对接，在15个省区市与40多所高校合作，借助自己的产业基础，帮助创客将项目落地。海尔的创客实验室还与美国知名草根创业团队 Startup Weekend 合作举办"创业周末"，关注大学生的硬件创意，为优秀项目提供国际沟通、联动的机会。

海尔创客实验室与高校大学生具体的合作形式分为两种，一种由合作校方提供固定空间、相应设备或由教育部提供设备标准，海尔家电提供设备、经费等支持，同时配备核心学生成员、专门辅导老师，海尔家电与校方进行深入合作。每个创客实验均有单独的编号并挂牌。另一种是创客组织，由学生群体发起，老师辅导，并联动当地创客空间资源，由海尔家电为创客组织提供活动经费，可组织、赞助该校或当地的创新、创客或创业活动，以实现创意方案、作品、创客群体的线上输出与交互。

此外，海尔在青岛国际创新园内，与青岛崂山区政府合作，项目由崂山区政府、海尔双方共同运营，将海尔内部孵化的智能硬件、互联网、电子商务、大数据、工业4.0等领域已进入早中期的小微企业注册至青岛国际创新园，引入"海创汇"进行加速培育。相应地，崂山区政府优先向"海创汇"入驻项目提供创新创业的政策扶持。

（2）海尔创客实验室的服务：提供投资与产业化服务

为驱动创客持续创新，海尔要求每个创客通过为用户创造价值来获得自己的报酬。在用户付薪机制驱动下，创客们以用户需求为第一要素，不断为用户创造价值。

为加速创客们的工作进程，该实验室为"雷神游戏本""小帅影院""有住网""免清洗"等创客团队引入了创业投资资金。其中的"有住网"是一家互联网装修公司，该实验室帮其引入了5亿元的A轮投资。

借助海尔以往的业务联系,该实验室汇聚了3万家销售渠道资源、6万家加工制造资源、98家孵化资源,为创客们提供服务,以加速创客的项目进程。基于上述资源,海尔规划了两条服务创客的路径,第一条路径是以"创客学院—创客工厂"为主线,强调对于创客的服务。其中,创客学院为创客们提供创新指导,创客工厂为创客提供供应链匹配和生产试验服务。第二条路径是以"创客实验室—创客市场"为主线。创客实验室从社会范围内挖掘优秀创意,通过创客市场来吸引外部资源介入。

32岁的邹浩是进入海尔创客实验室的一位"创客"。他构思了名为"水盒子"的创新。"水盒子"原本是海尔利用互联网技术,为用户提供的健康用水智能解决方案。邹浩看到了这个产品在技术上的缺陷和发展空间,便组建了"水盒子"创客团队来完善相关技术和产品。该创客团队所需要的一切资源都可以通过实验室从市场获得。该团队四个人分别负责产品研发、模块和交互等,而其他的交易、交付、制造、服务等环节,全都借助海尔平台通过市场化机制来整合。

再如,"雷神游戏本"(游戏功能较强的笔记本电脑)的创客团队,是海尔的几名员工。他们依靠贴吧、论坛、QQ群等渠道与用户交互,聚集粉丝80余万人。相应地,针对用户需求提出产品创意,经过研发及玩家测试,再到互联网预约销售,最后再次回到交互平台进行痛点交互,形成循环往复的产品上市闭环。

"雷神"已吸引到了创业资金,进入类似小微企业的运行状态。"雷神"的下一步目标,就是成为游戏行业的第一品牌,吸聚粉丝200万人以上。

案例来源:根据 http://www.qdcaijing.com/2015/1023/153189.shtml,http://www.haier.net/cn/about_haier/news/jtxx/201409/t20140909_244672.shtml 以及 http://paper.ce.cn/jjrb/html/2015-01/12/content_228312.htm 等改编。

问题讨论:

1. 阐述海尔创客实验室的组织模式与团队构成。
2. 阐述你对"开放、共享、联结互动"的海尔创客实验室理念的看法。

▌本章精读文献▌

Sharma P & Chrisman J J. Toward a reconciliation of the definitional issues in the field of corporate entrepreneurship [J]. Entrepreneurship: Theory and Practice, 1999, 23(3): 11-27.

Chapter Article Summary(本章精读文献摘要):

Although authors generally agree on the nature of entrepreneurial activities within existing firms, differences in the terminology used to describe those activities have created confusion. The article represents one effort to systematize the use of terminology in the field of corporate entrepreneurship. To do this the authors of this article first review some of the existing definitions and illustrate how they are contradictory. This review is conducted to provide a grounding from which a framework of definitions can be developed that covers the field of corporate entrepreneurship. In developing this framework the authors go from a general point of view to a specific one in order to clarify the existing boundaries of the field, reconcile the various terms used to describe the phenomena of interest, and illustrate the territory they cover. The authors are of the opinion that broad definitions of concepts are preferable to narrow definitions at this stage in the field's development for several reasons. After the article has presented a framework of definitions pertaining to corporate entrepreneurship, the authors then proceed to discuss some of the critical constructs by which internal corporate venturing efforts might be classified to illustrate the possibilities of the approach taken. The authors focus on internal corporate venturing because it is the sub-area that has been perhaps the most thoroughly studied thus far and is, therefore, the most amenable to further classificatory efforts.

本章精读文献评述：

　　本章精读文献探讨了公司内部创业活动的本质，以及这些创业活动的共同性与差异性。本章精读文献作者还对与公司创业有关的概念、内涵与分类进行了阐述与分析，并认为如果要对公司创业有准确的理解，就不能不先讨论公司创业的概念。因此沙玛（Sharma）和克里斯曼（Chrisman）首先通过对"创业"定义的起源进行了比较，认为创业定义可以归为两个类别，其一是参考熊彼特（Schumpeter）的经典著作，认为创业基于创新，创业者要进行创新性的整合，涉及产品、服务、市场、过程、供应商、组织形式等；其二是加特纳（Gartner）在1988年发表的经典文献，他认为创业的本质是要创造一个新的组织。沙玛和克里斯曼两位作者对20世纪80年代到20世纪末的有关公司创业的文献进行了分析，并且对公司创业的定义做了一番梳理和归类，认为"公司创业"的英文表述主要如下：① corporate entrepreneurship；② internal corporate entrepreneurship；③ corporate venturing；④ intrapreneurship；⑤ strategic or organizational renewal；等等。其中有许多交叉与重叠的地方。通过对公司创业做比较明确的概念界定、分类与分析，两位作者认为，首先，创业分为独立创业与公司创业，独立创业区别于公司创业，是指个人或团队独立自主进行的创业（创建一家新组织）。公司创业（corporate entrepreneurship）包括创立一个新的机构（corporate venturing）、战略更新（strategic renewal）以及创新（innovation）三个维度。两位作者还把公司创立一个新的机构（corporate venturing）进行了分类，认为可以包含内部创立新的机构（internal corporate venturing）和外部创立新的机构（external corporate venturing），前者是位于公司内部，可能是一个新的实体，也可能是一个新的部门；而后者则是成立于公司外部，它既可以是公司自己创立，也可以是通过并购或者分割（spin-off）而来，但公司外部成立新机构一定是具有自主权或者至少是半自主权。

　　这篇精读文献对于我们理解公司创业的概念及其具体内涵是非常有意义的。我国有近100家央企，其中约一半的央企被定义为关系到国家经济与安全的大型企业。然而，如何有效管理这些大企业，有效进行公司内部创业是其中一项重要内容。中国的企业，除了国有企业，还包括许多民营企业，这些民营企业一样需要内部创业的成功。支付宝等创业项目就是这些民营企业内部创业的成功案例。公司创业是建立在机会基础上的，换句话说，只有公司看到好的机会，公司创业才有动力与成功的可能性。这些机会通常来自于两个方面：一是来自于技术进步的机会。技术进步经常与经济、社会变革相契合来创造机会，从过去的电话、手机到如今的移动互联网、大数据等，所蕴含的诸如共享经济、定制化等商机不是不"美"，而是缺少发现这个"美"的创业者。二是来自于企业价值链上下游的转型机会。企业可以整合上游供应商或拓展下游消费者，国内的企业还可以借助诸如"一带一路"倡议，借助全球价值链重构契机，促进贸易结构转型和产业技术升级。公司创业很多时候就是重组价值链或在某个环节增值，最后达到提高客户体验的目的。

公司创业最忌讳的就是形式主义。公司创业者并没有看到任何创业机会，也没有能力构建/创造创业机会，只是为了一种形式进行公司创业，那是完全没有必要的。公司创业是一种内部的创新性活动，它对于企业的发展，尤其在创新发展方面具有非常大的意义。如何有效开展公司创业？认真读一读本章的这篇精读文献，应该是非常有意义的。

本章作者：雷家骕，清华大学经济管理学院教授。清华大学中国企业成长与经济安全研究中心主任，专注于创新、创业与企业成长研究；北京市高等学校教学名师，主要讲授"创业管理""技术创业""公司成长管理"等课程。

本章案例作者：傅颖，浙江大学创业管理博士，南昌大学经济管理学院校聘教授，研究方向为创业管理与家族企业。在 SSCI、CSSCI 等学术期刊发表论文多篇，曾获得过全国百篇优秀案例奖，并为《解放日报》、界面新闻等媒体撰稿。

本章文献评述作者：斯晓夫。

▌本章相关引用材料▐

［1］ Baden-Fuller C. Strategic innovation, corporate entrepreneurship and matching outside-in to inside-out approaches to strategy research [J]. British Journal of Management, 1995, 6(s1): S3-S16.

［2］ Barringer B R & Bluedorn A C. The relationship between corporate entrepreneurship and strategic management [J]. Strategic Management Journal, 1999, 20(5): 421-444.

［3］ Birkinshaw J. Entrepreneurship in multinational corporations: The characteristics of subsidiary initiatives [J]. Strategic Management Journal, 1997, 18(3): 207-229.

［4］ Burgelman R A. Designs for corporate entrepreneurship in established firms [J]. California Management Review, 1984, 26(3): 154-166.

［5］ Burgelman R A. Intraorganizational ecology of strategy making and organizational adaptation: Theory and field research [J]. Organization Science, 1991, 2(3): 239-262.

［6］ Busenitz L W, Gomez C & Spencer J W. Country institutional profiles: Unlocking entrepreneurial phenomena [J]. Academy of Management Journal, 2001, 43(5): 994-1003.

［7］ Chung L H & Gibbons P T. Corporate entrepreneurship: The roles of ideology and social capital [J]. Group & Organization Management, 1997, 22(1): 10-30.

［8］ Covin J G & Miles M P. Corporate entrepreneurship and the pursuit of competitive advantage [J]. Entrepreneurship Theory and Practice, 1999, 23(3): 47-63.

［9］ Covin J G & Slevin D P. The influence of organization structure on the utility of an entrepreneurial top management style [J]. Journal of Management Studies, 1988, 25(3): 217-234.

[10] Covin J G & Slevin D P. A conceptual model of entrepreneurship as firm behavior [J]. Entrepreneurship Theory and Practice，1991，16(1)：7-25.

[11] Dess G G & Picken J C. Beyond productivity：How leading companies achieve superior performance by leveraging their human capital [J]. Personnel Psychology，1999，53(2)：481-484.

[12] Guth W D & Ginsberg A. Guest editors' introduction：Corporate entrepreneurship [J]. Strategic Management Journal，1990，11(5)：5-15.

[13] Jennings D F & Lumpkin J R. Functioning modeling corporate entrepreneurship：An empirical integrative analysis [J]. Journal of Management，1989，15(3)：485-502.

[14] KuhnT S. Metaphor in Science [M]//Ortony A (Eds). Metaphor and Thought. 2nd Edition. Cambridge：Cambridge University Press，1999：533-542.

[15] Lumpkin G T & Dess G G. Clarifying the entrepreneurial orientation construct and linking it to performance [J]. Academy of management Review，1996，21(1)：135-172.

[16] McGrath R G，Venkataraman S & MacMillan I C. The advantage chain：Antecedents to rents from internal corporate ventures [J]. Journal of Business Venturing，1994，9(5)：351-369.

[17] Miller D. The correlates of entrepreneurship in three types of firms [J]. Management Science，1983，29(7)：770-791.

[18] Peterson R A & Berger D G. Entrepreneurship in organizations：Evidence from the popular music industry [J]. Administrative Science Quarterly，1971，16(1)：97-106.

[19] Phan P H，Wright M，Ucbasaran D，et al.，Corporate entrepreneurship：Current research and future directions [J]. Journal of Business Venturing，2009，24(3)：197-205.

[20] Sharma S P & Chrisman J J. Toward a reconciliation of the definitional issues in the field of corporate entrepreneurship [J]. Entrepreneurship Theory and Practice，1999，23(3)：11-27.

[21]Westfall S L. Stimulating corporate entrepreneurship in U. S. industry[J]. Academy of Management Journal，1969，12(2)，235-246.

[22] Zahra S A，Jennings D F & Kuratko D F. The antecedents and consequences of firm-level entrepreneurship：The state of the field [J]. Entrepreneurship Theory and Practice，1999，24(2)：45-63.

[23] 郭鲁伟,张健. 公司创业的模式探讨[J]. 科学学与科学技术管理,2002(12)：94-96.

[24] 雷家骕. 从创新出发认识创业[J]. 中国青年科技,2007(12)：1.

[25] 林嵩,冯婷. 公司创业的概念内涵和支持要素[J].生产力研究,2009(2)：55-57.

Chapter 10
第10章 家族创业

●学习目标

认识商业世界中普遍存在的家族力量
理解家族在个体创业阶段发挥的作用
正确解读家族参与对公司创业的影响
知晓打造创业家族的意义和有效策略
知道如何借力家族成功开展创业活动

章节纲要

- 商业世界的家族力量
- 创业之火需家族供氧
- 家族涉入与公司创业
- 代际传承与创业家族

开篇案例

天地人和万事利

杭州素有"丝绸之府"的美誉,丝绸的历史悠久璀璨。万事利集团作为杭州丝绸行业中的老牌企业,同整个行业一起经历过改革开放和国家放宽外贸经营权限制等给国内丝绸行业带来的黄金发展契机,也经历了亚洲金融危机之后"一蹶不振"的海外市场造成的沉重打击。不同的是,面对市场的低迷,万事利没有像许多企业那样死守面料市场,一味地从技术上谋求摆脱困境的可能,而是选择了在坚持技术创新和产品设计创新的同时,进行一系列的商业模式创新,从而实现了企业的华丽转型。如今,万事利已发展成为中国丝绸行业的杰出代表和真正领跑者。回顾万事利集团的整个转型过程,创始人沈爱琴家族的第二代成员扮演了十分重要的角色。

万事利集团的创始人沈爱琴女士出生于蚕农世家。1975年,30岁的沈爱琴带领22位刚放下锄头的农民,依靠几间破旧的平房、17张原始的铁木织机,创办了万事利的前身,即杭州笕桥绸厂。20世纪90年代初期,丝绸服装成了北美和东南亚人民的衣衫主选,中国丝绸行业迎来了"黄金发展期",整个丝绸行业一派欣欣向荣的景象。然而，好景不长，到了 90 年代中后期，作为丝绸外贸主要市场的东南亚爆发金融危机，引起了巨大的经济震动。国内整个丝绸行业受到了前所未有的打击，80％的丝绸企业陆续关门停业，杭州的丝绸企业更是从 3000 多家锐减到 30 多家。作为从这次危机中存活下来的为数不多的企业之一，万事利面对如此严峻的形势，也不得不开始对自己的未来进行重新思考。

　　跟许多中国其他的第一代企业家一样，沈爱琴当时也偏爱重资产的运营模式，并在危机之后进行了一系列的多元化探索，相继投资过文化商城、进军过房地产和医院等行业，但效果都不甚理想。慢慢地，企业转型升级的重担就落在了思维更加活跃、眼界更加开阔且年富力强的第二代人肩上。2003 年，沈爱琴的小女儿屠红燕，这个从小受家人熏陶有着浓厚丝绸情怀并立志要帮妈妈分担事业重担的江南女子，同自己的丈夫李建华一起接手了企业，在延续着家族的丝绸梦的同时，选择将丝绸行业的复兴作为他们终生的事业。为了探寻一条新的持续发展之路，二人可谓是绞尽脑汁、煞费苦心。功夫不负有心人，最终在两人的领导下，从 2000 年万事利随文化部出访美国的"黄河之梦"大型时装秀和 2001 年万事利为在上海召开的亚太经济合作组织（APEC）领导人非正式会议提供丝绸唐装面料和丝绸唐装内衣中，万事利看到了丝绸行业的未来：丝绸在这里充当的是面料，体现的却是其承载的中国文化；它不仅仅是丝绸，还是中国的象征。

　　在打破了"丝绸即面料"的局限性认识之后，万事利开始逐步挖掘丝绸本身蕴含的文化元素和承载的文化价值，并从此开启了从"产品制造"到"文化创造"的商业模式创新之旅。2001 年 7 月 13 日，北京获得 2008 年奥运会主办权，并随后确立了"科技奥运、人文奥运、绿色奥运"的理念。通过对丝绸文化元素的充分挖掘和诠释，万事利找到了进入北京奥运会的切入点，并在第一代企业家丰富的社会网络和人脉资源的帮助下，成功叩开了北京奥组委的大门，于 2005 年 1 月 13 日正式获批奥运会特许经营商资格。随后，在 2008 年北京奥运会的赛场上，我们看到了令人惊艳的"青花瓷"等不同系列的颁奖礼服。万事利借助奥运会可谓是"一炮走红"。有了北京奥运会上的华丽绽放之后，进军上海世博会和广州亚运会就变得顺理成章。万事利也的确没有辜负人们的期盼，相继创造出了"世界级盛会上的万事利现象"。

　　经过三大盛事的洗礼，万事利逐渐成了丝绸行业的代言人，品牌形象得到了极大的提升。丝绸礼品公司业务量因此大幅增长，而丝绸科技、印染等行业的兄弟公司也极大地受益于万事利品牌形象的提升，很多公司现在都享受到了之前不曾享受过的客户选择权，在与客户的对话中逐渐占有了更大的话语权。在 2006 年新成立的丝绸股份有限公司的创新运作之下，万事利已经开始打造丝绸领域两个新的升级产业：丝绸装潢和丝绸艺术品。目前，万事利集团年营业额已破百亿元，这艘"家族集团航母"正朝着国际化和互联网跨界创业的方向驶去。

作为"商二代"的屠红燕和丈夫李建华完美实现了企业的传承与革新发展，领导万事利集团成功突破了传统丝绸行业的发展瓶颈，从丝绸服装到丝绸礼品、丝绸材料，再到文化创意甚至是高科技。家族与创业，似是风马牛不相及，但真的如此吗？

　　资料来源：由本章作者根据浙江大学管理学院老师针对万事利开发的两个教学案例"从产品制造到文化创造——万事利的商业模式创新"和"文化，让万事利丝绸重放光彩"，以及作者对万事利集团的多次访谈和来自网络媒体的二手资料整理编写。其中，两个教学案例均获全国MBA"百篇优秀管理案例"奖。

　　对于万事利集团的跨代连续创业历程，我们其实可以从不同的角度描述出完全不一样的故事。从第一代创业者的角度来看，在创业过程的不同阶段，家族究竟给他们带来了什么？他们究竟该如何处理创业与家族或家族之间的关系，让家族成为创业的助力器而不是掣肘？剥离还是融合？沈爱琴及其家族的做法会给我们带来怎样的启迪？随着创业的成功和企业的演进，创业者都将进入个人生命周期的后半段，新老更替在所难免。如何更好地为家族和社会创造价值，将自己的使命、责任和精神代代传递下去，将成为"久经沙场"的老一代企业家内心深处的一种真实诉求。他们中多数希望将自己的家族打造成为真正的企业家族或者创业家族，将家族事业打造成为真正的百年老店。舐犊情深，望子成龙，可以预见相当大比重的父辈都希望由子女来接管企业。然而，这样一种朴素的愿望，并非触手可及。虎父也可能出犬子，并非所有的创业企业家的子女都既有能力又有意愿扛起家族事业的大旗；另一方面，即使子女接下上辈的"帅位"，由于家族内部潜在的代际（父辈与子辈间）和代内（子女间）矛盾，让家族事业这艘大船朝着期望的方向顺利前行，或许还需要通过预先的规划来成功实现。那么，究竟什么样的家族和企业治理机制设计，能够更好地确保创业精神在家族和企业内部顺利延续？

　　从创业企业家子女的角度来看，他们似乎有着普通人难以企及的先天创业优势，但同样他们也背负着巨大的社会压力——成功理所应当，失败便被冠上"扶不起的阿斗"的骂名。那么，同时面对这样的先天优势和社会压力，不同的创业企业家子女会做出怎样的选择？有的人会选择到其他企业就职，从此"平凡"一生；有的人会选择去做公务员或进事业单位，从此"享受"一生；有的人会选择进入父辈企业，安稳守业，从此"安分"一生；有的人则选择在企业内"兴风作浪"，开启新事业；或者有的人可能会选择"离家出走"，另起炉灶，从此"折腾"一生。究竟是什么让他们做出了完全不同的人生选择？对于追求创业精神世代延续的企业家及其家族而言，怎样的规划安排更能激发后代的创业热情？在后代的创业过程中，企业创始人能给他们提供哪些帮助？从企业的角度来看，创业者家族成员，尤其是后代家族成员的参与，究竟是会促进还是阻碍公司内部的创业活动？他们的参与究竟给企业带来了什么？怎样的结构和制度安排，更有利于家族企业内创业活动的开展？

　　对上述问题的思考和探讨将构成本章对"家族创业"现象的多维解读。谈起家族创业，或许没有哪位学者可以给出一个边界清晰、内涵清楚的概念界定，我们也认为没有必要一开始就刻意地提出一个概念让大家共同去遵循，那样反而限制了人们对这一主题及其所映托出的多维现象的自由探索和解读，这对知识的创造和积累无疑是非常不利的。为此，在本章，我们将着重尝试对上述与家族紧密相关的创业活动中的有关问题按照不同的层面进行归纳，继而来组织相应的案例素材、理论观点和实践者视界，供大家相互讨论，共同学习。在此开始之前，我们先对创业过程和商业世界中的"家族力量"做一简要的引介。

10.1　商业世界的家族力量

如果将"创业"与"家族"①以及"企业"与"家族"这两对概念同时呈现在人们面前，会发生怎样的结果？估计很多人都会觉得有些"无厘头"，尤其是对于那些受过经济学、管理学或商学教育的人。因为在他们的思维中，这两对概念的前后部分有着完全不同的内在逻辑。一般来说，除了社会企业（或社会创业），创业和企业活动基本遵循理性经济人的自利法则，公司以追逐利润为首要目标或主导方向，公司惯常把对股东负责视为第一的优先序考虑。家庭，原来是社会学的研究范畴，是社会的最小组成细胞，也是人类最基本、最重要的一种制度和群体形式。家族是具有共同的祖先、血缘，或具有姻亲关系、养育关系的人所组成的社会网络。亲属并不一定居住在一起，以群体的形式发挥作用，但是他们彼此承诺、承担一定的责任和义务。亲属网络中的确切成员是由特定的文化规范规定的。在中国，亲属家族一般是以五服为界。不论在国内还是国外，在家庭社会学中一般认为，主导家族活动更多的是社会人所具有的利他主义。因此，当"家族"要素加入企业当中时，我们有充分的理由相信，将家族的要素排除在企业经营之外，以一种绝对理想化、按照理性经济人原则的、以追逐经济利益为唯一目标而运转的企业，在现实中是不存在的。事实上，大多数企业或多或少地保留着同创始家族或所有者家族之间的一些联系。通过表 10-1 我们可以清晰地看出受家族控制或影响的企业在全世界各个国家或地区都占有很高的比重，为各个国家或地区的经济和社会发展做出巨大的贡献。

表 10-1　家族企业（FB）在世界各地经济和社会中的地位与作用

国家	FB 的定义*	数据质量**	FB 的比重	GNP（国民生产总值）贡献率	FB 创造的就业占比
阿根廷	广义	ES	65%	—	—
巴西	中义	ES	90%	65%	—
智利	广义	ES	75%	50%～70%	—

---

　　①　可能是单个家庭，而不一定是家族的概念，这也是很多人将 family business（FB）翻译为"家庭企业"的原因。简单起见，本文中没有对家庭和家族做严格的区分，尽管从严格意义上来讲两者会具有一些细微的区别。

国家	FB 的定义*	数据质量**	FB 的比重	GNP(国民生产总值)贡献率	FB 创造的就业占比
加拿大	广义	ES	—	45%	—
美国	广义	NRS	96%	40%	60%
比利时	狭义	NRS	70%	55%	—
塞浦路斯	广义	NRS	80%	—	—
丹麦	中义	ES	—	45%	—
芬兰	狭义	RS	80%	40%~45%	—
法国	广义	NRS	>60%	>60%	45%
德国	中义	RS	60%	55%	58%
希腊	广义	NRS	80%	—	—
爱尔兰	中义	ES	—	—	40%~50%
意大利	广义	NRS	93%	—	79%
荷兰	狭义	NRS	74%	54%	43%
波兰	广义	ES	50%~80%	35%	—
葡萄牙	广义	NRS	70%	60%	—
西班牙	狭义	NRS	75%	65%	—
瑞典	狭义	RS	79%	—	—
英国	中义	NRS	70%	—	50%
澳大利亚	狭义	RS	75%	50%	50%
印度	广义	ES	—	65%	75%
印度尼西亚	广义	ES	—	82%	—

　* 对家族企业的定义按照 Shanker 和 Astrachan(1996、2003)的操作性定义方法。其中,广义的家族企业只要求某个家族参与到企业当中并且控制着企业的战略方向;中间定义要求企业所有者试图将企业传给其家族的其他成员,并且创业者或创业者的后代在企业的经营过程中扮演重要的角色;狭义的定义要求家族拥有企业并且几代人直接参与企业的管理,同时有一位以上的家族成员负有重要的管理责任,以及大量的家族成员参与其中。

　** ES(estimate):估计。NRS(nonrepresentative samples):不具有代表性的样本。RS(representative samples):具有代表性的样本。

　资料来源:根据 Family Business Dominate:International Family Enterprise Research Academy 整理。

　　既然这些联系客观存在着,那就不能刻意地去回避,否则就不可能获得关于这些现象的全面且准确的认识。那么,我们不禁会问:既然创业和家族有着如此紧密的联系,为何长期以来都被人们所忽视?从国际上主流的观点来看,其中的缘由可以归纳为以下三点:

　　首先,大公司中两权分离引起的认知偏差。随着公司制企业的出现,社会学家大都认为企业的控制权已经不再掌握在家族成员手中(Berle & Means,1932;Galbraith,1967),

而是越来越多地从家族成员手中向职业经理人手中过渡。这一认知判断对人们的影响是极其深远的，单从代理理论及各种与之相关的研究来看，其对社会科学领域多个学科的影响广泛且深远。近年来，从一些统计数据来看，这一认知判断甚至在加剧，也就是说，越来越多的社会学家认为企业的管理经营完全掌控在职业经理人手中。

其次，学科分化带来的跨领域研究匮乏。15 世纪之后，人类开始了对世界条分缕析的深入认识，与此相对应，近代科学也开始了专门化的进程。随着学科越分越细，家族和企业这两个看上去遵循完全不同发展和演进逻辑的社会组织单元分别单独成为不同学科领域的关注焦点就成了一种历史的必然。术业有专攻，随着研究者知识的日益专业化，单一领域学者同时对家族和企业两个系统进行研究就显得越来越困难。同时，在现代工业社会中，人们普遍认为工作和家庭是两个相互独立、自我包容的社会制度安排。因此，管理学者和家庭研究者彼此之间基本没有什么交流，两个领域之间的相互关系自然受不到太多的关注（Kanter，1989）。

再次，低调行事的风格导致较少的媒体关注。家族企业之所以被人们所忽视，另一个潜在的原因则是在很大程度上家族企业的规模普遍比较小，他们自己往往选择"隐姓埋名"。就当下现实情况来说，引起众人关注的多为跨国集团、互联网企业，不同层次的"500强"等，它们占领媒体头条似乎成为一种"理所应当"。如此一来，规模较小的家族企业的重要角色往往不为人们所知晓。此外，家族企业非常明显的倾向就是不愿去面对学术研究者和新闻媒体。也正是因为这样的态度，家族企业很多时候被冠以"隐形冠军"（Simon，1996）的称号。

在澄清了商业世界中广泛存在的家族力量之后，可以试想：如果自己去创业，家族会在自己的创业旅程中扮演怎样的角色？如果分别让你列出其中三个积极的动力因素和三点羁绊，你会想到什么？

10.2 创业之火需家族供氧

创业研究领域最为权威的期刊 *Journal of Business Venturing* 在 2003 年专门通过一期专刊讨论家族和创业之间的关系。其中，罗格夫（Rogoff）和扎卡里（Zachary）在社论中使用了"家族之氧引燃创业之火"的标题。他们从"地球四元素说"出发，借助法国化学家拉瓦锡（Lavoisier）关于光电研究中的结论，将创业和家族企业比作火，而将家庭比作氧气。他认为，有关创业的研究就好比科学家们对"燃素"的追求。有的学者将其归因于创业者个人的特征，试图寻求创业者的"腹中之火"，然而至今还未识别出家族创业者独有的特征。另外一些学者则强调创新和技术的创造力，但同样也没有识别出一种独特而神奇的要素。

他们认为，从情景观来看，几十年的研究带给了我们一个"拉瓦锡范式"的启示：创业不可能在真空中发生。犹如燃烧需要氧气的支持，创业同样需要金融资源、人力资源、教育资源、经济条件，以及家庭等提供的"氧气"。虽然家庭几乎渗透在所有的创业过程,环绕在每一位创业者的周围,为大多数创业者提供金融和人力资本,乃至对创业者至关重要的教育和价值观,但是有关创业的研究大多忽视了家庭是创业之"火"的"氧气"来源,反而试图通过寻求其他可能存在的神奇而特殊的类似"燃素"的物质来解释创业。基于这样的认识,他们强调指出,我们有必要了解"家庭"创业之"火"燃烧所需的主要"氧气"来源。他们指出,技术、家庭结构、工作模式、业务创造,以及其他的变革,已经并将继续给商业创业和家庭之间的关系带来深刻的变化。然而,不管在创业的哪个阶段,家庭联结都是一种关键的"燃料"。包括社会网络在内的资源,在家庭和企业之间的分享是所有企业繁荣的关键影响因素。

那么,家庭或家族在个体的创业过程中究竟发挥着怎样的作用? 如果提供的是"燃料",会是怎样的"燃料"? 动力"燃料"除了积极作用之外,是否还有其消极作用? 综合现存的主要观点,我们认为家族在个体的创业过程中至少可以提供四种"燃料"。

(1) 金融资本

初创企业的未来充满着高度的不确定性,因而初创时期往往是他们资源缺口最大的时候。如何筹措创业和企业成长所需的资源? 相信很多人脑海中首先闪过的便是找天使投资人、找风险投资基金,因为近两年来由天使或风险投资支持的烧钱项目被网络媒体炒得热火朝天,比如快的公司与滴滴公司。可是,现实中多数情况下创意与资本的对接远没有想象的那般容易,并不是所有的初创企业者都能类似刘强东或其他互联网企业的创业者那般受眷顾,风险投资围着创业者转。江西晶能光电创始人王敏博士在创业初期的境遇才有可能是初创业者的常态。据他自己回忆说,创业最初的几个月时间里,为了筹集资源,平均每天驾车里程超过 200 千米。他是幸运的,最终获得了金沙江创投、梅菲尔德基金和永威投资等的青睐,首轮融资即获 1000 万美元。现实中,没有王敏这般幸运的创业者可能是大多数。正因为如此,相当比例的创业者在创业初期都会将融资期望寄托在家人、亲戚或朋友身上。《中国青年报》开展的一项调查显示,82%的创业者以个人、家庭和合作伙伴出资为创业资金来源。用一直致力于为家族企业"正名"的方太集团创始人茅理翔先生的话讲,"在创业初期,一没资金,二没设备,多数情况下没有人愿意来投资,只有家人最有可能共同奋斗"。

(2) 人力资本

俗话讲,"打虎亲兄弟,上阵父子兵"。放眼全球创业或商业领域,夫妻档、父子兵、兄弟连比比皆是。走在欧洲的马路上,我们经常会看到路两旁的建筑上或者从身边疾驰而过的货车上挂着或喷涂着"father and sons"(父子)或者"brothers"(兄弟)之类的标识。在中国,创业者可能会选择更加内隐或含蓄的方式,外人很少能直接感知到,但是仅就知名的企业而言,这样的例子也不在少数,比如方太集团就是由茅理翔及其儿子茅忠群共同创立;地产界的知名企业龙湖地产,由吴亚军及其前夫蔡奎联手创立;四川希望集团的刘氏四兄弟当年集体辞职回乡联手创业,至今还会让人觉得荡气回肠。在创业过程中的危难关头,家族往往会成为稳定可靠的人力资本源泉。茅理翔先生每次追忆起自己的创业历程时,都会述及自己的三次危机以及家人的无私帮助,用他自己的话讲,"我创业中的三次

危机均是在家人的理解、支持和共冒风险下渡过的"。他的第一次创业危机发生在 1986
年，受国家宏观调控的影响，企业举步维艰，公司核心人员纷纷流失，身为地方针织厂副厂
长的太太毅然辞职回来帮扶。他的第二次创业危机发生在 1992 年。由于塑料外协厂的
背叛和倒戈，企业再次陷入窘境，刚刚结婚三天的女儿放弃了结婚旅行，辞掉了待遇优厚
的事业单位工作，"下海"创办塑料加工厂，帮助父亲渡过难关。茅先生的第三次危机是
1994 年的日渐微利让企业到了破产的边缘，此时儿子放弃了出国留学和留校任教的机会，
回家同他一起二次创业创办了方太集团。

（3）社会资本

社会网络被认为是创业者重要的资源来源渠道以及资源整合渠道，因为它除了可以
加速信息流通（Uzzi，1999）外，还可以通过内嵌其中的信任和社会责任感来缓解代理问题
（Saparito et al.，2004）。Chua 等（2011）的实证研究就发现，家族成员的参与可以让新创
企业更容易地获得外部的债务融资。对此，他们认为是家族成员的社会资本在其中发挥
重要的作用。换句话讲，创业者可以"借用"家族成员的社会资本来进行其他类型资源的
整合。除了提供融资的便利之外，家族社会资本还可以在市场的开拓等方面为创业者提
供帮助。比如，宁波卓奥电子科技有限公司的创始人王亚红在接受作者的访谈时就表示：
"我们公司的主打产品之一是家电控制面板，我父亲从事的就是家电行业，在业内有不少
朋友。我的产品最初开拓市场时，大部分客户都是由我父亲通过自己的朋友帮忙介绍的。
尽管父亲只是起到了牵线搭桥的作用，但是在品质相同的情况下，他们肯定会首先考虑我
的产品。"

（4）情感资本

创业是一个充满不确定性的探险之旅，从踏上创业之路的那天起，就注定随时都可能
跟艰辛、挫折，乃至失败并肩前行。在这个过程中，可能会享受到自身价值体现的无穷乐
趣，也可能会饱受挫折和失败的煎熬，心理的起伏在所难免。对于成功者和失败者而言，
最大的区别可能就体现在，前者可以更快地从挫败感或失落感中恢复过来。"家是心灵与
身体的港湾，能停泊万吨巨轮，也能栖息独木小舟。"无论你是天之骄子般的创业明星，还
是路边便利店似的生存型创业者，都可以从家庭或家族里获得其他地方无法获得的心灵
和身体上的休憩，从而让你抖擞精神，重新上路。研究表明，来自家人和朋友的鼓励和帮
助，可以让创业者变得更加自信，具备更高的自我效能感（Ozgen & Baron，2007），进而拥
有更加顺利的创业旅程（Davidsson & Honig，2003）。

水能载舟，亦能覆舟。家庭或家族在个人的创业历程中可能会扮演助推剂的角色，但
同样也可能会成为其创业路上的绊脚石。可是，目前这方面还没有得到人们的足够关注，
或许这正是理论研究者先前刻意忽视创业过程中家族元素的原因所在，因为他们认为家
族参与会因其中的非理性因素给创业者带来负面影响。更有甚者，会刻意主张将家族因
素从创业或商业活动中人为剥离。作为研究者、教育者和学习者来看，这显然是不合适
的。我们需要的是"旁观者"的视角和心境，以客观和理性的思维，来进行这方面的探索和
研究。那么家族参与究竟会给创业者带来哪些可能的羁绊？如何更好地平衡家族可能带

来的动力和障碍？这可能需要高超的艺术，否则也不会有那么多共同创业的兄弟、夫妻，乃至父子反目成仇，甚至对簿公堂。由于现有成果积累的欠缺以及篇章的篇幅限制，这些暂且作为开放性问题留给大家去思考和探讨。

10.3　家族涉入与公司创业

目前，谈起创业，人们已经不再仅仅局限于狭义的新企业创立或"从0到1"的过程，而是更多地将成熟公司中的新事业组建与开发，以及组织更新等活动纳入广义的创业范畴加以考虑。不仅如此，近年来人们对公司中创业活动的关注持续升温。大量研究均强调，创业态度和行为对公司的长短期成功都具有重要的影响（比如，Dalton et al.，2007；Dess et al.，2003；Zahra & Covin，1995；Zahra & Garvis，2000）。对于广义的家族创业而言，我们同样有必要将家族所有或管理的企业（简洁起见，由此以下我们将统一采用"家族企业"的说法）中的公司创业活动纳入思考和讨论的范畴。

要对家族企业中的公司创业活动进行考察，我们首先需要明确的问题就是：家族企业中的公司创业活动与非家族企业中的公司创业活动有何不同？究竟是存在形式上的差异，还是内容或程度上的不同，抑或是具体实现方式上的区别？对于这些问题，目前理论界关注的焦点还只是停留在一般创业活动（即普通企业中也会存在的创业活动）的水平差异及其可能成因的解读上面。接下来我们将分别对这两个问题展开讨论，并尽量简洁地提供现有的理论观点及其主要证据。

10.3.1　家族企业中的公司创业表现

在国内谈起家族企业，很多人都会把它跟过时、落后、保守等概念联系在一起，并会将之视作现代企业制度的对立面来公开批判。因此，在过去一些年中，家族企业在组织与管理的研究和教育中始终有点难登大雅之堂的味道。近年来，这种"偏见"（或许我们的这种认知定位本身也是一种偏见，不过究竟如何，相信每一位读者都会有自己的评判，但这不会影响我们对相关现象的讨论）才有逐步消除的迹象。如果家族企业果真如人们过去所讲的那样是落后的代名词，那么它们似乎就跟"喜好风险""前涉行动""创新"等现象扯不上半点关系，公司的创业水平自然就会显著低于非家族企业。然而，有些令人惊讶的是，全国工商联2015年关于非公经济的调查数据显示，民营企业家中有一次创业经历的比例为37.9%，有两次创业经历的比例为14.1%，而有三次及以上创业经历的比例则达到了9.9%。开篇案例万事利的跨代创业故事似乎也印证着这一调查结果。那么，实际情况究竟怎样？下面这几项研究应该可以给我们提供一些更加全面的证据。

（1）家族企业中创业更沉寂

与上面的猜测相一致，的确有一些研究发现，家族企业中的创业活动明显弱于非家族企业，Block（2012）、Chrisman和Patel（2012）分别从创新投入的角度为我们提供了相关证据。通过对154家美国高研发投入制造行业企业的研究，Block（2012），发现，家族所有权会降低企业的研发投入水平，进而会对企业的创新产生负面影响。Chrisman和

Patel（2012）对美国 964 家制造业上市企业的研究也发现，总体而言，家族企业的研发投入比非家族企业要低。最近开展的一项关于家族企业国际创业的研究，也从侧面为我们提供了类似的证据。Sciascia 等（2012）对 1035 家美国企业的研究发现，家族过度参与会让企业表现出更低的国际化创业倾向。

（2）家族企业中创业更活跃

近年来，一些最新发表的对创业活动的直接研究似乎正在给出一些与上述主张相反的观点。创业研究领域的权威学者谢克尔·扎哈拉（Shaker Zahra）在 2012 年对美国 40 个不同的制造业企业进行了一项大规模的调查研究，来自 741 家企业的经验证据表明，家族所有权（即单一家族拥有的企业股权的比重）对公司创业水平具有显著的正向影响，同时家族所有权还会显著地正向影响组织学习的广度，并进而间接地对企业的创业活动产生积极影响。与扎哈拉采取的连续测量方案不同，Garcés-Galdeano 等（2014）从所有权维度对家族企业采用了二分法测量（非上市公司中，家族拥有超过 50% 的股权就算作家族企业；上市公司中，家族拥有超过 10% 的股权即算家族企业），分析了家族企业和非家族企业之间的创业导向水平差异。来自 401 家西班牙制造企业的数据表明，家族企业比非家族企业表现出更高的创业活跃度。其他类似的证据还可见 Zahra 等（2004）的研究。

面对上述相互冲突的证据，我们究竟该怎么解读？尤其是像扎哈拉教授在自己前后的研究中都得到了截然相反的证据。[①] 究竟是样本选择偏差所致，还是测量工具差异使然？在获得足够的证据积累之前，我们似乎很难得出令人信服的结论，哪怕试图说服我们自己都有些困难。这时候，我们如果能够对家族涉入影响企业创业活动的内在机制有一个深入的理解，那么再回过头来反刍上面的矛盾证据，或许能够豁然开朗——家族涉入可能会通过多种不同的途径影响企业的创业活动，关键看在不同情况下哪种途径占据主导地位。

10.3.2　家族涉入影响公司创业的关键机制

纵览上述不同研究得到的观点，其实可以在不同的理论思路上找到合适的解释，而在背后支撑这些解释路径的又是有着不同前提假设的理论视角。对任何一家企业而言，要真正采取创业活动，不仅需要意愿，同时还需要具备相应的资源和能力。其中，意愿与公司的目标追求紧密相关。在现有研究中，学者们用以解释家族企业创业行为的理论视角或框架也都离不开对这两个方面的讨论。围绕公司目标，研究者们的分析主要借助了长短期导向（Hofstede ＆ Hofstede，2001）框架，以及在企业行为理论（Cyert ＆ March，1963）和行为代理模型（Wiseman ＆ Gómez-Mejía，1998）基础上发展起来的社会情感财富框架（Gómez-Mejía et al.，2007）。从资源和能力视角做出的解释，学者们依然借助了企业资源观理论（Barney，1991；Peteraf，1993；Wernerfelt，1984）。接下来，我们分别对这些路径及其对应的理论视角进行简单的梳理和介绍（当然，由于一些框架本身就建立在先前已有理论的基础上，所以在内容和观点上难免会有部分的交叉）。

---

① 这一点从他在 2005 年开展的一项探索性研究中提出的多对矛盾的对立假设中也可窥一斑。

（1）对长期导向目标的追求

在公司创业或公司创业导向的研究中，学者们在论述其重要性和必要性的时候无不强调它对公司长期生存的影响。换句话讲，公司越是追求长期的生存和发展，就越是应该重视并采取创业活动，以不断发展新的能力来保持公司的活力（Zahra，1996；Zahra et al.，2004）。家族企业通常被认为更加看重长期导向的目标和行为（Lumpkin et al.，2010），因为家族企业的领导人通常会有更长的任期，同时他们也都希望将自己的企业世代延续下去。因此，家族企业应该会采取更多的创业行为或拥有更高的创业导向。比如，三花股份为了给未来创造新的利润增长点和发展空间，于2010年入股以色列Heliofocus公司（一家开发太阳能热利用技术的研发公司），获得其30%的股权，成为第二大股东。可是，也有学者指出，长期导向会让家族企业领导者在做决策时更加谨慎和保守，这将会阻碍公司中的创业行为（Schulze et al.，2002）。比如，家族企业如果拥有强烈的愿望长期保护自己的财富，那么他们就更不愿意进行结果高度不确定的创新和创业活动。

（2）社会情感财富

目标决定行动，行动是实现目标的手段。根据企业行为理论，任何企业都会同时追求经济目标和非经济目标。在家族控制的企业中，家族导向的非经济目标可能会拥有高于企业导向的经济目标的优先权，比如家族成员更加看重对企业的控制和影响，因而即便创业活动可以为企业带来经济效益，他们也会因为担心由此带来的非经济利益的损失，而不愿意去追求这样的创业活动。对此，国际知名管理学教授戈梅斯·梅西亚（Gómez-Mejía）在2007年率先提出了"社会情感财富"（socioemotional wealth，SEW）的概念，用来归纳和概括对家族成员这些非经济目标所带来的情感效用（有兴趣的读者可以对此部分内容做适度的文献拓展阅读）。由于创业活动都带有不同程度的风险，并且通常需要融合企业外部的各类资源，比如金融资源、人力资源、信息资源等，而这些不同类型资源的融入，往往就意味着对家族控制权的稀释——这也往往是许多创业家族不愿放弃的重要追求之一，所以这些企业会表现出较低的创业导向。可是，这种影响并非一成不变。研究者们同时也指出，如果企业的运营和绩效远低于预期，那么不仅企业的经济目标不会实现，而且家族的非经济目标也会受到极大的损害，此时家族可能就会做出更多的风险偏好性选择，进而表现出高水平的创业导向。Chrisman和Patel（2012）关于家族企业中创新活动的研究为此提供了很好的支持证据。

（3）独特的"家族性"资源

不论是创业机会的识别，还是后续的机会开发，通常都需要大量的资源投入。所以学者们也从资源观的角度对家族企业相较非家族企业在创业活动中的资源优劣势进行了分析。对于家族企业特有资源的分析可以追溯到哈伯逊（Habbershon）和威廉姆斯（Williams）在1999年开展的研究。他们在自己的一项课题研究过程中，受困于家族企业的优势评估而无法突破，为此借助资源观理论和系统理论，首次构筑了一个评价家族企业竞争优势的理论框架。他们认为由于家族参与而在企业中产生的"家族性"（familiness）或内部异质资源使得家族企业与众不同。其中，"家族性"是指由于家族、家族成员、企业三者之间的交互作用而产生的独特资源束。同时，他们也指出"家族性"可能是企业战略能力的来源（异质性），也可能会成为家族企业的障碍（束缚性），关键在于所采取的管理策略。

在哈伯逊和威廉姆斯的论述中，"家族性"还是一个非常抽象和笼统的概念。对于真正理解家族参与给企业带来的独特资源的认识，恐怕还需要了解 Sirmon 和 Hitt（2003）的工作：他们在 2003 年率先对家族企业中特有的资源进行了归纳和梳理，并指出了其中可能的积极和消极作用。他们认为家族企业中的资源可以从五个方面进行归纳或概括，分别是人力资本、社会资本、耐力（patient）财务资本、生存力（survivability）资本，以及治理结构与成本。其中，每一个方面既可能会给家族企业带来积极的影响，同时也会有一些消极影响，具体参见表 10-2。至于这五种资源究竟如何影响公司中的创业机会识别和开发，前面的章节中均有不同程度的述及（尽管资源的特性可能会有区别，但是影响的路径或者机制是相似的），在此不再赘述。

表 10-2　家族企业中的独特资源和特征

资源	界定	家族企业		非家族企业
		积极	消极	
人力资本	一个人获得的知识、技能和能力	非同一般的承诺；温暖、友好、亲密的关系；加深企业特有的默会知识的理解潜力	很难吸引和留住高素质的管理者；路径依赖	没有这些积极面，但是也很少有局限
社会资本	嵌入在网络中的、通过关系获得的资源	嵌入在家庭中的要素；赞助者赋予的合法性；人力资本开发	数量有限的可达网络；经常被排除在经营网络之外（即《财富》世界 500 强企业的 CEO）	网络会更加多样；接近和借力网络时可能会产生更多的机会主义；有时会被用来服务于管理者的个人利益，即代理成本
耐力财务资本	不会有清算威胁的已投入金融资本	跨代眼光；不对短期结果问责；资本的有效管理；允许追求富有创造性和创新性的战略	非家族投资者被排除在外；局限于家族内部现有的金融资本	通常没有什么好处或局限
生存力资本	家族成员借给、贡献给和分享给企业的个人资源	在经济低迷时期帮助维持或开发企业业务；安全保障	并非所有家族企业都拥有这类资本	通常没有，因为缺少雇员和股东的承诺
治理结构与成本	与控制企业有关的成本；比如机理、监督和控制	家族所有和运营企业的结构、信任和家族纽带会降低治理成本	一些家族企业可能缺少有效的结构、信任和强家族纽带，进而可能带来更高的治理成本	职业化管理和资本多样性经常会增加代理成本

（4）家族身份的认同

身份理论认为，个体身份及其自我概念与其价值观、情感、信念等紧密相关，个体会努力以符合其身份固有含义的方式行事。身份认同是个体对自我身份的确认和对所归属群体的认知以及所伴随的情感体验及行为模式进行整合的心理历程。每个人在不同的组织情境中拥有不同的身份，这些身份或源于一个人的先天背景，或源于后天的社会联系和职务等。家族成员的家族身份是家族企业组织情境中重要的身份属性（Sundaramurthy & Kreiner，2008）。家族身份这种在家族内形成的具有长期性的价值观、情感、信念等，使家族成员一般更愿意追寻并延续祖辈的经营方式与行为。这在东方家族企业，尤其在日本家族企业最为明显。也就是说，他们往往更倾向于从家族的身份进行守业传承而非创业。日本是全世界"老字号"最多的国家，而这些企业可能正是出于维护家族身份的考虑，宁愿在创业数百年来一直坚持只做好一碗面、一条拉链。对家族身份的矢志不移，使日本长寿企业保有以严格的家训、家宪、家规为基础的企业文化。类似"番头制、莫谈国事、不得从事娱乐业"（锅屋企业）、"不可乘一时之机，为急功近利而铤而走险"（住友集团）、"经商如牛垂涎细长，如牛行路步步扎实"（奈良县食品企业）、"不可盲目、不切实际多样化经营"（金刚组）这样的家训警句，已成为多数家族企业的金科玉律。因此日本家族企业从家族身份认同出发，同时为了保护家族的"老字号"，他们多数选择的还是坚守主业而非公司创业。[①]

但如果将研究对象推向欧洲，同样是希望保护家族的"老字号"和创始人的遗产，意大利的理论研究者发现家族企业中家族成员愿意坚持不懈地进行战略更新等公司创业活动（Salvato et al.，2010）。如果从企业实践来看，欧洲的大量家族企业也似乎更乐于创新甚至颠覆主业进行公司创业活动。例如，德国博世集团在保持家族身份前提下逐渐进行多元化研发生产，产品从火花塞到电动工具以及白色家电；法国开云集团曾经颠覆主业进行国际化经营。

10.4 代际传承与创业家族

谈到家族企业，相信很多人都容易将其跟"富不过三代"等俗语联系在一起。不仅在中国，在世界各地都存在类似的说法（Lee et al.，2003）。早在1987年，沃德（Ward）就曾根据自己的研究发现提出了著名的"30/13/3"论点，即：通常有30%的家族企业能够传到第二代，只有13%的家族企业能够传到第三代，而能够再往下传的家族企业不到3%。许多统计数据和现实案例似乎也都在印证着这一点。正因为如此，"传承"一直是家族企业研究领域的一个持久话题（Zahra & Sharma，2004）。然而，在市场竞争愈演愈烈的今天，家族企业如果仅依靠代际传承，那么即使他们能够实现所有权和管理权的完美对接，也无

---

① 编者按：日本家族企业继承不采用长子继承的方式，而是选择有责任心和智慧的儿子继承。在没有儿女的情况下，家族通过招上门女婿、收养子的方式，让其改姓以保证传承衣钵。

法保证长盛不衰。要维系企业的竞争优势,进而确保企业或家族事业的长盛不衰,唯一的途径或许就是,让家族的后代保护和发展家族和企业的既有资源及能力,同时通过资源重组和动态更新,打破路径依赖和原有发展框架,积极发现甚至创造机会,来成功实施连续创业(Nordqvist & Zellweger,2010;Serrano et al.,2006)。

10.4.1 代际创业的表现形式

如果将代际创业视为家族企业或事业长盛不衰的"法宝",那么首先需要了解的一个问题便是,代际创业通常以什么样的形式开展? 与我们当下认识的一些主要创业形式有没有什么区别? 这样的疑问看上去很具吸引力和诱惑性,可是如果尝试着给出系统的概括,就会因自己所储备知识的捉襟见肘而略感羞愧。正因为如此,目前都没有关于此问题的解答,哪怕是常识性的。当然,也可能从另外一个角度说明,这样的问题压根就不适合去回答。不管如何,在此我们仅凭自己的一些观察,对这一现象做出十分粗浅的梳理,作为大家进一步探讨的起点和"靶子"。

(1)"固本"型业务转型升级

"固本"型代际创业主要是指二代企业家主导或两代企业家共同主导的,以巩固和再造企业现有业务的核心竞争力为目的的公司创业活动。此类创业活动,主要体现为新知识、新技术和新的商业模式对原有业务的再造。这类创业活动如果成功,往往可以给原有的业务插上再次腾飞的翅膀。开篇案例万事利集团就是一个典型的例子。万事利创办于1975年,是一家以丝绸制造为主业、服务业为支柱的大型集团企业,拥有中国丝绸行业第一个驰名商标和中国名牌产品,是中国丝绸行业的杰出代表和领跑者。可是,跟很多丝绸行业中的传统企业一样,在经历了20世纪八九十年代的跌宕起伏之后,万事利一度举步维艰。然而,比行业中多数企业幸运的是,万事利从20世纪90年代末风靡全球的中华文化中获取了创新的思维启迪,成功摆脱了"丝绸就是服装面料"的思想桎梏。在创始人的女儿屠红燕和女婿李建华的主导下,万事利集团成立了丝绸礼品事业部,开始了"从丝绸面料制造到丝绸文化创造"的商业模式创新,并通过对丝绸历史和文化价值的挖掘,借力北京奥运会等世界级盛会进行事件营销,成功地实现了这一商业模式创新。此外,着眼于丝绸的环保属性和艺术品属性,万事利已经开始着力打造这一商业模式下的延伸产业——丝绸装潢和丝绸艺术品。万事利的商业模式创新不仅实现了公司自身业务的全面升级,更为整个行业实现价值创造带来了全新的思考。这样类似的案例在现实中并不少见,比如浙江威力锻压机械有限公司的二代企业家董铭先生在接班后便于企业中成立了新的事业部——"威荣重工",力求对原有业务进行升级换代。用董铭自己的话讲,取名"威荣"就是要"为荣誉而战"。

(2)"培元"型全新业务探索

"培元"型创业主要是指二代企业家主导或两代企业家共同主导的,以探索和发展公司新的竞争优势为目的的公司创业活动。这类创业活动,更多地表现为一种"未雨绸缪"式的前瞻性业务投资或领域布局。三花股份在二代"少帅"张亚波的主导下,参股以色列Heliofocus(简称"HF")公司的蝶式太阳能项目就是此类创业活动的典型代表。HF公司成立于 2007 年 10 月 9 日,是以色列一家开发太阳能热利用技术的研发公司,拥有自己的专利技术。三花股份拥有其 30% 的股权,是其第二大股东,并获得该公司蝶式太阳能技术在中国市场的独家经销权和全球优先制造权。在外界看来,这是一项充满高度不确定性的战略性投资项目,而三花股份为什么会做出这样的决策? 答案很简单,为公司未来的发展寻找新的增长点,或者说开拓新的利润增长空间。三花股份认为,该项目的投资实施将使公司在新能源、新产业领域实现重大突破。公司在创新发展现有制冷产业行业领先地位的基础上,通过进军新能源产业,掌握高科技精密制造技术,适时进入太阳能热发电行业,真正实现从"成本领先"向"技术领先"的战略转变。此项目的实施将会为公司在实现太阳能制冷、太阳能空调等方面的研究提供技术支持。对于为何在比较多个项目之后,最终选择此项目,张亚波给出了简洁而又明确的回答,"因为这个项目跟我们一贯宣扬的'技术领先'理念契合"。

（3）"传承"驱动型新企业创造

与前面两种代际创业类型不同,"传承"驱动型新企业创造主要是在第二代的主导下实现的,同时它跟原有业务甚至原有企业的关联度不高。此类创业活动,更多是为了创业家族使命、梦想和核心价值观的延续。在很多第一代企业家的眼中,现有的公司及其业务就好比自己的第二个孩子,比如绍兴市力博集团有限公司的创始人骆业奎就曾语重心长地对儿子骆越峰讲:"儿子啊,你要帮我带好你这个小兄弟啊! 你要是搞不好,我死不瞑目;你要是搞好了,爸爸感谢你!"用 Gómez-Mejía 等（2007）的社会情感财富框架来解读,就是创业者对企业拥有高度的情感依恋和承诺。对于这类企业,往往很难割舍掉原有的业务,因而创业活动大多数像前面两类那样,是在原有业务基础上的升级,或者在巩固原有业务的基础上去探索新业务。可是,在家族企业中有一种特殊的情况就是,子女对原有业务不感兴趣,而父母又希望家族的使命、梦想和核心价值观能够继续借助企业的载体得以延续。此时,全新的企业创造或者说"另起炉灶"就成了唯一的选择。然而,这一模式得以顺利实施的一个重要前提是,包括企业创始人在内的家族成员看重的是使命、梦想和核心价值观的延续,而不是企业或业务的存续。用方太厨具有限公司董事长茅理翔先生的话讲就是:"作为交棒人,我们企业家应该在思想上突破一个'情结',应该明确我们要传承的是一份事业、一种使命感,而不是一份财产或遗产,只有交棒人的大胆、开明,才可以避免宫闱闹剧重现;同时只有家人、创业元老、其他管理者和员工的积极参与和支持,才能够打造出我们家族企业的'大唐盛世'。"①

在目前的理论研究和教科书中,创业通常被分成"创新"型和"生存"型两类。"传承"驱动型创业显然与这两类创业活动有着许多的不同,那么这能否成为一种新的创业形式? 此外,对于家族跨代创业活动我们是否还可以从家族的参与程度和方式、两代人在创业过程中的角色分工等角度加以分析和概括? 这些问题都留给大家自己去思考。

---

① 茅理翔.家业长青[M].杭州:浙江人民出版社,2008.

10.4.2 创业家族后代的创业意愿

既然代际创业对家族企业或事业的延续如此重要，并且任何代际创业活动的开展都离不开家族后代的参与，那么自然就会引申出这样一个问题：哪些创业家族的后代更有可能从事创业活动？

现实中，很多人会有这样一种惯性思维或者说是一种期许，认为创业者的后代天生就更适合创业，因为从基因角度看，"虎父无犬子"；从意愿角度看，"近朱者赤"；从资源角度看，殷实的家底是可遇而不可求的。的确有研究表明，出生在创业家族或从商家庭的人群中超过 50％的人可能会在他们的人生中创立新的企业，并且会成功运营这些新创企业（Fairlie & Robb，2007）。根据胡润最新的一项调查数据显示，有七成的家族二代不愿意接班，但是这七成人中有超过一半愿意自己创业。可见，家族后代的创业意愿并不弱。那么，这 50％的有创业意愿的家族后代有没有共同的特征或相似的经历？

最近开展的一项针对拥有家族企业背景的大学生的职业选择倾向的国际调查研究表明，自我效能感强、独立动机和创新动机高的创业者后代更有可能去创业，而不是简单地接班（Zellweger et al.，2011）。

（1）创业效能感

自我效能感（self-efficacy）是指人们对自身能否利用所拥有的技能去成功执行某项任务的自信程度。大量来自不同情境的实证研究证明，自我效能感是促进人们做出行为选择的一个重要因素。在创业领域，多项研究都表明，自我效能感高的人更有可能会成为创业者（Boyd & Vozikis，1994；Barbosa et al.，2007；Zhao et al.，2005）。Zellweger 等（2011）对出生在从商家庭的学生的研究同样证明了这一点。

（2）独立动机

除自我效能感以外，还有大量研究表明，个体动机也是解释个体职业选择意向的重要变量（Carter et al.，2003；Herron & Sapienza，1992；Kuratko et al.，1997）。如果一个人相信某一行为的结果（比如创办一个企业）能够满足自己的动机，那么他就更有可能对行为做出积极的评价，进而会采取相应的行动。在家族企业中，我们会发现很多创业者后代不愿接班的一个重要理由就是，想要摆脱父母的控制或者不想活在父母的"阴影"中，期望获得自由。比如，有的创业者后代在接受访谈时表达了这样的压力感，"我们其实内心的压力也很大，如果做好了外界会认为这是应该的，因为我们基础好；如果做不好，就会被冠以败家子的罪名"。所以，Zellweger 等（2011）的这一点发现也不难理解。

（3）创新动机

有关创业者职业动机的研究表明，创新动机是影响他们职业选择的一个重要因素（Carter et al.，2003）。Hmieleski 和 Corbett（2006）的研究报告表明，即兴创作和创新的倾向与创业意向高度相关。有不少创业者子女表示，自己不愿接班是因为感觉到在企业里无法施展拳脚，很多自认为创新的想法都难以得到认可和实施，所以他们宁愿出来自己创业。由北京大学光华管理学院 2015 年 9 月发布的一项报告显示，愿意自主创业的家族企业二代的比例高达 69.3％。比如，富力地产联席董事长张力，开始培养儿子张量作为接班人，但张量并不只想在地产界发展。张量一心想靠自己的实力创业,多年前创办号称"全国首创房地产垂直搜索引擎"的狙房网,其旗下的公关公司"普及中国"也为人所知。2012 年 3 月 23 日,张力旗下的"力量矿业"在香港上市,上市完成后,张量成为力量矿业的实际控制人。

10.4.3　打造创业型家族的策略

不管是通过企业内部的"固本"型业务转型升级、"培元"型全新业务探索,还是"传承"驱动型新企业创造,都需要家族后代具备较强的创业精神和创业意愿,具有必要的创业技能,同时还需要家族持续稳定的支持。那么,对于创业家族而言,究竟该如何去培养或激发后代的创业精神和意愿,同时又如何去帮助他们习得和锻炼相应的创业知识和技能,从而在真正意义上打造出具有创业导向的家族? 与此同时,如何通过恰当的家族治理和管理,来为家族成员的持续创业提供稳定的支持? 对于这些问题,目前没有人能够给出完备而确切的答案。在此,我们仅根据现有的研究成果,对与这些问题有关的一些观点做出简要梳理,供大家讨论时参考。

(1) 家族价值观灌输

行为是态度的结果,而态度又是价值观和信念的产物(Johns & Saks,1996)。研究表明,在一个人性格成型阶段(主要是出生到 15 岁之间的这个阶段)所被灌输的价值观,往往会影响他人生后面阶段所做的选择。正如 Christensen 和 Raynor(2003)所表述的那样:"我们时常称赞,成功的创业者似乎拥有建立成长型企业的直觉。当他们应用直觉来选择可以达到预期结果的行为时,他们确实具备一些原则,这些原则给了他们做出正确判断的感觉。这些原则不是与生俱来的,而是他们从生命早期的一系列经历中从良师益友那里学到的。"

在家族企业中,家族和企业的交叠,为企业领导者向下一代灌输家族的精神和自豪感以及家族的历史,提供了绝佳的机会。研究表明,成功的家族企业的机敏领导者都十分关心下一代的发展,他们会利用所有的机会向下一代灌输强烈的职业道德、高度的正直感和责任心,以及帮助下一代树立生活主人的意识(Uhlaner et al.,2012),向他们讲述自身创业时的传奇故事。对于这一点,我们从许多成功的创业家族都非常关注饭桌上的交流中也可窥一斑。

当然,家族价值观的培育和灌输需要一个持续不断的过程。Cruz 等(2012)通过研究洪都拉斯六家家族企业集团的案例后发现,企业创始人的创业精神会成为公司的一种创业文化而代代相传,其中创业文化的传递需要家族中多代成员的长期互动,并通过公司创始人后代不断地识别和追求机会而得到延续。

(2) 积极的榜样塑造

持续的家族价值观灌输,可以帮助家族后代树立积极的创业态度。根据计划行为理论(Ajzen,1991),要想产生真正的创业行为,创业家族后代还需要具备一定的创业自我效能感。根据社会认知理论,个体的自我效能感受到四方面因素的影响:过往成功经验、角色榜样和替代经验、社会说服,以及对个体生理状态的判断(Bandura,2005)。对很多没有亲身创业经历的创业家族后代来说,长辈的创业经历就是他们重要的学习资源,长辈在他们面前呈现出的工作和生活状态也将会在很大程度上影响他们对自我效能感的判断。正如有学者认为，从很小的时候开始，子女就会形成对他们父母工作不安全感的感知，这种感知会进一步影响他们自己的工作信念和态度。比如，一位创业者每天表现出来的都是紧张和焦虑，那么很难想象他的子女会以一种积极的心态去看待创业活动。相反，如果一位企业家每天都表现出一种积极向上的心态以及对创业过程带来的成就的满足感，那么他的子女将更加可能对自己的能力和未来充满信心（Neblett & Cortina，2006），从而更有可能参与这一充满成就感的事业。香飘飘集团创始人蒋建琪的女儿蒋晓莹目前已经跟同学一起创立了自己的公司，她说父亲曾经跟她讲过的一句话让她印象深刻，并由此坚定了自己走创业这条路的决心。在某一年过年的时候，她和父亲到办公室贴年画。父亲站在办公室窗边和她说："其实，我每天最开心的事情，并不是看到财务处给我汇报有多少钱进账了，而是我站在办公室窗口看到工厂的货车把我们的奶茶运出去，然后我就想象着我们的奶茶到了全国各地的人手上，人们握着奶茶很开心的样子。我觉得这很棒！"正是父亲传达出的这种正面信息让女儿坚信了创业的意义和价值。

（3）家族委员会定准绳

俗话说"血浓于水"，家族成员间的情感纽带可能是最为稳固的人际联系，可是观点、情感和利益的冲突还是在所难免。很多个体间的看似很小的冲突，在经过长时间的积累之后，可能会升级成为家庭恩怨。"豪门恩怨""豪门深似海"这些醒目的字眼时常见诸报端，最为典型的例子如"真功夫家族夫妻反目""新鸿基三兄弟斗狠"等，这也是诱致人们将家族企业跟"富不过三代"联系在一起的一个重要原因。要想"长治久安"，必须在制度设计层面根除这些潜在的内部隐患。在家族企业实践中，家族委员会或理事会被证明在处理家庭纷争、提供建议等方面发挥着显著的作用。研究表明，国外众多大型家族企业在将权力移交给下一代的过程中，都会着手组建这样的正式机构（Lansberg，1999）。作为家族治理机构，必须先弄清楚家庭委员会或理事会的运行规则。从根本上讲，它应该是不同家族的成员在平等基础上的互动制衡关系，它的主要职能应该是确立原则和规则，并以此来激励和约束所有的家族参与者。

除此之外，它还有另外一项非常重要的功能就是清晰地阐明家族的核心价值观。专家指出，家族理事会不仅可以帮助创业家族探索（explore）他们的使命、价值观、历史和故事，还可以通过反复灌输，让家族成员都认同这些价值观，进而提高他们对家族和企业的承诺（Jaffe，1990；Ward，1988）。从这个角度看，又跟上面讲到的第一点是密切联系的。谈到家族理事会或者委员会，之前受媒体关注最多的可能是香港李锦记集团。除了机构的设置及相应的家族事务的处理之外，让人们最为好奇的恐怕是该机构的最高指导原则——"家族宪法"，这是任何一个家族委员会成员都要遵守的规则。本质上来讲，它体现了家族企业有意识地将"自己人"的治理正规化的过程。李锦记第三代"掌门"人李文达与第四代的 5 位成员约法三章：不要晚结婚、不准离婚、不准有婚外情。尤其是后两条，是作为加入家族委员会"参政议政"的必要条件（李新春等，2008）。

（4）首席情感官缓冲突

如果说家族委员会或理事会的设立是试图从正式的制度设计层面来规避和处理家族成员之间的潜在冲突和矛盾的话，那么首席情感官（chief emotional officer）的设置可能就是一种非正式的矛盾和冲突处理机制。研究表明，首席情感官有助于家族内部相互信任关系的建立（LaChapelle & Barnes,1998）。在实践中，首席情感官可能是家族成员，也可能是非家族成员；可以由男性成员来担任，也可以由女性成员来担任。比如，在 Lambrecht 和 Lievens（2008）的研究中，最年长的首席情感官是一位 93 岁的阿姨，有的家族企业则聘请了外部咨询师。

在我们身边的一个典型案例是来自浙江义乌的新光集团。20 多年来，新光集团一直是中国饰品行业的龙头企业，产品远销全球各地，目前总资产接近 30 亿美元，雇用员工超过 5000 名。新光集团的创始人和现任领导者是周晓光女士，可是整个家族的创业历史可以追溯到周晓光的母亲那一代。目前"新光家族"四世同居共财，保持着传统的中国家庭结构特征，且企业正处于代际传承中，有多位成员开展代际创业活动。为避免家族内部矛盾，保证创业精神在家族内部的延续，"新光家族"实行工作职能和家庭职能相分离的制度，由首席情感官专门协调成员间的矛盾和冲突。目前，家族事务由周晓光的母亲黄仙兰全权打理。黄仙兰是家族中的第一位女性创业者，也是身为外婆的家族第一代，德高望重，因此在处理家庭日常问题上，具有相当强的号召力。同时，无微不至的照顾和及时的心理疏导，让家庭关系保持相对和谐的状态，大大降低了成员的后顾之忧。

本章小结

本章首先向读者展示了在商业世界中，家族以及家庭所扮演的巨大力量。而创业之火也需要家族"供氧"，家族可以为创业提供金融资本、人力资本、社会资本以及情感资本四种"燃料"。本章进一步分析了家族涉入对于家族企业公司创业的影响，这种影响可能使家族企业公司创业更沉寂，也可能更活跃，并分析了两种情况及其产生的缘由。最后，本章分析了家族企业的代际创业情况，在最后一节的"代际传承与创业家族"中，提出代际创业"固本"型业务转型升级、"培元"型全新业务探索以及"传承"驱动型新企业创造的三种表现形式。

本章思考题

1. 无论在个体层面还是公司层面的创业活动中，家族力量都在其中扮演着重要的角色，但为何家族要素长期"游离"在主流的创业研究主题之外？

2. 家族在个体创业过程中能够发挥哪些推动或阻碍作用？什么样的管理策略可以"扬长避短"？

3. 家族参与究竟如何影响公司层面的创业活动？我们可以从表

现形式、创业强度和创业绩效等不同维度做出怎样的解读？

4. 近年来有学者指出创业研究从单个公司层面转向企业/创业家族层面会带来很多新颖的见解，你觉得从家族层面会看到怎样的"风景"？

5. 创业者的后代在个体创业过程中会有哪些优势和劣势？

6. 创业者家族可以采取哪些策略来激发或培养后代的创业兴趣，并提升他们的创业技能？

案例分析

上阵父子兵：茅理翔家族的创业故事

2015年9月8日至10日，被誉为"亚洲品牌奥斯卡"的第10届亚洲品牌盛典在澳门威尼斯人度假村酒店盛大召开，备受关注的权威榜单"2015亚洲品牌500强"也随之隆重揭晓。宁波方太厨具有限公司（简称"方太"）凭借卓越的品牌影响力，再度摘得"亚洲品牌500强"荣誉称号，位列第270位，彰显了方太在高端厨电领域的行业领导力和市场号召力。在此之前，由世界品牌实验室（World Brand Lab）自2004年以来开评的"中国500价值品牌"中，方太蝉联"中国500最具价值品牌"行业品牌价值第一，稳居行业第一。另据中怡康的调查数据，2004年以来方太在高端油烟机、高端燃气灶、高端消毒柜等厨电主流产品中的销量持续领先业内其他品牌。对于这样一家以"高端、自主、创新"为定位的厨电企业，恐怕很少有人会将之与民营企业或家族企业联系在一起。

方太是茅理翔和儿子茅忠群共同创业的产物。在此之前，茅理翔先生是一位身经百战的草根民营企业家，经营飞翔集团，该集团的主打产品电子点火枪曾一度占据世界点火枪市场50%的份额。可是，后来由于行业内的无序竞争，企业的利润率急剧下降。1993—1994年，企业到了微利的边缘，以致危及企业的生存。或涅槃重生，或就此沉沦，这似乎成了茅理翔眼前的一道单项选择题。然而，对于第一代的草根企业家而言，他们虽然有阅历，有胆识，甚至也不乏综合能力，但前沿技术和知识的缺乏，似乎是他们谋变之路上难以逾越的一道屏障。自己无法换脑，知识嫁接就成了一种现实可行的选择。此时正值儿子茅忠群上海交通大学硕士毕业，于是"老茅"便自然而然地打起了"小茅"的主意。他向儿子表达了自己希望他回来帮自己一起谋求蜕变，共同进行二次创业的想法。茅忠群此时的第一选择是去美国读博士，其次是留校任教，可是在家族动之以情（为了说服儿子回来，茅太太还专门组织了一次家庭会议）和自身思之以理以后（后来茅忠群在接受采访时也表示，相对白手起家的同龄人，父亲之前的事业为自己的创业奠定了很好的基础），茅忠群思量再三还是回到了慈溪，这个他再熟悉不过的家乡。

回来之后，茅忠群并没有直接进入飞翔集团工作，而是先作为"旁观者"进行观察和思量。经过近两年的考察，他觉得飞翔集团当时的电子点火枪技术含量太低，企业内部的管理人情味色彩太重，于是便向父亲提出了三点要求，作为自己回来跟父亲一起创业的条件：放弃点火枪，研发新产品；飞翔"旧人"一个不用，打造全新团队；离开乡下老厂，到城里开发区筹建新厂。对此，茅理翔全盘应承下来。

"打虎亲兄弟，上阵父子兵。"1996 年，茅理翔父子二人走上了共同创业的历程。然而，新企业还未成立，父子俩便在产品的选择上产生了分歧。虽然二人对大方向一致认可——厨房电器，但父亲想做微波炉，儿子却要做吸油烟机。父亲的理由看上去很充分：当时国内吸油烟机企业已有 250 多家，市场已基本被瓜分完毕。同时，当地政府更鼓励微波炉这一"高新"项目，贷款也相对容易，而对吸油烟机不怎么感兴趣。为了说服父亲，工科出身的茅忠群选择了让数据说话。他通过市场调查，得出一个结论——微波炉可有可无，而吸油烟机则是厨房必备品。经过调研还发现，国内吸油烟机产品虽多，但都为国外产品的"山寨货"，没有真正的原创产品设计。由于烹饪习惯的不同，"洋货"在中国水土不服，用户抱怨诸多。在充分的证据面前，茅理翔勇敢地向儿子认输，于是吸油烟机成了父子二人共同创业的主打产品。

一波还未平息，又生另一事端。在产品选择上刚刚达成共识的父子，在企业名称和产品品牌的确立上再次产生了分歧。父亲想沿用"飞翔"，儿子则想启用新名——"方太"。父子各持己见，僵持不下。一天晚饭时间，饭锅刚端上桌，吃了两口，茅理翔给儿子撂下一句话："'飞翔'这个名字不能动。"茅忠群饭也不吃，赌气走掉。茅理翔虽然心中认可产品和企业的新名，也认可儿子的理由——吸油烟机是厨房电器，厨房多由女人掌管，"方太"即"方便太太"，指向精准且更具亲和力；此外，"方太"是香港 ATV（亚洲电视）《方太美食》节目主持人的名字，她在电视上炒了二十年菜，广为人知。用"方太"，企业、产品、品牌完美统一，还有了很好的口碑传播基础。可是，由于内心对先前"飞翔"品牌的高度认可和不舍，让他一直"固执己见"。最后，茅太太出面，帮着儿子说服了丈夫，并代为向儿子转达了老茅的意见，"你爸爸同意了，你去做吧"。品牌一经确定，茅理翔亲赴香港三次与"方太"接洽，最终成功让她为方太厨具代言。1996 年初，方太宣告成立，茅理翔任董事长，茅忠群任总经理。几个月后，茅忠群带队研发的大圆弧形吸油烟机打入市场，一炮而红，连续在市场上刮起四股方太旋风，方太从 250 家油烟机厂的末位一跃成为第三名。基于产品的创新，"方太"这一听上去颇为友好贴心的品牌迅速得到了市场认可。

一仗过后，父亲对儿子刮目相看。虽心有不甘，但还是暗下决心要逐步退居二线，做好儿子的后盾，让儿子率领年轻的团队冲锋陷阵。此后，便有了茅理翔自己总结的"带三年、帮三年、看三年"的权力过渡过程。在方太创立之初的头三年，茅理翔将产品研发权下放给儿子，之后三年将营销权下放，再之后将经营权和决策权等彻底下放。经过近十年的角色相互调整和过渡之后，在 2005 年前后方太已经完全由茅忠群掌管。在这十年中，方太不仅通过系列产品创新赢得市场认可，同时还通过大量引进职业经理人，持续开展内训，以及借助咨询公司"外脑"等措施，不断夯实企业内部管理的基础。有了坚实的内部管理和持续的产品创新支撑，方太在自己的第二个十年中持续引领着中国高端厨具行业的发展方向。如此一来，便有了我们开篇述及的方太今天的成就。

回溯方太过去的二十年，我们不禁会称赞茅忠群的平和与执着，更会为茅理翔作为一个父亲"勇于认输"和"敢于放手"的开明和睿智所叹服。然而,实际的过程远不是只言片语就可以描述清楚的。用茅理翔自己的话讲,他跟其他多数"戎马一生"的草根企业家一样,企业在他们眼中就是自己的另外一个孩子,怎么可能愿意轻易放手。然而,茅忠群和他领导的方太是幸运的,因为茅理翔在决定退居二线之后,很快便找到了人生的另外一件快事,并为之乐此不疲,那就是四处讲学,让满满的忙碌填补内心深处"大权旁落"之后的空虚和失落。如此一来,茅理翔不仅没有像很多一代企业家那样退而不休,继续插手和干扰企业事务,反而通过品牌的树立为方太的品牌价值提升做出了贡献(尽管我们无法准确地从方太的品牌价值中剥离出茅理翔个人的品牌价值,当然他自己估计也不愿去做这样的剥离,因为方太是他的另外一个"儿子")。

茅理翔四处讲学虽然反响很好,但毕竟传播范围有限,并且随着年事的增高,很多时候他都觉得力不从心。同时,在演讲过程中,他通过与很多一代企业家交流发现,不是所有企业家都如自己这般幸运,能有这么一个优秀的接班人。在与企业家子女交流的过程中,他更是了解到,并非所有的一代企业家都可以开明、开放,退而不休是普遍现象。听来的这些父子两代间的不愉快经历,以及他在周边朋友圈里目睹的许多失败案例,将他内心深处那股浇不灭的创业热情再次点燃,他开始慢慢思考自己究竟能为像自己企业一样的这些家族企业做些什么。反复思量之后,他在 2006 年正式注册成立了宁波家业长青接班人专修学院,开启了自己人生的第三次创业旅程。用茅理翔自己的话讲,他不期求从这次创业过程中获得半分经济回报,自己只会投资,不求索取,将来时机成熟之后会将这次创业的成果奉献给社会。经过近十年的努力,他的愿望即将实现。2014 年 11 月 10 日,茅理翔先生携家人向浙江大学教育基金会捐赠 2000 万元成立浙江大学管理学院企业家学院,并期望将之打造成为"兼具全球视野和本土智慧的家族企业教育专家"。在捐赠现场,茅理翔先生在致辞中说道:"今天我实质捐赠的不是钱,而是一颗为实现中国民企百年传承梦想的燃烧着的心。中国要更加强大,就必须造就一大批能够承担社会责任的百年老店。中国需要更多有责任的家族企业,才能实现中华民族的伟大复兴,而这就是我的梦想。"

案例来源:本章作者根据自己十多年来对方太的跟踪研究撰写。更多资料参考本章作者撰写的百篇优秀案例《以创代承:方太茅氏父子的跨代创业历程》。

■■ 问题讨论:

1. 在茅理翔创业过程的不同阶段,家人分别给予了他什么样的帮助和支持?（对此问题的讨论需要拓展阅读茅理翔先生关于自己三次创业危机的论述,相关资料可以网上搜索,也可以参照本章第二节给出的线索）

2. 茅理翔在处理同儿子共同创业过程中出现的矛盾时采取了怎样的策略? 你如何评价这些策略? 你能想到的其他可能策略还有哪些?

3. 在茅理翔父子创办方太之初,儿子提出不允许带进家族成员和父亲之前的元老,对此你怎么看? 家族成员和之前的元老对新的创业项目会带来怎样的推动和阻碍作用? 如果你站在茅理翔的位置,是否也会同意儿子的选择?

4. 茅理翔父子的共同创业经历被很多人视为国内家族企业创业精神延续和事业成功传承的典范,你觉得家族企业内部的创业活动还可以通过哪些形式开展?如何培养或激发下一代的创业精神?在这个过程中,家族成员和公司的其他利益相关者可以发挥怎样的作用?

▌本章精读文献▌

Aldrich H E & Cliff J E. The pervasive effects of family on entrepreneurship: Toward a family embeddedness perspective [J]. Journal of Business Venturing, 2003, 18(5): 573-596.

Chapter Article Summary(本章精读文献摘要):

Families and businesses have often been treated as naturally separate institutions, whereas the authors of this article argue that they are inextricably intertwined. Long-term changes in family composition and in the roles and relations of family members have produced families in North America that are growing smaller and losing many of their previous role relationships. Such transformations in the institution of the family have implications for the emergence of new business opportunities, opportunity recognition, business start-up decisions, and the resource mobilization process. The authors suggest that entrepreneurship scholars would benefit from a family embeddedness perspective on new venture creation.

本章精读文献评述:

从 1932 年 Berle 和 Means 基于对大型公司的观察得出企业控制权已经越来越多地由创始人家族成员流向职业经理人的观点之后,家族因素便逐渐淡出了主流组织与管理研究的视阈,创业研究领域也不例外。可商业世界中的真实情况并非 Berle 和 Means 所描述的那样,大量的企业其实仍然掌握在创始人家族的成员手中,并受到他们的广泛影响。在许多新创立的企业中家族成员的广泛参与更是十分普遍。

本章推荐的这篇文献较早地认识到并强调指出了系统考虑家族与企业两个系统之间互动的重要性,重新将我们的研究视线拉回到了客观的现实存在中。这篇文献的作者通过对美国第二次世界大战后家族(例如,妇女的工作比例、子女的教育、家族关系等)社会关系的一些变化,从家族对企业的嵌入视角,结合新创企业机会的识别开发过程,分析了家族系统的三方面特征对新企业创立过程的影响。首先是资源方面的影响,他们认为家族能够为新创企业提供诸如财务、人力、心理和信息等资本。其次是家族系统的文化特征,它能将价值观、家规、制度条例等带给新创企业,这涉及家族成员间的联系方式,家族成员对于工作包括金钱的态度,等等。再次是人口统计学方面的特征,诸如婚姻(结婚与离婚)、小孩的出生和抚养、家族成员的退休和死亡。这篇文献虽然是基于美国社会中的家族和商业世界来展开论述,但如果将这三方面特征迁移到中国的家族和商业世界,同样可以启发我们对现实商业世界的深入思考。家族能够给创业者或新创企业带来资源方面的帮助是再好理解不过的。可以说，在创业过程中家族往往是创业者最初始同时也是最可靠的"梦想赞助商"。针对中国创业者的一项调查显示，目前依然有近八成的创业者通过家族成员来融资，并且有相当一部分的创业者将自己的一些亲戚带到自己公司来部分地解决人力资源问题。此外，中国是一个重关系或强连带的国度，亲人和朋友往往还是创业者非常重要的信息来源。如此看来，基于资源视角的创业研究或创业教育，显然不能忽视家族这股重要的力量。当然，仅仅将创业者的家族作为一个背景来考察显然也是不够的。家族的价值观对于新企业创立过程的影响也不容小觑。许多创业家族的下一代正是由于长期耳濡目染于父辈/祖辈的创业历程和商海浮沉，被其中的"传奇"故事所打动，进而萌生了独立创业的意向。什么样的"富二代"更有可能和意愿成为"创二代"？这显然也是一个非常有趣的话题，不仅是一个家族的问题，而且也是一个社会性的问题。浙江大学家族企业研究所2015年与全国工商联开展的一项全国性的调查显示，愿意接班的创业家族后代不足四成。分析发现，一个非常有趣的结果是，许多子女不愿意做父母那些传统行当，反倒想自己去创业，建立自己的"新王国"。结合上面谈到的一点，我们不仅会产生这样的疑问，独生子女创业家族在什么样的情境下会选择让子女接班？又是什么因素促使他们支持子女去独立创业？换句话讲，究竟是看重家业的传承，还是创业精神的延续？这个话题在多子女的西方家族中或许没有那么有趣，因为两者可能并不冲突，还可能是互补的，可在中国当下这个特定的历史时期，它却是一个非常有趣且又独特的议题，非常值得探讨。

本章推荐精读的这篇文章还点出了一个被创业研究者所忽视的重要的客观存在的家族力量要素。这对于我们全方位地认识和理解创业机会的发现/创造以及开发过程，具有十分积极的意义。从学术研究的角度看，创业机会的来源问题（创业机会到底是由创业者发现的，还是由创业者创造的）一直都是创业研究领域的一个重要议题，因此，无论你想了解家族创业现象还是创业机会的来源，这篇文献都值得一读。

本章作者：窦军生，浙江大学管理学院教授，主要从事家族企业传承和创业方面的研究和教学工作，主持和参与国家级科研项目6项，在《管理世界》《自然辩证法通讯》《科学学研究》以及 *Entrepreneurship Theory and Practice*，*Family Business Review*，*Business and Society*，*Asia-Pacific Journal of Management* 等国内外学术期刊上发表论文40余篇。

本章案例作者：窦军生。

本章文献评述作者：窦军生。

▌本章相关引用材料▐

［1］Ajzen I. The theory of planned behavior［J］. Organizational Behavior and Human Decision Processes，1991，50(2)：179-211.

［2］Astrachan J H & Shanker M C. Family businesses' contribution to the US economy：A closer look［J］. Family Business Review，2003，16(3)：211-219.

［3］Bandura A. The Evolution of Social Cognitive Theory［M］//Smith K G & Hitt M A（Eds.）. Great Minds in Management. Oxford：Oxford University Press，2005：9-35.

［4］Barbosa S D, Gerhardt M W & Kickul J R. The role of cognitive style and risk preference on entrepreneurial self-efficacy and entrepreneurial intentions［J］. Journal of Leadership & Organizational Studies, 2007, 13(4): 86-104.

［5］Barney J. Firm resources and sustained competitive advantage［J］. Journal of Management, 1991, 17(1): 99-120.

［6］Berle A & Means G. The Modern Corporation & Private Property［M］. New Jersey: Transaction Publishers, 1932.

［7］Block J H. R&D investments in family and founder firms: An agency perspective［J］. Journal of Business Venturing, 2012, 27(2): 248-265.

［8］Boyd N G & Vozikis G S. The influence of self-efficacy on the development of entrepreneurial intentions and actions［J］. Entrepreneurship Theory and Practice, 1994, 18: 63-90.

［9］Carter N M, Gartner W B, Shaver K G & Gatewood E J. The career reasons of nascent entrepreneurs［J］. Journal of Business Venturing, 2003, 18(1): 13-39.

［10］Chrisman J J & Patel P C. Variations in R & D investments of family and nonfamily firms: Behavioral agency and myopic loss aversion perspectives［J］. Academy of Management Journal, 2012, 55(4): 976-997.

［11］Christensen C M, Raynor M E. Why hard-nosed executives should care about management theory［J］. Harvard Business Review, 2003, 81(9): 66-75.

［12］Chua J H, Chrisman J J, Kellermanns F, et al., Family involvement and new venture debt financing［J］. Journal of Business Venturing, 2011, 26(4): 472-488.

［13］Cruz A D, Hamilton E & Jack S L. Understanding entrepreneurial cultures in family businesses: A study of family entrepreneurial teams in Honduras［J］. Journal of Family Business Strategy, 2012, 3(3): 147-161.

［14］Cyert R M & March J G. A Behavioral Theory of the Firm［M］. Englewood Cliffs, NJ: Prentice Hall, 1963.

［15］Dalton D R, Hitt M A, Certo S T & Dalton C M. The fundamental agency problem and its mitigation: Independence, equity, and the market for corporate control［J］. The Academy of Management Annals, 2007, 1(1): 1-64.

［16］Davidsson P & Honig B. The role of social and human capital among nascent entrepreneurs［J］. Journal of Business Venturing, 2003, 18(3): 301-331.

［17］Dess G G, Ireland R D, Zahra S A, Floyd S W, Janney J J & Lane P J. Emerging issues in corporate entrepreneurship［J］. Journal of Management, 2003, 29(3): 351-378.

［18］Fairlie R W & Robb A M. Why are black-owned businesses less successful than white-owned businesses? The role of families, inheritances, and business human capital［J］. Journal of Labor Economics, 2007, 25(2): 289-323.

［19］Galbraith J K. The Industrial State［M］. New York: Signet, 1967.

［20］Garcés-Galdeano L, Larraza-Kintana M, García-Olaverri C & Makri M. Entrepreneurial orientation in family firms: The moderating role of technological intensity and performance［J］. International Entrepreneurship and Management Journal, 2014, 12(1): 1-19.

［21］Gómez-Mejía L R，Haynes K T，Núñez-Nickel M，Jacobson K J & Moyano-Fuentes J. Socioemotional wealth and business risks in family-controlled firms：Evidence from Spanish olive oil mills ［J］. Administrative Science Quarterly, 2007，52(1)：106-137.

［22］Herron L & Sapienza H J. The entrepreneur and the initiation of new venture launch activities ［J］. Entrepreneurship Theory and Practice，1992，17(1)：49-55.

［23］Hmieleski K M & Corbett A C. Proclivity for improvisation as a predictor of entrepreneurial intentions[J]. Journal of Small Business Management,2006,44(1)：45-63.

［24］Hofstede G H & Hofstede G. Culture's Consequences：Comparing Values，Behaviors，Institutions and Organizations across Nations ［M］. Los Angeles：Sage Publications，2001.

［25］Jaffe D T. Working with the Ones You Love：Conflict Resolution & Problem Solving Strategies for A Successful Family Business ［M］. Berkeley：Conari Press，1990.

［26］Johns G & Saks A. Leadership Organizational Behaviour ［M］. New York：Harper Collins College Publishers，1996.

［27］Kanter R M. Work and family in the United States：A critical review and agenda for research and policy ［J］. Family Business Review，1989，2(1)：77-114.

［28］Kuratko D F，Hornsby J S & Naffziger D W. An examination of owner's goals in sustaining entrepreneurship ［J］. Journal of Small Business Management，1997，35(1)：24.

［29］LaChapelle K & Barnes L B. The trust catalyst in family-owned businesses ［J］. Family Business Review，1998，11(1)：1-17.

［30］Lambrecht J & Lievens J. Pruning the family tree：An unexplored path to family business continuity and family harmony[J]. Family Business Review,2008,21(4)：295-313.

［31］Lansberg I. Succeeding Generations：Realizing the Dream of Families in Business ［M］. Boston：Harvard Business School Press，1999.

［32］Lee K S，Lim G H & Lim W S. Family business succession：Appropriation risk and choice of successor ［J］. Academy of Management Review，2003，28(4)：657-666.

［33］Lumpkin G，Brigham K H & Moss T W. Long-term orientation：Implications for the entrepreneurial orientation and performance of family businesses ［J］. Entrepreneurship and Regional Development，2010，22(3-4)：241-264.

［34］Neblett N G & Cortina K S. Adolescents' thoughts about parents' jobs and their importance for adolescents' future orientation ［J］. Journal of Adolescence，2006，29(5)：795-811.

［35］Nordqvist M & Zellweger T. Transgenerational entrepreneurship：Exploring growth and performance in family firms across generations ［J］. International Small Business Journal，2010，29(6)：730-731.

［36］Ozgen E & Baron R A. Social sources of information in opportunity recognition：Effects of mentors，industry networks，and professional forums ［J］. Journal of Business Venturing，2007，22(2)：174-192.

［37］Peteraf M A. The cornerstones of competitive advantage：A resource-based view ［J］. Strategic Management Journal，1993，14(3)：179-191.

［38］Salvato C，Chirico F & Sharma P. A farewell to the business：Championing exit and continuity in entrepreneurial family firms[J]. Entrepreneurship & Regional Development，2010，22(3-4)：321-348.

[39] Saparito P A，Chen C C & Sapienza H J. The role of relational trust in bank-small firm relationships [J]. Academy of Management Journal，2004，47(3)：400-410.

[40] Schulze W S，Lubatkin M H & Dino R N. Altruism，agency，and the competitiveness of family firms [J]. Managerial and Decision Economics，2002，23(4-5)：247-259.

[41] Serrano C C，Habbershon T G，Nordqvist M，Salvato C & Zellweger T. A conceptual model of transgenerational entrepreneurship in family-influenced firms [J]. HEC Family Business，IFERA，2006.

[42] Shanker M C & Astrachan J H. Myths and realities：Family businesses' contribution to the US economy—A framework for assessing family business statistics[J]. Family Business Review，1996，9(2)：107-123.

[43] Simon H A. The Sciences of the Artificial [M]. Cambridge：MIT Press，1996.

[44] Sirmon D G & Hitt M A. Managing resources：Linking unique resources，management and wealth creation in family firms[J]. Entrepreneurship Theory and Practice，2003，27(4)，339-358.

[45] Sundaramurthy C & Kreiner G E. Governing by managing identity boundaries：The case of family businesses[J]. Entrepreneurship Theory and Practice，2008，32(3)：415-436.

[46] Uhlaner L M，Kellermanns F W，Eddleston K A & Hoy F. The entrepreneuring family：A new paradigm for family business research [J]. Small Business Economics，2012，38(1)：1-11.

[47] Uzzi B. Embeddedness in the making of financial capital：How social relations and networks benefit firms seeking financing [J]. American Sociological Review，1999，64(4)：481-505.

[48] Ward J. Keeping the Family Business Healthy：How to Plan for Continuing Growth，Profitability，and Family Leadership[M]. San Francisco：Jossey—Bass，1987.

[49] Ward J L. The special role of strategic planning for family businesses [J]. Family Business Review，1988，1(2)：105-117.

[50] Wernerfelt B. A resource-based view of the firm [J]. Strategic Management Journal，1984，5(2)：171-180.

[51] Wiseman R M & Gómez-Mejía L R. A behavioral agency model of managerial risk taking [J]. Academy of Management Review，1998，23(1)：133-153.

[52] Zahra S A. Governance，ownership，and corporate entrepreneurship：The moderating impact of industry technological opportunities [J]. Academy of Management Journal，1996，39(6)：1713-1735.

[53] Zahra S A. Entrepreneurial risk taking in family firms [J]. Family Business Review，2005，18(1)：23-40.

[54] Zahra S A. Organizational learning and entrepreneurship in family firms：Exploring the moderating effect of ownership and cohesion [J]. Small Business Economics，2012，38(1)：51-65.

[55] Zahra S A & Covin J G. Contextual influences on the corporate entrepreneurship-performance relationship：A longitudinal analysis [J]. Journal of Business Venturing，1995，10(1)：43-58.

[56] Zahra S A & Garvis D M. International corporate entrepreneurship and firm performance：The moderating effect of international environmental hostility [J]. Journal of Business Venturing，2000，15(5)：469-492.

[57] Zahra S A，Hayton J C & Salvato C. Entrepreneurship in family vs. non-family firms：A resource-based analysis of the effect of organizational culture [J]. Entrepreneurship Theory and Practice，2004，28(4)：363-381.

［58］Zahra S A & Sharma P. Family business research：A strategic reflection ［J］. Family Business Review，2004，17（4）：331-346.

［59］Zellweger T，Sieger P & Halter F. Should I stay or should I go? Career choice intentions of students with family business background ［J］. Journal of Business Venturing，2011，26（5）：521-536.

［60］Zhao H，Seibert S E & Hills G E. The mediating role of self-efficacy in the development of entrepreneurial intentions ［J］. Journal of Applied Psychology，2005，90（6）：1265-1272.

［61］李新春,何轩,陈文婷. 战略创业与家族企业创业精神的传承——基于百年老字号李锦记的案例研究[J]. 管理世界,2008(10)：127-140.

第11章　国际创业 [①]

● 学习目标

系统掌握国际创业兴起的主要内外部环境因素

理解国际创业的概念发展与类型特征

了解国际创业与国际商务的主要差别

系统了解国际创业的主要模式及其演变

深入理解国际创业影响企业绩效的若干机制

章节纲要

- 国际创业的兴起缘由
- 国际创业的主要机制
- 国际创业的主要模式
- 国际创业的绩效影响
- 数字经济与国际创业

开篇案例

传音：非洲手机之王

成立于 2006 年的传音聚焦全球新兴市场，致力于为新兴市场消费者提供最受欢迎的智能终端产品和移动互联网服务。公司成立不久，传音就定位非洲市场，全面启动品牌战略，努力提高消费体验水平。经过多年发展，传音已拥有新兴市场知名手机品牌 TECNO、itel 及 Infinix，售后服务品牌 Carlcare，智能配件品牌 oraimo 以及家用电器品牌 Syinix，成为全球新兴市场手机行业的中坚力量。

在刚进入非洲时，尽管传音手机性价比高，但非洲消费者不了解这个来自中国的品牌，销量并不太好。于是，传音加强本地化创新，研发针对非洲用户需求的产品。非洲不同运营商网络的资费差别大，跨网络的电话费贵，为此非洲消费者都有使用多张手机卡的需求，钱包里会放两三张 SIM 卡，使用不同的 SIM 卡拨打对应的网络。针对这一发现，传音研发出带多个 SIM 卡卡槽的手机，推出了

① 本章作者感谢国家自然科学基金委员会的资助(71272165,71572174)。

双卡双待、四卡四待等手机，成功打开非洲市场。

非洲人喜欢拍照且分享，但在光线不好的情况下，手机拍深肤色的效果不好。传音研究了上万张照片，研发出了针对深肤色的拍照功能，能在暗光环境中识别出深肤色用户的脸庞，还发展出了深肤色用户的美肤模式，将其应用到旗下TECNO系列手机上，深受非洲消费者的喜爱。

非洲有些地方尤其是二三线城市、县乡有网络，但供电不足，有些用户需要跑到很远的地方给手机付费充电。针对这一细分市场，传音研制了超长待机电池，手机待机时间可长达20多天。针对非洲一些国家使用本地语言的特点，传音研发了非洲本土语言输入法。传音还在非洲本地雇用了1万名员工，发挥非洲本地生产的劳动力优势，生产出价格低廉的优质产品。

传音扎根非洲多年，对新兴市场消费者需求具有很深的洞察，在手机硬件市场取得了很大的成功，据IDC数据，2018年传音旗下各品牌手机在非洲市场总份额排名第一。

在非洲市场取得很大成功之后，传音开始向印度、南亚、拉美、中东等新兴市场拓展。尽管这些市场的竞争较为激烈，但传音把非洲经验借鉴到其他新兴市场，高度重视采用本地化思维来拓展市场。目前，传音在中国、埃塞俄比亚、印度、孟加拉国等多个国家建立了现代化的手机专业生产基地，与海内外多家手机设计制造服务商建立了稳定的合作关系，销售网络覆盖70多个非洲、中东、东南亚及南亚国家和地区。

在成功布局智能终端市场后，传音利用在非洲所拥有的智能手机入口资源优势，迈向移动互联网市场。作为新兴市场，非洲对移动互联网产品和服务需求旺盛；而且，非洲没有经历过成熟的PC互联网时代，智能手机成为移动互联网普及的重要途径。传音基于安卓系统平台定制开发了智能终端操作系统，该系统成为非洲等全球主要新兴市场的主流操作系统之一。得益于在非洲多年的积累，传音积极打造移动互联网开放平台，对移动互联产品进行本地化创新。传音控股旗下的音乐流媒体服务平台Boomplay已成为非洲市场用户规模最大且活跃度最高的移动互联网产品之一。

案例来源：根据又一国产品牌为国争光，如今已成"非洲手机之王"，https://www.sohu.com/a/302605738_120006778改编。

11.1 国际创业的兴起缘由

11.1.1 国际新创企业的定义

新创企业实施国际化发展策略的现象始于20世纪80年代。这种现象最早被国际著名管理咨询公司麦肯锡在澳大利亚发现。他们发现很多澳大利亚的新创企业在成长早期就开始了国际化经营，而且有些企业实现了成功。1994年，国际商务著名学者Oviatt和

McDougall发表了"国际新创企业理论"一文,对国际新创企业(international new ventures)进行了明确的定义:国际新创企业就是在成立之初就在超过一个国家进行产品销售和使用当地资源并以此来获得竞争优势的组织。这一标志性的论文使得企业界和理论界越来越关注国际新创企业在国际市场上所发挥的重要作用。此后多年,包括经济合作与发展组织(OECD)在内的一些组织在研究中进一步确认了新创企业国际化或国际创业这一现象。当然,相关研究也指出,这些国际新创企业的大部分业务还是在国内市场,但这也无法否认已经有越来越多的新创企业进入国际市场谋求发展。

理解国际新创企业,需要从如下两个方面加以界定:第一,何谓"国际化"? 从国际化运营的模式来看,国际新创企业可以是采用不同国际化模式的企业,如以进出口为主要模式的新创企业,以合资、合作等联盟模式进行国际化的新创企业,以对外直接投资进行国际化的新创企业。但不管采取何种模式,国际新创企业的一个重要特征就在于:在公司成立初期就在超过一个国家进行国际化经营来获得竞争力。竞争力直接关系到公司的生存和成长,所以,这是判断国际新创企业的一个重要指标。第二,何谓"新创"呢? 根据企业的生命周期理论,企业从诞生到灭亡,一般可以分为初创期、成长期、成熟期以及蜕变期(Adizes,1979)。新创企业是处于初创阶段的企业。但是究竟成立多少年之内才算初创企业,学术界和实践界都没有统一的定论。现有研究认为,成立6年及6年之内的企业可以称之为新创企业,因为6年是企业生死的一道坎。但也有学者以8年、10年甚至16年的年限标准来界定新创企业。不管时间年限是否确切,有一点是公认的,即国际新创企业是在成立之初就开始开展国际化业务的。

11.1.2 国际新创企业的特征

传统的国际商务研究主要关注规模较大的成熟企业,即跨国大公司,而很少关注规模较小的新创企业。根据世界著名国际商务管理学者彭维刚教授的分析框架,从国际运作的老练程度看,国际新创企业还是新手;从企业规模来看,国际新创企业大多是小企业(见图11-1)。

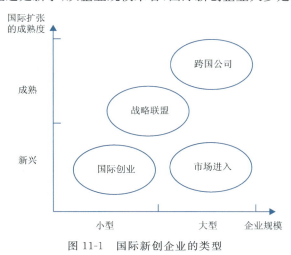

图 11-1 国际新创企业的类型

资料来源:Peng,2001.

那么，国际新创企业具有哪些主要特征呢？它们是一种真正独特的企业吗？对此，学术界尚未完全达成一致。如果发现这些国际新创企业在一些关键特征上与传统企业并无差别，那就很难说国际新创企业是一种新型的企业。根据 McDougall 和 Oviatt（1996）等的研究成果，国际新创企业具有如下主要特征：

①全球化的视角；

②拥有广阔的国际网络；

③拥有独特的知识、领先的技术；

④公司产品和产品的延伸服务密切相关；

⑤公司的各个部门在世界范围内紧密配合；

⑥公司的管理者具备国际经验；

⑦创新、积极和寻求风险，鼓励创新的组织文化；

⑧具有领先于竞争对手识别和追求机会的能力；

⑨具有突破企业本身资源限制的能力。

当然，国际新创企业也面临着一些明显的劣势：

①年龄劣势，缺乏一定的经验和资源；

②规模劣势，规模相对较小，资金资源、人力资源等都相对有限；

③外来者劣势，需要面对国际市场在消费者、市场环境等方面的特殊性。

为了更加形象地把握国际新创企业的特征，借助世界银行对中国私营企业的调查数据，可以总结出国际新创企业的一些主要特征。

（1）行业特征

大部分存在于制造业，服务业所占的比例很小。制造业中又主要集中在纺织业、服装制造业和电子产品制造业。

（2）企业规模

国际新创企业中，雇员为 20～100 人的比较多，总体上属于中小企业。

（3）首次国际化时间

从企业首次进入国际市场的时间来看，绝大部分企业在成立一年以内就选择进入国际市场。

（4）国际化经历

从结果看，现有企业已经在国际市场经营了 6～10 年时间，还有 1/3 的企业国际化运行时间不到 6 年，说明这些企业往往坚持持续的国际化运营。

（5）高层管理者的行业经验

51％的高层管理者拥有 10～20 年的相关行业从业经验，32％的高层管理者行业经验在 10 年以下。

（6）销售额来自国外市场的比例

在 248 家企业中，只有 12 家企业的海外市场销售收入占总收入的比重小于或等于5％；大多数企业（70％）的海外市场销售收入占总收入的比重在 25％以上；有 39 家企业的销售收入 100% 来自海外市场。

11.1.3 国际创业的驱动因素

为什么新创企业能够在生命周期的初期就实施国际化经营? 这方面的研究成果已经十分丰富,学者们从不同的角度提出了不同的体系。如 Brush 和 Vanderwerf(1992)认为,制度、产业以及组织等是驱动新创企业国际化的关键因素。Zahra 和 George(2002)认为,新创企业的国际化行为是多个因素共同作用的结果,这些因素包括组织、企业所处的外部环境、企业的战略等。Rialp 等(2005)在企业资源观和相关知识的基础上,指出了企业无形资源的管理是企业在特定环境中产生持续竞争优势的关键因素。Zucchella 等(2007)认为主要存在四类因素影响着新创企业是否实施国际化经营:企业管理者的特征、企业所处的社会网络的特征、企业所处的区位,以及企业经营发展的战略。

Fletcher(2001) 给出了一个总体的分析框架,认为新创企业国际化的驱动因素总体上可以分为内部因素和外部因素。其中,内部因素分为管理特征和组织特征两个方面,外部因素分为外部机会和外部威胁两个方面。而且,内部因素与外部因素之间交互作用,共同影响新创企业的国际化决策和行为(见图 11-2)。

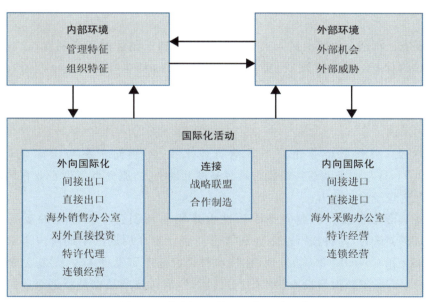

图 11-2　新创企业的国际化驱动因素

资料来源:Fletcher,2001.

新创企业的国际化行为主要有两个方面:一是外向国际化行为,包括直接和间接出口、建立海外销售办公室、对外直接投资、海外特许代理、海外连锁经营等方式;二是内向国际化行为,包括间接进口、在海外设立采购办公室、获得国外的特许经营和连锁经营权等。

除此之外,联盟和合作方式被越来越多地采用,它融合了外向国际化和内向国际化这两种主要方式的优点,在外部环境动态复杂的情况下具有明显的优势。

更为具体地说，驱动新创企业国际化的主要因素包括以下几点。

（1）外部环境因素

基础设施条件。近年来通信、交通等基础设施越来越现代化，极大地便利了国际化经营，有助于新创企业在较低的外部成本下进行国际化经营。

全球经济一体化。尽管全球经济一体化进程还在进行之中，但这种趋势正在加快和加深，也在很大程度上减少了新创企业的国际化运营成本。

国内市场竞争强度。国内市场的饱和程度是新创企业进行国际化经营的一个驱动因素（Karagozoglu & Lindell，1998）。如果母国的市场已经饱和或者市场竞争十分激烈，那么，新创企业在国内市场寻求的发展机会很少，选择国际化发展成为一种必然趋势。

国内市场的增长潜力。国内市场的有限增长是高科技新创企业快速国际化的主要原因（Coviello & Munro，1995）。市场竞争的激烈程度并不等于市场增长潜力。在一些国内市场，尽管现阶段的市场竞争很激烈，但也存在着快速增长的未来趋势。如果国内市场增长乏力，新创企业就会选择国际化发展。

国际竞争激烈程度。国际新创企业倾向于在市场竞争激烈的行业竞争，行业内国际竞争的强烈程度是高科技新创企业快速国际化的一个重要原因（Coviello & Munro，1995）。

制度环境。新创企业倾向进入的国家拥有更有利于创业的规章制度，或者拥有对知识产权更好的保护、更少的腐败、更加透明和健全的资本市场（Peng，2003；Puffer & Peterson，2001）。在市场制度完善的国际市场，新创企业的运营成本会更低。如果国际市场的知识产权保护制度很完善，新创企业会选择国际化发展，因为企业的知识产权更容易得到有效的保护。

行业类型。服务型企业相较于其他行业来说，不倾向于参与国际化（Burgel & Murray，2000），这与服务业往往需要与顾客高度互动有关，服务型新创企业在国际化经营方面尚缺乏这些经验和能力。

产业技术密集程度。产业的技术属性也是驱动新创企业国际化的重要因素。如Zahra 等（1997）认为，高科技行业企业通常会在企业生命周期的早期阶段采取国际化经营方式；Jones 和 Coviello（2005）发现，在技术密集产业中研发投入较大，新创企业需要追寻更大的国际市场来获得与投入相当的回报，同时，高科技产品也是新创企业打开国际市场的重要方式。

地理位置。在城市商业中心的企业选择国际化经营的速度更快，国际化的水平更高（Beamish et al.，1999）。城市商业中心可以为新创企业提供更多有价值的国际化运营相关消息，也更加容易吸引优秀的人才加盟企业，使得企业更具国际化经营的能力。

（2）企业家和高层管理者因素

国外工作经验。尽管作为企业本身成立时间较短，尚无太多国际化经验，但是创业者和管理者的国际化经验往往是驱动新创企业国际化经营的一大因素。大部分国际化的新创企业经理都有在国内的国外企业工作的经历。

国外教育经历。管理者在国外所接受的教育与新企业国际化有正向的联系（Bloodgood et al.，1996）。比起不进行国际化经营的新企业，国际新创企业的管理者大部分在国外接受过教育。

全球视野。企业管理者的国际化见识决定了新创企业进入国际市场的速度和成功率（Oviatt & McDougall，1994）。全球视野意味着新创企业把全球市场视作一种必然选择，而非一个痛苦的抉择过程。

（3）企业资源因素

创业导向。创业导向是企业做出早期国际化决策的重要决定因素（Jones & Coviello，2005；Knight & Cavusgil，2004；Oviatt & McDougall，1994；Zahra，2005）。国际新创企业的创业导向包括三个维度：先行性、创新性和风险承担性（Oviatt & McDougall，2005）。许多研究认为创业导向可以使企业快速地发现国际市场机会并相应地提高自己的能力来获得成功。Zahra 等（2000）认为，尽管新创企业由于新企业劣势将增大其失败的风险，但是早期进入国际市场可以给企业的增长创造机会。因为随着不断地适应外国的商业环境，新创企业可以从经验中学习，这将有可能提高企业的总体绩效。

知识。知识是国际新创企业最重要的无形资源，是企业在国际市场生存和获得竞争优势的关键来源。国际新创企业所需的知识包括市场知识、制度知识和国际化知识。

技术资源。技术作为一种特定的知识，往往是驱动新创企业早期国际化的重要因素。Bartlett 和 Ghoshal（1993）提出技术知识会影响产品适应本地市场的能力和市场活力，新创企业往往通过不断推出技术密集型的新产品来吸引国际市场顾客，并取得较高的收益回报。

社会网络。国际新创企业处于企业生命周期的早期，资源匮乏，外部环境充满不确定性，所以必须通过其他方式来获得企业所需的资源，包括资金、设备等有形资源以及技术、人才等无形资源。国际化社会网络有助于企业家了解国际市场信息和技术信息等可供决策参考的信息。

11.1.4　基于动态能力的国际创业驱动机制

Weerawardena 等（2007）基于动态能力理论提出了驱动国际创业的相关因素模型，如图 11-3 所示。该理论模型揭示了驱动新创企业国际化运作的相关因素。

（1）企业所有者和管理者的特征影响新创企业的相关能力

对新创企业的相关能力能够形成影响的企业所有者和管理者的特征主要包括：

①国际创业导向；

②地理中心认知；

③先前的国际经验；

④学习导向。

企业所有者和管理者的特征会影响新创企业的下述能力：

①聚焦市场信息的学习能力，包括获取、解析和整合市场信息的能力；

②聚焦组织内部的学习能力，包括获取、解析和整合技术与非技术知识；

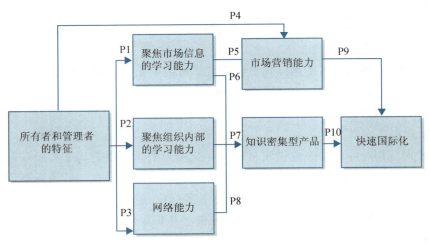

图 11-3　基于动态能力的国际创业驱动机制因素模型

资料来源：Weerawardena et al. ，2007.

③网络能力，包括获取知识和发展互补性资源；

④市场营销能力，包括进入利基市场和全球化定位。

（2）新创企业的相关能力促进开发知识密集型产品

①技术知识密集型产品；

②非技术知识密集型产品。

（3）市场营销能力和知识密集型产品促进早期国际化

市场营销能力和知识密集型产品增强了国际新创企业的市场竞争能力，促使企业启动早期国际化行为，主要包括三个维度：

①国际化的速度；

②国际化的程度；

③国际化的范围。

11.1.5　发展中国家新创企业进入发达国家的驱动因素

Yamakawa 等（2008）提出了一个理论分析框架，用以分析发展中国家新创企业会选择进入发达国家的主要原因（见图 11-4）。

（1）产业方面因素

母国产业的市场竞争程度。若母国的市场竞争程度比发达国家还高，发展中国家的新创企业就会选择进入发达国家市场。

行业的技术密集程度。如果新创企业所在的行业属于高技术密集产业，新创企业会选择进入发达国家，一方面可以利用市场，另一方面有助于保护知识产权。

（2）企业资源因素

进入发达国家有助于学习到更加先进的知识，包括管理知识、技术知识等；

受到发达国家风险投资机构的要求；

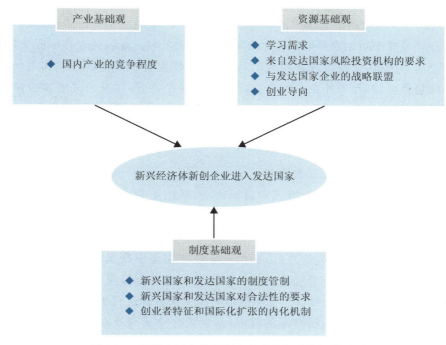

图 11-4　发展中国家的新创企业进入发达市场的原因

资料来源：Yamakawe et al.，2008.

与发达国家的企业建立了战略联盟；

新创企业自身拥有强烈的创业导向。

（3）外部制度因素

母国和东道国的相关管制政策；

在母国和东道国寻求建立合法性；

企业家的特质，如爱国热情、全球视野等。

11.2　国际创业的主要机制

11.2.1　国际创业的一般过程机制

新创企业进行国际化发展是一项创新性程度高的创业活动。理解其内在机制有助于实现成功的国际创业。Jones 和 Coviello 于 2005 年在《国际商务研究》杂志上发表了一篇旨在揭示新创企业国际化过程机制的重要论文。根据该研究成果，新创企业国际化的内在过程机制包括如下环节。

（1）对内外部环境的学习过程

由于新创企业可能对外部环境缺乏足够的了解，所以，在启动国际化运行前有一个复杂但很有必要的学习过程。这个学习过程不仅需要了解内外部环境的基本要素及其构成，还需要了解内外部环境的变化情况。

（2）内外部环境对国际化决策的影响

内外部环境对于新创企业的国际化决策有着重要影响。新创企业在国际化的运行过程中有两个基本决策，一是对进入模式的选择，进入模式包括外向国际化和内向国际化，外向国际化包括出口、与国外企业的合资、合作、连锁经营等，以及对外直接投资；内向国际化包括进口、特许经营、连锁经营等。二是对进入国家的选择，不同的目标国对于新创企业意味着不同的机会和挑战。在选择目标国时，经济容量、经济增长速度、市场竞争水平、制度完善程度、文化特征、政府政策等，往往是需要重点考察的因素。

（3）在目标国投入一定的运作资源

一旦选择好了国际市场进入模式和目标市场，新创企业就需要投入一定的资源到目标国，以顺利开展国际化业务运作。

（4）调整进入模式和目标国市场

经过一段时间的国际化运作之后，新创企业往往需要根据实际情况来调整和优化其进入模式，如从出口模式升级为对外直接投资模式。对外直接投资模式是对目标国市场承诺度更高的市场进入方式，可以与目标国市场的相关群体进行更为深入的互动，获取更多有价值的知识，但需要投入相对多的资源，给新创企业带来更高的风险。同时，新创企业也可能需要调整目标市场，适度地扩展到其他国家，以争取更大的发展空间。

（5）实施创业型事件

随着不断拓展国际化业务，新创企业积累了更丰富的国际化运作经验，但是，这些经验可能对企业的进一步国际化产生制约效果，因为经验往往会限制企业更大的创新性行为。所以，新创企业需要主动实施一些更具创新性和风险性的创业事件，激活企业的创业精神和能力，帮助企业在国际市场上实现持续发展。

11.2.2　国际创业的机会识别机制

机会识别是国际创业的重要前提。2015 年，Muzychenko 和 Liesch 基于计划行为理论提出了国际新创企业的机会识别机制模型（见图 11-5）。根据该模型，国际市场机会的识别包括如下过程环节。

（1）对待国际市场的态度

新创企业对待国际市场机会的态度直接影响到其后续的战略意图和行为。这些态度主要涉及：

①新创企业是否试图把自身发展为一家世界级的大企业。一般来说，如果新创企业有如此雄心壮志，就会产生强烈的国际化发展愿望，并积极采取行动。

②新创企业是否对跨文化运作业务持有热情。有些企业把跨文化运作业务视作一种很好的体验，是学习和提高自身的机会，但也有企业把跨文化运作业务视作一种风险较高的活动，尽可能规避由于文化差异带来的冲突和矛盾。所以，对跨文化运作业务的热情高低直接影响新创企业是否选择国际化运作。

同时，新创企业对感知行为的控制能力也是影响其是否选择国际化发展的一个重要

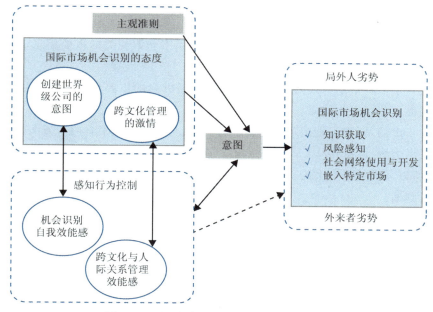

图 11-5　国际新创企业的机会识别机制模型

资料来源：Muzychenko & Liesch，2015.

参考因素。这些感知行为控制主要涉及：

①对国际市场机会识别的自我效能感会影响新创企业是否倾向于国际化运作。当创业者感觉国际化运行中的市场机会识别是一项十分困难的事件，一般会倾向于不选择进入国际市场。

②对跨文化人际关系管理的自我效能感也会影响新创企业是否倾向于选择进入国际市场。当创业者感觉到由于跨文化业务运作会给企业内部的人际关系带来冲突，造成不和谐，而自身又难以妥善处理这个问题，就不太会选择国际化运作。

（2）国际化运作的意图

新创企业选择进入国际市场的意图是多元化的，主要包括：

①在更大的市场空间更好地实现企业自身的优势，如新产品和服务等；

②在新的市场学习到更多的新知识，帮助企业建立和更新相关的能力，如市场能力、技术能力和网络能力等；

③在更加完善和发达的国际市场运作可以降低新创企业的非市场风险，如国家政治环境不稳定带来的风险等；

④离开母国不太公平的市场竞争环境。

（3）国际市场机会识别

识别国际市场机会主要包括如下环节：

①获取国外市场的相关知识。因为只有了解国际市场状况才能从中发现市场机会。

②评估国际市场的风险水平。有些市场是高风险且难以有效控制的，有些市场风险

高但可控制，有些市场则是低风险的。

③利用和发展社会网络来识别国际市场机会。因为市场机会往往是潜在的，并非可以通过科学分析得到，而往往需要利用社会网络关系来获取相关的重要信息，这些信息对于发现国际市场机会通常具有决定性作用。

④嵌入一个目标市场。这是真正了解国际市场机会的重要环节，否则很可能还是停留在分析层面而非可操作层面。

还需要指出的是，在识别国际市场机会时，新创企业往往面临着两个方面的劣势：

①外来者劣势（liability of foreignness）。这是指由于新创企业作为外来者，缺乏国际市场知识，所以需要付出更大的努力和成本才能如本地企业那样对国际市场进行客观和准确的分析判断。

②局外人劣势（liability of outsidership）。这是指由于新创企业还很年轻，尚未在国际市场构建起一定的社会网络，还很难利用社会网络来发现国际市场机会。所以，一个关键就是需要把新创企业从局外人变成局内人。

11.2.3　基于知识学习的国际创业机制

知识和学习被公认为是影响新创企业成功国际化运作的基本原因。Zahra 等（2000）提出了基于技术学习的国际新创企业成长机制，并得到了实证验证（见图 11-6）。根据该模型，国际化影响企业绩效有着内在机制，具体如下所述。

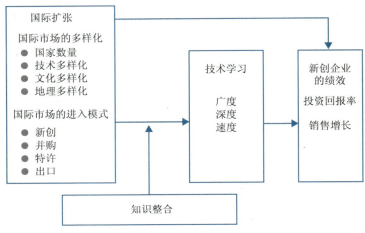

图 11-6　基于技术学习的国际新创企业成长机制

资料来源：Zahra et al.，2000.

（1）国际扩张促进新创企业的技术学习

新创企业的国际扩张主要表现在两个方面：

①国际市场的多样化，包括进入国家的数量、不同国家之间的技术水平和文化差异以及不同国家之间的地理距离等；

②国际市场的进入模式，包括在国外新建企业、并购企业、特许经营、出口交易等。

上述两个方面的国际市场扩张行为都会影响新创企业的技术学习,包括技术学习的广度、深度和速度。

（2）知识整合的调节作用

尽管进入多样化的国际市场和采用不同的市场进入模式给新创企业带来了学习新知识的机会,但新知识也给新创企业带来了挑战,因为整合知识的能力在很大程度上决定新创企业能否有效学习到新知识。

（3）技术学习促进新创企业的绩效

技术学习的广度、深度和速度以不同的方式影响新创企业的绩效,包括利润水平和销售收入的增长。

11.2.4　基于能力构建的国际创业机制

能力是新创企业在国际市场成功运作的关键所在。对新创企业成功国际化有重要影响的能力包括市场营销能力、技术创新能力、网络构建能力等。Zhou 等（2010）揭示了国际创业导向、能力升级与市场绩效之间的机制关系模型,如图 11-7 所示。

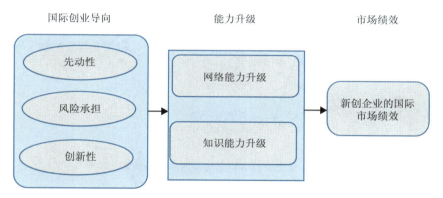

图 11-7　国际创业导向、能力构建与新创企业绩效之间的机制关系模型

资料来源：Zhou et al. ,2010.

（1）国际创业导向促使新创企业构建能力要素

国际创业导向包括三个方面：先动性,即在目标和手段之间关系尚不明晰的情况下,企业也开始采取行动,在行动中逐步明确相关目标和手段；风险承担,即国际创业意味着新创企业需要承担较高水平的风险；创新性,即新创企业的国际创业活动以创新性为特征。只有当这三个方面的水平都较高时,新创企业才会呈现出较高水平的国际创业导向。

较高水平的国际创业导向会促使新创企业积极学习相关知识,这些新知识有助于企业建立和更新相关能力,尤其是网络能力和知识能力。网络能力代表了新创企业在母国和东道国可以成功发展网络关系的能力,对于国际化发展至关重要；知识能力代表了新创企业对于国外市场的认知水平,为企业开展相关业务活动提供最为基础的条件。

（2）能力要素的成功构建促进新创企业提升绩效水平

新创企业的能力得到升级后，就有更强的国际市场运作能力，这有助于新创企业在国际市场赢得较好的市场地位，从而获得理想的收益。

11.2.5　基于业务战略的国际创业机制

新创企业在国际市场采取什么样的战略措施会直接影响其在国际市场上的绩效表现，而新创企业采用特定的业务战略要受到企业内外部诸多因素的影响。Knight 和 Cavusgil（2004）认为，新创企业的组织文化直接影响企业的业务战略选择与实施，进而影响新创企业的国际市场绩效（见图11-8）。

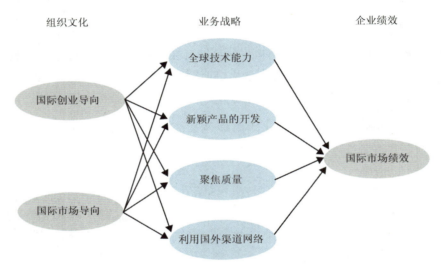

图 11-8　新创企业的组织文化对国际市场绩效的影响

资料来源：Knight & Cavusgil，2004.

（1）组织文化影响新创企业的业务战略选择

国际新创企业的组织文化主要包括国际创业导向和国际市场导向两个方面。国际创业导向表示新创企业敢于承担风险，积极采用创新性的理念和行动，而且行动不受目标等因素的限制，注重在实践中学习。国际市场导向意味着新创企业强调顾客导向和竞争导向，企业的行为围绕满足客户的需求来展开，同时，强调对竞争对手的分析，并提出针对性的竞争措施。

国际创业导向和国际市场导向有助于新创企业选择如下业务战略：

①注重采用全球先进的技术来推出产品和服务；

②注重企业产品相对于竞争对手的新颖性，包括功能和服务等方面；

③强调产品和服务的质量，不因质量问题导致顾客流失，以高质量来吸引顾客；

④注重开发和利用在国外市场的各种渠道网络，更有效地将产品面向市场。

（2）业务战略选择与实施，提高新创企业的绩效

全球技术能力提升、新颖产品不断开发、聚焦质量，以及利用国外渠道网络等业务战

略的成功实施,会增强公司在国际市场的差异化优势,以特色来赢得更多客户,实现更好的绩效水平。

11.3　国际创业的主要模式

国际新创企业存在着不同的类型。Oviatt 和 McDougall（2005）从地理范围和企业年龄两个方面界定了国际新创企业的基本类型特征（Ⅱ），即企业年龄较小但业务

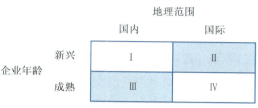

图 11-9　国际新创企业的不同类型
资料来源：Oviatt & McDougall,2005.

活动已经涉及国际市场的企业（见图 11-9）。但这个分类标准尚未体现国际新创企业的类型多样性。学者们从不同角度对国际创业的模式进行了分类。

11.3.1　基于地理范围和业务幅度的国际创业模式

Oviatt 和 McDougall（2005）从新创企业所进入的国家数量和所涉及的价值链活动特征两个维度,对国际新创企业的类型进行了以下区分：

①进入少数几个国外市场,同时国际业务活动仅涉及价值链的少数环节,即出口或进口新创企业；

②进入少数几个国外市场,同时国际业务活动涉及价值链的多个环节,如同时涉及生产、研发和销售等,即地理聚焦型国际新创企业；

③进入多个国外市场,但国际业务活动仅涉及价值链的少数环节,即跨国贸易新创企业；

④进入多个国外市场,同时国际业务活动涉及价值链的多个环节,如同时涉及生产、研发和销售等,即天生国际化企业。

根据这个标准,出口或进口新创企业属于国际化程度较低的国际新创企业,天生国际化企业则是国际化程度很高的国际新创企业。

11.3.2　基于地理扩张和业务运行的国际创业模式

新创企业的国际创业涉及两个主要活动：地理范围的扩张和国外业务运行程度的提高。地理范围扩张往往表现为新创企业进入更多样化的国际市场；国外业务运行程度的提高一般体现在新创企业国外市场收入比重的增加,其来源是新创企业将更多的业务环节（如生产、研发、销售等）投入国际市场。这两个方面的活动往往会给新创企业带来风险,所以,新创企业需要科学决策如何实现国际化扩张（见图 11-10）。一般而言,新创企业有如下四种国际化扩张路径：

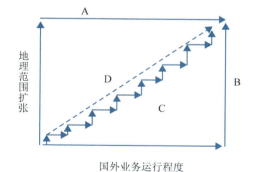

图 11-10　新创企业的国际创业模式
资料来源：Hashai,2011.

①先强调进军更多的国际市场,然后强调国外业务运行的程度(A);

②先聚焦少数特定的国际市场,然后在这些特定的国际市场提高其国际化运行程度,即国外销售收入得到提高(B);

③地理范围扩张和国外业务运行程度提高交替型,即先在一段时间强调地理范围扩张,再在一段时间强调提高国外业务运行程度,然后又在一段时间强调地理范围扩张,以此循环螺旋式扩张(C);

④地理范围扩张和国外业务运行程度提高并行,也就是同时强调进入更多的国际市场和提高国外市场的依赖度(D)。

上述不同国际化扩张路径的选择,取决于新创企业内外部的条件、企业战略目标、竞争对手情况等多个因素。

11.4 国际创业的绩效影响

创业者最为关心的是国际创业是否能够帮助国际新创企业改进绩效。但是,现有研究的结论并不统一。有研究认为,国际化越早的企业其业绩往往就越好。如 Autio 等(2000)发现,开始国际化早、知识密集度高的企业,其增长速度也比较快。Zahra 等(2000)从知识和学习基础观出发,发现国际多元化和高控制度进入模式的确提高了企业学习技术的积极性,企业内部创造的新技术知识对其业绩(净资产收益率和销售增长)产生积极的影响。McDougall 和 Oviatt(1996)研究发现,国际化程度与两年后的相对市场份额呈正相关关系,但与国际销售比例和后续投资回报率没有明显的直接关系。因此,如何理解国际创业的绩效影响十分关键。

11.4.1 国际创业的绩效形成原理

国际创业会给国际新创企业带来好的绩效吗? 答案是不确定的。但是,理解为什么国际新创企业可以获得一定的绩效更为关键。Lu 和 Beamish (2004)提出了一个基于成本和收益分析框架的模型,为了解国际创业的绩效形成原理提供了理论基础(见图 11-11)。

该理论模型的基本思想在于: 第一,企业国际化活动涉及成本和收益两个方面的问题;第二,企业国际化带来的绩效是相关收益与成本的差额;第三,在企业国际化的不同阶段,国际化所涉及的成本和收益存在差别,因此,处于国际化不同阶段的企业的绩效表现不同。

(1) 企业国际化可以带来的收益

充分利用企业现有的资源和能力,尤其是无形资源,实现更高水平的规模经济性和范围经济性;

利用国际市场运作学习到新的知识,构建新的能力,进而提高市场竞争力。

(2) 企业国际化可能面临的成本或风险

由外来者劣势带来的高成本。由于企业作为外来者,需要花费更多的资源和成本才能了解国外市场,这相对于本地企业而言就是额外的成本支出。

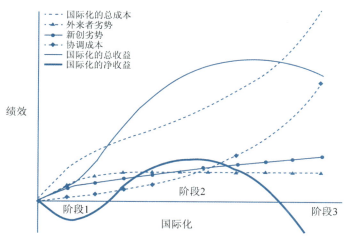

图 11-11　企业国际化与绩效：一个三阶段模型

资料来源：Lu & Beamish，2004.

由新创劣势带来的高成本。由于进入国外市场的往往是一家新创企业，需要花费更多资源和成本去构建外部合法性和赢得市场认可。

由协调跨国业务经营带来的高成本。由于进入国际市场尤其是多个差异大的国际市场给企业带来协同协调的问题，进而导致更高的运作成本。

11.4.2　国际创业的绩效形成机制

那么，国际新创企业的绩效是如何形成的？Zahra 和 George（2002）提出了一个经典的国际新创企业绩效形成机制模型。根据该模型，企业层面的因素影响国际新创企业的国际化行为，国际化行为进而影响企业的绩效表现。

（1）企业因素影响国际新创企业的国际化行为

新创企业高管团队的构成特征会影响国际新创企业对国际化行为的态度和选择；

企业资源直接影响国际新创企业采用什么样的国际化行为；

企业年龄、区位、来源等因素会影响国际新创企业的国际化行为选择。

（2）外部环境调节企业因素对国际化行为的选择

对企业因素与国际新创企业国际化行为选择之间关系有调节影响的外部环境因素主要包括：

市场竞争程度；

市场增长机会；

不同国家的文化特征；

行业的利润水平；

不同国家的制度环境特征；

业务活动规模性。

（3）企业战略调节企业因素对国际化行为的选择

对企业因素与国际新创企业国际化行为选择之间关系有调节影响的企业战略因素主要包括：

企业的能力水平；

企业的差异化水平；

企业的总体战略；

企业的职能战略；

企业的进入战略。

（4）企业国际化行为影响国际新创企业的绩效水平

国际新创企业的国际化行为主要体现在三个方面：

国际化程度，即国外销售收入占企业销售总收入的比重；

国际化速度，即企业从事国际化活动时的企业年龄，以及进入国际市场后以多快的速度开拓国际市场；

国际化范围，即企业进入国际市场的多样性程度。

这三个方面的国际化行为会以不同的方式影响国际新创企业的绩效表现。国际新创企业的绩效主要包括：

财务绩效，如销售收入及增长、利润水平等；

非财务绩效，如创新绩效、学习绩效等。

11.4.3 国际创业的绩效分离机制

由于企业绩效是多位概念，对于国际新创企业而言，生存和成长是两个最为重要的绩效指标。著名学者 Sapienza 等（2006）构建了早期国际化影响国际新创企业绩效的理论模型（见图 11-12）。该模型区分了企业生存和成长这两个不同的绩效指标，并认为早期国际化对两者有不同的影响。

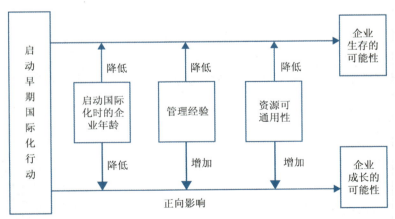

图 11-12　早期国际化影响国际新创企业绩效的理论模型

资料来源：Sapienza et al.，2006.

（1）早期国际化降低国际新创企业的生存可能性

总体上，由于国际新创企业自身资源能力有限，越早启动国际化发展，企业生存的可能性越低。而且，企业的相关管理经验越少，早期国际化新创企业就越难以生存；企业越缺乏可以使用的国际市场的通用性资源，早期国际化新创企业的生存可能性就越低。

（2）早期国际化增强国际新创企业的成长可能性

一旦早期国际化新创企业生存下来，其柔性优势塑造学习优势，进而有助于企业在国际市场快速发展。但是，如果企业第一次国际化时过于"年轻"，由于缺乏基本的吸收能力，无法有效学习，会降低企业的成长可能性。只有国际新创企业拥有一定的管理经验时，才会增强其成长能力。当企业拥有可以用于其他国际市场的相关通用资源时，其成长能力就会得到进一步增强。

11.5　数字经济与国际创业

随着互联网、云计算、大数据、物联网、人工智能等数字技术在世界范围快速发展并广泛应用，全球社会快速进入数字时代，亚马逊、阿里巴巴、腾讯、京东等具有国际影响力的数字平台企业不断涌现，新型的平台型和生态型数字经济正在形成，数字经济对国际创业的决策、行为和绩效产生了深刻的影响（Coviello et al.，2017；Raymond et al.，2015）。

数字平台的快速涌现为新创企业成功国际化提供了支持。如成立于 2010 年的全球速卖通（AliExpress），是阿里巴巴旗下一家为全球买家服务的电子商务平台，帮助中小企业接触终端批发零售商，融合订单、支付、物流于一体的外贸在线交易平台，目前是具有全球重要影响力的跨国 B2C 平台。平台为全球 230 多个国家和地区的客户提供服务，目前有 18 种不同语言以满足不同国家和地区客户的需要，每月平台访问次数达到 2 亿次。全球速卖通平台拥有服装、汽摩配、家电、运动娱乐、消费电子、箱包等丰富品类的产品，俄罗斯、美国、巴西、法国等市场的交易额较大，2017 年海外买家数已经增长到 1 亿，2018 年全球速卖通进入了全球 App 的下载榜单前 10 位。全球速卖通为中小企业国际化提供了全方位赋能方案，如平台提供了丰富的市场渠道资源，全球速卖通大学为中小企业提供各类培训服务，可以为海外市场运营提供支付、物流等解决方案，使得广大中小企业可以更低成本、更高效率地开展海外业务。

数字化在如下三个方面有助于新创企业快速国际化：

一是数字技术可跨越地理空间进行链接，可以实时传输信息，极大地降低了信息沟通成本，可以较好地应对市场和需求快速变化的特点；

二是数字技术使得传统产业的边界逐渐模糊，产业之间融合成为趋势，新创企业可以在跨产业边界之处寻找新的创业机会，开发出新的产品和服务，而不是与传统在位企业进行正面竞争；

三是数字技术有助于集成原有的单项活动，组织内部和组织之间活动的协同能力得到有效提升，使得新创企业可以在新的价值链和价值网中占据有利的位置。

数字化促进新创企业国际化的内在机理主要在于：

一是数字化运作有助于降低企业内部和企业之间的交易费用，相对于传统企业，数字化使得企业国际化活动具有更低的运作成本和更高的运作效率等优势；

二是数字化深度融合产业价值链，有助于再造产业价值体系，新创企业可以从产业融合中识别和创造高价值的创业机会，面向国际市场开发新型业务活动；

三是数字技术可以实时互连互动，以较低的成本调动各种资源，有助于新创企业在全球范围整合利用相关资源，促进新创企业快速国际化；

四是数字技术有助于新创企业及时获取外部市场、技术等信息，促使新创企业组合各种信息和知识开展产品和服务创新，形成差异化的独特竞争优势，支持新创企业成功国际化。

本章小结

本章首先系统介绍了国际创业兴起的各种内外部环境因素，包括宏观层面的经济一体化，交通与通信技术的发展，产业层面的竞争加剧与知识密集型程度的提高，企业层面的国际化能力提升以及企业家的国际经验与视野，等等。在此基础上介绍了国际创业的概念及其发展，国际创业的主要模式及其特征。随后介绍了国际创业的主要机制，包括一般过程机制、机会识别机制、基于知识学习的国际创业机制、基于能力构建的国际创业机制以及基于业务战略的国际创业机制。最后深入分析了国际创业影响国际新创企业绩效水平的主要机制，包括国际创业的绩效形成机制和国际创业的绩效分离机制。

本章思考题

1. 为什么普遍缺乏关键资源和能力的新创企业能够在国际市场上发展？

2. 相关研究认为国际新创企业拥有独特的学习优势，其原因何在？这种优势可以持续吗？为什么？

3. 国际创业主要有哪些不同的创业模式？不同国际创业模式的适用条件是什么？

4. 国际新创企业与成熟的跨国公司能够合作发展吗？如果可以，有哪些合作模式可以采用？

案例分析

国际新创企业如何取得国际市场？

位于浙江大学科技园的 A 公司，是中国最早和最领先的视力辅助器具企业，目前为国内最大的一家专业从事高科技视力辅助器具的研发、生产、制造、销售的企业。公司致力于为世界上每一位视力障碍人士提供最有帮助的辅助产品和服务，先集中精力做视力辅具，再逐步扩展到其他辅具领域，并力图打造老年人视力辅助市场的"航空母舰"。

该公司由浙江大学博士生在校就读期间创立。公司成立初期以研发为主，团队中一半以上的成员皆为研发人员，后来逐渐扩展到生产和销售领域。公司成立至今，研发新产品二十余种，拥有全部知识产权及十几项专利，如"用于高清画面手写段落识别、自动追踪放大的系统""文字裸眼三维化显示方法""一种短距多向超声波环境重构系统""一种全自动智能盲用阅读器""一种便携式电子助视器"等。2011 年设立深圳研发生产中心，2012 年成立北京分公司，2013 年荣获"国家级高新技术企业"称号。

公司坚守"创新"理念，致力于视障人士高科技辅助器具产品的研发、生产、制造和系统方案设计，拥有全套自主知识产权和多项专利技术，和政府机构、科研院校、上下游厂商以及媒体有着广泛而深入的合作关系，并凭借强大的研发实力参与国家级大型科研项目和国家标准的制定。公司产品 X 一键式智能盲用阅读器，是国内第一款视力障碍人群使用的高科技阅读辅具，也是全球第一款中文阅读设备。公司产品成功应用于各级残联系统的康复工程建设及全国特殊教育系统，产品销售网络覆盖全国。公司主打产品 X 系列电子助视器是国内第一个并且连年保持销量第一的电子助视器品牌，列入各级政府的采购配发目录。电子助视器系列产品均通过美国联邦通信委员会 FCC、欧盟 CE、Rosh 等国际机构认证，远销欧洲、北美、日本等 70 多个国家和地区。公司致力于视力障碍辅助器具的一站式服务和经营。从视力验配、方案设计到产品提供，售后服务已经形成了一条龙服务体系。公司有个梦想，希望世界上每一位视力障碍人士都能够得到最有帮助的辅助产品和服务。公司主要的产品和服务有电子助视器、智能盲用阅读器、光学助视器、低视力验配、各级客户的方案设计(低视力康复中心、无障碍阅览室、盲校教室)等。

创业者怎么会想到开发这类产品？这个机遇，来自于这位博士生在福利院和残疾人康复中心的一次参观走访。他前后去了两次就嗅到了商机：那里的残疾人所用的辅助设备一直依靠进口，不仅价格昂贵，而且使用效果并不理想，说明书全是英文，很多残疾人不大会用。带领参观的人士当时说："只要你们能生产出来，我们就来买。"回去后，他当即找了几位工科同学，开始研发自己的产品。前后花了一个月，便拿出了样机，产品有点像 PSP，不仅可以替代福利院那些进口的产品，而且携带方便。很快，产品获得了市场的高度认可和评价。头一年，公司的产品全部被政府订单消化。

公司在成立之初主要在国内市场进行销售。作为集成电路专业的博士生，研发专供低视力人群使用的视觉辅助设备对他来说并不是桩难事。但是技术型的垄断注定会被后来者瓦解。不久，公司便出现了竞争对手，对手是做光学眼镜出身，一直跟国内各大医院有着固定的合作渠道,眼科医生可以帮着推介产品。这样,公司的国内市场份额就被逐渐瓜分。

公司乐意看到竞争对手的出现,觉得良性竞争会使这个行业越来越好。因为国内低视力辅助设备市场还远未成熟。在公司看来,对手产品卖得好,相当于对手在帮公司培育市场。公司也曾尝试通过代理商开拓国内市场,但效果并不好。代理商不大可能自己花钱,先宣传产品,然后再卖产品。这样做,投入太多,回报时间又很难估计。但是,公司自己去宣传产品又没有实力。尽管在公司的计划里,国内市场是肯定不能丢弃的,因为国家"十二五"规划中提出的"将建低视力门诊"给了公司信心。可是,这样的等待不知道会持续多久。靠什么支撑公司坐等国内市场的成熟?

创业者至今记得,公司的第一张国际订单是怎么来的。那是他们第一次参加展会。2005 年,虽然亮相的是公司第一代电子助视器产品,但已引起国外最具实力厂商的高度重视,因为其价格低廉,功能却不亚于国外产品。双方交换了联系方式,希望公司在产品定型之后,能第一时间跟他们取得联系。几个月后,一张百万元的订单便来了。外商对于其研发出来的新产品,评价是"简直不敢想象"。

2008 年,国际市场对助视产品的需求特别旺盛,公司以展会为契机,通过与一家加拿大企业的合作开启了国际化的历程。早期的合作模式是,公司只负责设计和生产,销售由代理商负责,双方以一年为一个周期签订合作协议。代理商能完成在协议中拟定的销售量和销售利润,双方继续合作;不能完成,就更换代理商或者由公司自己开拓销售渠道。后来,公司发展出了一些更深层次的合作方式:代理商提出所需产品的数量和要求,公司根据对方的要求进行生产;一些具备研发能力的代理商与公司进行技术合作,共同完成技术设计,然后在中国进行生产,最后由代理商在国外销售。

在国际化的发展过程中,公司坚持明确的战略导向。创业者看好市场的潜在需求,并且认为可以通过技术创新生产出比现有产品更好的产品,因此决定成为这个行业的先动者。事实上,公司创立初期也面临着巨大的风险,除了产品本身充满了未知以外,几个创业人员也缺乏相关的技术经验和管理经验。即使在市场份额稳定增长之后,公司还一直在寻找新的增长点,一方面每年推出三四款新助视产品,另一方面尝试将产品扩展到相关行业以寻找新的发展平台。创业者总担心市场上有一些潮流的东西没赶上,或者新的机会没有抓住。公司致力于自主研发和自主创新,创造能为顾客带来更高满意度的新产品。

公司坚持市场导向。公司有明确的目标客户,"戴着眼镜也能看,拿着放大镜也能看的,这类人肯定不是我的目标客户。我的目标客户就是戴着眼镜、拿着放大镜都看不见,但也想看的人"。公司也将这些目标客户根据需求进行市场细分(低视力患者、老年人和学生),设计出不同的产品,来满足不同的消费者需求。公司也非常重视客户体验,认为用户体验决定了产品是否能够获得消费者的认可和欢迎。公司努力通过与顾客面对面的直接交流获得客户体验的相关信息,进而开发出不同功能的产品。

公司格外注重企业在技术上的研发能力,奉行自主设计理念,把技术看作是公司进一步发展的重要支撑,花很多的精力从国外的企业挖技术人才,建立技术团队,形成自己的研发实力。目前,公司拥有了由多位各前沿学科博士、硕士及资深工程师组成的强大研发团队,研发实力在视障辅具领域居国内领先水平,国际排名前列。公司成立至今申请专利多项。同时,公司与政府机构、科研院校、国内外上下游厂商有着广泛而深入的合作关系,并参与国家级大型科研项目和国家标准的制定。

公司很注重通过国际化学习来支持国际化经验的活动。在进入国外市场的过程中,公司对各个国家的市场需求情况进行了比较分析。创始团队利用近一年的时间考察欧洲、东南亚、日本、美国、加拿大等国家或地区的市场。同时,通过参加一些行业内的展会和学术会议,与同行企业和经销商进行交流,加深对行业的了解。比如,公司调查发现东南亚市场的需求比较低端,适合投放低价产品,与其中高端的产品定位不符,所以公司对东南亚市场的拓展很有限。而欧美国家经济发达,社会保障体系相对完善,消费者购买力较强,也更能接受中高端产品的价格,因此欧美市场一直是公司国际化进程中的主要着力点。代理商也是公司搜集国外顾客需求信息的一个重要渠道。"在跟代理商聊的时候,你更多地要引导他的话题,聊完之后你才能更多地从他那里拿到信息。"

公司的国外销售主要是通过当地的代理商,代理商往往成为公司与国外消费者之间的媒介。因此,公司在了解和选择代理商方面做出了很多努力。通过参加展会和朋友介绍,公司结识了很多国家和地区的代理商。对于每个潜在的代理商,公司都会搜集详细的资料进行全面的分析,细致到以前代理过哪些产品、现在正在代理哪些产品,还会通过电子邮件和电话与对方进行直接交流。经过多方面的深入了解后,公司最终选择合适的代理商进行合作。

公司对国外同行业的助视产品进行研究,了解每一个产品所应用的技术平台和技术手段,这种深入学习使得公司对国外产品的技术知识非常了解。公司与国外公司的合作也进一步提升了其学习先进技术的能力,比如与加拿大的代理商开展了深层次的技术合作,这使得公司掌握了更多的国外先进技术知识,从而继续维持自己在技术上的优势。2014年,公司迈出了走向世界并且具有里程碑意义的重要一步:公司采用现金加部分股权的方式并购了英国公司 Zoomax。

问题讨论:

1. 请阐述文章中视力辅助企业的国际化进程。

2. 这家视力辅助企业国际化的主要模式是什么?

本章精读文献

Zahra S A. A theory of international new ventures:A decade of research [J]. Journal of International Business Studies,2005,36(1):20-28.

Chapter Article Summary（本章精读文献摘要）：

The publication of "Toward a theory of international new ventures" (Oviatt & McDougall, 1994) identified and defined international new ventures (INVs) and attracted worldwide attention to the growing role of young firms in the global marketplace. The article raised interesting and important questions about the validity of existing theory and laid an important theoretical foundation for INV research. In this paper, Zahra reviews Oviatt and McDougall's original propositions, highlights their important theoretical contributions, and also points out the major debates that persist about the nature and role of INVs, the source of their competitive advantages, and the key issues to be explored in future research.

One of Oviatt and McDougall's key insights was that the importance for INVs to internationalize their operations is to gain access to various resources without actually owning them rather than owning these resources. They pointed out the potential advantages INVs have compared to their established competitors in learning about markets and competition. They also identified four types of INVs: Export/important start-ups, multinational trader, geographically focused start-ups, and global start-ups, by using two dimensions (coordination of value chain activities and the number of countries involved).

However, some important theoretical questions remain. First, it is difficult to define the exact starting time of a new venture's existence because some ventures go through a long period of gestation before they are officially launched. Thus, it is hard to say that age plays a key role in creating the advantages associated with internationalization. Second, some researchers have contested the assumption that older companies are unable to learn and adapt because these firms often have resources and skills that would allow them to invest heavily in learning. In contrast, INVs often lack absorptive capacity. How do inexperienced and resource-poor INVs develop this capacity? Another shortcoming is the assumption that these experiences make managers more aware of the challenges associated with conducting businesses on a global scale. Thus, there is a need to better understand the role of managerial cognition in the definition of INVs' identity, strategy, and organizational cultures. Third, they have overlooked the role of the institutional environment and economic geography in building and sustaining INVs' competitive advantage. Fourth, less attention has been devoted to the four INV types. For example, we know little about whether different types of INV use different ways to build and use their absorptive capacity, and how often and in what ways the four INVs change their strategic direction. Finally, one important question that has still been left unanswered is what happens to INVs once they go abroad.

本章精读文献评述：

自从奥维亚特（Oviatt）和麦克杜格尔（McDougall）在国际商务顶尖学术期刊《国际商务研究》发表"国际新创企业理论"一文以来，新创企业早期国际化的现象引起了全球性关注，包括实业界、学术界和政府部门。此后,国际新创企业问题成为一个热点的研究议题。这种研究具有很强的学科交叉性,尤其是国际商务与创业管理两个学科领域的交叉融合。这个研究为后续研究奠定了较好的基础,开启了国际创业研究。但是,这个研究也还存在一些不足和问题。在这篇文章发表10年后,世界著名创业研究学者扎哈拉(Zahra)对该文章进行了评述,不仅总结了其重要的学术贡献,也指出了未来需要重点关注和研究的议题。

扎哈拉提出了几个未来研究的重要议题,其洞察力对于中国新创企业的国际创业实践具有重要启示。第一,新创企业国际化发展的动因是什么?通常认为,宏观经济与制度环境、产业竞争、企业自身的资源能力,是促使新创企业国际创业的主要原因。但需要指出的是,创业者和管理者的认知和视野对于是否启动国际创业具有关键性作用,因为创业者和管理者对于国际市场往往具有不同的认知,尤其是对于机会和威胁的判断。有些创业者和管理者已经具有很强的全球化视野,新创企业开展国际化发展实属自然。第二,新创企业何以能够在国际市场成功运营?现有理论认为,相较于成熟企业,新创企业具有独特的学习优势。但是,吸收能力是决定学习效果的重要因素。往往缺乏足够资源和能力的新创企业何以在国际市场成功学习?这就涉及另外一个重要的理论问题,即网络理论。尽管新创企业缺乏资源和能力,但是外部网络往往可以成为其克服资源短缺的有效途径。因此,新创企业如何在国内外市场建立其有效的网络,成为新创企业成功学习和国际创业的关键因素。第三,新创企业拥有四种不同类型,在国际市场卷入程度上差异很大。那么,这些不同类型的国际新创企业会随着时间推移趋于同化吗?显然,目前的学术研究尚未给出系统的回答。但这个问题很重要,因为国际新创企业往往需要采用差异化竞争战略才能立足国际市场,创业者和管理者需要决策在何种情况下采用何种类型的国际新创企业。这个问题对于中国的国际创业实践尤为重要,因为来自发展中国家的新创企业在发达国家市场往往承受着严重的来源国劣势。第四,国际新创企业何以保持持续竞争优势?现有理论尚未深入回答:新创企业一旦进入国际市场后其绩效如何?针对这个问题,已经有不少研究结论,但结论至今尚未统一。扎哈拉认为,进入国际市场后,企业做什么对于企业绩效十分关键。按照这样的思路,中国新创企业要想在国际市场实现理想的绩效,科学设计和有效执行战略就显得十分重要。这篇文献极富思想性,不仅对于学术研究贡献很大,对于中国国际创业实践也颇具指导意义。

本章作者:邬爱其,浙江大学管理学院教授,博士生导师,密歇根大学和墨尔本大学访问学者,主要从事国际创业与战略管理的研究与教学工作,在 *Journal of World Business*,*International Business Review*,*Management and Organization Review* 以及《管理世界》等国内外学术期刊上发表论文多篇。

本章案例作者:邬爱其。

本章文献评述作者:邬爱其。

▌本章相关引用材料▐

[1] Adizes I. Organizational passages—diagnosing and treating lifecycle problems of organizations [J]. Organizational Dynamics,1979,8(1):3-25.

[2] Autio E & Almeida J G. Effects of age at entry, knowledge intensity, and imitability on international growth [J]. Academy of Management Journal,2000,43(5):909-924.

［3］ Bartlett C A & Ghoshal S. Managing across borders: New strategic requirements ［J］. Organization of Transnational Corporations，1993(6)：309-325.

［4］Beamish P W，Karavis L，Goerzen A & Lane C. The relationship between organizational structure and export performance ［J］. Management International Review，1999，39(1)：37-54.

［5］Bloodgood J M，Sapienza H J & Almeida J G. The internationalization of new high-potential U. S. ventures: Antecedents and outcomes ［J］. Entrepreneurship Theory and Practice，1996，20(4)：61-77.

［6］Brush C G & Vanderwerf P A. A comparison of methods and sources for obtaining estimates of new venture performance ［J］. Journal of Business Venturing，1992，7(2)：157-170.

［7］Burgel O & Murray G C. The international market entry choices of start-up companies in high-technology industries ［J］. Journal of International Marketing，2000，8(2)：33-62.

［8］Coviello N E & Munro H J. Growing the entrepreneurial firm: Networking for international market development ［J］. European Journal of Marketing，1995，29(7)：49-61.

［9］Fletcher R. A holistic approach to internationalization ［J］. International Business Review，2001，10(1)：25-49.

［10］Hashai，N. Sequencing the expansion of geographic scope and foreign operations by "Born Global" firms ［J］. Journal of International Business Studies，2011，42(8)：995-1015.

［11］Jones M V & Coviello N E. Internationalization: Conceptualizing an entrepreneurial process of behavior in time ［J］. Journal of International Business Studies，2005，36(3)：284-303.

［12］Karagozoglu N & Lindell M. Internationalization of small and medium-sized technology-based firms: An exploratory study ［J］. Journal of Small Business Management，1998，36(1)：44-59.

［13］Knight G A & Cavusgil S T. Innovation，organizational capabilities，and the born-global firm ［J］. Journal of International Business Studies，2004，35(2)：124-141.

［14］Lu J W & Beamish P W. International diversification and firm performance: The s-curve hypothesis ［J］. Academy of Management Journal，2004，47(4)：598-609.

［15］McDougall P P & Oviatt B M. New venture internationalization，strategic change，and performance: A follow-up study ［J］. Journal of Business Venturing，1996，11(1)：23-40.

［16］McDougall P P & Oviatt B M. International entrepreneurship: The intersection of two research paths ［J］. Academy of Management Journal，2000，43(5)：902-906.

［17］Murray K B. A test of services marketing theory: Consumer information acquisition activities ［J］. Journal of Marketing，1991. 55(1)：10-25.

［18］Muzychenko O & Liesch P. International opportunity identification in the internationalisation of the firm ［J］. Journal of World Business，2015，50(4)：704-717.

［19］Oviatt B M & McDougall P P. Toward a theory of international new ventures ［J］. Journal of International Business Studies，1994，25(1)：45-64.

［20］Oviatt B M & McDougall P P. The internationalization of entrepreneurship ［J］. Journal of International Business Studies，2005，36(1)：2-8.

［21］Peng M W. The resource-based view and international business ［J］. Journal of Management，2001，27(6)：803-829.

［22］Peng M W. Institutional transitions and strategic choices［J］. Academy of Management Review，2003，28(2)：275-296.

［23］Puffer S M & Peterson O C. Navigating the hostile maze：A framework for Russian entrepreneurship［J］. Academy of Management Executive，2001，15(4)：24-36.

［24］Rialp A，Rialp J，Urbano D & Vaillant Y. The born-global phenomenon：A comparative case study research［J］. Journal of International Entrepreneurship，2005，3(2)：133-171.

［25］Sapienza H J & Zahra S A. A capabilities perspective on the effects of early internationalization on firm survival and growth［J］. Academy of Management Review，2005，31(4)：914-933.

［26］Weerawardena J，Mort G S，Liesch P W & Knight G. Conceptualizing accelerated internationalization in the born global firm：A dynamic capabilities perspective［J］. Journal of World Business，2007，42(3)：294-306.

［27］Yamakawa Y，Peng M W & Deeds D L. What drives new ventures to internationalize from emerging to developed economies?［J］. Entrepreneurship Theory and Practice，2008，32(1)：59-82.

［28］Zahra S A. A theory of international new ventures：A decade of research［J］. Journal of International Business Studies，2005，36(1)：20-28.

［29］Zahra S A & George G. Absorptive capacity：A review，re-conceptualization and extension［J］. Academy of Management Review，2002，27(2)：185-203.

［30］Zahra S A，Ireland R D & Hitt M A. International expansion by new venture firms：International diversity，mode of market entry，technological learning，and performance［J］. Academy of Management Journal，2000，43(5)：925-950.

［31］Zahra S A，Neubaum D & Huse M. The effect of the environment on export performance among telecommunications new ventures［J］. Entrepreneurship Theory and Practice，1997，22(Fall)：25-46.

［32］Zhou L，Barnes B & Lu Y. Entrepreneurial proclivity，capability upgrading and performance advantage of newness among international new ventures［J］. Journal of International Business Studies，2010，41(5)：882-905.

［33］Zucchella A，Palamara G & Denicolai S. The drivers of the early internationalization of the firm［J］. Journal of World Business，2007，42(3)：268-280.

Chapter 12
第12章　战略创业

章节纲要

- 创新与企业家精神
- 战略创业
- 基于内部的战略创业
- 基于外部的战略创业

开篇案例

艰难的扩张之路

引　言

　　1998 年 3 月的一天,刘总再也无法忍受每月只发 300 元工资的公司待遇,毅然决然放弃国有大型集团的管理职务,加盟 HT 货代公司,并大胆承包了该公司的济南空运部,迈出了艰难创业的第一步。他于 2002 年 11 月正式成立了青岛 YAD 国际物流有限公司,2003 年 12 月成立了济南 YAD 国际物流有限公司,2004 年并购山东 LY 报关行,2005 年拓展海运部,2006 年正式组建了自己的集装箱车队,2007 年北京 YAD 国际货运代理有限公司成立,公司在六年内经过不断惊险的跳跃实现了扩张。2008 年,公司采取内部创业的模式,为优秀员工提供创业的初始资金和机会,公司相继成立了保税物流公司、济宁子公司、泰安子公司、烟台子公司。YAD 的每一步都充满了艰辛和不易,公司十年的发展都在诉说一段艰难扩张的故事。

公司的发展及现状

YAD 国际物流集团创立于 1998 年，总注册资本 1200 万元，是外经贸部（现为商务部）审批的一级国际货运代理企业。公司目前提供一站式的报关报检，货物的航空航海和汽车的国际国内运输，保税仓储，普通仓储，装卸，保险以及外贸咨询等业务的服务，总部设在泉城济南。集团公司现有人员近 300 人，下辖 10 个子公司，是目前山东市场上规模最大、实力最强的国际物流企业之一。公司自成立以来，始终以客户第一、信誉至上为宗旨，经过十年的发展，成为山东省规模最大、业务范围最广、网络最强的综合性国际物流公司之一。

惊险的第一步：辍学、辞职、承包到创建公司

1994 年，刘总从山东师范大学地理系毕业，放弃了攻读研究生的机会，进入了国有大型集团，开始在酒店干服务生，一个月工资 180 元，这样的工作持续了大约三个月的时间。1994 年，集团公司成立了货运部，刘总开始在货运部做起了学徒和小兵。公司觉得刘总办事勤快、踏实，先后派他"开荒"北京办事处、济南海运部和青岛办事处。1998 年年初，刘总又被派往新成立的龙宇报关行担任报关部副主任，和一帮所谓的"老人"只做报关，每天吃喝、吹牛、打麻将混日子。但在当年的年终总结大会上，刘总被公司的财务状况和经营数据猛然惊醒：我的青春就要这样度过吗？于是次日早上，刘总在楼下做完广播体操，对当时同在一家公司的好友张总表示："我不想再在这里混日子了，我准备去寻找新的出路。"

1998 年 3 月，刘总不满公司每月只发 300 元工资，致其生活困窘，再加上无法忍受公司长期执行员工先垫款项不能报销的制度，愤而离职。辞职后，刘总一门心思想创业，他将自己的想法与好友张总沟通了很多次，但当他们考察了目前的国际物流和货代公司市场后，沮丧地发现：没有资金和资源，他们很难在这个市场上创业和立足。在经过了长时间的考察和思考后，刘总将目光锁定了 HT 货代公司，应聘了该公司的青岛公司副总一职，4 月又开始负责该公司济南子公司的空运部。在刘总的努力和朋友们的大力支持下，刘总的业务范围越来越广，业务也越来越多。在这个过程中，刘总与张总结成了"莫逆之交"，并准备一同创业。刘总在 HT 货代公司的这段日子为其后来的创业和发展奠定了重要的专业知识基础和资源准备。

但是就在刘总的业务稍有起色的时候，1998 年 9 月，刘总原来任职的国有大型集团起诉他离职，要求赔偿。经历了暴风骤雨的半年，在充分的证据面前，最后案子以原单位的败诉终结。刘总有一个小本子，每个月初，他会记录在发放他和张总的工资之后，本月留存多少元的发展基金。这就是公司最早创业的资金积累。

1999 年 5 月，刘总和张总终于做出了一个大胆的、期盼已久的决定，他们承包了 HM 报关行，开始了走向独立创业的篇章。2002 年 11 月，他们成立了青岛 YAD 国际物流有限公司，这是公司创业初期的里程碑式的事件，标志着 YAD 正

式诞生。公司的元老潘东、高强和李云龙承担了公司创业的组建工作，三个人在寒冷的地下室以及潮湿的宿舍开始起步，经历了生活最艰难的考验。

稳扎稳打的第二步：并购和合作快速发展公司

2002年8月，YAD第一次尝试做外贸业务。从我国台湾地区进口负离子碱性水设备，这单生意让公司赔了几万元。9月发生的某服务对象滑雪手套官司事件，差一点把这个刚要腾飞的小企业扼杀在摇篮里。这也是公司成立以来打的第一场官司，持续了半年多，公司账户也被查封，其间度日如年。最终YAD虽然胜诉，但依然以十几万元的亏损才涉险渡过难关。

虽然经历了创业初期的种种困难和障碍，截至2002年年底，青岛YAD物流从2人发展到15人，一年做了1500多个标箱，当年实现盈利，基本在青岛港口站稳了脚跟。12月，青岛YAD济南子公司成立，大批量的业务开始陆续从HM报关行向济南YAD转移。

2004年8月，刘总兼并了山东LY报关行，取得了报关权和一级货代资质，领到了货代发票。9月底，济南总部搬家至开发区，这又是公司发展过程中的一个里程碑式的事件，标志着公司的彻底独立。这一举措在当时还没有确定济南新的市政府大楼东迁，大部分客户尚在市区办公的情况下，显得颇具眼光。同时，公司不仅大幅度改善了办公环境，统一了制服，还完善了员工的社保体系。同年10月，公司正式建立了YAD网站，树立了科技引领物流的核心竞争力。同月份开始，公司以盖家沟物流中心为据点尝试陆运业务。公司以济南—黄岛为主线，建立全省的物流配送网络，购买监管车和普通货运车辆。

2005年是公司遇到困难最多的一年，年底盘点时发现一共发生了36起事故。年初，车队把服务对象的硅钢片给摔了；2月，大宗出口货物在深圳发生甩货，如果货物晚到就要缴纳欧盟的大额纺织品反倾销税；4月下旬，服务对象的发电设备缉私事件罚款数百万元，损失10万余元；6月，服务对象价值100万元的关税单在交接中丢失；10月，新买的中央空调被公司送货司机撞坏了；11月，服务对象进口的电信设备在外包装完好的情况下全部损坏，损失在600万元以上；12月，FOB(船上交货价)进口设备大批破损，估计损失在2000万元左右。那一年，所有的人都说刘总和张总这哥俩肯定是"死定了"，但他们还是咬牙坚持了下来。

2005年9月，刘总和张总到广州参加会议，正式加入了国际网络。张总代表YAD发言，正式把YAD介绍给了全世界的货代企业，算是YAD走向世界的第一步。11月，在刘总数次进京的努力下，济南公司终于取得了报检权。当时济南局一共批了三家，只有YAD一家是民营企业。12月，YAD和太古、日本ANA签订了航材保税物流进出业务的合作协议。2006年3月29日，在公司元老潘东的努力下，青岛YAD终于取得了报关资质。至此，YAD集团就同时拥有了LY和YAD两个报关权。

创新的第三步：控制产权结构，鼓励内部创业

2007年之后，公司的业务开始有声有色地发展起来，各业务单元都进入了稳

定、快速的发展阶段。公司大量地补充了新鲜的人力资源队伍，在服务客户的范围上也实现了空前的扩张。5月，公司在青岛流亭机场建立了业务办公室，增加了预录入系统，这使青岛公司也能自己办理转关报关业务了，大大改善了公司在青岛机场的工作环境，提高了工作效率。但这还无法满足公司快速扩张的要求，于是刘总和张总集合公司的所有管理层进行讨论，希望商讨出一套符合公司目前发展现状的行之有效的发展模式。讨论的结果是：公司培育和鼓励内部优秀员工的创业热情和行为，最大限度地为这部分创业员工提供资金支持、资源分配和管理指导，以公司总部和创业员工共同出资、共注股份的形式，成立新的子公司，由创业员工出任新公司的总经理，全权代理新公司的一切经营决策事务。但有一点限制，YAD总公司必须保证持有新公司50％以上的股份，创业员工可以不断注资扩大自己的股份，但只能无限接近50％。

公司这一新策略的出台，成就了YAD集团旗下的多个子公司的诞生。2007年9月，北京YAD国际货运代理有限公司成立，这是YAD空运的窗口公司，意义重大。该子公司由公司内三名优秀员工组建，从无到有，现在北京公司已经发展到10多个人，业务量也从最开始的数十票到几百票。大家凭借辛勤的汗水和无私的奉献才有了今天的成绩。10月，济南公司在十六里河海关租赁了办公室，成立了市区报关外联组，负责海运报关和市内取单。这使得公司在济南又增加了一个新的办公地点，成为接触海关的前沿阵地。

2008年5月，YAD青岛公司取得海关A类报关管理资质。8月，济南公司在原来出口加工区部门的基础上又成立了济南YAD保税物流公司，由公司内部的优秀员工王强和高帅组建。9月，济宁子公司成立，该子公司由优秀员工李想组建。李想干得非常辛苦，春节都没有回家，大冬天在场站经常验一整天的货。但是"只要功夫深，铁杵磨成针"，济宁公司在短短的一两年内就迅速成长起来，而且还拿下了济宁地区几个非常重要的大客户。

2008年10月下旬开始席卷全球的金融危机导致公司前途一片渺茫，上海和青岛大批量的货代企业纷纷关门歇业，国际物流行业到了最危险的时刻。YAD国际物流集团该如何应对这场突如其来的风波？事实证明，接下来的一年，公司面临着更大的挑战和问题。

2009年1月，公司车队的司机拉着服务对象的设备误撞铁路桥，造成铁路线中断十几个小时，公司被索赔100万元。当时连人带货都被警察扣了，事后验货，还好货物损坏不是很严重。同月，公司租赁的拉框架的大件车司机在调头时把刚刚进口的设备核心部件撞坏了。刘总带着员工爬到4米多高的设备上面和保险公司的人一起验货，还好最后和平解决。2月公司开始和DS公司合作空运业务，全年做了170票业务，完成上百吨货物的运输。DS公司做市场的力度太大，速度太快，这使得公司面临巨大的市场压力。10月，服务对象的设备被撞案，公司被索赔100多万元。12月，服务对象的138万元增值税发票超过三个月没有及时退回，导致客户无法抵扣，虽然该事件最终得以解决，但也给公司造成了好几万元的亏损。12月，青岛YAD获得全国优秀报关企业称号，而且全年YAD平均每个月的报关量都已经排在了关区前20名。在大家的共同努力下，YAD渡过了2009年的难关，并在逆境中实现了新的增长。

2010年1月，烟台子公司成立，该子公司由优秀员工李田、韩晓组建。这也使公司在全省乃至全国范围内的版图更丰富了。公司2011年年会的主题是："翅膀——一起飞翔"。刘总和张总在年会总结中，与公司全体同仁分享了YAD国际物流集团最有价值的内在财富，即公司快速扩张和发展的三大原因：第一，公司拥有大量的在各个岗位上各司其职的人才；第二，公司的管理者视制度为根本和保障，在公司的发展和扩张过程中不断完善公司的制度；第三，公司建立了内容丰富、操作性和指导性极强的网站，并在网站上定期更新流程、案例、方法、岗位职责、意见建议、例会纪要、质量控制以及各种实用的工具，等等，这些都来自于员工的智慧和经验，也充分体现了人才的价值。

尾　声

2009年，YAD经青岛海关推荐，在中国海关总署第一次全国范围的年度评比中荣获"全国百强优秀报关企业"的称号；2010年，YAD被海关总署认证为中国首批"AA类代理报关企业"。公司年报关票量在3万票以上，差错率在千分之一以下。

刘总从最初放弃攻读研究生，开始艰难的创业之路，到最后创业成功，过程中无不饱含着艰辛和风险，这一过程有三大亮点：第一，借力创业，借壳筹资，在一穷二白的基础上借力HT货代，实现公司的初建。第二，克服困难，稳中求进，采取并购、业务拓展等方式实现公司横向和纵向的一体化。第三，摆脱传统思维束缚，创新型扩张，走出家族企业和私营企业传承发展、故步自封的怪圈，大胆鼓励企业内部优秀员工进行内部创业，创办新公司，实现公司的快速扩张，充分挖掘人力资源的价值。在环境与企业不断变化的今天，YAD是如何在复杂的内外部环境中寻求适合的扩张模式的呢？

案例来源：中国管理案例共享中心，http://cmcc.dlemba.com，案例原作者任荣。

在21世纪新技术变革和全球化的经济环境下，公司面临着更激烈的竞争和更大的挑战，如复杂多变的环境、缩短的产品生命周期、不断模糊的产业边界和既有规则的破裂、全球范围内的激烈竞争等。所有的这一切都充满了不确定性，从而造成了公司短暂而不可持续的竞争优势的现状。但是，值得关注的是，在这些不确定性中也蕴含着丰富的机会，因而公司从战略高度来发现和搜寻潜在机会，实现创新并维持竞争优势便显得格外重要。那么，战略创业的本质是什么？战略创业的机制是什么？如何通过战略创业实现创新、创造价值？这些将是本章讨论的核心内容。

12.1　创新与企业家精神

12.1.1　从创新到创业

管理学家彼得·德鲁克指出："无论是在现有公司、公共服务机构还是在由个人创立的新公司，创新都是创业能力的一个特殊功能，同时创新也是创业者借以产生创造财富的新资源或赋予现有资源扩大财务能力的方法。"因而，无论是新创企业还是成熟企业，创业能力及其引发的创新都有着重要的作用。进一步说，21世纪更加动荡、快速变化的环境使成熟企业面临更大的挑战：核心竞争力难以长期维持。这意味着在成熟公司中，创新成为最重要的目标，是所有活动的组成部分。由于环境不确定性上升，引致企业赖以获得竞争优势的基础不断变化，企业难以通过既有资源和能力"一劳永逸"地创造持续竞争优势。因而，企业需要通过持续地识别和利用新机会来实现创新，并通过创新形成持续性竞争优势（戴维奇，2015）。

熊彼特的创新理论认为，创新是指企业对生产要素的新的组合，包括五种类型：引入一种新的产品或提供一种产品的新质量；采用一种新的生产方法；开辟一个新的市场；获得一种原料或半成品的新的供给来源；采取一种新的企业组织方式。具体而言，熊彼特认为公司致力于三种类型的创新行为：发明、创新和模仿。发明是指创造或者发展新产品或新流程的行为，创新是使发明成为商业化产品的过程，模仿则是接受一项创新的行为，使产品或流程标准化。创新的开始建立在发明之上，进而通过商业化推广和应用，形成优势，获得回报。有研究结果表明，在全球行业中，竞争中的公司在创新上投资越多，其取得的回报也就越多。因而，创新成为公司开拓市场、应对竞争、保持优势的关键点。

如上所述，企业中创新行为的产生建立在新机会的发掘之上，新机会的发掘依赖企业中利用企业家精神进行的创业活动。彼得·德鲁克继承并发扬了熊彼特的观点，提出企业家精神中最主要的是创新，进而把企业家的领导能力与管理等同起来，认为"企业管理的核心内容是企业家在经济上的冒险行为，企业就是企业家工作的组织"。企业家进行创新活动，目的在于获取潜在的经济利润或者争取带来盈利的机会，从而不断创造和保持企业的竞争优势。大型企业中的创新是公司创业的结果，这是企业在战略高度运用创业精神发掘机会，创造并维持优势的行为。

12.1.2　企业家精神

企业家（entrepreneur）的概念由法国经济学家理查德·坎蒂隆在18世纪30年代首次提出，原义是指"冒险事业的经营者或组织者"。现代企业中的企业家是指一些个体，他们独立行动，或者作为组织的一部分，创造了新的风险公司或者研发新产品，并且敢于把这种创新推入市场（杜安等，2014）。企业家可以是独立的个人或者是组织中在任何层级上服务的人，关键判断的因素在于是否具备企业家精神。

企业家精神是指企业家特殊技能（包括精神和技巧）的集合，是企业家组织建立和经营管理企业的综合才能的表述方式，它是一种重要而特殊的无形生产要素。现代企业管理理论普遍认为，创新是企业家精神的灵魂，冒险是企业家精神的天性，学习是企业家精神的关键。熊彼特关于企业家是从事"创造性破坏"的创新者的观点，突显了企业家精神中创新的本质；理查德·坎蒂隆和奈特认为企业家应该具备承担风险的魄力；彼得·圣吉在《第五项修炼》一书中指出，从企业家到整个企业必须是持续学习、全员学习、团队学习和终身学习。

　　企业家精神是企业发展和持续的原动力，促进企业不断发现新机会，推动着企业获得成功。埃森哲（Accenture）管理咨询公司在全球 26 个国家和地区与几十万名企业家交谈的数据显示，79％的企业领导认为，企业家精神对于企业的成功非常重要，在全球高级主管心目中，企业家精神是组织健康长寿的基因和要穴。例如我国的联想和海尔依靠"敢为人先"的企业精神而获得卓越成就；日本企业重视学习新知识从而走上崛起之路；美国企业迎接风险、勇于创新，从而引领全球。

12.1.3　战略创业家

　　通过以上部分，我们已经明晰具备企业家精神、不断追求创新是企业持续发展和获取竞争优势的原动力，而战略创业家正是企业中企业家精神的贯彻者。

　　大多数企业中的单个或者多个高级管理者通常被认为是企业的董事长或者首席执行官，但是他们并不全部被认定为创业家或是战略创业家。在一个企业中创业家或者战略创业家可以是首席执行官，但是首席执行官并不一定是创业家或者战略创业家（菲利普，2014）。战略创业家与首席执行官在企业中的角色存在不同，对于企业发展的影响作用也存在差异（见表 12-1）。

表 12-1　战略创业家和首席执行官的对比

对比项	战略企业家	首席执行官
发展观念	着眼于长期发展与长期绩效，关注不断创造和维持企业竞争优势	关注任职期间的短期绩效
协调配合	从内到外的大范围协调，创建、获取、管理、维护资源体系	企业内部协调，建立管理构架，保证企业工作有效协调、执行
权力基础	往往不仅拥有经营企业的权力，同时对企业具有自主权，有权力去发展和经营公司	通常是被雇用的，通过职位本身获得权力，其影响力来自于他们所掌握的资源、组织体系与领导能力等方面
变革倾向	热衷于不断革新，发掘新机会，打破常规，进行彻底的变革	变革程度较弱

资料来源：根据菲利普（2014）等资料整理。

如上分析,企业中的战略创业家有着长远的战略眼光、敏锐的机会意识和推动变革的能力。在动荡变化、竞争加剧的环境下,战略创业家具有多重角色:执行官、有远见的领导者、企业发展的管理者、开辟新事业的推动者、战略变革的发起者等。数据显示,一次创业成功以后,随着企业内外部环境的变化,在企业缺少战略创业家的情况下,大量的企业面临崩溃破产的境遇。据不完全统计,美国62%的企业存活不到5年,只有2%的企业能够存活50年以上,10%的企业存活20年以上;日本和欧洲企业的平均寿命约为12.5年;在1990—2000年,50%的大企业脱离了世界500强,产生了大家熟悉的"全球企业的流星现象"。因此,战略创业家对于企业的可持续发展有着极大的贡献和作用。

12.2　战略创业

12.2.1　战略创业的内涵

战略管理和创业都是企业关于价值创生和财富创造的重要途径。创业学在于解释企业如何通过识别在市场上可利用的机会进而创造价值和财富,关注机会发掘和不断革新;而战略管理在于解释公司如何通过形成竞争优势来创造价值和财富,主要指沿着机会开发的路径创造和保持一种或多种竞争优势。然而,在全球化进程下,在动荡加剧、竞争加剧的背景下,仅仅关注战略管理或创业中的一个方面而排除另一个方面会增加企业管理失效甚至失败的可能性,处于生命周期任意时点的企业都需要考虑创业与守业活动在企业内部的动态平衡。具体而言,战略创业的构念有助于理解新创企业如何通过利用一种或者多种竞争优势获得和保持成功,也有助于理解成熟企业如何具有更多的创业精神,因而成功地应用战略创业可以帮助大型公司构建创业行为,也可以指导小型创业企业进行更具战略性的行动(王侃、朱桂龙,2012)。

战略创业是企业从战略管理的视角来考虑组织的创业过程,其核心在于同时寻求机会和竞争优势,其行为反映为企业机会识别和资源整合的互动。具体而言,战略创业既包括开发现有优势的战略行为,同时又涵盖了那些探索新机会以维持个人或组织未来创造价值能力的创业行为。Kyrgidou 和 Petridou(2011)将促进战略创业的因素概念化为两个维度:能力探索(competence exploration)和能力开发(competence exploitation)。Mathews(2010)沿袭了拉赫曼非均衡模型的分析基础,认为战略创业是创业者重新组合组织资源、活动和惯例时所做出的选择,创业者构建和捕捉资源互补性,通过重构组织活动和惯例创造学习能力和动态能力,并以此形成新的竞争优势。Ireland 等(2003)重新对战略创业的结构要素进行了剖析,把战略创业分解成创业心智、创业文化与创业领导、战略性资源管理以及运用创造力与发展创新四大结构要素。表 12-2 列举了战略创业的不同观点。

表 12-2　战略创业的不同观点

作者	定义
R D Ireland	战略创业通过把创业与战略管理整合在一起，来设计和实施创业战略以创造财富；是一种从战略视角实施的创业，目的在于促使企业努力开发今天的竞争优势，同时探索创新，为构建明天的竞争优势奠定基础
Dr F Lash	当企业家较少关注与短期生存有关的问题，而更多地关心发展战略、成功、市场导向等问题时，就是在进行战略创业
M Sanders	战略创业是采取/激励创业行为来实现战略目标的
Pre Davidson	战略创业就是按照既定目标，通过规划和系统化方式来实施新的经济行动，可以从不同的层面来研究
S Krabel	战略创业融合了创业和战略管理的观点，是指企业管理者既要进行创业思考又要关注战略目标
M Wright	战略创业包括识别和开发机会以及主动创造和保持竞争优势
B W Amo	战略创业是企业愿景的表征，旨在使企业适应环境变化，它表述的和承诺的创业战略能够引导企业员工为实现组织目标进行创新
S Heblich	战略创业是一种经营企业的方式，它意味着企业在机会出现时能够及时利用和开发，即使机会很少，企业家也能凭借自己的高度警觉性来发现它们
O Falck	熊彼特学派认为有三种企业家，即狭义的创业者、内创业者和公司创业者；战略创业是指这三种企业家在自己所处的特殊环境下运用战略洞见来发现和开发利用机会
S Sarasvathy	战略创业是指管理者在环境变化的过程中利用资源来提升企业绩效，它涉及两个主题：重要的企业战略规划和突发的创新精神

资料来源：包建华等，2010.

总之，战略创业管理使得企业能够同时解决面临的双重挑战：一方面利用现有竞争优势，另一方面寻求新机会，从而为企业未来延续优势地位、创造价值和财富打下基础。

12.2.2　战略创业的视角

在战略创业的研究中，学者们提供了不同的视角：Eisenhardt 等（2000）从过程观出发把战略创业看作是即兴创作、互相适应、市场匹配、再生、试验和适时调整六个重要过程的组合；Ireland 等（2001）从创业与战略交融的角度研究认为，战略创业包括创新、网络化、国际化、组织学习、成长、高管团队与治理六个方面；Hitt 等（2001）在此基础上指出了战略创业主要涉及的四个方面，即外部网络、资源与组织学习、创新以及国际化；Luke 和 Verreynne（2006）把战略创业的核心要素分为基本要素和支持要素两大类，其中基本要素包括识别机会、创新、承担风险、弹性、愿景和成长，支持要素包括战略、文化、品牌、卓越运营、成本效益和知识传播与应用。

当企业根据自身条件，考虑开展战略创业时，可以从创业视角和战略视角进行全面考虑。不同的视角有着不同的侧重点，也需要根据企业自身所处的生命周期阶段、环境、内部组织等因素进行考虑，从而形成适合自身的战略创业规划。

（1）创业视角下的战略创业

创业视角关注创业过程中的各种因素与战略创业的关系，强调企业在执行战略的过程中，应该融入不断创业的精神，通过不断创新形成自身的竞争优势。Dess 和 Lumpkin（2005）从创业视角对战略创业进行的研究认为，战略创业是企业通过寻求机会来创造价值的一系列创业行为和过程，企业的创业导向是进行战略创业的前因。Ireland 等（2009）总结并整合了公司创业战略的关键因素，并且为公司创业战略构建了一个新的概念模型（见图 12-1）。这个模型包括：①公司创业战略的基础，是指公司员工个人的创业认知和影响他们创业行为的外部环境条件；②公司创业战略的构成要素，是指公司高管提出的创业战略愿景、支持创业进程和行为的组织架构、体现在员工创业行为中的创业过程共享模式；③公司创业战略的结果，是指由创业行为产生的组织结果，包括竞争力的提升和战略的重新定位。

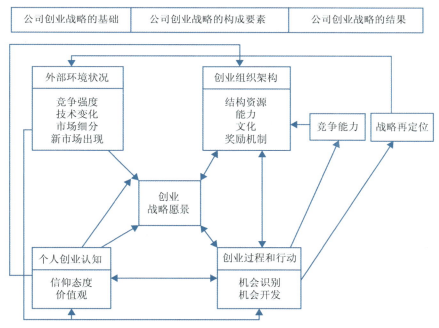

图 12-1 企业创业战略整合模型

资料来源：Ireland et al.，2009.

（2）战略视角下的战略创业

战略视角下主要关注战略创业绩效和战略创业中的企业成长问题，强调企业在不断创业的过程中，应当注意与战略目标的一致和匹配，从而实现良好的绩效，维持竞争优势。公司战略驱动的创业表明，战略创业活动的具体过程受到战略因素如组织架构、管理模式、企业报酬系统、企业文化等直接或间接的影响（盛亚等，2013）。Steffens 等（2009）综合运用有关盈利和能力提升关系的企业理论,构建了一个新的企业发展动态模型,为新创企业指出了不同的发展路径,并告诫新创企业不要过度追求成长,而应该慎重地分析如何同时实现成长和盈利(见图 12-2)。Wliklund 和 Shepherd(2008)发现资源互补能够提高企业联盟和并购的潜在价值,但取决于企业发现和实施生产性资源组合的能力。只有预先做好资源组合的准备工作,企业才能抓住机会,通过结盟和并购来创造收益。Meuleman等(2009)从战略创业的视角考虑了杠杆收购问题,指出了代理理论和战略创业理论之间的互补性,表明不同类型的杠杆收购的绩效有着不同的结果。

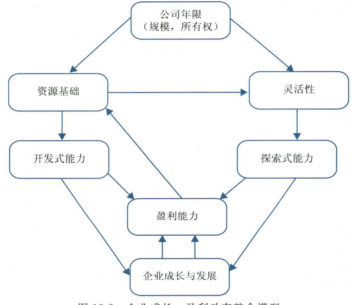

图 12-2　企业成长—盈利动态整合模型

资料来源：Steffens et al.，2009.

（3）交叉视角下的战略创业

具体而言,交叉视角下的战略创业研究认为公司战略与公司创业是相互驱动的,互为因果关系的组织模式将承认并鼓励即兴的和自发的创新活动;战略将为创新设想提供一整套情境支持,创新也会成为企业战略愿景的重要构成部分(盛亚等,2013)。简言之,公司创业促进战略的形成,同时战略也将指导公司创业活动的进行。进一步,众多学者强调了将战略视角和创业视角进行整合的重要原因:首先在创业过程中,企业必须进行资源整合(Barney,2001),并构建新的能力(Teece,2007),以确保自身的生存与发展;同时企业要想构建竞争优势,必须在自己的战略管理实践中体现企业家精神或创业精神(Zahra 等,2003)。因而,战略创业就是在公司的整个运营中,有效地将创业活动作为战略更新的重要手段,同时也将战略作为创业活动有效的指导分析工具,以战略管理与创业交融为主导实现企业的可持续性发展。表 12-3 列举了战略创业的不同视角。

表 12-3　战略创业的不同视角

视角	相关学者	主要观点
创业视角	Morris 等	创业型战略实现必须以一种创业愿景和创业精神为驱动,对创业机会进行识别与开发,具有目的性和持续性地更新组织并勾勒经营范围,可以理解为带有柔性和创新的特殊战略管理过程就是战略创业实现的过程
	Mark Sanders	战略创业与公司创业有很多相似之处,都是以创业精神驱动的活动来实现战略目标,即公司创业过程可以实现战略创业成果
	Oliver Falck	熊彼特式的创业就是以战略思维在特定的情境下进行追求机会的活动,熊彼特式的创业可以实现战略创业
战略视角	Kyrgidou 等	战略型创业就是积极挖掘公司内部资源优势,通过创新和创业活动识别机会,使公司在现有基础上谋求更大发展空间的过程
	Davidsson	战略创业是通过全新的经济活动来有计划性和系统性地实现明确的计划目标,即以战略管理过程来促进战略创业的成功
	Eisenhardt 等	认为战略创业是即兴创作、互相适应、市场匹配、再生、试验和实时调整六个重要过程的组合,从战略视角将创业看成可操控的实践活动
交融视角	Stefan Krabel	认为战略创业涉及两方面:已建企业需要创业思维和企业家精神作为主导逻辑;新创企业则需要以战略导向来谋求长远发展
	Hitt 等	认为战略创业就是机会寻求的创业活动和优势寻求的战略管理活动同时进行的活动,并最终归结为企业价值和财富创造
	Saras Sarasvathy	认为战略创业就是企业管理者以组织系统规划的思维加上突发的创业精神,利用现存资源提升绩效并应对环境变化
	Sandberg	认为战略管理在新企业创立、创新、机会识别和风险承担这四个创业领域,有较为丰富的理论支撑;创业在资源管理、优势构建等方面也可以为战略管理提供新思想、新方法的借鉴

资料来源:盛亚等,2013.

12.2.3　战略创业的决策逻辑

学者文卡塔拉曼(Venkataraman)和莎拉斯瓦蒂(Sarasvathy)指出,战略管理代表硬币的一面,与价值获取相关,而硬币的另一面是创业,与价值创造相关。在战略创业过程中,战略管理不仅仅是计划,更应是一种战略性资源整合的思考(Ireland et al. ,2003;Hitt et al. ,2011),而创业机会的识别则为企业整体运营提供一种节奏或方向(Kuratko & Audretsch,2009)。企业开展战略创业时,面临的高度不确定性使得企业在进行相关战略决策时常常面对挑战,而有效的战略创业决策逻辑是指导企业的战略创业行为以同时寻求机会和优势的关键所在(Reymen et al. ,2015;Wiltbank et al. ,2006;Li et al. ,2014;郭润萍等,2017)。

(1)战略创业决策逻辑类型

计划学派和学习学派是战略管理领域当中具有重要影响力的两个学派,两者针对"企业应该采用什么类型的战略以更好地应对环境变化"这个问题进行了长久的争论。计划学派的代表学者安索夫（Ansoff）认为正式的计划对于稳定和不稳定的环境都是必要的，而以明茨伯格（Mintzberg）为代表的学习学派则认为在不确定性情景下企业需要在市场和实践中学习，以培养柔性和适应性进而针对不能预期的新机会做出快速反应（郭润萍等，2017）。

现有的理论当中，传统创业战略多采用计划学派的观点，即更多采用计划型战略。计划型战略的决策逻辑强调理性的预测分析和计划以获取竞争优势（Reymen et al.，2015），符合目标导向的逻辑。然而，现实情况中，企业面临的高度不确定性创业情境对目标导向的逻辑提出了挑战。具体来说，创业的高不确定性促使企业需要具备动态能力来应对环境变化，即采用更多的柔性战略（Alveraz & Barney，2007；Mintzberg & Water，1985）。因此，企业除了可以采取符合计划型战略的目标导向逻辑，也可以发挥自身优势采取与学习型战略一致的手段导向逻辑，注重保持柔性和适应性，通过小幅试错以探索和识别新的机会（Mintzberg & Waters，1985；Reymen et al.，2015）。由此可见，企业的战略创业实践当中，应当根据面临的创业情境不同，针对性地采取目标导向和手段导向这两类战略创业决策逻辑以同步寻求优势和机会。

（2）战略创业决策逻辑的类型特征

如上分析，由于战略创业的目标导向和手段导向逻辑的视角不同，也造成了战略创业过程中关键构成要素的差异，因而两种不同的战略决策逻辑具有各自的类型特征。已有研究对战略创业决策逻辑的类型特征进行归纳分析，发现目标导向和手段导向这两类战略创业决策逻辑在战略类型、核心逻辑、适用环境、决策主体的基础假设、决策依据和决策结果方面均存在显著差异，具体类型特征总结见表 12-4。

表 12-4　战略创业决策逻辑的类型特征

类型特征	目标导向逻辑	手段导向逻辑
战略类型	强调制订商业计划和进行竞争分析，从而优化资源配置以追求预期利益最大化	关注试错和迭代学习以识别新的商业机会从而利用环境的不确定性以创造价值
核心逻辑	以"预测"为核心逻辑	以"控制"为核心逻辑
适用环境	适用于风险环境	适用于高度不确定性环境
决策主体的基础假设	决策主体是理性人，追求利润最大化	决策主体是有限理性的，会受到认知和计算能力的限制，但可以运用启发式和归纳逻辑有效进行决策
决策依据	以既定目标为决策依据选择最优资源组合	以企业已有的资源组合为决策依据选择可以实现的目标
决策结果	目标导向经常被应用于不确定性低的已有市场中的机会识别与开发，其对应的结果是已有市场份额的拓展（Fisher，2012）	常常被应用于新市场中的机会识别与开发，其对应的结果与新市场的创造相关（Sarsvathy，2001；Fisher，2012）

资料来源：根据郭润萍等（2017）整理。

12.2.4　战略创业的机制

（1）战略创业的四阶段机制

Ireland 等（2003）将战略创业的价值创生机制概念化为包含创业活动和战略活动的四个阶段。其中，创业活动是指拥有创业心智、创业文化与创业领导力。战略活动包含战略性地管理资源以及应用创造力和开发创新，并以此形成竞争优势，进而为实施战略创业理念的组织创造财富。创业心智被定义为"未来成功的战略家所需的在高度不确定性条件下迅速感知、执行和调动资源的能力"（McGrath & MacMillan，2000），并且被细化为拥有创业警觉性、采用实物期权逻辑以及具有创业框架。与创业心智密切相关并相互作用的是创业文化和创业领导力。创业文化是指一种支持创业倾向与行为的一系列共享的价值观，这些信念能够形成企业的结构安排并带来其成员所倡导的行动规范（Dess & Picken，1999）。创业领导力被具体描述为培育创业能力，保护现有商业模式的创新、挑战主导逻辑，重新审视基本假设以及连接创业学与战略管理。这些操作层面的策略和理念直接作用于企业战略性地管理资源的活动，将包括金融资本、人力资本和社会资本在内的战略性关键资源构筑为资源组合，打包资源束，形成能力，并开发利用能力，从而应用创造力和创新精神，通过突破式或渐进式创新，构建竞争优势，最终完成财富和价值创造。

（2）战略创业的投入—过程—产出机制

Hitt 等（2011）基于 2003 年的初始模型，开发出了一个多层次的投入—过程—产出模型。该模型涵盖了环境、组织和个人层面的资源，将其纳入动态的并发的机会寻求和优势寻求行为过程中，并指出这些行为的发生能够为个人、组织和社会创造福利。这个模型包含三个维度——资源或要素投入、资源整合过程和产出变量，被称为投入—过程—产出模型。在输入的资源要素中，环境要素包含环境的动态性和宽松性。由于静态环境的复杂性是有限的，动态环境通常会带来复杂性和不确定性，并因此创造了大量机会。此外，由于环境宽松性也会提升企业资源获取的效率和结果，有利于战略创业活动的成功开展。组织与个体层面的资源分别对应着创业文化与创业领导力以及创业心智。而资源的整合过程在本质上就是战略性地管理，包括金融、人力和社会资本在内的关键性战略资源。通过构建打包和利用能力，完成价值创造和匹配（王侃、朱桂龙，2012）。

12.3　基于内部的战略创业

12.3.1　内部创业的内涵

在成熟的企业当中，大部分的创新来自于企业的研发活动，通过研发获得专利能够有效地保护企业的创新成果，获取竞争优势。通过研发来寻求内部创新的企业必须明白，这些创新的根本载体是组织中每一个具备"天资和点子"的人才。因而在 21 世纪的竞争格局中，能够整合企业内部的人才资源，发挥其创新、创业精神，为满足企业的战略发展目标而服务将是未来企业获得和保持竞争优势的关键因素。

内部创业可以被看作是从研发开始，创业单元通过创业活动，通过增加产量、销售量或者提高产品质量和利润等手段来推动企业的成长。企业内部创业的本质主要是自治、创新、冒险、预见性和竞争性进攻。企业应是两种资本所有者共有的，推动企业成长和利润率增加的动因是人力资本和非人力资本的组合，因为创业者不是一种能够被生产出来的人力资本，而是符合某种概率分布的、稀缺程度很高的生产要素。企业内部创业的本质说明，这种组合不仅可以满足员工的创业欲望，同时也能激发企业内部的活力，改善企业内部的分配机制，实现创业者和企业双赢的目标（见图12-3）。

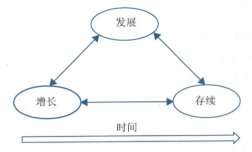

图12-3　企业成长存续、发展与增长之间的相互关系
资料来源：孙继平，2005.

12.3.2　内部创业的影响因素

企业内部创业的过程充满了风险，在很多层面都具有不确定性和模糊性，只有不断发掘问题并掌握关键要素，才能顺利实现企业内部创业的过程，取得最终的成功和竞争优势。通过企业内部创业的观测点，我们认为以下因素对于企业内部创业存在着重要的影响：

①组织结构。内部创业组织和其他组织结构的本质不同（行政管理、战略制定和参与者导向等不同），组织结构并不能支持长期的企业内部创业进程。例如，当内部创业组织很小，企业规模庞大、效率低下时，它们之间的配合并不容易。因为企业的决策过程太慢而且不够灵活，不足以适应变化多端的市场需要。

②文化冲突。文化冲突同样会影响企业内部创业组织和企业其他组织之间的合作，最严重的问题来自于企业内部的抵触或惯性。企业内部创业可能会与现存的行业争夺资源，从而引起现有势力对创新的抵触。

③企业管理者。企业内部创业被认为是有高度创造性和革新性的，但是在工作中大多没有决策的自由，完全按照管理者的意图行事。这种冲突所带来的结果是很明显的：创造性和战略革新需要给内部创业更多的自由，但是高级管理层想要管制公司的财务和内部创业者的工作，限制了内部创业者的创造性和自由。

④参与者。内部创业参与者在企业尽可能长时间工作同样很重要。内部创业是一个学习的过程，如果在内部创业时就离开公司，参与者的创新经验就会遗失。成功的创业者比未成功的创业者有更多的商业经验，这些经验对于创业的成功和发展有着重要的推动作用。

12.3.3　实施内部创业

实施内部创业的核心问题是企业行为与内部创业活动是如何合作的。引用 Ginsberg 和 Hay（1994）的结构，这些系统可以被定位为两个范围：整合—分离，内部—外部（见

图 12-4)。从中我们可以看到,企业内部创业是一个不确定的、动态的和复杂多变的体系。按照有效市场假说,如果企业家不能战胜市场,就要与市场共舞,但是创业活动离不开创业体系,只有了解并控制创业体系中各种参数的走向,才能在与市场共舞的同时战胜市场,从而实现企业内部创业成功的理想。为了找到目标,企业可能会将重点放在寻求整合—分离的战略上。分析了整合与分离的优缺点,我们可以发现整合有一些优点,但更需要分离来为创业活动提供合适的环境。

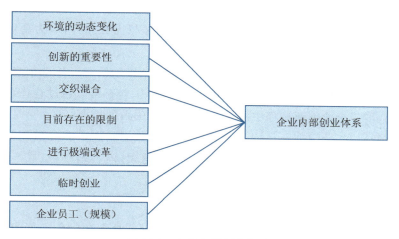

图 12-4　企业内部创业体系

资料来源:Ginsberg & Hay,1994.

12.4　基于外部的战略创业

无论是新成立的企业还是成熟的企业,缺少资源的广度和深度(如人力资本和社会资本)都是抑制和阻碍其发展的重要因素,从而影响其获得和维持竞争优势。因而,企业除了在内部创业过程中实现创新,也必须要开放使用外部资源来帮助创新。合作与收购是现代企业获取外部资源的主要方式,通过合作与收购,企业可以获得如下优势(杜安等,2014):①获得新的商业机会信息并且知道如何利用这些机会;②获得互补性资源从而促进未来进一步的创新活动。因此,众多成熟企业采取合作战略或者收购战略(例如中国华为公司与韩国 LG 公司合作研发 5G 技术、中国吉利汽车收购福特汽车旗下的沃尔沃汽车公司)来进行再创业过程,实现创新的目的。

12.4.1　合作创新战略

在 21 世纪的竞争格局下,随着网络经济的兴起,企业的经营环境呈现出网络化、动态化、信息化和智能化的发展趋势,企业之间的竞争也逐渐演变为合作网络之间的竞争。根据经济合作与发展组织(OECD)专家的估算,在美国、日本和欧洲,外部创新资源占据重要地位的跨国公司已经从 1992 年占比不到 20% 上升到了 2002 年占比 80% 以上(Assis,2003)。有研究发现,企业可以通过合作创新来提高创新绩效,从而增强自己的竞争优势。

合作创新战略通常以合作伙伴的共同利益为基础，以资源共享或优势互补为前提，合作各方在技术创新的全过程或某些环节共同投入、共同参与、共享成果和共担风险，可发挥各方优势加快开发速度。现实中，企业采取的合作创新战略主要可以形成以下优势：

①资源共享，优势互补。全球性技术竞争的不断加剧，使技术创新活动面对的技术问题越来越复杂，技术的综合性和集群性越来越强。因此，以企业间合作的方式进行重大的技术创新，通过外部技术资源的内部化，实现资源共享和优势互补，成为新形势下企业技术创新的必然趋势。

②缩短创新时间，增强并保持企业的竞争地位。合作创新可以降低信息费用，优化创新资源组合，从而缩短创新过程所需的时间。同时，合作创新可以通过合作各方技术经验和教训的交流，增强企业创新过程中的学习效率，降低失败的概率。

③降低创新成本，分散创新风险。合作创新对分摊创新成本和分散创新风险的作用与合作创新的规模和内容有关，一般来说，创新项目越大，内容越复杂，成本越高，风险越大，合作创新分散风险的作用也就越显著。

12.4.2　通过收购获得创新

企业有时候通过收购其他企业，能够从被收购方获得所需要的创新能力，这是企业进行收购的最重要原因之一。很多大型医药、科技公司进行收购，大部分是为了实现快速成长、占领市场份额。然而，在以新技术为核心的医药和科技行业中，收购的另外一个主要目的在于获得收购企业的创新能力和资源（例如被收购企业的专利、核心研发人员等），从而提高企业的绩效和维持竞争优势。在对美国企业并购市场的研究中发现，目标公司的股东一般能从并购中获得 20%～30% 的股票溢价。

但是，值得注意的是，收购并不是产生和管理创新的一种毫无风险的方法，收购也可能为企业的创新带来负面影响。首先，企业通过收购的创新能力可能会替代内部产生创新的能力，从而将创新的角色转变为应用创新、跟随创新的角色。Makri 等（2010）的研究显示，参与收购的企业向市场提供了更少的新产品，清晰反映了收购使企业丧失了最初的战略控制，抑制了内部产生创新的能力。其次，企业收购后如何实现有效的整合成为普遍面临的难题。通过收购，企业获取了新的资源和能力，然而重新配置这些资源和能力面临着困难：危机管理、过渡期的权利配置、边界管理等。因而，企业希望通过收购获取创新能力时，应当注意以下几点：

①以增强企业核心竞争力这一战略为出发点选择是否并购目标企业；

②全面搜索和分析目标企业信息并进行评估；

③并购后从生产经营、管理制度、企业文化、人员配置等全方面考虑整合；

④全面分析并购活动中的资金财务风险。

12.5　通过战略创业创造价值

由于规模较小，小型的较年轻的创业公司能够更为迅速和灵活地识别机会，因而有人认为这些企业也会更具有创新性。大型的成熟企业拥有充足资源和能力，并且由于已经建立了常规和经验性知识库，使得它们更容易开发机会，并实现市场化过程。因而，新创立的年轻企业善于从战略性创业的角度寻找机会，而已经成立的成熟企业一般善于从自身的优势处寻找机会。

为了在动荡加快、竞争加剧的 21 世纪经济格局中进行有效竞争，创造价值，企业不仅需要识别和开发机会，同时要在达到和维持自身竞争优势的情况下仍然保持这种创业精神。因此，对于大多数企业来说，投入战略管理行为以利用现有优势的资源和投入创业行为以开发机会获得未来竞争优势的资源之间必须合理分配。

战略创业要求企业在机会寻求的创业行为和优势寻求的战略管理行为之间取得一种相对平衡。为了实现这种平衡，企业需要具有探索式创新和开发式创新的双向能力，企业利用这种双向能力支持一种合适的、并发的、始终如一的机会寻求和优势寻求行为。

战略创业框架如图 12-5 所示。

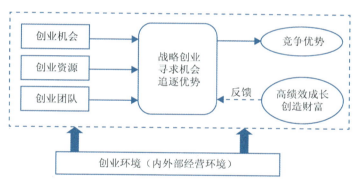

图 12-5　战略创业框架

资料来源：董保宝、向阳，2012.

本章小结

战略创业是企业从战略角度来进行创业活动,同时参与寻找机会、开发机会和建立竞争优势的活动,服务于企业的战略目标,从而维持竞争优势和创造价值。战略创业可以从创业视角和战略视角进行分析。战略创业的核心在于帮助企业发掘潜在的机会,实现创新和价值创造。企业可以通过三种方法产生和管理创新:企业内部创业、合作创新战略和收购。企业内部创新主要是自发式战略行为,通过构建组织内部的企业家精神实现;合作创新战略和收购是通过获得外部资源和能力实现创新。实施内部创业的核心问题是企业行为与内部创业活动是如何合作的。企业内部创业是一个不确定的、动态的和复杂多变的体系,可通过建立企业内部创业体系从整合一分离、内部一外部实现内部创业活动。合作与收购是现代企业获取外部资源的主要方式,通过合作与收购企业可以:①获得新的商业机会信息并且知道如何利用这些机会;②获得互补性资源从而促进未来进一步的创新活动。企业通过收购可以直接获得(例如专利),或者可以从中学习到创新的能力(例如研发体系、研发人员),从而丰富了企业内部的创新过程。

无论是新创企业还是成熟企业,战略创业的实践都对企业提高识别机会、开发机会的能力大有裨益,从而促进企业的创新能力,实现价值创造,影响企业未来长期的发展和绩效。

本章思考题

1. 什么是战略创业? 战略创业的内涵和本质是什么?

2. 什么是企业家精神? 企业家精神与战略创业之间的联系是什么?

3. 为什么在动荡加快、竞争加剧的经济格局下,战略创业的实施有着重要的意义?

4. 企业内部创业的核心是什么? 开展内部创业应该注意哪些因素的影响?

5. 企业如何使用合作创新战略帮助自己创新?

6. 企业如何使用收购提高其创新能力? 收购中需要注意哪些风险?

案例分析

企业永恒不变的基因——长安汽车的科技创新之路

2012 年 4 月 23 日北京国际车展上,德国奔驰汽车公司的总裁蔡澈,带着高管团队,来到长安汽车展台。蔡澈围着长安汽车亮相的五款新品,仔细地观察并体验。他走到刚刚上市的自主品牌——"逸动"面前,时而坐到里面感受一下空间、触摸一下内饰,时而打开引擎盖、后备厢,时而看看旁边的技术参数与配置,足足"检查"了半个多小时。离开之前,蔡澈随手拿出一张白纸,正当大家都以为他要记录什么时,他却走到了长安汽车即将上市的中高端轿车"睿骋"之前,把那张白纸平整地放到车辆的天窗上,然后打开车门,又用力关上,只见那张白纸纹丝不动,蔡澈对着旁边的工作人员跷起了大拇指。

长安汽车工程技术人员解释,蔡澈是用这种方式检查车辆的密封性,围观的人们才恍然大悟。刚刚发生的一切也震惊了同行和媒体,他们纷纷表示:"在历届车展中少有产品像睿骋这样有如此好的密封性,长安汽车在某种程度上代表了中国自主品牌汽车的最高技术水平。"北京国际车展发生的这一幕,令无数长安人为之欢欣鼓舞,也令尹家绪,这位将长安汽车带上辉煌顶峰的领导者激动不已。在自主品牌不敌合资品牌,合资车大行其道的当下,长安汽车自主品牌为何能崭露头角,受到跨国巨头的重视? 面对欧系、美系、韩系等合资品牌市场份额不断攀升,自主品牌市场份额逐年下滑的局面,2014 年长安汽车又为何能"一枝独秀",成就逆势增长,成为唯一跻身汽车销量前十的自主品牌呢?

长安汽车的前世今生

重庆长安汽车股份有限公司(简称"长安汽车")隶属于中国兵器装备集团公司。1862 年,长安汽车的前身上海洋炮局由李鸿章创办,是中国近代工业的先驱。1937 年抗日战争期间,长安汽车辗转迁移到重庆,更名为第 21 兵工厂。第 21 兵工厂共生产了弹药 3000 余吨,手榴弹 30 余万枚、各类枪械约 50 万只,成为抗战时期最大的军工企业。新中国成立后,1951 年,第 21 兵工厂改名为长安机器厂,作为重要的军工企业,长安机器厂始终坚持军品自主研发,为国防现代化做出了贡献。1957 年,长安机器厂首次进入汽车制造业,仿制外国吉普车,自主生产出了我国第一辆军用吉普车样车——"长江牌"46 型吉普车。1983 年,响应国家发展需要,实现"军转民"进入民用汽车领域,成为中国最大的"军转民"企业。

在发展的初始阶段,我国汽车行业的整体条件相对稚嫩,研发投入强度与科技人员研发水平都比较低、产业规模与市场规模比较小、贸易开放程度不高,自主创新风险太大。因此,长安汽车决定走一条简单模仿发达国家技术的发展道路。在国家政策的支持下,长安汽车公司与日本铃木公司签订了技术贸易合作协议,正式引进日本铃木公司的微型汽车和发动机关键技术。1993 年,在"以市场换技术,以市场换资金"的政策背景下,长安汽车公司与日本铃木公司合资建立了长安铃木汽车有限公司,引进奥拓微型车,开发具备 20 世纪 90 年代初期国际先进水平的新一代微车和轿车项目。

事实上,中国汽车产业早在 1983 年就诞生了第一家中外合资企业——北京吉普。此后,1985 年,上海汽车工业集团与德国大众合资。进入 20 世纪 90 年代,汽车合资突飞猛进,汽车巨头接踵而至,相继在中国市场寻找自己的合作伙伴。2014 年,我国已形成了以上汽、一汽、东风为代表的国有合资品牌汽车企业,以长安、一汽奔腾、上汽荣威、上汽名爵为代表的国有汽车集团旗下的自主品牌,以及以奇瑞、吉利、比亚迪、长城为代表的民营自主品牌汽车企业。

2014 年,我国主要有长安、奇瑞、吉利、比亚迪和长城五大自主品牌。2010—2014 年,长安汽车自主品牌销量逐年增长,2014 年达到 71.03 万辆,位列五大自主品牌之首(见图 12-6)。截至 2014 年年底,长安自主品牌汽车累计销量已突破 1000 万辆,旗下明星车型逸动系列、CS 系列、悦翔系列、奔奔系列市场占有率均位居中国品牌细分市场首位。2014 年,五大自主品牌中长城、吉利、比亚迪销量均出现不同幅度下跌,奇瑞汽车出现小幅度增长,而长安汽车销量较 2013 年增长了 37.79%。

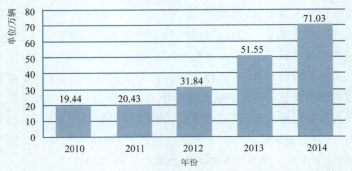

图 12-6　2010—2014 年长安汽车自主乘用车销量

2014 年,我国整车合资企业有 53 家,占全国车企数量的 77.8%,占据中国汽车市场 70% 左右的份额,包括美系、日系、韩系、欧系。在众多合资品牌中,有三个车系市场占有率逐年上升,2010—2014 年,欧系市场份额从 2010 年的 20.8% 升至 2014 年的 29.3%,美系从 2010 年的 11.2% 升至 2014 年的 14.8%,韩系从 2010 年的 9.2% 升至 2014 年的 10.4%,自主品牌市场占有率呈现逐年下滑态势,分别为 33.8%、31.3%、30.8%、29.9%

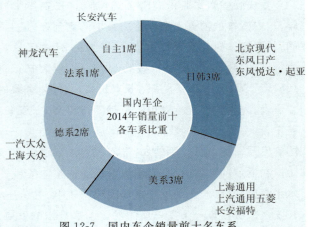

图 12-7　国内车企销量前十名车系

和 26.5%。然而,2014 年,长安汽车成为唯一跻身销量前十的自主品牌,市场份额为 8%(见图 12-7)。一切看起来都是那么顺利,那么理想,可是辉煌的背后,长安汽车的发展并非一帆风顺。它的背后经历了哪些挫折与痛苦,做出了哪些艰难的抉择? 我们将回溯这段历程。

光鲜下的窘迫,未来路在何方?

(1) 半壁河山,雄居霸主

20 世纪 90 年代末,我国微车市场形成了长安汽车、柳州五菱、江西昌河、哈飞汽车、天津汽车"春秋五霸"的格局。1983—1999 年,中国共造出 340 万辆微车(含轿车),长安汽车占 24%。1999 年,长安汽车的微车销量为 16.82 万辆,位列五大主要微型汽车企业之首(见图 12-8),市场占有率为 29%(见图 12-9)。长安汽车推出的"长安之星"更是国内微型车市场品种最多、技术含量最高的车型,在行业内连续多年保持单车销量第一的成绩。

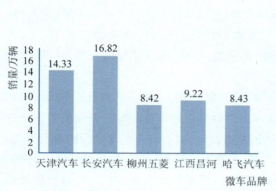

图 12-8 1999 年中国五大微车品牌销量

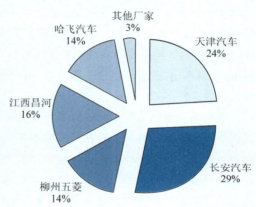

图 12-9 1999 年中国微车市场占有率

(2) 大而不强——遭遇研发之痛

由于外资车企大举进入中国市场,微车市场竞争更加激烈,生产能力不断扩大,供大于求的状况日渐突显。各车企为了争夺市场,纷纷采取降价和折扣等让利措施,使微车市场价格总体呈下降趋势。长安汽车也被迫降价,长安面包车由 4.2 万元降至 3.7 万元,降幅为 11.9%。为占领市场,各品牌致力于加快推出新车型,增强企业竞争力。长安汽车看到了市场上发生的一切,倍感压力,多次向铃木公司要求提供新产品,日方要求长安汽车支付车型技术转让费和零部件技术转让费,这笔费用分摊到每辆车上,使造车成本提高,长安汽车的利润空间受到挤压。

此外,长安汽车合资的初衷是以市场换取资金和技术。通过合资,日方得到了中国的市场,但在车型、发动机、变速箱等核心技术领域,日方始终对长安汽车设防,中方技术工程师无法接触到核心技术。由于掌握核心技术,日方还掌控着经营决策权,如生产线、制造工艺、技术转让费、设计费、供应商体系选择、营销渠道、产品海外出口等产业链的核心环节,攫取高额利润,长安方虽持有 50% 的股份,但没有控制权。相比较持股分成获得的利润,日方更青睐通过提高变速箱、电控系统等关键零部件的价格来转移和获取合资企业的利润,并且控制长安方的上游技术,通过技术转让费、技术提成费和设备采购费,大规模抽回投资。名义上中日双方按照合资股比例进行利益分配,实质上日方所获利润可达 70%,长安方赚取的仅为"加工利润",利润空间受到严重挤压。

这一切无疑刺痛了刚上任的长安汽车副董事长、总经理——尹家绪的神经。多年来的合资合作，让尹家绪清醒地认识到：让日方真正支持我们掌握核心技术、发展自主品牌无异于"与虎谋皮"，像国内多数车企一样躺在"合资的温床上"是得不到核心技术的。作为发达国家安身立命之所、巨额利润之源，汽车业，包括其上下游产业的核心技术，是绝无可能用金钱、股权、市场简单换来的。

（3）另谋出路

尹家绪认为，汽车产业不是一般的制造业，而是支撑国民经济转型升级的战略性产业。如果企业只是靠单纯的技术引进、合作，不掌握核心技术，只能位于产业链的下游、生产工序的末端，无法向更高附加值的上游转移。更重要的是，企业也就放弃了发展的主导权和话语权，所谓的50％控股权的底线也是形同虚设，只能面临空心化的危险境地，沦为外国产品的加工厂，跳不出"落后—引进—再落后—再引进"的怪圈，巴西、墨西哥等部分拉美国家便是前车之鉴。

虽然也有像韩国和日本这样采用技术引进方式获得成功的国家——创造了丰田、本田、现代等知名汽车品牌，但是，在尹家绪看来，技术引进容易引起产权纠纷。如今的知识产权保护力度比20世纪60年代日韩开始技术引进时要强，那么如今长安汽车进行技术引进，并在此基础上进行模仿的环境比日韩当年更加苛刻，吉利的知识产权纠纷案已经敲响了警钟。

尹家绪曾任西南兵工局副局长，军工的背景使他养成迎难而上、斗志昂扬、富有胆识的品质，用他自己的话讲："我是个很喜欢挑战的人，越是困难的地方越想去闯一闯。"尹家绪说："缺少理想是中国汽车业的致命伤，中国车企的企业家考虑眼前的太多，胸怀大志的太少。"任长安汽车副董事长以前，他曾在长安汽车挂职锻炼了三年，在这三年里他摸清了长安汽车的家底，看清了长安汽车的病灶。在尹家绪看来，"与其靠加工赚点儿辛苦钱，不如扎扎实实做出自己的品牌，虽然时间长、辛苦，但终能成就世界品牌"。尹家绪坚信要想在竞争中生存，"活得好、活得有尊严"，就要自己掌握技术，造中国人自己的车，发展自主品牌，走自主知识产权之路，这成了他最强的信念。

1996年国家发布了《"九五"全国技术创新纲要》，1999年全国技术创新大会发布了《关于加强技术创新，发展高科技，实现产业化的决定》，强调指出国家汽车产业发展政策鼓励企业自主研发，重点支持国内汽车市场占有率基本达到10％以上的大型汽车企业集团。1999年年底，在尹家绪的主持下，长安汽车提出了21世纪可持续发展的新思路——自主创新，并将"以我为主，自主创新"正式写进企业长期发展规划，致力于打造中国汽车最强大且持续领先的核心研发能力。此外，在尹家绪的带领下，长安汽车制订了"337"发展规划，第一步是2002—2005年，夯实基础阶段，主要目标是形成生产能力50万辆以上的规模；第二步是2005—2010年，重点是规模发展，形成年产百万辆以上汽车的生产能力；第三步是2010—2020年，进入国际化阶段，在这10年内，产能将达到200万辆以上。

问题重重，创新资源何来？

长安汽车确定了"以我为主，自主创新"的科技发展方向，尹家绪开始头疼了。对于自主创新来说，长安汽车的创新技术基础还很薄弱，高素质、技术精湛的科技人力还很匮乏，科研开发体系未能形成有机整体,运行机制和科研管理也缺乏活力。自主创新这条路走起来是何等艰难曲折,如何将自主研发的知识掌握在自己手里?研发资金从哪儿来?技术从哪儿来?高科技人才从哪儿来?尹家绪陷入了困惑中。

作为一家在洋务运动中诞生的军工企业,"师夷长技以制夷"的思想与生俱来,尹家绪决定依靠、借助别人的力量来发展自己,坚持"五借战略"。

(1)借合资反哺自主

在尹家绪看来,自主创新最先要解决的是研发资金的问题。长安汽车多年来依靠与日方的合资合作来赚取利润,这也是长安汽车主要的利润来源。因此,1999年,尹家绪决定依靠合资的利润来"反哺"自主创新之路。此外,推进长安汽车自主业务的快速发展,贡献利润,用于自主创新。

长安汽车每年将销售收入的5%投入自主研发中,高于国际通行的3%,在自主品牌中属于一线水平。"十五"期间,长安汽车累计将38亿元投入自主研发中,"十一五"期间累计投入超过120亿元,"十二五"期间投入200亿元(见图12-10),为长安汽车自主创新道路提供了坚实保障。在国家五部委的联合评估中,长安汽车自主创新能力位列中国汽车行业第一。

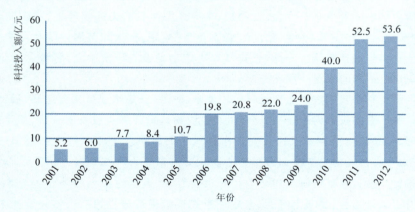

图 12-10　2001—2012 年长安汽车科技投入

(2)借船出海

自主创新最重要的是解决技术来源问题。通过多年合资合作,长安汽车并没有获得真正的核心技术,国内其他车企也缺乏自主创新的成功经验以供参考,自主创新应如何迈出第一步?时任长安汽车工程研究院院长的朱华荣告诉尹家绪:"在欧洲可以找到答案。"于是,尹家绪决定采用"借船出海"的战略,以项目为载体,采取中外联合开发的方式解决核心技术的来源问题,将大批研发工程师放在国际舞台上进行实践和锻炼。

1999年,尹家绪召开了首次产品规划会。因为缺乏造车经验,尹家绪决定从最熟悉的微车领域出发,开发下一代微车——CM8。长安汽车派研发人员到欧洲,与意大利 IDEA 公司、德国 EDAG 公司和 FEV 公司、奥地利 AVL 公司等专业性汽车工程技术公司进行联合开发,长安方重在学习。对于 CM8 的研发,长安汽车技术人员的贡献度为20%,属于国际上从

S1 到 S6 共六个开发级别中的 S2 级，相比于以往简单地对汽车外形部分改造的 S1 级别的开发水平已经进了一步。长安 CM8 是长安汽车开发出的第一款拥有自主知识产权的多功能汽车，它是长安工程技术人员第一次真正接触国际汽车开发的先进水平，该车一上市便得到了国内外市场的充分认可。

此后，长安汽车决定联合研发第二款车——CV9 陆风风尚，其间长安方通过实践操作，不断增加自身技术人员参与工作量的比重，承担了 50% 的开发工作。CV9 陆风风尚是长安汽车与世界开发水平接轨的产物。对于第三款车型 CV6 和第四款车型 CV7 的研发，长安方承担了 50% 以上的工作量，实现了"以我为主"的目的。

到 2003 年，长安汽车逐步具备了三大能力，即：联合设计与部分自主设计的能力；对现有车型进行重大改进与改型的能力；零部件改进设计能力。2003 年，长安汽车集团实现销售收入 340 亿元，利润 6.30 亿元，利税总额 30.50 亿元，长安汽车的品牌价值达 106.97 亿元，汽车产销量位列中国微车行业第一，中国汽车行业第四，国内市场占有率达 10.96%。

（3）借水养鱼

① "五国九地"研发体系

长安汽车的研发能力已经达到了 S5 级，但不安于现状的尹家绪开始将注意力集中到汽车系统中最为核心的部位——底盘、发动机、车身造型研发能力的培养上，决定向汽车研发最高级别 S6 努力。2003 年，尹家绪采取"借水养鱼"战略，在全球范围内寻找所需的优势资源。为充分利用当地优势研发资源，长安汽车决定就地设立研发中心，聘请当地研发专家，派长安汽车自己的科研人员一同参与。

考虑到意大利都灵的汽车造型设计比较集中、先进，云集了众多来自宝马、福特、劳斯莱斯等国际著名车企的设计专家，一些国际大车企纷纷选择在都灵设立研究院，如丰田、本田、奔驰等。因此，2003 年 9 月 23 日，长安汽车第一个海外研发中心在意大利都灵成立；2005 年 5 月，正式升级为长安汽车欧洲设计中心。长安汽车意大利都灵海外研发中心主攻整车造型与总布置。意大利都灵研发中心有 100 余位专家，是当地最大的外企。考虑到日本在精致工艺方面非常擅长，2008 年 4 月，长安汽车在日本横滨成立第二个海外设计中心，日本横滨设计中心定位在汽车内饰设计和精致工艺设计上。因为英国在变速器和发动机的研发方面工艺基础深厚，2010 年 6 月 28 日，长安汽车在英国诺丁汉科技园区成立第三个海外设计中心，主要解决汽车动力系统、传动系统和变速系统的研发。考虑到美国的汽车底盘制造技术处行业领先水平，且底特律拥有非常丰富的资源，2011 年 1 月 18 日，长安汽车第四个海外设计中心在美国底特律成立，由美国底特律研发中心负责汽车底盘问题。这些海外研发设计中心所从事的研究均是该国所擅长的。

在国内，2003 年建立长安汽车工程研究院；2005 年 3 月，该研究院搬迁到重庆市渝北区新办公大楼，它是长安汽车自主研发的核心机构。2004 年，建立上海分院。2010 年 4 月 17 日，长安汽车在北京、哈尔滨和江西的汽车研究院成立。长安汽车构建起覆盖亚欧美三大洲的"五国九地、各有侧重"的研发体系。

这个庞大的研发体系应如何进行有效管理，成为摆在尹家绪面前的一个棘手问题。尹家绪决定在长安汽车与国外研发机构间搭建起一个专线,将所有的资料与数据都通过专线进行传递,实现 24 小时不间断研发。长安汽车国内的研究院下班后把数据存储好,利用时差,由海外研发中心继续跟进。至此,长安汽车建立起了"五国九地,各有侧重"的 24 小时全球化的产品研发体系。

②"两条腿"走得稳

"借水养鱼"战略还体现在与国外车企的合资合作上。考虑到合资企业往往拥有上百年的历史,在市场上有着无可比拟的口碑,且科技实力雄厚,因此,长安汽车决定"自主创新"与"合资合作"并举,对标国际一流,找出自身的差距。除与日本铃木公司(1993)进行合资合作外,长安汽车还先后携手福特(2001)、马自达(2007)、法国标致雪铁龙集团(2011)等跨国企业建立了合资企业。尹家绪风趣地说:"既然是与狼共舞,就要学会与狼相处、与狼共舞,以养大自己。"长安汽车的"自主创新"与"合资合作"一方面抓自主开发,培养"以我为主,自主开发"的能力,建立自主品牌;另一方面与合资方合作,学习他们的开发思路与经验,站在巨人的肩膀上,实现在合作中发展、在合作中保持自我、在合作中不断提高的目标,不断扩大市场、扩大合作范围,坚持学习、共存、并行三大理念。

(4) 借梯上楼

自 2010 年,长安汽车一直受到"低质低价"形象的困扰。由于环境污染问题严重,多个城市限购、限行,合资品牌新车的推出数量不断加大,推出速度也不断加快,加上合资品牌汽车价格不断下探等因素,长安汽车夹缝求生,汽车销量前十名中始终难觅长安汽车的名字。外资品牌汽车的市场占有率则逐年上升,然而,尽管长安汽车销量逐年递增,但 2010—2013 年,市场份额始终维持在 4.5% 左右,难以逾越。

面对困境,长安汽车应如何与外资企业抗衡? 2013 年,长安汽车决定重点突破,加强汽车关键技术的研发力度,与供应链上下游企业、高校、科研院所合作,进攻中端化产品,突破不利局面,走提质增效的精品发展之路。

①与供应链合作

由于环保和节能的需要,汽车轻量化已经成为世界汽车发展的潮流。实验证明,汽车整备质量每减少 100 千克,百公里油耗可降低 0.3～0.6 升。因此,长安汽车决定在汽车轻量化领域加大研发力度,加强与供应链企业的合作创新,借用供应商系统专业设计能力,提高汽车性能。

2013 年 11 月 28 日,长安汽车与宝钢集团共同组建了汽车用钢联合实验室,旨在紧盯世界汽车用钢发展趋势,发挥双方优势,在汽车用钢方面实现先期同步开发以及新材料、新技术的快速运用,在汽车轻量化领域实现重大突破。

此外,面对价格高昂的进口零部件,长安汽车决定整合全球零部件资源,与高水平的国际零部件供应商合作,使整车与零部件开发同步进行,将其培养成符合长安汽车品质、成本、交货期要求的供应商,保证了新车型项目的高水平设计。

②坚持"产学研"合作

NVH(噪声、振动与声振粗糙度)是衡量汽车制造质量的一个综合性指标,是汽车用户的最直接感受，也是国际汽车业各大整车制造企业和零部件企业关注的问题之一。统计资料显示，整车约有1/3的故障问题和车辆的NVH问题有关。因此，各大车企近20%的研发费用消耗在解决车辆的NVH问题上。长安汽车也瞄准NVH问题，进行重点突破。经调研，长安汽车发现很多高校及科研院所拥有大量的、可以与长安汽车优势互补的资源，帮助长安汽车解决NVH问题。长安汽车选择与同济大学、上海交通大学、清华大学等高校建立联盟关系，重点突破NVH问题。此外，长安汽车与吉林大学、湖南大学、重庆大学、北京理工大学、中国汽车研究院、中国汽车技术中心等高校、院所建立了联盟关系，成立了8个"政产学研汽车工程研究中心"，就尺寸工程等领域进行合作研发，提高汽车的品质。

睿骋的成功研发是一个标志性事件，它代表我国自主品牌研发的最高水平，是长安汽车首款自主品牌中高级轿车，它的高端配置定价在16万元左右。在上市短短一年半时间里，睿骋累计销量近两万辆，超过了同期上市的其他车型，未来仍有很大的上升空间。

（5）借脑明智

"以我为主，自主创新"需要杰出的研发人才和强大的研发团队作为支撑。除将大批研发人员放到国际舞台进行学习与锻炼外，2004年，尹家绪组织人员对我国现有汽车研发的人才数量与进行自主创新的需要进行调研，发现两者存在着明显的落差。在欧美发达国家，汽车行业从业人员中技术人才约占30%，中国则不足8%，我国发展自主品牌的技术人才约需10万人，目前仅2万余人，缺口达80%。为了解决科技创新人才的缺乏问题，尹家绪采取"借脑明智"战略，坚持"放眼全球，为我所用"的人才观。

2006年，长安汽车从底特律聘请时任福特公司碰撞安全领域的高级研究员赵会，主持汽车碰撞安全领域的研发工作。长安汽车投资1.5亿元建成碰撞试验室，并为赵会配备研发团队。在赵会的带领下，长安汽车的碰撞安全技术已达国际领先水平。此外，自2004年起，长安汽车还高薪引进来自欧洲、美国、日本等国家和地区的国际高水平人才，弥补自主开发能力相对薄弱的环节。目前，长安汽车有近10个国籍的研发人员在重庆总院工作，加盟的外国专家超过180人，多数来自福特、通用、宝马、丰田、菲亚特等国际巨头。

相比研发专家，在长安看来，普通员工也有着无限的研发潜力，更加擅长解决生产制造环节出现的问题。为充分调动全体员工的力量，长安汽车开展"合理化建议"活动，让全体员工参与到企业的建设中来。员工在解决A101转向器装配困难、B301车门密封胶条下方卡扣装配困难、A101背门字标与玻璃黏结不良导致淋雨线脱落等项目上贡献了自己的力量，节创价值19亿元。长安汽车每年都设置200多万元的专项奖励，对合理化建议进行奖励，奖金金额已累计达近2000万元，奖励汽车72辆。

2014年，长安汽车拥有7000余人的庞大研发队伍。其中，全球高级专家500余人，国际一流专家130余人，2人获评重庆市"两江学者"，2人获"中华技能大奖"，13人获"全国技术能手"称号，2人受聘兵装集团"首席科技专家"，4人受聘兵装集团"科技带头人"，2人受聘兵装集团"技能大师"，5人受聘兵装集团"技能带头人"，5人受聘兵装集团"特聘专家"，先后12人入选国家"千人计划"。

长安汽车自主创新能力培养过程如图12-11所示。

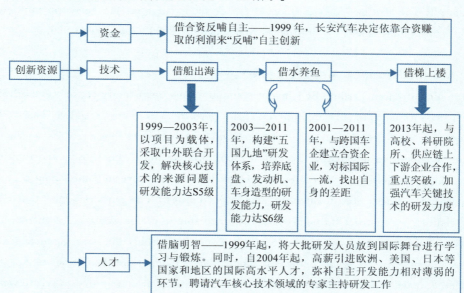

图 12-11　长安汽车自主创新能力培养过程

尚未成功仍需努力

2015 年 3 月 20 日,长安汽车旗下的 2015 款新奔奔推出了三款限量版车型——赛道精灵、自由骑士、逐风侠。长安汽车负责人称:"这是长安为未来汽车私人订制趋势的试水,2015 年年底,奔奔还推出了个性化订制版,消费者可根据自身需求,订制适合自己的原装配置,消费者只需缴纳少量订金,就能通过长安汽车的 App、官方网店和 4S 店订购个性车辆,车辆制造好时,市民再去指定的 4S 店付款提车。"该负责人还透露:"未来不仅是奔奔,每一款长安汽车都将有 1728 种全方位的订制方式,全系车型将会有上万种不同订制模式以满足用户个性化的需求。"长安汽车"私人订制"的举措,未来会给顾客消费带来哪些新的体验?是否会受到消费者的欢迎?又将给长安汽车带来哪些新的发展?让我们期待吧。

案例来源:张慧颖,邢彦,郭焱.企业永恒不变的基因——长安汽车的科技创新之路.中国管理案例共享中心,http://cmcc.dlemba.com.

▌▓ 问题讨论:

1. 长安汽车为了实现创新,开发和构建了哪些战略创新资源?

2. 长安汽车在创新实现过程中,在内部和外部实施了怎样的战略?

3. 如果你是长安汽车的管理者,你会如何突破缺乏创新这一困境?你认为企业战略当中应该融入哪些元素以促进创新?

▌本章精读文献▌

Ireland R D, Hitt M A & Sirmon D G. A model of strategic entrepreneurship: The construct and its dimensions[J]. Journal of Management, 2003, 29(6), 963-989.

Chapter Article Summary(本章精读文献摘要):

Strategic entrepreneurship (SE) involves simultaneous opportunity-seeking and advantage-seeking behaviors and results in superior firm performance. On a relative basis, small, entrepreneurial ventures are effective in identifying opportunities but are less successful in developing competitive advantages needed to appropriate value from those opportunities. In contrast, large, established firms often are relatively more effective in establishing competitive advantages but are less able to identify new opportunities. The authors argue that SE is a unique, distinctive construct through which firms are able to create wealth. An entrepreneurial mindset, an entrepreneurial culture and entrepreneurial leadership, the strategic management of resources and applying creativity to develop innovations are important dimensions of SE. Herein we develop a model of SE that explains how these dimensions are integrated to create wealth.

本章精读文献评述:

本章的精读文献是战略创业领域最为经典的基础文献,战略研究与创业研究领域的顶尖学者爱尔兰(Ireland)、希特(Hitt)和西蒙(Sirmon)在这篇文献中对战略创业思想进行了系统性、综合性的阐述。Ireland 等学者的这篇文献指出一个相对的现象:小型的、新创的公司在识别机会方面更为高效,但是在发展竞争优势方面相对劣势;大型的、成熟的公司在建立竞争优势方面更为有效,但是识别新机会的能力相对较弱。因而,他们整合了战略管理和创业研究领域,形成了战略创业的理论框架。

本篇文献中的战略创业模型显示,战略创业的最终目的是通过运用创造力和发展创新来实现竞争优势和价值创造,创业思维(entrepreneurial mindset)、创业文化和创业领导力组成了战略创业的重要内容,通过战略性地管理资源成为实现战略创业目标的重要方式。从这篇文献中,我们可以清楚地看出,Ireland 等学者通过整合战略管理与创业研究的视角,从战略高度更为全面地关注创新创业现象,从新创的和成熟的公司综合的角度同时考虑,明确了战略创业的本质。文献通过理论推导的方式全面论证了战略创业模型。首先,爱尔兰等指出创业思维是成功从事战略创业所必需的,创业思维既是个体的也是集体性的,它既影响着个体创业者,也影响着已经成立的组织中的管理者和员工创造性地思考和行动。文献提出创业思维包含识别创业机会、创业警觉性、实物期权逻辑以及创业框架四个部分。在广义上,创业机会存在是由于信息不对称造成的,因而通过识别创业机会才能实现从相关资源现有价值到潜在的未来价值的转变。创业管理学者柯兹纳(Kirzner)在其 1997 年发表的文章中认为,创业警觉性是一种"卓越的洞察力的显现",一个企业家的创业警觉性可以敏锐感知追求的创业机会,以及刺激一个公司创业文化和创业领导力的形成。创业框架贯穿整个战略创业计划,同时应该包含对于利用创业机会的适当时机的把握。这些综合起来形成了战略创业体系性的创业思维,对于促进整个创业教育知识的系统性有着重要的意义,同时也可以帮助创业实践者对自身的创业行动进行反思。接着,文献讨论了创业文化和创业领导力在战略创业中的影响。并引用创业管理学者的文献,认为文化影响认知框架,影响组织成员如何看待问题,以及如何看待他们公司的竞争格局。爱尔兰等进一步指出一个有效的创业文化特点是形成有利于企业战略性地管理资源的氛围。当然,创业领导力对于战略创业的重要性也是不言而喻的,在这篇文献中也进行了相应的阐述。进一步地,文献运用资源基础观的视角,提出战略性地管理资源与战略创业的成果有着密切的联系。研究中普遍认可资源是获取成功的基础和必备要素,爱尔兰等认为战略创业中财务资本、人力资本和社会资本是需要战略性地统筹管理的对象。不同于普通的资源管理,这篇文献中的"战略性地管理资源"包含了三个步骤:构建资源组合、整合资源和利用能力。

爱尔兰等的这篇文献为我们建立了系统的战略创业模型,利用理论阐述的方式全面论证了这个模型。就创业教育和教学而言,首先丰富和完善了创业教育的知识系统性。从爱尔兰等的观点来看,创业思维是创新创业的重要影响因素。国内创业教育主要是对于创业过程中技巧和方法的培养,对于创业思维、创业心理等重视程度不够。进一步地,这篇文献对于小型、初创公司和大型、成熟公司的综合考虑也提醒国内的创业教育学者要扩展对于创业教育认识的视角,关注学生创新和创业精神的培育,不仅仅是在创立新企业的过程中展现能力,同时也可以在自身就业过程中培育和实现创业精神。总之,爱尔兰等几位学者的这篇研究文献更充分地从理论上支撑了创业教育,丰富了创业教育的知识和视角,应该是我国创业教育者必读的文献之一。

本章作者: 周小虎,南京理工大学教授,企业管理系主任,博士生导师。南京理工大学创业教育学院副院长;中国企业管理研究会副理事长、常务理事;中国社会网络与社会资本专业委员会常务理事;江苏省企业发展与管理工程协会常务理事、学术委员会主任。

本章案例作者: 周小虎。

本章文献评述作者: 周小虎。

▋本章相关引用材料 ▋

[1] Ansoff H I. Critique of Henry Mintzberg's "The design school: reconsidering the basic premises of strategic management"[J]. Strategic Management Journal, 1991, 12(6): 449-461.

[2] Assis J A B. External linkages and technological innovation: (Some) topical issues [J]. International Journal of Entrepreneurship and Innovation Management, 2003, 3(1-2): 151-175.

[3] Dess G G & Picken J C. Beyond productivity: How leading companies achieve superior performance by leveraging their human capital [J]. Personnel Psychology, 1999, 53(2): 481-484.

[4] Dess G G & Picken J C. Creating competitive (dis)advantage: Learning from Food Lion's freefall [J]. Academy of Management Executive, 1999, 13(3): 97-111.

[5] Eisenhardt K M, Brown S L & Neck H M. Competing on the entrepreneurial edge[A]//Meyer G D, Heppard K A. Entrepreneurship as Strategy. California: Sage Publications, 2000: 49-62.

[6] Fisher G. Effectuation, causation, and bricolage: A behavioral comparison of emerging theories in

entrepreneurship research[J]. Entrepreneurship Theory and Practice, 2012, 36(5): 1019-1051.

[7] Ginsberg A & Hay M. Confronting the challenges of corporate entrepreneurship: Guidelines for venture managers [J]. European Management Journal, 1994, 12(4): 382-389.

[8] Hitt M A, Ireland R D & Camp S M. Guest editor's introduction to the special issue: strategic entrepreneurial strategies for wealth creation[J]. Strategic Management Journal, 2001(22): 479-491.

[9] Hitt M A, Ireland R D, Sirmon D G, et al., Strategic entrepreneurship: Creating value for individuals, organizations, and society [J]. The Academy of Management Perspectives, 2011, 25(2): 57-75.

[10] Ireland R D, Hitt M A & Camp S M, et al., Integrating entrepreneurship actions and strategic management actions to create firm wealth[J]. Academy of Management Executive, 2001, 15(1): 49-63.

[11] Ireland R D, Hitt M A, Sirmon D G. A Model of strategic entrepreneurship: The Construct and its Dimensions[J]. Journal of Management, 2003, 29(6): 963-989.

[12] Ireland R D & Webb J W. Strategic entrepreneurship: Creating competitive advantage through streams of innovation [J]. Business Horizons, 2007, 50(1): 49-59.

[13] Ireland R D, Covin J G & Kuratko D F. Conceptualizing corporate entrepreneurship strategy [J]. Entrepreneurship Theory and Practice, 2009, 33(1): 19-46.

[14] Kirzner I M. Entrepreneurial discovery and the competitive market process: An Austrian approach [J]. Journal of Economic Literature, 1997, 35(1): 60-85.

[15] Kuratko D F & Audretsch D B. Strategic entrepreneurship: Exploring different perspectives of an emerging concept [J]. Entrepreneurship Theory and Practice, 2009, 33(1): 1-17.

[16] Kyrgidou L P & Hughe S M. Strategic entrepreneurship: Origins, core elements and research directions[J]. European Business Review, 2010, 22(1): 43-63.

[17] Kyrgidou L P & Petridou E. The effect of competence exploration and competence exploitation on strategic entrepreneurship [J]. Technology Analysis & Strategic Management, 2011, 23(6): 697-713.

[18] Luke B. Uncovering strategic entrepreneurship: An examination of theory and practice[D]. Thesis submitted to Auckl and University of Technology in Partial Fulfillment of a Master of Business Degree, 2005.

[19] Mathews J A. Lachmannian insights into strategic entrepreneurship : Resources, activities and routines in a disequillibrium world [J]. Organization Studies, 2010, 31(2).

[20] Makri M, Hitt M A & Lane P J. Complementary technologies, knowledge relatedness, and invention outcomes in high technology mergers and acquisitions [J]. Strategic Management Journal, 2010, 31(6): 602-628.

[21] McGrath R G & MacMillan I. The Entrepreneurial Mindset[M]. Boston, MA: Harvard Business School Press, 2000.

[22] Meuleman M, Amess K, Wright M, et al., Agency, strategic entrepreneurship, and the performance of private equity-backed buyouts [J]. Entrepreneurship Theory and Practice, 2009, 33(1): 213-239.

[23] Mintzberg H & Waters J A. Of strategies, deliberate and emergent[J]. Strategic Management Journal, 1985, 6(3): 257-272.

[24] Reymen I M M J, Andries P, Berends H, et al., Understanding dynamics of strategic decision making in venture creation: A process study of effectuation and causation[J]. Strategic Entrepreneurship

Journal，2015，9（4）：351-379.

[25] Sarasvathy S D，Dew N，Read S，et al.，Empirical investigations of effectual logic：Implications for strategic entrepreneurship ［C］. Entrepreneurship Theory and Practice Conference on Strategic Entrepreneurship，2007.

[26] Schindehutte M & Morris M H. Advancing strategic entrepreneurship research：The role of complexity science in shifting the paradigm ［J］. Entrepreneurship Theory and Practice，2009，33（1）：241-276.

[27] Steffens P，Davidsson P & Fitzsimmons J. Performance configurations over time：Implications for growth-and profit-oriented strategies ［J］. Entrepreneurship Theory and Practice，2009，33（1）：125-148.

[28] Wiklund J & Shepherd D A. The effectiveness of alliances and acquisitions：The role of resource combination activities[J]. Entrepreneurship Theory & Practice，2008，33（1）：193-212.

[29] Wiltbank R Dew N，Read S，et al.，What to do next? The case for non-predictive strategy[J]. Strategic Management Journal，2006，27（10）：981-998.

[31] 包建华，方世建，罗亮.战略创业研究演进与前沿探析[J].外国经济与管理，2010（8）：1-9.

[32] 戴维奇."战略创业"与"公司创业"是同一个构念吗？——兼论中国背景下战略创业未来研究的三个方向[J].科学学与科学技术管理，2015（9）.

[33] 董保宝，向阳.战略创业研究脉络梳理与模型构建[J].外国经济与管理，2012（7）：25-34.

[34] 菲利普·A.威克姆.战略创业学：理论、案例与中国实践[M].任荣伟，张武保，译.大连：东北财经大学出版社，2014：220-222.

[35] 郭润萍，陈海涛，蔡义茹，等.战略创业决策逻辑的理论基础、类型分析与研究框架构建[J].外国经济与管理，2017（5）：34-46.

[36] R.杜安·爱尔兰，罗伯特·E.霍斯基森，迈克尔·A.希特.战略管理——竞争与全球化（概念）[M].10版.赵宏霞，张利强，等译.北京：机械工业出版社，2014.

[37] 任荣伟.内部创业战略[M].北京：清华大学出版社，2014.

[38] 盛亚，周勇，吴义爽.基于双元性思想的战略创业形成及行为过程研究[J].科技进步与对策，2013，30（17）：14-19.

[39] 苏晓华，郑晨，李新春.经典创业理论模型比较分析与演进脉络梳理[J].外国经济与管理，2012（11）：19-26.

[40] 孙继平.企业内部创业研究[D].吉林：吉林大学，2005.

[41] 王侃，朱桂龙.战略创业的本质与机制[J].学习与探索，2012（5）：91-93.

[42] 杨桂菊，刘善海.从 OEM 到 OBM：战略创业视角的代工企业转型升级——基于比亚迪的探索性案例研究[J].科学学研究，2013（2）：240-249.

[43] 袁界平，吴忠.创业新概念：战略视角下的创业行为[J].经济体制改革，2006（6）：60-63.

第13章 | 精益创业

⟶● **学习目标**

系统掌握精益创业方法论

了解精益创业的时代背景以及与传统创业模式的联系和区别

了解精益创业的内涵与特征、主要框架以及实施步骤等

章节纲要

- 从传统创业思维到精益创业思维
- 精益创业的基本框架
- 最小可行产品（MVP）
- 精益创业画布

开篇案例

曾经市值 80 亿美元的 webvan 为什么破产？

webvan 创办于 1996 年，是一家概念非常超前的生鲜果蔬公司，线上交易，线下运输，有自己的仓储、分销系统，配送的是新鲜的杂货。公司成立两个月之后，风险投资（VC）跟进，1997 年 VC 投入第一笔钱；经过两年的研发，第一个仓储系统全面上线；一个月之后，开始接受第一笔订单，真正跟用户第一次亲密接触。

webvan 的仓储系统于 1999 年建成，位于美国加州旧金山市，仓储系统的建设包含了非常复杂的算法，即使放在现在，某些方面也很先进。webvan 对仓储系统投入 4000 万美元，其中仅仅是各种线路就花费了 500 万美元。

同样在 1999 年，webvan 签订了一份 10 亿美元的合约，把仓储系统在全美复制。签约之后一个月，即 1999 年 8 月首次公开募股（IPO），这家公司备受追捧，在最高点时市值达到了 85 亿美元。但是这家公司最终的命运是在运行了两年之后，也就是 2001 年 7 月，即宣告破产。

如果把它的订单数和消耗的资金做一个对比，可以发现，webvan 每接受一笔订单，消耗的资金是 130 美元。不仅如此，这家公司的破产不仅把自己带入深渊，最重要的是把整个产业带入了深渊。因为这家公司的惨败，导致很长一段时

间 VC 都不敢踏入这个行业，直到 2011 年才又有 VC 开始进入。这就是为什么美国生鲜行业 O2O 在 20 年前就开始了，现在却落后于中国。

这家公司在没有达到盈利平衡点之前，就已经覆盖到 33 个城市，这就是公司破产的一个重要原因。这个例子引发了美国 VC 界对这种传统"火箭发射式"创业思维的反思。

长期以来，"火箭发射式"创业思维在硅谷一直是主流。我们来想象火箭发射的场景，按下发射按钮之后会有什么结果？

第一种结果是发射成功，这是大家都希望看到的；

第二种结果是惨败，火箭在空中爆炸；

第三种结果是无声无息。

事实上，火箭发射后只有很小比例是无声无息的。但在商业实践中，却有 70% 以上的"发射"属于第三种情况。

也就是说，按下按钮，市场没有任何回应。对于创业，这是最大的浪费。因为即使只有负面的回应，你也可以从中获取一些经验教训。

"火箭发射式"创业思维存在着一个巨大的缺陷：在整个创业过程中，缺乏持续的反馈、试错和验证，而把所有的赌注都集中在最后按下按钮的那一刻。但是在创业过程中，如果等到按下按钮的那一刻，一切可能都太迟了。

这是一个"火箭发射式"创业思维的极端案例。创始人路易斯·鲍德斯（Louis Borders）在美国服务行业是一个传奇人物。鲍德斯在创办 webvan 的时候，有投资人问他："在你的愿景中，webvan 是否会成为一个 10 亿美元的公司？"

鲍德斯回答："我从来就没有考虑过这是一个 10 亿美元的公司，要么就赚 100 亿美元，要么就一分不剩。"

2001 年 7 月，webvan 正式进入破产程序。在这之前的两周，鲍德斯以 6 美分一股的价格清掉了 4500 万股，从中只拿回了大概 270 万美元。这真是一个惨痛的案例。

然而，这次失败之后，鲍德斯并没有从中吸取教训。当时有一名记者采访他："在 webvan 这种灾难性的失败之后，你认为有什么经验教训值得吸取？"

鲍德斯回答说："我不认为我们做错了什么，做公司就像发射火箭一样。发射之前，你需要把可能想到、可能遇到的每一件事都想清楚，你不可能在火箭升空的过程中再去给它添加燃料。"鲍德斯是非常典型的"火箭发射式"的思维模式。

在 webvan 失败之后，他再次创业，创办了美国最大的连锁书店鲍德斯书店（Borders），前几年也破产了，因为亚马逊。在鲍德斯书店破产之后，他又创办了第三家公司,同样以失败告终。

从鲍德斯失败的案例中,我们可以看到他的创业思维存在误区,而不仅仅是现象层面的操作失误。

"火箭发射式"创业思维的基本假设在于,所有的变量是可度量的,未来是可以预测的,因此商业模式、用户痛点和解决方案都具有极高的确定性。

与之对应,精益创业的基本假设在于,基本参数很难度量,未来不可预测,用户痛点和解决方案具有极高的不确定性,需要不断迭代并不断积累认知,从而去逼近真实的用户痛点和有效的解决方案。

"火箭发射式"创业和精益创业,不只是方法论或具体做法上的区别,关键是基本思维上存在很大的区别。

精益创业事实上不是关于假设或者计划的一门科学,而是关于如何在创业过程中用科学试错的方式来积累认知,如何提出假设并用科学试错的方法来验证假设的方法。这是精益创业的核心。

案例来源:节选改编自龚焱.精益创业方法论:新创企业的成长模式.北京:机械工业出版社,2015.

13.1 从传统创业思维到精益创业思维

13.1.1 传统的新产品导入模式

在 20 世纪,每一个针对市场开发新产品的企业都会使用某种形式的产品导入模式(见图 13-1)。这种以产品为中心的开发模式出现于 20 世纪初,它所描述的开发流程见证了整个制造业的发展史。

图 13-1　传统产品导入模式

资料来源:布兰克,2014.

但是企业在应用这一模式时往往忽略了一个重要前提,即新产品导入模式适用于那些已明确客户群体、产品特征、市场范围和竞争对手的成熟企业。

在传统的计划执行模式里,首先通过商业计划产生基本的产品概念,然后导入资源,组建团队,进行产品开发,以及内部/外部的测试,最终产品得以发布,投放市场,首次发货。

这种传统的计划执行模式的根本缺陷在于所有的认知都来得太晚。尽管在拟订商业计划的时候会用一些用户调研的手段,但对象都不是真正的用户,用户一直到最后环节才会真正地参与进来。换句话说,直到产品已经开发完毕,进入测试阶段,团队才真正开始学习和认知的过程。所以尽管计划执行模式看起来非常完美,但它往往正是新创公司走向死亡的原因。因为创业过程中最关键的不是某个产品或服务,而是在于是否具有正确的认知,用户的反馈过程是否从一开始就结合在创业过程中。

在传统的产品导入模式中,有两个隐含的假设,即用户痛点高度确定、解决方案也高度确定。而在精益创业的框架里,这两个假设根本就不存在。再完美的商业计划也经不起和客户的第一次亲密接触(龚焱,2015)。

(1)概念萌芽阶段

第一个阶段是概念萌芽阶段。在该阶段,企业创始人往往会抓住灵光一现的奇思妙想,有时甚至会把它们写在一张餐巾纸上,然后将其转变成一组核心理念,以此作为实施商业计划的大纲。

接下来,他们要明确围绕产品出现的几个问题进行分析。例如,我的产品或服务理念是什么?产品特征和价值是什么?该产品能否开发?是否需要进一步的技术研究?客户群体有哪些?怎样才能发现这些群体?统计市场研究和客户评论能够推动问题评估和商业规划吗?

这个阶段还可以确定有关产品交付的一些基本假设条件,其中包括对竞争差异、销售渠道和成本问题的讨论。绘制初次定位表可以更好地向风险投资资本家或企业高层介绍公司情况及其带来的利益。此时的商业规划应说明市场规模、竞争优势,并应进行财务分析,同时在附录中提供详细的收支预测表。

webvan很好地做到了上述工作。这家公司于1996年12月成立,不但制订了诱人的商业计划,而且创始人拥有深厚的管理背景。1997年,webvan从硅谷知名风险投资家手中筹集到了1000万美元的启动资金,在随后不到两年的时间里,公司在IPO前共获得了3.93亿美元的私募投资。

(2)产品开发阶段

第二个阶段是产品开发阶段。随着公司各职能部门的建立,相关的开发活动被分配到各个团队来实施。营销部门负责确定商业计划中描述的市场规模,开始定位产品最初的客户。与此同时,工程部门正忙着明确特征和开发产品。产品开发通常会扩展为"瀑布式"的几个相互关联的步骤,每一个步骤都强调最小化以确定产品特征组的开发风险。瀑布式开发流程(见图13-2)一旦启动就永无回头之路,产品即使出了问题也不可能再进行修改。通常情况下,这一流程会持续不断地进行18~24个月,甚至更久,中间即使出现任何有利于企业的变化或新创意,该流程也不会中断。

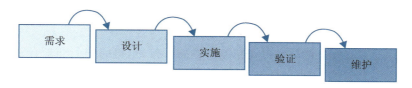

图13-2 产品瀑布式开发模型

（3）内部/外部测试阶段

第三个阶段是内部测试和外部测试阶段。工程部门继续按照传统的瀑布式模型开发产品，以首次客户交付日期为目标安排开发进度。进入外部测试阶段，工程部门和少数外部用户一起测试产品，确保产品满足既定的设计目标。营销部门负责开发完整的营销沟通方案，建立企业网站，为销售人员提供各种支持材料，开展演示活动。公关部门负责调整定位，联系知名媒体和博客，开展品牌塑造活动。

（4）产品发布和首次客户交付阶段

产品投入运营后，建立销售渠道和支持营销活动需要大量资金。如果企业不具备早期资产变现能力，势必要筹集更多的资金来支持运营。首席执行官会检查产品发布活动以及销售和营销团队的发展规模，再次向投资者募集资金。

webvan 公司于 1999 年 6 月推出了第一个地区级网店（仅在外部测试 1 个月之后），然后在两个月后申请 IPO。在 IPO 当日，公司募集到 4 亿美元投资，市值达到 85 亿美元，甚至超过了美国三大杂货零售连锁品牌的市值总和。但谁也没想到的是，这份辉煌竟会如此短命。

13.1.2　精益创业思维的提出

在对以往传统创业思维和"火箭发射式"创业思维反思的基础上，近年来，硅谷开始兴起一股精益创业的热潮。精益创业（lean startup）的概念由硅谷创业家埃里克·莱斯（Eric Rise）于 2012 年在其著作《精益创业》一书中提出。但其核心思想受到了史蒂夫·布兰克（Steve Blank）的《四步创业法》中"客户开发"方式的很大影响，后者也为精益创业提供了很多精彩指点和案例。史蒂夫·布兰克是一位连续创业者，他先后创办了 8 家公司，有 4 家公司上市。他在近年来开始推动精益创业运动，现在也在斯坦福大学和加利福尼亚大学伯克利分校任教。

精益创业的核心思想是，先在市场中投入一个极简的原型产品，然后通过不断的学习和有价值的客户反馈，对产品进行快速迭代优化，以期适应市场。其理念可以追溯到软件行业的敏捷开发管理。精益创业可以理解为敏捷开发模式的一种延续。

新创公司与大公司两者的真正区别在于商业模式是否已知。大公司已经有被验证了的商业模式，而新创企业没有。大公司更多的是在运营和执行层面执行已知或已经被确认的商业模式，而新创公司则是探索未知的商业模式。新创公司肯定不是大公司的缩微版。

新创公司之所以失败，是因为它们混淆了探索与执行。

webvan 在它的商业模式根本没有得到确认之前，就匆忙地想把这个模式复制到其他 20 多个城市，最终结果是没有一个城市能够成功。可见，很多新创公司的失败，根本原因在于混淆了探索和执行，过早地去执行一个没有经过验证的商业模式。

对于新创公司来说，一个重要的方法论工具就是精益创业。包括以下三大部分：

第一部分，基本的商业计划。但在精益创业的框架里，再完美的商业计划也只是前提和假设。

第二部分，客户开发。也就是说，把客户开发和产品开发同步进行，甚至把客户开发放在产品开发之前，这是和传统的火箭发射式封闭开发（先产品开发，再后续导入客户）模式完全相反的一个模式。客户开发是整个精益创业的重心,而非产品开发。在精益创业的框架里,客户居核心地位,产品根据客户的需求来开发。

第三部分,精益研发。在开发以及服务的过程中,用精益研发的方式来高速迭代、科学试错。即用商业计划建立前提和假设,从一开始就把客户导入创业过程中,用高速迭代、科学试错的方式来迭代并获取认知。

13.2　精益创业的基本框架

13.2.1　精益创业的理念

一般来说,新创企业会经历四个阶段:第一、第二个阶段是探索商业模式;第三个阶段是放大商业模式,也就是说,在这个点上,商业模式基本确立;第四个阶段是进入正常的运营状态。

第一个阶段是发散式的探索,不确定性极高。你可能会尝试多个方向,快速转向,不停试错。第二个阶段是聚焦式的探索,已经初步确立了方向,有可能在两三个路径中选择商业模式。第三个阶段是商业模式确立,进入放大阶段。第四个阶段是商业模式的正常执行。

传统商学院的 MBA 教育,80％集中在第三、第四个阶段,第一、第二个阶段几乎是一片空白。所以精益创业的重大意义,在于对整个传统商学院创业教育的补充。

在第一、第二个阶段的现金流是负的。对企业来说,在这两个阶段中,如何快速地迭代、如何在现金流燃尽之前最终确立商业模式,是新创公司能够存活的一个关键点。在硅谷创业实践中,这个点被称为 sweet spot,意即"甜点"。此时,新创公司终于确立了商业模式;CEO 终于可以去向董事会汇报:"我们已经找到了未来的路径";而投资人终于可以确认这个公司能够值一点钱,有一点价值了。

精益创业聚焦于前两个阶段,也就是说如何从 0 走到 1。商业模式的放大是在第三个阶段,即如何从 1 到 100。而最后一个阶段——如何从 100 到 110,则是传统商学院所覆盖的内容。

史蒂夫·布兰克提出基于精益创业理念的"四步创业法",该方法共分两大阶段四个步骤,如图 13-3 所示。

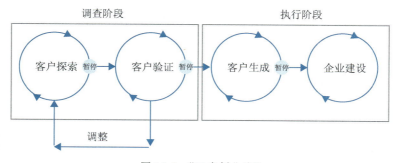

图 13-3　"四步创业法"

资料来源:布兰克,2013.

第一阶段：调查阶段。该阶段主要是验证产品的价值主张（value proposition）和商业模型是否成立，不需要成立公司。客户探索和客户验证是精益创业的起点，通过这种方法探索客户痛点，并定义客户痛点和解决方案。

第一步，客户探索（customer discovery）。进行客户市场细分，寻找天使客户，通过和客户访谈，确定产品方向。

定义基本假设：客户痛点假设和解决方案假设。

停止推销，开始倾听：在探索阶段，倾听的技巧非常关键。观察、倾听客户，与客户访谈，不能急于推销解决方案，在很长一段时间内应该对推出自己的解决方案保持克制。

不断探索，积累认知：不断探索和迭代，把认知逼近真实痛点。

第二步，客户验证（customer validation）。开发最小可行产品（minimum viable product，MVP），验证假设；如果不成功，转到第一步。

验证基本假设：客户痛点假设和解决方案假设。

验证商业模式：是否可重复、可规模化。

寻找早期支持者：与天使客户之间进行大量的互动，如果没有客户就轴转到调查阶段。

商业模型得到验证的标志：成单，MVP有人买单。

轴转（pivot）是客户开发的核心反馈机制，通过循环往复，不断获取和更新对产品和市场的认知，免除危机。轴转的关键在于快速、敏捷地把握时机。

很多初创企业的失败不是因为商业模式或者产品有问题，而是因为等不到最终完成商业模式验证的那一天。所以轴转的过程必须敏捷和快速，速度越快，对现金流的需求越小。

第二阶段：执行阶段。该阶段包括客户生成和企业建设两个步骤。这部分是传统商学院教育的重点内容。

第三步，客户生成（customer creation）。投入营销资源，开拓客户渠道。

第四步，企业建设（company building）。成立公司，建立组织架构。

精益产品的迭代过程应用于创业执行阶段：强化产品的价值主张，树立竞争门槛，拓展客户。

当产品的价值主张和商业模型尚未得到验证的时候，切忌投入营销资源，强行拉动用户增长，这种做法是自杀行为；只有当产品的价值主张和商业模型被验证成功以后，才能逐渐导入营销资源，导入一批测量效果进行反馈改进，如此循环迭代，总结和积累"经证实的认知"。

13.2.2　精益创业的五项原则

精益创业有五项基本原则（龚焱，2015）：

第一，客户导向原则。精益创业的核心是围绕客户，所有的认知、迭代都是围绕客户而展开的；而火箭发射式创业则是自我导向——从初创公司或者创始人本身导入创业过程。

第二,行动原则。行先于知,而不是用知来引导行,从计划导向转为行动导向。

第三,试错原则。从完美预测转向科学试错。MVP 就是试错过程中非常重要的一个工具。

第四,聚焦原则。初创企业最好首先聚焦在最关键的天使客户上。

第五,迭代原则。从火箭发射式创业中的完美计划、完美执行,转换到精益创业的高速迭代。迭代和速度都是非常关键的。

精益创业从行动开始,是行动导向而非计划导向的,它用科学试错的方式来获取认知,由行而知,完成学习的第一循环。同时,将所收获的认知转向行动,由知而行,完成学习的第二循环。再不断地重复这个过程,最终形成认知的不断更迭与行动的不断调整。这是精益创业在思维上的一个基本模式。

13.2.3　精益创业的适用范围

精益创业来源于互联网行业,它是软件开发的一种新模式。但其背后的"客户验证"思想在大量非 IT 领域得到了应用。例如,美剧往往都会先拍摄一部几十分钟的先导片,交代主要的人物关系、矛盾冲突、故事背景,然后邀请几十位观众参加小规模的试映会,再根据观众的反馈来决定剧情要做哪些修改,是否需要调整演员,以及决定是否投拍。在每一季结束时,制作方又会根据收视率和观众意见,决定是砍掉该剧还是订购新一季内容。这种周拍季播的模式,把所有的决策权交给观众,将制作方的投资以及失败成本降到了最低,是一种典型的精益创业方式(埃里克·莱斯,2012)。

整体而言,精益创业适合客户需求变化快,但开发难度不高的领域,比如软件、电影电视、金融服务等领域。在国内,大众点评网等就采用这种小步试错的方式进行开发,一些传统企业如中信银行信用卡中心利用精益创业方式进行信用卡产品及客户服务的创新。

由于精益创业需要经常进行客户验证,因此对于一些客户验证成本较高,或者技术实现难度较大的工作并不适合。比如大型赛事,其服务客户是全体运动员,想要获得他们的频繁反馈是比较困难的。又比如航天工程,客户需求是比较明确、清晰的,主要难点在于飞行器的技术实现和对接控制。

13.3　最小可行产品 (MVP)

13.3.1　最小可行产品的定义

精益创业最核心的思想是"最小可行产品"。什么是"最小可行产品"? 简单地说,就是一个产品雏形。将它推向市场后,根据客户反馈来改进。例如,在建筑行业,建一座房子之前,必先搭一个模型,这就是"最小可行产品"。

在市场不确定的情况下,通过设计实验来快速检验你的产品或方向是否可行。如果你的假设得到了验证,再投入资源大规模进入市场;如果没有通过,那这就是一次快速试错,应尽快调整方向。

大部分初创企业都不是按照原有计划发展的。虽然那些最终成功的企业经历了很多失败,但是它们不停地从客户那里学习,以适应并改进自己初始的想法。

汽车行业更典型,各厂商时不时推出概念车,先看看客户的反馈。

在把"最小可行产品"推向市场的过程中,如何测试客户的反应呢?要注意以下三点:

①尽快地将产品或概念传递给客户以获取人们的反馈;

②需要了解你的目标客户在哪里,以便有效地传递信息;

③传递的信息应该是真实不加修饰的。

 小案例

Dropbox 用 MVP 顾客验证案例

现在很多人都有不止一台电脑,这就需要解决一个"同步"的问题。Dropbox 是一个提供同步本地文件的网络存储在线应用,支持在多台电脑、多种操作系统中自动同步,并可当作大容量的网络硬盘使用。但 Dropbox 创始团队最初拿着这一创业点子去找风险投资时,遭到了风险投资的拒绝。

当时团队还拿不出一个成形的产品,风险投资根本没有耐心听取团队的创意阐述。Dropbox 团队灵机一动,做了一个三分钟的动画视频,将产品的功能特点以动画的形式演示出来,然后将视频放到网上。结果,一天之内有数万人给予了反馈,表示对这个产品充满期待。

当产品尚处概念阶段时,Dropbox 创始团队就将概念与潜在客户进行了分享。在之后的运营中,团队也不断根据客户的反馈来改进产品。如今,Dropbox 已成为同类产品中的翘楚。

有一些产品,在经历了最初大而全的产品设计失败后,又回归到最小可行产品,从而取得市场成功。比如团购网站 Groupon。虽然团购网站最风光的日子已经过去,但当年 Groupon 的出现,的确带起了一股团购风潮。这个网站最初名为 The Point,是一个大而全的网站,创始人试图将各种具有相似想法和需求的人汇聚到一起,然后凭借群体的力量,让事情进展得更顺利。

无论你喜欢养猫养狗、喜欢旅行,还是有购买某个产品的需求,都可以在这个网站上找到同类。但是,直到创始人将网站改为聚焦于"团购"的 Groupon,经营才开始走入正轨。①

MVP 的定义透露了两个关键点:第一,它并不针对所有用户,而只是针对天使用户;第二,它并非一个庞大、复杂的功能组合,而只是一个最小、最基本的功能组合。

---

① 资料来源：http://www.managershare.com/post/171702.

《精益创业》的作者埃里克·莱斯反复强调以下两个观点：

第一，MVP 只针对早期的天使用户，这群人对产品有更高的容忍度，能够看到产品的未来，愿意互动，一起改进产品。

第二，在产品功能上，建议把你想象中的产品砍成两半，再砍成两半，这样才可能达到真正的最小功能组合。可见，MVP 在用户和产品上都选择了最小的切入点。

以美国最大的鞋类电商网站 Zappos 为例（见图 13-4），它需要验证这样一个基本假设：在传统的消费习惯中，消费者买鞋需要在鞋店里试穿，那么有没有人愿意通过网购的方式来买鞋子？

创始人在设计 MVP 时，并没有去买一堆鞋子或者建立库存，而是直接在一个鞋店里拍下照片，将这些照片放到自己的网站上。如果有人在网站上买了某款鞋子，他就直接到鞋店里按原价把这款鞋子买下来再寄给顾客。

图 13-4　Zappos 官方网站页面

虽然在这个过程中，每卖一双鞋子，他都会损失一点钱，但是这点钱和验证基本假设相比，实在微不足道。因此，Zappos 的创始人用非常小的代价，就验证了"用户是否愿意在网上买鞋子"这个假设。

微信 1.0 版也是一个非常经典的 MVP。当时微信针对传统运营商短信费用很贵，且短信群发不容易这一痛点，推出只有免费短信和短信群发功能的 1.0 版。在第二版中，微信才加入了照片分享功能。之后，微信才逐渐加入摇一摇、语音、录音，以及其他一些功能。

我们回溯历史，会发现改革开放其实也是一个伟大的 MVP，如此规模宏大的改革开放事实上就是从深圳的一个小岛蛇口开始的。在蛇口这里进行了用户探索和验证，继而放大商业模式，最终进行商业模式的执行。

用 MVP 验证两个关键点的过程可以分为以下三步。

第一步：设计 MVP，即针对天使用户设计一个最小的产品集合。

第二步：将 MVP 投入使用，进行测度与数据收集，并将数据和预设的指标进行比较。

第三步：用最快的速度获取认知，放弃一切无助于认知的功能。

对此，埃里克·莱斯提出了精益创业开发—测量—认知反馈循环概念（见图 13-5），在循环中把总时间缩至最短。

在用 MVP 验证基本假设的过程中，关键点之一就是速度，用最快的速度获取认知，同时放弃一切无助于认知的功能。换句话说，MVP 要求在用户上聚焦于天使用户，在产品功能上也聚焦于最小级别的产品功能，这是 MVP 的核心（龚焱，2015）。

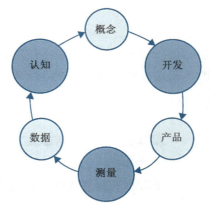

图 13-5　精益创业开发—测量—认知反馈循环

资料来源：埃里克·莱斯，2012.

13.3.2　如何验证最小可行产品

验证最小可行产品（MVP）的 15 种方法[①]如下所述。

（1）用户访谈

在创业过程中，没有严格的定理，只有各种不同的意见和假设。而验证各种观点是否正确的重要途径就是与真实的用户进行沟通，向用户解释你的产品能解决他们的什么需求，然后询问他们对于产品不同部分的重要性是如何排序的，最后根据收集到的信息再对产品进行调整。

需要注意的是，用户访谈应该着眼于发现问题和解决问题，而不是向受访者推销产品。

（2）登录页

登录页是访客或潜在用户了解产品的门户，是介绍产品特性的一次营销机会，也是在实战中验证 MVP 的绝佳时刻，你可以借此了解产品到底能不能达到市场的预期。

很多网站的登录页都只是要求用户填写电子邮箱，但是实际上登录页还可以有更多的拓展，例如增加一个单独的页面来显示价目表，向访客展示可选的价格套餐。用户的点击不仅显示了他们对产品的兴趣，还展现了什么样的定价策略更能获得市场的认可。

---

① 资料来源：http://36kr.com/p/217020.html.

为了达到期望的效果,登录页需要在合适的时机给消费者展现合适的内容。同时,为了准确了解用户的行为,开发者也应该充分利用 Google Analytics、KISSmetrics 或 CrazyEgg 等工具统计分析用户的行为。

（3）A/B 测试

当你不确定如何才能有效地提升注册率和转化率时,可以尝试 A/B 测试。开发两版页面,然后将这两个页面以随机的方式同时推送给所有浏览用户,再通过 Optimizely、Unbounce 或 Google Analytics 等分析工具,了解用户对于不同版本的反馈情况（见图 13-6）。

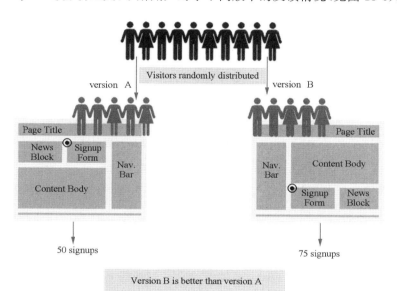

图 13-6　A/B 测试示意

（4）投放广告

这一点可能和传统的观点相悖,但实际上,投放广告是验证市场对产品反应的有效方法。你可以通过 Google 等平台将广告投放给特定的人群,看看访客对于你的早期产品有何反馈,看看到底哪些功能最吸引他们。你可以通过网站监测工具收集点击率、转化率等数据,并与 A/B 测试结合起来。

但是请注意,搜索广告位的竞争非常激烈。所以,为 MVP 投放广告的主要目的在于验证市场对产品的态度,不要一味地追求曝光量,用户对于产品真实的反馈才是无价的。

（5）众筹

Kickstarter 和 Indiegogo 等众筹网站为创业者测试 MVP 提供了很好的平台。创业者可以发起众筹,然后根据人们的支持率判断人们对产品的态度。此外,众筹还可以帮助创业者接触到一群对你的产品十分有兴趣的早期用户,他们的口口相传以及持续的意见反馈对产品的成功至关重要。

例如,小米生态链企业——北京青禾小贝科技有限公司 2018 年 6 月 5 日在小米有品正式上线贝医生电动牙刷进行众筹,仅售 99 元国民级的价格,众筹 13.5 小时就达到了

20000 套的销量,被米粉们疯抢(见图 13-7)。

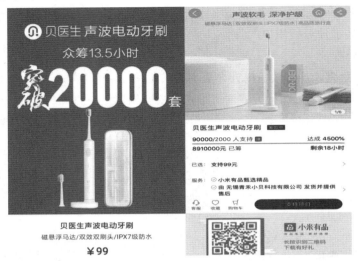

图 13-7　贝医生电动牙刷在小米有品网站众筹

资料来源:小米有品众筹网站。

当然,如果想在众筹网站上收到良好的效果,就需要有说服力的文字介绍、高质量的产品介绍视频以及充满诱惑力的回报。

(6) 产品介绍视频

如果说一张好的产品图片胜过千言万语的话,那么一段高质量的介绍视频的价值则不可估量。最著名的例子就是 Dropbox 验证 MVP 时所发布的 3 分钟视频了。这段视频介绍了 Dropbox 的各项功能,注册用户一夜之间从 5000 人暴增到 75000 人,当时的 Dropbox 甚至连实际的产品都还没有。

当你开发的产品解决的是一个连用户自己都没有发现的问题时,你很难接触到目标消费群体。Dropbox 的介绍视频起到了良好的效果,假如 Dropbox 在介绍时只是说"无缝的文件同步软件",绝对不可能达到同样的效果。视频让潜在消费者充分了解到这款产品将如何帮到他们,最终触发消费者付费的意愿。

(7) 碎片化的 MVP

所谓"碎片化的 MVP",是指利用现成的工具和服务来做产品的功能演示,而不要完全由自己开发。

在团购网站 Groupon 的创建早期,创始人使用了 Wordpress、Apple Mail 和 AppleScript 等工具,将网站收到的订单手动生成 PDF 后再发给用户。自己花时间和金钱搭建各种基础设施,远不如利用现成的服务和平台,通过这种方式,开发者可以更高效地利用有限的资源。

(8) 软件即服务(SaaS)、平台即服务(PaaS)

SaaS(software as a service),软件即服务;PaaS(platform as a service),平台即服务。在产品开发的初期,可以利用 AWS、Heroku、MongoDB、Facebook Connect、Chargify、

Mixpanel、Mailchimp、Google Forms、LiveChat、WordPress、Drupal 等软件和平台(见图 13-8)加快开发过程,尽快将你的 MVP 推向市场。

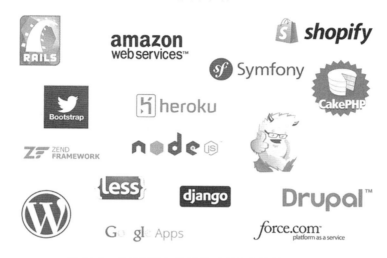

图 13-8 产品开发初期部分可利用的软件和平台

设计和开发框架也能够有效地节约时间和金钱,可选择的范围很大,比如 Twitter Bootstrap、ZURB Foundation、Ruby on Rails、Django、Bootstrap. js、Node. js 等。这些框架或目录提供了大量文档,能够帮助你迅速搭建起 MVP,推向市场。

此外,很多开发者所面临的浏览器兼容性、移动端界面设计、代码优化等问题也能够轻松解决。你需要做的,就是集中注意力开发产品。

(9)博客

通过博客可以很容易地在目标群体中验证自己的想法,通过双向的交流可以在 MVP 的开发过程中及时收集用户的反馈意见。

此外,博客也可以作为产品的早期原型。例如,《精益创业》的作者埃里克·莱斯就是先在博客上与读者有了一定的交流,后来才开始写作。通过博客可以了解受众的观点,并刺激他们将来买书的欲望。

(10)虚构的 MVP

在产品的早期,除了制作视频和搭建代码框架之外,你还可以利用虚构的 MVP,在产品开发出来之前人工模拟真实的产品或服务,让消费者感觉他们在体验真实的产品,但是实际上产品背后的工作都是手工完成的。

鞋类电商 Zappos 刚刚起步时,创始人尼克·斯文姆(Nick Swinmurn)把本地商店鞋子的照片放在网站上,来衡量人们在线购买鞋子的需求。当有人下单时,他再去把鞋买回来。

这种方法虽然规模很小,但是让你能够在产品设计的关键阶段跟消费者保持良好的交流,了解消费者使用网站时的一手信息,更快捷地发现和解决现实交易中消费者遇到的问题。对于消费者来说,只要产品够好,没有人在乎背后是怎么运作的。Zappos 最终非常成功,在 2009 年以 12 亿美元的价格被亚马逊收购。

（11）贵宾式 MVP

贵宾式 MVP 和虚构的 MVP 类似,只不过它不是虚构一种产品,而是向特定的用户提供高度定制化的产品。

服装租赁服务商 Rent the Runway 在测试其商业模式时,为在校女大学生提供面对面服务,让每个人在租裙子之前能够试穿。Rent the Runway 通过这种方式收集到大量顾客的真实反馈以及付费意愿的信息（见图 13-9）。

图 13-9　Rent the Runway 网站页面

（12）数码原型

实物模型、线框等可以展示产品的功能,模拟实际的使用情况。它们既可以是低保真度的框架,也可以是展示实际的用户体验截图（见图 13-10）。

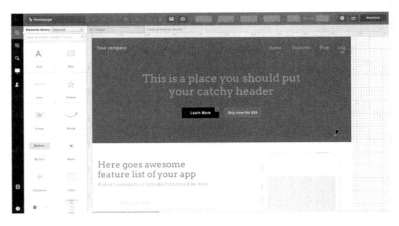

图 13-10　数码原型示意

（13）纸质原型

纸质原型与数码原型类似,既可以是剪切画,也可以是在纸上手绘的框架,用来展示用户使用产品的体验（见图 13-11）。

图 13-11　纸质原型示意

纸质原型的优势在于,不论是产品经理还是设计师,抑或是投资者、最终用户,都可以利用。而且不需要太多的解释,因为它给你的就是实际产品的缩影。

对于手机、椅子等实体产品的开发来说,这种方法是非常有价值的。

（14）单一功能的 MVP

在做最小可行产品时,专注某个单一功能会更加节约开发的时间和精力,避免用户的注意力被分散,让他们关注到产品的主要功能。

Foursquare 在上线之初只是为了让用户可以在社交媒体上签到。他们的第一版 App 也仅有这一个简单的功能。Buffer 最初的功能就是定时发 Twitter,且每个用户只能绑定一个 Twitter 账号。

这种限制帮你缩小了早期用户的范围,让你关注更重要的问题,比如测试产品是否适应市场等,而不要担心乱七八糟的事情（见图 13-12）。

图 13-12　Foursquare 用户界面

（15）预售页面

预售与众筹类似，能帮你找到潜在客户，甚至在你的产品开发出来之前就吸引他们购买。

比如说 Oculus Rift 的这款 VR 设备，开发者在投产之前就发布了预售页面（见图 13-13）。很多在 Kickstarter 上众筹的项目也是以预售的形式进行的。通过预售，你可以了解到人们对产品的需求到底有多大，进而考虑是否还要继续展开项目。

预售所面临的挑战在于能否如约发货。没有人喜欢虚无缥缈的东西，消费者给了你信念上和资金上的支持，你必须对他们负责，不能辜负了他们。

图 13-13　Oculus VR 设备预售页面示意

 小案例

今夜酒店特价

今夜酒店特价平台的创始人任鑫，在他们准备上马这个项目的初期，他们更多参考了国外同类产品的模式，重点面向商旅人士，在一个城市寻找几家深度合作的酒店，建立线上支付体系，采用预付费的模式。结果，一段时间下来，经营状况非常惨淡，每天的订单量掰着手指头就能数过来。一开始他们觉得方向没错，应该是执行出了问题。直到半年后，他们终于清醒过来，其实是最初的假设有问题。但是大半年的时间已经浪费了。

当任鑫后来反思这一段创业经历的时候，他得出一个结论：创业公司尽全公司之力做了一款产品，最后却没人使用，这才是真正的浪费。

如果一开始他不着急投入大量人力、物力,深入线下与大量的酒店谈合作,而是把艺龙、同城、淘宝等线上房源数据签过来,集中在一个页面上,哪怕自己掏腰包对每间房优惠 100 元,就可以做一个很好的实验,测试用户是否需要这样的服务;如果需要,哪种模式更符合消费者的使用习惯。这样可能一两个月的时间就能掌握有效信息,而且成本极低。

案例来源:91 运营.创业需要 MVP,http://www.91yunying.com/124.html.

大众点评网

大众点评网的创始人张涛花了 3 天时间做出了大众点评网最早的一个网页。以前他羞于给别人看这张图,因为太丑陋了。但是后来,他觉得这张最简陋的网页就是 MVP。当时他没有跟任何一家餐馆签协议,而是将旅游手册里的 1000 多家餐馆信息录进网站系统。他就想验证一件事:网民在一家餐馆吃完饭,是否愿意进行点评? 这个认知的获得是大众点评网商业模式最重要的起点。

当然,那时候他们还是无意识地做 MVP,现在他们已经主动选择这样的产品策略。举个例子,大众点评网想切入餐馆订位服务,市场上有很多解决方案,比如电话预订。在经过一番研究之后,他们想到一种声讯电话模式。简单地说,就是用户在手机上提交预订请求,然后用技术把文本转为语音,之后通过声讯电话服务商把用户的要求发送给相应的餐馆,餐馆可以简单地通过按“1”或者“2”来选择是否接受预订,最后大众点评网把预订结果以短信形式通知用户。

这个解决方案听起来很漂亮,但是,开发这套系统至少需要 3 个月时间,而且他们也不确定用户是否愿意通过这种方式来预订餐位。MVP 的概念再次帮了张涛的忙,他做了一个极为“性感”的试验:一开始根本不用语音转化技术和声讯电话业务,而是后台通过两位客服人员人工接收信息,致电餐馆,回复用户,换句话说,只是“假装”成声讯电话的样子。最后验证这个需求和解决方案是可行的,他们才投入大量资源来开发系统。

案例来源:91 运营.创业需要 MVP,http://www.91yunying.com/124.html.

13.4　精益创业画布

精益创业画布是《精益创业实战》的作者莫瑞亚(2013)根据亚历山大·奥斯特瓦德的“商业模式画布”方法改良而来的。精益创业画布更适合作为创业初期团队梳理思路的工具。

13.4.1　精益创业画布的优点与基本框架

精益创业画布的基本框架如图 13-14 所示。具体来说,其优点如下所述。

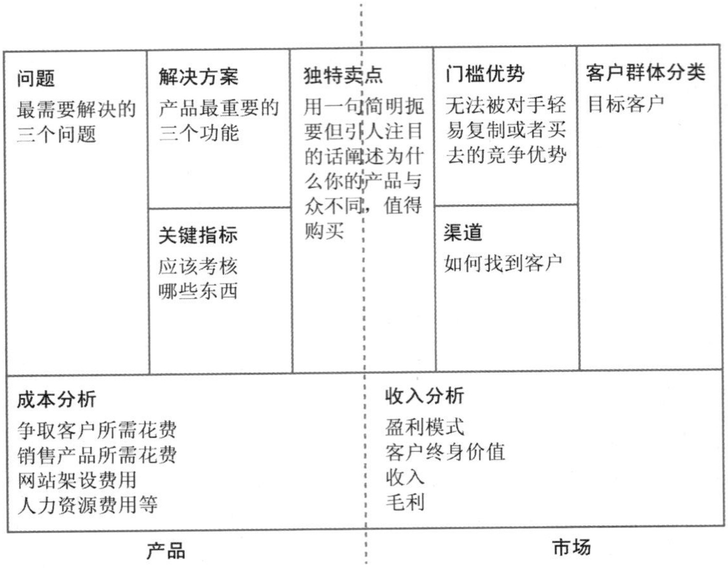

图 13-14　精益创业画布框架

资料来源：莫瑞亚,2013.

（1）制作迅速

与写商业计划书需要几周甚至几个月的时间相比,你只需要一个下午就能在精益创业画布上大致描述出多种不同的商业模式。

（2）内容紧凑

精益创业画布提醒你尽量做到简明扼要。你可以假想自己和投资人同乘一架电梯,而你只有 30 秒的时间来吸引投资人的注意力。或者假想客户点击进你的主页,你只有 8 秒钟的时间来吸引他们的注意力。

（3）方便携带

把商业模式放在一页纸上便于和他人进行分享和讨论,这意味着它的曝光率将会更高,能够得到不断的修改,从而日趋完善。

硅谷孵化器 500 Startups 的创始人戴夫·麦克卢尔曾经参加过数百场创业者推介会。在这些推介会上,他总会反复提醒创业者,他们用来谈论解决方案的时间太多,而介绍商业模式中其他元素的时间却少得可怜。客户并不关心你的解决方案是什么,他们只关心自己存在的问题。

创业者们总是喜欢探寻解决方案。不过,如果根本没人关心你的问题,你又何苦浪费时间精力去寻找解决方案呢？所以说,你的任务并不只是提供最佳解决方案,而是形成一套完整的商业模式,并保证模式中的所有元素都能够相互配合。

把商业模式看成产品能够提高效率。这不但可以让你的商业模式变得完整,而且还让你可以使用那些久经考验的产品开发方法来打造公司。

从更高的层面来看,你会发现这些基本法则实际上无非是"分而治之",只不过是把这种思想用在了创业这件事上而已。

13.4.2　精益创业画布的制作步骤

精益创业画布将商业模式分割成九个相互独立的部分,制作顺序如图 13-15 所示。

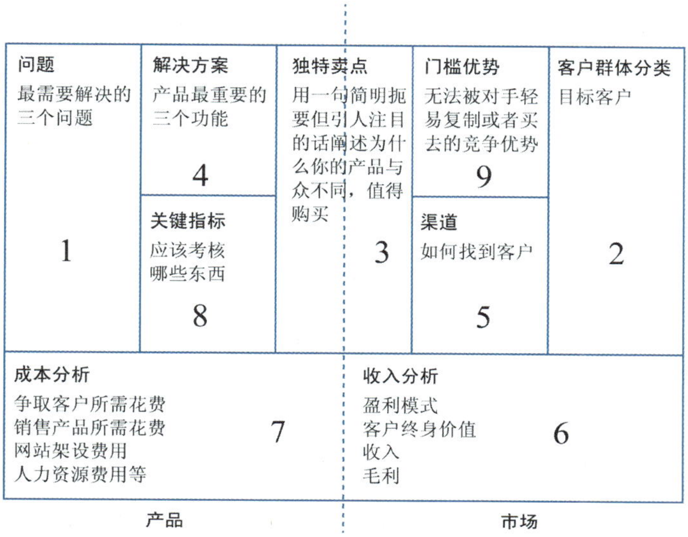

图 13-15　精益创业画布制作顺序

资料来源:莫瑞亚,2013.

在莫瑞亚(2013)精益创业画布的基础上,我国精一天使公社结合中国创业实践进一步优化和完善了精益创业画布,如图 13-16 所示。

图 13-16　结合中国创业实践的精益创业画布

资料来源:精一天使公社,http://www.leanone.cn.

精益创业画布模块分解[①]：

项目名称。为你的产品或项目起一个比较简洁又容易记住的名字，这个很重要。要能让人一看到项目名称，就想到你的产品或项目大概是什么行业，针对什么用户，产品形态是什么样的。

服务人群。创业一定要从用户细分开始，你不仅要列出具体的细分项目，比如收入、年龄、工作、行业等，而且要去评估规模有多大，若规模太大，则无处着力；若太小，则定位太窄，以后你的企业很难做得很大，投资人也不会太感兴趣。

用户痛点。如果一个问题能被准确地描述，那么你的问题已经解决了一半。所以能发现问题并准确描述问题，这是非常重要的。同时，我们要评估这个痛点的程度，不同级别的痛点，你对产品的做法是不一样的，而且不能想当然地认为这是用户的痛点，一定要去和用户交流，做一些小规模的实验去验证这个痛点确实存在。

解决方案。创业早期功能一定要少（不超过 3 个），因为资源有限，人力有限，能力有限，钱也有限，要将资源集中在最关键的那个功能上。功能要直击用户的痛点，而且要思考对应的最小可行产品，并尽早发布。当你发布第一款产品的时候，正常情况下应该感到不好意思，因为你的产品用户体验很差、功能很不完善。但你要把核心功能尽早发布出来，让你的早期用户使用，获得他们的反馈。另外，你要相信所有问题都已有了解决方案，你要看看你的解决方案跟现有解决方案的区别：是比它更便宜，获取用户更容易，还是比它体验更好？

天使用户定义和渠道。如果你的创业方向是对的，那么你一定能找到一批用户，他们在你的产品还不完善的时候，就愿意花时间跟你探讨你的产品，甚至花钱购买你的产品，这些人就是你的天使用户。如果你找不到他们，要么是你的方法不对，要么是你的创意有问题。

探索性实验。在创业开始，你是否用 MVP 为你的产品做过一些探索性实验，这很重要。MVP 的三个要素包括：假设、用户和度量。针对商业模式中的一个假设，它能够交付到用户手里获得他们的一线真实反馈，并对用户反馈进行可量化的度量，然后评估你的假设是否成立。它的形式有很多种，视频 MVP、登录页 MVP、众筹 MVP、单一功能 MVP、虚拟 MVP 等。

度量指标。针对产品的主要功能，要有相对应的度量指标，但要避免虚荣指标。什么是虚荣指标？比如说 App 装机量，如果你肯花钱做推广，那么就会有装机量。还有就是订阅号的粉丝数也是虚荣指标，因为粉丝数不代表阅读数，只要做任意绑定式推广就能获得粉丝。你要找到真正反映创业公司真实状况的关键指标。

团队介绍。对于早期创业团队，创始人是不是全职很关键，创始人不全职的话一般投资人是不考虑的。团队人数也是很重要的，有些孵化器是不接受一个人的创业项目的。为什么呢？如果你连一个人都说服不了，要么是你的人品问题，要么就是你的能力问题。

---

① 资料来源：精一学社，http://www.zhoujingen.cn/blog/5888.html.

创始人要具备能把人才吸引到身边的能力。一般团队人数越多,估值也会越高。

项目门槛。项目门槛分为两类:一类是先天门槛,就是指团队先天具备而别人不具备的资源;另一类是后天建立的门槛,就是指在产品开发、成长中建立的资源,它可以弥补你先天的不足。比如,你有的独特资源、实验室某项专利等,这些都是先天门槛,像你的社交产品的黏性、你培养的某使用习惯等,都是后天建立的门槛。

和谁合作。合作者的类型是你需要考虑清楚的,如非竞争战略联盟、竞争战略联盟、业务合作互补型、长期供应关系型等,每一种合作的方式和策略都是不一样的。尤其对于初创企业而言,去看投资者的资源之前一定要清楚自己需要什么,再去衡量投资人的资源对你有什么价值。

时间窗。每一个计划都有时间窗,尤其是对早期项目,这个画布的计划不要超过 12 个月,最好在 6 个月。

成本结构。只有有了时间窗,成本结构和预计收入才会有的放矢。成本结构包括两个部分:固定成本和可变成本。比如你做一个网站,研发人员的成本就相当于固定成本,你有 10 个用户和 20 个用户,你的研发成本不会有明显变化,但你的服务器和带宽成本跟用户量就有很大关系,这就是可变成本。

预计收入。我们提倡每个创业项目开始的时候都要思考盈利模式,要在合适的时机去验证你的盈利模式。

独特卖点(一句话)。这个是最短,却是最难说的一句话。这句话就是所谓"电梯演讲"的一句话:你在电梯中遇到一个投资人,你有 30 秒时间来说明你的项目,也就是用你的独特卖点来引起他的兴趣,这样你才有机会与他进一步交流。

本章小结

本章首先系统介绍了精益创业方法论兴起的时代背景,并比较了其与传统创业模式的联系和区别;在此基础上介绍了精益创业的基本框架、五项基本原则、适用范围等;随后介绍了如何利用最小可行产品(MVP)进行用户验证;最后介绍了精益创业画布这一实用的精益创业分析工具,并对精益创业画布的模块进行了介绍。

本章思考题

1. 为什么近年来精益创业方法论开始引起人们的重视并流行起来? 它和传统创业思维与模式有哪些区别和联系?

2. 精益创业的基本框架和过程是怎样的?

3. 精益创业有哪些基本原则?

4. 最小可行产品(MVP)有什么作用? 如何去验证?

5. 精益创业画布怎么用?

精益创业画布案例——CloudFire 项目

《精益创业实战》的作者莫瑞亚以 CloudFire 创业项目为例，介绍了如何制作精益创业画布。

背景：在 CloudFire 之前，我曾经推出过一个名为 BoxCloud 的文件共享程序。我们为这个程序设计了一套私有的 peer-to-web（简称 p2web）框架，简化了共享大型文件的流程。BoxCloud 的独特卖点在于它让人可以直接分享自己电脑上的文件和文件夹，而无须上传。其他人则可以直接从浏览器中访问这些文件和文件夹，无须安装任何客户端软件。

BoxCloud 针对的主要是商业用户，使用者有平面设计师、律师、会计以及小企业主等。我希望能挖掘 p2web 框架在多媒体共享（比如共享照片、视频和音乐）等方面的潜力，这就是做 CloudFire 的初衷。

非常粗略的分类：任何希望能共享海量多媒体内容的人。

较细分的潜在客户：摄像师、摄影师、多媒体消费者（我自己就是）、家长。

刚开始的时候我希望能先主攻多媒体消费者这个群体（我把自己作为一个典型的消费者），但我最近刚刚升级做了父亲，发现家长在分享照片和视频（特别是视频）的时候确实会碰到麻烦，所以我决定先为这个客户群体设计商业模式。

1. 问题和客户群体

在小孩出生之后，我们拍照和摄像（尤其是摄像）的频率猛增。我们本来就睡眠不足，而现在的媒体共享解决方案又太花费时间，而且有时候非常难用。家人（尤其是老一辈）和朋友对照片和视频等媒体的需求非常高，而且他们通常会希望尽快看到这些东西。

2. 独特卖点

在研究了各种替代解决方案之后，我决定把速度作为独特卖点中的"独到之处"，并把"无须上传"作为产品的宣传定位关键词。

随后，经过了几次客户访谈后，我的独特卖点就起了很大的变化。

3. 解决方案

根据我的问题列表，我简短地列出了在最小可行产品中需要有的最重要的几个功能（见图 13-17）。

4. 渠道

我打算先找几个内联式渠道（即我的朋友和托儿所其他孩子的家长）来做访谈，然后列几个潜在的扩张渠道以备随后使用。

5. 收入和成本分析

现有备选方案的定价情况如下：Flickr pro 和 SmugMug 的价位在每年 24～39 美元；苹果的 MobileMe 的价格是每年 99 美元（除了照片和视频分享外还包括很多其他服务）。在研究了这些数据之后，我决定把产品初始价格定为每年 49 美元。

<table>
<tr>
<td rowspan="2">问题
共享大量的照片、视频非常耗时
父母们没有自由时间
这些多媒体内容亲戚朋友很需要
<u>现存的备用解决方案：</u>
Flickr Pro、SmugMug、Apple MobileMe和Facebook</td>
<td>解决方案
随时分享，无须上传
整合iPhoto和文件夹
更好的通知系统</td>
<td rowspan="2">独特卖点
以最快的速度分享照片和视频
<u>简短宣言：</u>
无须上传即可轻松分享照片和视频</td>
<td>门槛优势
社区</td>
<td rowspan="2">客户群体分类
父母（创建人）
家人和朋友（浏览人）
<u>早期接纳者：</u>
家有婴幼儿的父母</td>
</tr>
<tr>
<td>关键指标
获取：注册
激活：创建第一个相册
留客：共享相册或者视频
口碑：邀请朋友和家人来使用
收入：在试用之后付费</td>
<td>渠道
朋友
托儿所
生日聚会
AdWords
Facebook
口口相传</td>
</tr>
<tr>
<td colspan="3">成本分析
服务器成本：Heroku平台（目前免费）
人力成本：40小时/周×65美元/小时×4周/月
≈1万美元/月</td>
<td colspan="2">收入分析
30天免费试用，之后每年49美元</td>
</tr>
<tr>
<td colspan="5">收支平衡点：
2000个客户</td>
</tr>
</table>

图 13-17 精益创业画布案例示意——CloudFire 项目

资料来源：莫瑞亚，2013

这些公司的收入中还包括传统打印(以及其他类似的商品)，不过我并不确定现在有多少人还愿意购买实体打印照片，所以不知道这条路是否可行(这个假设还需要进一步验证)。更重要的是，打印服务属于附属收入，要从中获利，则客户必须先认可我们的独特卖点。所以说，我并没有把打印服务放到最小可行产品和初始画布里。

6. 关键指标

我把用户的行为和每一种指标都联系在了一起。

7. 门槛优势

CloudFire 是用私有的 p2web 框架来写的，这在早期能给我们一定的优势。不过，任何可能被山寨的东西都会被山寨。所以，我决定把我的门槛优势定位为别人难以复制的东西。这里，我把它设定为社区。在此基础上，形成了最终的精益创业画布。

问题讨论：

1. 对于 CloudFire 项目的精益创业画布内容，你觉得还有哪些方面可以进一步改进和完善？

2. 请参照 CloudFire 项目的精益创业画布，选择你所熟悉的本地一家创业企业，画出精益创业画布并与其他同学讨论。

▎本章精读文献▎

Blank，S. Why the lean start-up changes everything [J]. Harvard Business Review，2013，38(5)：63-72.

Chapter Article Summary(本章精读文献摘要)：

In the past few years，a new methodology for launching companies，called "the lean start-up"，has begun to replace the old regimen. Traditionally，a venture's founders would write a business plan，complete with a five-year forecast，use it to raise money，and then go into "stealth mode" to develop their offerings，all without getting much feedback from the people they intended to sell to. Lean start-ups，in contrast，begin by searching for a business model. They test，revise，and discard hypotheses，continually gathering customer feedback and rapidly iterating on and reengineering their products. This strategy greatly reduces the chances that start-ups will spend a lot of time and money launching products that no one actually will pay for. Blank，a consulting associate professor at Stanford，is one of the architects of the lean start-up movement and has seen this approach help businesses get off the ground quickly and successfully. He believes that if it's widely adopted，it would reduce the incidence of start-up failure. In combination with other trends，such as open source software and the democratization of venture financing，it could ignite a new，more entrepreneurial economy. There are numerous indicators that the approach is catching on：Business schools and universities are incorporating lean start-up principles into their curricula. Even more interesting，large companies like GE are applying them to internal innovation initiatives.

本章精读文献评述：

创新性创业追求高增长、创新要素，时也是一种高风险的创业活动。大部分成功的创业者不仅敢于在风险的风口浪尖游泳，而且是不被风险所淹没的勇士。有效控制与管理风险是很多成功的创业者的共同特征。在实际的创业中，无论是科技初创公司、小微企业，还是大企业内部的创业项目，莫不如此。随着创业研究的不断深入，近来有越来越多的创业者与创业公司应用"精益创业"。这种模式注重实验而非精心计划，聆听用户反馈而非相信直觉，采用迭代设计而非"事先进行详细设计"的传统开发方式。创业实践证明，这种模式极大地降低了创业风险。

本章推荐的这篇精读文章是世界著名精益创业理论与实践者史蒂夫·布兰克的研究论文，在这篇文章中，史蒂夫·布兰克具体介绍了精益创业的技巧及其进化方式。所有这些有关精益创业的内容，对于学习创业管理的学生与老师来说都是非常重要的。在创业领域，史蒂夫·布兰克是最早提出客户发展概念的硅谷企业家与创业者，他的创业理论曾经影响了一大批硅谷创业者，掀起硅谷精益创业的浪潮。受他影响的学生包括埃里克·莱斯(Eric Rise)(《精益创业》的作者)以及莫瑞亚(Maurya)(《精益创业实战》的作者)等。这篇精读文章的核心论点之一是：初创公司并非大企业的微缩版。初创公司与大企业最根本的不同在于，大企业执行商业模式,初创公司寻找商业模式。这篇精读文章的核心论点之二是:与传统模式相比,精益创业模式能帮助企业更快、更便宜地推出客户真正需要的产品。精益创业模式也能降低初创企业的风险。这篇精读文献对于我国的大众创业与万众创新,对于我国的广大创业者来说是具有重要意义与启发作用的。精益创业有它的独特性,创业者采用精益创业的思路,先做出最小可行产品(MVP),再进行小步快跑、快速迭代,这样可以少走很多弯路,大幅降低创新创业成本。在21世纪,无论是初创公司、小公司、大公司还是政府部门,都会不断感到颠覆式变革的压力,而精益创业模式能帮助它们正面迎接这种压力,快速创新,并彻底改变其对商业的已有认知。

本章作者:郑刚,浙江大学管理学院创新创业与战略学系副教授,博士生导师,浙江大学硅谷创业实验室主任,美国斯坦福大学访问学者。主要从事技术与创新管理、科技创业等领域的研究与教学工作。

本章案例作者:郑刚。

本章文献评述作者:郑刚。

▌本章相关引用材料▐

[1] 埃里克·莱斯. 精益创业[M]. 吴彤,译. 北京:中信出版社,2012.

[2] 龚焱. 精益创业方法论:新创企业的成长模式[M]. 北京:机械工业出版社,2015.

[3] 莫瑞亚. 精益创业实战[M]. 2版. 张玳,译. 北京:人民邮电出版社,2013.

[4] 史蒂夫·布兰克. 创业者手册[M]. 北京:机械工业出版社,2014.

[5] 史蒂夫·布兰克. 精益创业改变一切[J]. 哈佛商业评论,2013(5).

[6] 验证最小化可行产品(MVP)的15种方法[EB/OL]. (2014-12-01)[2020-07-01]. https://36kr.com/p/217020.html.

[7] 郑晓芳. 精益营销:设计你的最小可行性产品[J]. 商学院,2013(11):76-79.

第14章 社会创业

→ **学习目标**

理解社会创业和社会创业者的概念

掌握社会创业的三性特征以及社会创业的核心内容与主要目标

了解社会创业的分类与社会企业的目标

了解社会创业的价值与意义

章节纲要

- 社会创业概述
- 社会创业的特征与核心内容
- 社会创业的分类
- 社会创业的价值与意义

开篇案例

社会创业微案例：智能袜

肯尼思（Kenneth）是生活在美国纽约的华裔，这个男孩只有 15 岁，爱好广泛、喜欢发明的他，最近成了一位智能产品发明家。他的故事可以从他去 Ted 做的一次演讲开始。这次演讲，肯尼思首先向现场的观众问道，你们知道威胁人健康的疾病中，哪一个上升速度最快吗？在大家的印象里，可能是癌症、心脏病或者糖尿病。结果却出人意料：答案是阿尔茨海默症，民间俗称老年痴呆症。每隔67 秒，美国就有一人被诊断出患有老年痴呆症。而这个数量到 2050 年，还会翻三倍。老年痴呆症给患者家庭带来的痛苦是巨大的，这一点，15 岁的肯尼思有深刻体会。生长在一个三代同堂的家庭，他从小和爷爷十分亲近。四岁时爷爷在公园散步后失踪的经历让家人清楚地意识到爷爷患上了老年痴呆症，全家在南加利福尼亚的生活就此改变。十多年来，肯尼思爷爷的病症越加严重。全家人都担心着爷爷的"出走"和"失踪"。爷爷经常半夜下床乱走动，为此，家人有时夜不能寐，只能陪夜盯着爷爷。在一个肯尼思照顾爷爷的晚上，13 岁的少年看到爷爷正要下床，爷爷的脚触碰地面的那一刻，创造少年萌发了在爷爷的脚后跟放一个压力传感器的想法。当脚着地时，传感器就能检测到体重造成的压力，然后利用无线传输警报信号给看护人,这样就不用时时盯着他。设计这样一个小小的装置能极大地保障看护人的健康和爷爷的安全。他开始花大把时间来看YouTube 上的极客视频,并且从图书馆借了一堆物理书来研究。当计划逐步展开,他意识到这比他一开始想的要难得多。肯尼思要发明的是一个可穿戴的传感器,所以必须足够轻薄灵活,除此之外,他还要设计一个足够小的传感器和一个 App。他用电子墨水打印出了薄膜式传感器,并成功制作出了一个体积极小的电路系统。他花了几个月的时间,自学代码,创建了一个操控蓝牙设备的App,把手机变成远程遥控器,通过蓝牙与一个智能手机应用连接,同时发出警报声。一个薄膜感应器加一个 App,这就是肯尼思想象中的压力感应装备。就这样,他成功地做出了两个模型,一个是嵌入式的放在袜子里,另一个是可拆卸的,可以放在病人的脚底(见图 14-1)。

1 短袜
2 压力传感器
3 导线
4 无线电路
5 射频信号
6 智能手机
7 声音警报

图 14-1　智能袜作用原理

他在爷爷身上进行了实验,一年时间内成功捕获了爷爷超过 900 次的发病情况,几乎是 100% 的准确率。再后来,美国加州的一些护理院开始找他试用这些设备,这样可以大大提高医院的看护效率。为什么一个十几岁的小孩能有这样天才的发明创造? 用他自己的话说:"我永远忘不了这双袜子第一次检测到爷爷下床的时刻,我深深地感受到科技的力量,让生活更美好的力量。人们可以健康快乐地生活,这是我的梦想。"从他发明智能产品的过程看,他自己也未必知道他做的事情是与社会创业实践联系在一起的。但是他梦想的出发点和社会创业的本质是相同的,即让整个世界更美好。这就是少年创客,用自己的创造力与技能实现梦想。

以上微案例告诉我们,创业不仅可以产生经济价值,而且可以产生社会价值。经济创业与社会创业平衡协调发展,犹如鸟之两翼。社会创业中,创新无处不在。无论是微软、思科还是谷歌、优步,或者是我国的阿里、华为、腾讯,无不是发现有一种重要需求存在后通过创新产品与服务填补了市场的需求与大众的需要。创新与创业的结合，尤其是与社会创业的结合，常常有一个特点，就是发现痛点，通过创新与实践社会创业解决社会中存在的种种问题。在浙江大学建校120周年创业高端论坛上，洛可可公司创始人贾伟介绍他设计的50度杯，源自于他女儿被烫伤的痛点。社会上有多少儿童被开水烫伤的痛！这样的痛点，也是经济与社会创业的机会与潜在的市场所在。上述微案例中，这位15岁华裔少年的创新，也是源自他亲爱的爷爷患上老年痴呆症的痛。怀着这种痛，某一天在灵光一现下，具体的创意出现了，并进一步与机会联系上了，产生了新的产品为老年痴呆症服务。这一案例说明，我们的社会正是靠着无数的创业创新而变得更美好。这真是社会创业的意义与价值所在。

早在18世纪，亚当·斯密在《道德情操论》中便提出，市场经济的繁荣并不会伴随着社会公益的增长。近几十年，世人过分追逐经济的发展，给社会的持续发展留下了问题，如环境污染、气候变暖、贫富分化等等。然而，越来越多的现象证明，仅仅依赖于经济创业的成功，诸多的社会问题，无论是政府还是企业都难以有效解决。因此在推进发展经济创业的同时，相应的社会创业必不可少。尤其在经济欠发达的发展中国家，社会福利体系不完善的情况下，社会问题会显得更加严峻。当然，由于现在的机制、体制以及现状已经很难满足人们日益加剧的社会需求，因此社会迫切需要通过各种创新的模式来填补市场的漏洞，这些为社会创业的发展提供了大量空间与机会。

案例来源：根据 Ted 演讲官方网站肯尼思演讲内容整理编写。

14.1　社会创业概述

14.1.1　社会创业的兴起

社会创业，英文 social entrepreneurship 的概念由阿苏迦基金会（Ashoka）的创始人比尔·德雷顿（Bill Drayton）在20世纪80年代创造①，之后狄兹（J. Gregory Dees）又在《社会企业家的含义》一文中对其进行了最早的解释。社会创业可以溯源到18世纪的"博爱事业"（philanthropic business），它与慈善机构、非营利部门、自愿组织这些名词联系在一起。在这一阶段，社会创业定义强调社会利益，所有为了实现社会目标而不是私人利益而创立的实体都属于社会创业（Shaw，2007）。社会创业最早出现在美国，由于美国政府在20世纪80年代以来采取了以市场为主要资源调节机制的新自由主义经济政策，政府对非

---

① 比尔·德雷顿在1980年成立了名为阿苏迦（Ashoka：Innovators for the public）的全球性非营利组织，致力于在全球范围内推广为公众谋利益的创业活动。在国内，也有学者将 social entrepreneurship 翻译为"公益创业"。

营利性组织的直接资助逐年减少,对福利事业的资助也大为削减。同时,政府出台了更多鼓励公民积极参与社会创业的税收优惠政策,这些政策的出台为社会创业的诞生营造了良好的外部环境。这种外部环境则推动了社会创业在 20 世纪 90 年代以来,在全球范围内兴起的一种新的创业形式。这一创业形式在公共服务领域出现,并逐渐超越民间非营利组织的范畴,成长为一种不同于商业创业和非营利组织的混合商业模式。它被很多人/组织认为是一种解决社会问题的社会创新模式。由此可见社会创业的兴起与美国当时的社会经济背景密不可分。一般而言,社会创业是一种存在已久的社会现象,它的解释与定义是根据国家、政治、经济、企业与文化等方面的不同而不同的,也是随着时代的发展而发展的。

14.1.2　社会创业的定义

社会创业从概念提出到现在的时间并不长,一个普遍现象是人们从不同的角度来了解与定义社会创业。这样的背景特点,使得目前社会创业的定义具有多样化的特征。21世纪初以来有关社会创业定义的文献层出不穷,但在近 5 年社会创业文献中,有关社会创业概念的文章在减少。这并不是说社会创业的定义就盖棺认定了,而是学者尤其是社会创业实践者们开始认识到,如马克思所说:哲学只是用来理解这个世界,而我们希望改变这个世界。定义或许不是最重要的,但考虑到这是一部教材,我们本着严谨的态度,为了充分体现这种定义方面的多样化特征,在表 14-1 中列举了从 1997 年以来一些比较权威的、基于经典文献与研究前沿的 8 条社会创业定义,供本书读者参考。

表 14-1　社会创业的定义

来源	定义
Leadbetter (1997)	社会创业是指利用创业的行为为社会目标服务,这些服务并不是以利润为目标,而是把这些目标服务于特定的弱势群体
Mort 等 (2002)	社会创业是一个多维的概念,通过表现善良的创业行为达到社会使命的目的,具有识别社会价值和创造创业机会的能力以及其关键决策特征是创新性、先动性和风险承担性
Shaw (2004)	社会创业是社区、志愿者、公共组织以及私人企业为了整个社会工作,而不仅仅为了经济利润
Stern (2005)	社会创业是利用创业的和商业的技能去创造新颖的社会问题解决方式的过程。它既要收获非经济目标,也应具有自我可持续性
Mair 和 Marti (2006)	社会创业是利用创新的方式整合资源、实现社会价值目标的过程,通过探索和利用创业机会来促进社会变革和满足社会需求
Austin 等(2006)	社会创业是社会目标下的创新活动
Martin 和 Osberg (2007)	社会创业需要识别机会以发展社会价值,以创造一个新的、稳定的社会平衡环境,帮助和减少弱势群体,建立一个稳定的系统以便有更好的和均衡的社会
Zahra 等 (2009)	社会创业包括一系列的活动与过程来发现、定义、利用机会去增加社会财富,可以通过创立新的实体,也可在现有的组织中实行新的创新模式

上述社会创业定义是建立在文献基础上的。社会创业的基本点是发现、解决社会问题，增加社会财富。理论上一是研究社会的公平公正，二是研究资源配置合理性与最优化。但在真实的社会中，其实任何美化社会建设的人与事，特别是改善与提高一个社会中人的素质的人和事，都可能或者可以用社会创业的理论来解释它们（斯晓夫等，2019）。

14.1.3　社会创业者

社会创业者是社会创业的实践者。社会创业者与商业创业者的不同之处在于用商业的规则去解决社会问题，但是他们所得的盈余用于扶助弱势群体，促进社区发展和社会企业本身的投资，他们重视社会价值多于追求最大的企业盈利。美国作者伯恩斯坦所著的畅销书《如何改变世界：社会企业家和新思想的威力》对此有着生动形象的描述：商业创业者的目的在于建立世界上最大的"跑鞋公司"，而社会创业者则梦想为世界上所有的孩子接种牛痘疫苗。虽然这些梦想可能存在夸大成分（Bornstein，2004），但是不可否认，社会创业者在他们从事的事业与活动中，绝大部分属于利他而非利己的行为（Dacin et al.，2011；Roberts & Woods，2005）。

那么，究竟是什么样的因素会促使个体进行社会创业，而非追求自身利益最大化的商业创业？早在18世纪，亚当·斯密便指出同情心①是"利他"的基础。有同情心的创业者，容易与受害者形成情绪连接，进而激发创业者的综合思考以及分析，找寻一种创新有效的方式去帮助受害者乃至整个社会（Miller et al.，2012）。Miller等（2012）阐述了同情心与社会创业之间的关系（见图14-2）。

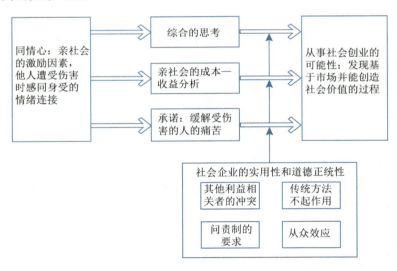

图 14-2　同情心如何激励社会创业

---

① 在亚当·斯密1759年出版的《道德情操论》中，汉译"同情心"一词，他使用的单词是 sympathy。

除去同情心外,社会创业者被认为还应该包含以下六大特质(Bornstein,2004):

①乐于自我纠正。首先,任何一个创业项目都是一个不断试错和修正的过程。敢于说"这是行不通的"或"我们的设想是错的"既需要有冷静的头脑,也需要谦卑和勇气。其次,随着组织的不断成长壮大,社会创业者往往容易出现乐观和盲目的情绪。只有乐于自我纠正的社会创业者,才能够实现不断发展和进步。

②乐于分享荣誉。社会创业者与人分享的荣誉越多,就有越多的人愿意帮助他们。当社会创业者不在乎荣誉将归于谁时,他能获得的成就是没有限度的。对社会创业者来说,乐于分享荣誉是通向胜利的必由之路。

③乐于自我突破。社会创业者可以通过改变现存组织的方向来进行变革。社会创业者面临的现实和理想之间的较大差距,使得他们必须能够自我突破,超越他们领域的正统观念去看待事物,从而能够发现解决社会问题的方法和手段,并能去试验和推广新的想法。

④乐于超越边界。社会创业者摆脱那些主导概念的控制,也需要以新的方式去组合资源的自由。面对一些整体系统性问题,社会创业者们能超越边界,将不同领域、有各种各样经验与技能的人们召集在一起,创建可行的解决方法。

⑤乐于默默无闻地工作。许多社会创业者花费几十年的时间,坚持不懈地去实践他们的理想,他们以一组或一对一的方式去影响他人。一个人必须具有非常纯粹的动机,才能长久地甘于寂寞,去实践一种理想。社会创业者必须是那些能花费时间去寻找地点和机会,以期对重大进程产生影响的人。

⑥强大的道德推动力。与商业上的企业家相比,道德准则是社会创业的基石。在讨论社会创业者时如果不考虑其动机的道德性质是没有意义的。社会创业者的经历不是来自于利润,而是"来自建立一个私人王朝的欲望,在竞争的角斗中征服的意志和进行创造的欢乐"。道德的推动力可以鼓励他们,帮助他们做需要做的事情,从而使社会不断发展。

在上述六个特质中,创业者的道德品质都被认为是一名社会创业者的必要品质,也是其他一切品质的基石,即使一名创业者具备超强的创新性、整合资源能力,倘若其动机不纯、不正,没有强烈的社会使命感和责任感,其所有成就对社会而言是微不足道的。

阅读材料

影响社会创业成功的因素

在 Leadbeater 所著的《社会创业者的崛起》中,其认为成功的社会创业者通常也是一些有领导力、善于讲故事、深谙人事管理、有远见、能把握机会且善于建立同盟的人。

(1)领导力

社会创业者所具备的一个非常突出的能力就是领导力。他们非常善于给他们的企业设定一个使命,并调动人们为这使命而努力。使命感对于所有的非营利组织来说都是至关重要的，因为这为他们明确了活动的目的。对许多企业而言，财物或商业指标，如股价、收益率或者是市场份额等为他们提供了目标和方向，但在非营利组织里，指导目标是由其使命感所决定的。

使命就像一面旗帜，使所有的员工、客户、支持者即使在组织的物质基础和提供的服务都刚刚起步时也能团结在一起。建立使命感包括几个步骤：这一使命必须是与一个用户群体尚未得到满足的需求相关；它不能太抽象或者模糊；它应该是有挑战性和有需求的。成功的社会创业者们通常都是雄心勃勃，通过设定一个远大的使命带给企业革新的力量，实现比他们原本的设想更宏伟的目标。这种做法就和一些成功的商业领袖一样：他们为企业设定很高的目标，例如在生产力和产品质量上追求飞跃性的改进，以此来激励员工的大胆的设想。为了获得支持，使命必须是相当连贯、清晰的，但同时也需要有足够的灵活性，以允许其得到进一步的发展。社会企业组织需要靠它的成长来激发人们的热情、赢得人们的支持，以保证其不断地向前发展，所以，社会创业者在善于"建立使命"的同时，还必须要善于"管理使命"。

（2）会讲故事的人

社会创业者必须要善于向人们传达他们的使命。成功的社会创业者都是些很会讲故事的人。这种善于讲故事的能力使他们与职业经理人和政客有着明显的区别。当你让职业经理人描述一下他们的企业时，他们很可能是给你分析企业的市场份额和生产流程；如果你去问政客们的政治主张，他们将告诉你一大堆抽象的价值观、具体的政策措施以及尖锐的言论观点；而社会创业者呢，他最可能告诉你的是有关一个人如何通过参与某个项目而改变了一生的故事。

社会创业者通过故事和寓言来传递他们的价值观和动力源泉，这让他们显得与众不同且更具说服力。这也同时鼓励了其他工作人员和用户在思考问题时要富有想象力，而不是按部就班地或抽象分析式地思考问题。

（3）深谙人事管理

社会企业都是精英云集的地方，因为除此以外他们通常没有其他的资源。社会创业者认识到，他们的员工、支持者和用户所掌握的知识和想法是组织最重要的资源。社会创业者必须能和员工进行很好的沟通，尤其是那些在项目早期阶段加盟的、带领整个项目向前发展的核心员工。同时，他们也要善于和客户及其他服务对象进行交流。社会创业者是与人和机会打交道，而不是与计划或者流程打交道。

（4）远见卓识，把握机遇

社会创业者都很有远见，他们会以富于教益的语言来描述他们的目标。但是他们绝不会让自己深受计划和战略的束缚，而是切合实际，把握机遇。当机会来临的时候，他们会努力把握，而不会拘泥于原来的计划。社会创业者们不会感情用事，尤其是对待他们的用户。他们会务实地看待用户所面临的各种问题的本质。他们把用户看作是能动的、有需求的人群，而不是依赖他人、被动接受社会福利服务的人群。

（5）建立同盟

社会创业者都善于建立同盟。这些组织通常都很弱小，仅靠自身的资源无法生存。他们必须依靠一个更为广泛的支持网络才能发展壮大，因此，社会创业者只有精于建立其支持网络才能获得成功。成功的社会创业者都善于建立合作网络。他们在社交上都有足够的自信。只要是他们认为有助于项目开展的人，他们都会主动与之交谈，并尽一切努力说服对方。社会创业者们不拘泥于某种意识形态，因为他们不能被某种政治立场所束缚，不然就会丧失一些潜在的支持者。对于他们正在努力解决的各种问题，社会创业者们不会接受简单的一面之词。他们解决问题的方式已经超越了传统意义上的左与右、市场与国家的区分。

他们关心他人、充满热情、道德高尚。社会创业者承认在他们所努力寻求解决的社会问题中，有很多是由于经济动荡和全球化竞争所导致的，但这并没有使他们反对商业化。相反，他们认为依照商业部门的标准来评定自身的服务是非常重要的。这种在意识形态上的灵活性和思维上的敏捷性加强了他们的创新能力。

14.2 社会创业的特征与核心内容

14.2.1 社会创业的三性特征

社会创业包括很多方面的内容，它有以下的基本特征：

①社会性（sociality）。社会创业关注的是自由市场体系、政府没有解决的社会问题和没有满足的社会需要。社会创业的本质是为了创造社会价值，社会价值是社会创业的根基。就社会创业的本质而言，它需要为社会提供可持续的社会收益，发展一个更好、更均衡的社会，要照顾和顾及国家、社区中的弱势群体。社会创业可能促进社会一些大的或小的变革，社会创业必须要有显著的社会目标和社会愿景，而经济价值只是社会价值的副产品。

②创新性（innovation）。创新性是创业者的必须具备的显著特征和运营方式，也是社会创业的重要特征之一，社会创业必须应用具有创新性和持续性的方式去使整个社会获益。现有社会福利系统的不完善是社会创业机会的重要来源之一，资源和情境性的限制成为政府和社会创业者实现社会收益的障碍。这要求社会创业者能够创造出创新的方式，调动想法、能力、资源和社会安排，改善或者弥补现有社会福利系统的不足。

③市场机会导向性（market opportunity orientated）。社会创业需要借助而非抵制市场的力量。虽然社会创业不以经济利益为目的，但是社会创业依然以社会绩效为导向，同样需要重视事业机会的发现。机会识别、发现与开发过程通常被认为是商业创业过程中非常核心的要素，社会创业也不例外。Mort 等（2002）指出，识别社会价值和创造创业机会是社会创业的关键维度。社会创业包括一系列的活动与过程来发现、定义、利用机会去增加社会财富（Zahra et al.，2009）。社会机会起始于发现一些未被解决的社会问题，通过机

会的评估与开发找到解决问题的新方法。当社会创业者把目前所存在的社会需求和满足这些需求的方法有机结合的时候，他们就可能发现创业机会。

14.2.2 社会创业的核心内容与主要目标

当今世界面临着贫富分化、环境污染、可持续性发展、教育等社会难题与挑战。从创业角度而言，推动社会创业的发展成为解决上述问题的重要模式之一。越来越多的证据表明，社会创业能够在以下几方面作为使一个社会变得更美好的核心内容。而通过社会创业将这些社会创业内容体现在一个社会的发展进程中，使这个社会变得更美好，这也是社会创业的主要目标与重要使命。具体的社会创业核心内容包括以下方面：

①社会的可持续性发展。社会的可持续性发展有助于经济结构日趋合理与优化，资源消耗越来越少，生态环境的破坏越来越小，知识含量和非物质化程度越来越高，总体效益越来越好。可持续性发展的实现，依赖于经济发展与生态发展的有机融合和均衡（栗战书，2011）。在主流经济学和环境经济学基础上，社会创业为实现社会可持续性发展提供了一个新视角。环境经济学认为环境的退化是由于市场失灵所致，而市场的失灵正是创业机会的重要来源。因此，Dean 和 McMullen（2007）认为，创业者如果能够抓住这些机会，全面审视整个系统，依靠系统的创新和变革，创业就能够在全球的社会经济系统中解决环境问题。因此，社会创业弥补了以往经济创业在环境等方面可能存在的不足，有助于实现社会的可持续性发展。

②环境保护与优化。自然环境是人类繁衍、生存的基础，保护和改善自然环境是人类维护生存和发展的前提。然而过度追逐经济发展使自然环境受到了极大的破坏。以中国为例，短短 30 余年间，中国一跃成为世界第二大经济体，但付出了过大的资源环境代价。过高的资源消耗量、严重的环境污染等问题都为中国未来的发展埋下了隐患。如今，越来越多的创业者开始关注环境问题，通过创新的模式，服务于社会，为环境保护和优化提供新的治理方式、资源整合方式和解决方案。例如，2004 年 6 月 5 日中国近百位企业家发起的荒漠化防治民间组织——阿拉善 SEE 生态协会，致力于阿拉善地区的荒漠化治理和生态保护，正在打造社会、企业家和生态治理的社会创业新模式。

③减少贫困。虽然过去 40 余年我国通过改革开放在减少贫困方面取得了举世瞩目的成就，但全国农村仍有近 1 亿贫困人口，贫困地区基础设施建设和社会文化事业发展仍严重滞后。对于部分已解决温饱问题的群众而言，因病、因灾返贫问题也很突出。过去研究减少贫困的方法往往聚焦于宏观经济，而现在，通过创业的方式尤其是社会创业的方式来减少贫困也正在成为研究热点。学术上，2015 年《亚太管理》（*Asia Pacific Journal of Management*）杂志上曾重点论述过创业对减少贫困的重要贡献；实践上，有格莱珉银行、义乌的创业减少贫困模式。以浙江义乌为例，在早期极端贫穷的情境下，义乌地区资源缺乏，农民一般没有机会迁移到资源丰富的地方去发展。斯晓夫等（2015）的研究表明，当地的脱贫模式并非以往的简单买卖盈利模式，而是采用具有创造性的"鸡毛换糖、以物易物"的商业模式，通过商品交换，改善生产环境并获取薄利。义乌农民在后续的发展过程中，不断将外地不同的生产资料等带入义乌，义乌由此成了世界最大的小商品市场，而这个模

式随后被中国其他地方以及目前很多非洲国家借鉴与采用。

④教育。除了以上核心内容与主要目标,也有人将教育列为社会创业的核心内容与实现社会创业目标的途径。因为社会创业的目标是通过创业途径使我们的社会变得更美好,而人的改变与素质的提高则是一切改变或提高因素中最重要的因素。这种改变和提高理论上应该与教育是高度相关的。

14.3 社会创业的分类

社会创业是一个群概念(cluster concept),社会创业是组织或个人(团队)在社会使命的驱动下,借助市场力量解决社会问题或满足某种社会需求。社会创业追求社会价值和经济价值的双重价值目标,目的是通过解决社会问题使我们的社会更美好,使社会朝着人们希望的目标改变。在普通读者眼中,有关非营利的创业活动有许多概念,例如社会企业、慈善组织、公益创业等等。它们的创业特点有所不同,创业范围大小不一,所涉及的社会创业的维度不一样,但它们相互之间存在非常多的交集,所有这些内容都隶属于社会创业这个群概念,企业或组织的核心业务内容与目标都是解决社会问题或满足某种社会需求。

前文已经述及比尔·德雷顿在1980年成立了名为阿苏迦的全球性非营利组织,致力于在全球范围内推广为公众利益服务的创业活动。在国内,也有学者将 social entrepreneurship 翻译为"公益创业"。如果从学术研究来看,"公益创业"和"社会创业"都是 social entrepreneurship,不应该做区别。但公益创业的翻译中,"公益",这种个人或组织自愿通过做好事、行善举而提供给社会公众公共产品的活动,加上我们脑海中的"公益组织"往往是合法的、非政府的、非营利的、非党派性质的、非成员组织的、实行自主管理的民间志愿性的社会中介组织,在一定程度上造成了民众的误解。就这点来说,即使存在"公益组织创业"的这个概念,事实上,它所重点突出的是上述我们提到的社会创业社会性的维度。也就是说,它依然属于社会创业的范畴。

上述有关"社会创业"和"公益创业"的澄清,事实上可能只是普通读者对社会创业模糊认知的一个方面。为了让读者对社会创业的理解更为深刻,本书在这部分将重点比较社会企业与慈善组织以及"社会责任型企业"的区别。

社会创业着重于创造社会收益,但是并不意味着完全忽视经济收益。如今,大多数的社会企业介于纯慈善与纯商业之间,能够实现部分自给自足,而不再是全面依靠捐赠,但慈善组织还是依然全面依靠捐赠。Dees(1998)因此提出了"社会企业光谱"的概念,表14-2从动机、方法和目标以及主要利益相关者的角度,分析了纯慈善性质、混合性质和纯商业性质组织之间的区别。

表 14-2　Dees(1998)的社会企业光谱

组织性质		纯慈善性质	混合性质	纯商业性质
动机		诉诸善意	混合动机	诉诸自我利益
方法		愿景驱动	愿景与市场驱动	市场驱动
目标		创造社会价值	创造社会和经济价值	创造经济价值
主要利益相关者	受益人	免费获得	补助金方式、全额支付以及免费	按市场价格付费
	资本	捐款与补助	低于市场价格的资本或捐款与市场价格资本形成的混合资本	市场价格的资本
	劳动力	志愿者	低于市场行情的工资或同时有志愿者与全薪酬的员工	按市场行情付薪
	供应者	捐赠物品	特殊折扣、物品捐赠以及全价供货	完全按市场价格收费

　　Alter(2007)绘制了一幅更为详细的可持续性发展的光谱图，如图 14-3 所示：传统的非营利性企业在社会变革环境下，尽管初始的目标有所差异，但是为了实现可持续性的发展战略，两种组织形式最终还是向中间状态"社会企业"或"社会负责型企业"靠拢。此外，一家承担社会责任的企业不应混同于社会企业。社会责任往往是公司坚持一种"尝试—检验模式"，并且它们的责任往往更多地被看作一种"附加责任"。但是社会企业则是出于内心意愿从事道德商业活动，而非一种附加责任。

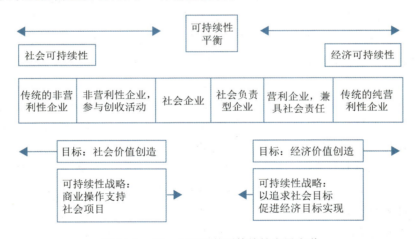

图 14-3　Alter(2007)的可持续性发展光谱

14.4　社会创业的价值与意义

14.4.1　创业平衡发展与社会平衡发展

　　经济/商业创业和社会创业兼顾与平衡发展是一个国家与地区成功创业的目标。创业的平衡发展是促进社会平衡发展的重要途径。社会创业不是与商业创业相对立的，社会创业在解决社会问题和促进社会变革的同时，一个很重要的功能与目标是刺激经济发展。一个国家经济发展时，很多经济问题的解决，同样需要社会创业来支持。在社会创业发达的英国有一个统计数据，英国 5.5 万个社会企业每年营业额达 270 亿英镑，并对 GDP 产生 84 亿英镑的贡献，大约占英国 GDP 的 1%。这一数字正呈上升趋势。而且由于社会创业显著的"社会性"特征，其在推动经济发展上不符合边际报酬递减的经济规律。因此，其创造的经济价值（金钱）的边际效用比商业企业要高。这在一定程度上，对于推动社会经济的发展具有更强的可持续性，社会创业企业将在促进社会及经济发展中发挥越来越重要的作用。另外，创业有生存性创业与创新性创业之分，对于很多发展中国家而言，生存性创业属于地区和经济发展的重中之重。生存性创业是国家或组织通过创业的途径帮助底层劳动者得到就业机会，体现一个国家的社会经济共生共长。近年来我国登记注册的社会组织总量在不断上升，可以预见社会企业领域将越来越成为吸纳就业的热门行业，进而进一步发展经济，使社会创业与商业创业更有效地结合，实现社会经济共生共长。

14.4.2　提高人的素质

社会创业的本质追求是整个社会的进步。人的素质的整体提高，公民素质的整体改善是社会创业的最大意义所在。社会创业的作用就在于此。社会创业可以引导更多的组织和个人重新审视我们赖以生存的社会和我们所面临的种种社会问题，培养公民的社会责任感和使命感，着力于解决社会发展过程中出现的社会问题。很多近期研究指出，中国经过 30 多年的经济发展，现在与西方发达国家相比，落后比较明显的不是国家的 GDP，也不是具体的技术，而是公民素质之间的整体差距。而这种差距不是短期内可以马上解决的，它需要一个国家的长期努力，而通过社会创业来实现一个国家公民素质的整体提高，促进人的全面发展被实践证明是一条有效的途径。具体地说，就是在发现、分析、解决社会问题的同时，提高公民的整体素质，尤其是在相对贫穷地区，通过社会创业来提高人的素质。在西方社会创业发达的国家都比较重视社会创业与教育的关系。社会企业所涉及教育的问题在两个方面，其一是过往的研究已经证实对贫困人民进行教育，会对他们的创业的意向和创业的成功（Renko，2013；Millán et al.，2014）起到帮助。目前有许许多多基金会的教育项目在发展中的国家与地区通过增加他们的创业知识，来使当地居民做到自我雇佣、发现创业机会乃至创造创业机会（Alvare ＆ Barney，2014）。这在中国也是一样，许许多多的中国欠发达地区，可以引导一些社会企业将扶贫与职业教育相结合，鼓励职业院校和技工学校招收贫困家庭子女，确保贫困家庭劳动力至少掌握一门致富技能，靠自我雇用的技能实现脱贫。有能力的社会企业家或者一些精英创业者也可以构建出创业机会，引领边缘的贫困人民实现创业（斯晓夫等，2016），这方面诸如中国的许多"淘宝村""淘宝县"的做法有一些值得借鉴。其二，社会创业不仅可以以教育促进创业，还能做其他一些服务，例如利用社会创业是否能创新性地解决留守儿童的问题，解决山村学校缺教师的问题，这些都值得我们去探索、思考与创新。

14.4.3　建设美好社会

社会创业的重要价值与主要目标就是使一个国家或社会更加美好。美好社会建设涉及很多因素,根源在于社会问题较多,例如环境污染问题、弱势群体问题、社会不公问题、就业问题、人口老龄化问题、教育问题、食品安全问题等。这些问题无一例外地需要寻求新的方法和途径来有效解决,而社会创业与社会创新能很好地平衡商业与公益、经济利益和社会价值之间的关系,这正是构建和谐社会所需要的创业与创新范式。例如,社会福利机制的形成与完善,如何通过社会创业来动员社会资本以解决社会问题。社会创业提供了构建自主型福利模式的有效途径,自主型福利模式是相对于被动型福利模式而言的。自主型福利模式鼓励服务对象主动对自己的生活负责,而不是把福利当作一种权益,使社会福利最大限度地关注穷人,而不是帮助懒人;并且主张通过社会创业来动员社会资本以解决社会问题,这样可以使弱势群体直接参与价值创造,也可以使受益者成为社会创业的积极参与者,进而有效推动自主型福利模式的构建。公共服务也是建设美好社会的一个重要因素。放眼世界社会和谐的国家,有一个共同特征就是它们的公共服务建设做得很好,促进了社会的和谐。当前,我国民众对于公共服务的需求较以往任何时候都旺盛,但政府在公共服务的提供方面尚显不足,这就需要一种新的模式来化解这个矛盾,显然,这为社会创业者或社会创业企业提供了创业机会,为社会创新提供了解决社会问题的创新机会。另外,农村/乡村建设也是建设美好社会的一个重要因素。我国追逐城市化建设,但到底在建设城市的同时如何发展农村?近年来,我国农村很多地方生态环境问题日益严重。造成这种现象的原因之一是资源与政策过度倾向城市,忽略了农村的城镇化建设。社会创业是社会问题导向性的研究与实践,它可以帮助解决以上农村的问题。新生代农民工由于自身和社会的原因,融入城市难度大,在美丽乡村建设背景下,他们和从农村"走出去"的大学生群体,将成为农村社会创业的生力军,可以成为我国农村社会创业的力量。例如他们可以依托本土化的农产品资源,积极开展农村电商专业村的创建,推动本土化农产品的流出;又如在美丽乡村背景下,"新生代农民创业者"可以积极开展农家乐休闲旅游项目。我国有很多地方,如浙江农村这些年的城镇化建设不仅缩小了城乡差别,也没有出现年轻人大量离开到外地打工的情形,绿水青山在浙江农村依然到处可见。浙江这种经济与社会创业兼顾的模式对我国其他一些省份应该是有借鉴作用的,对于其他亚非拉国家的发展与建设也可能是非常宝贵的经验。

本章小结

社会创业的本质追求是整个社会的进步。社会企业的目标是通过经济的手段创造社会价值,解决社会问题,使一个国家或地区的社会变得更美好。

社会创业者是那些致力于解决社会问题的人,他们用商业的眼光看待社会问题、发现机会以寻找突破口,用商业的规则去解决那些问题。个体层面影响社会创业机会发现的因素包括:价值观感知、警觉性、知识和信息、社会网络以及先前经验。

社会创业具有社会性、创新性和市场机会导向性的主要特征。

创新性是社会创业必须具备的显著特征和运营方式,社会创业必须应用实用的、创新的和可持续的方式去使整个社会获益,社会创业离不开创新。

社会创业的主要价值表现在减少贫困、环境保护和优化以及实现可持续性发展。

社会创业有不同的分类。市场的失灵能为社会创业和商业创业提供不同的机会,社会创业更多去弥补原本公共产品的不足。市场失灵的五种普遍类型归纳为公共产品的非竞争性和非排他性、外部性、垄断力量、不合适的政府介入、信息不对称。

社会创业的价值与意义包括:创业平衡发展与社会平衡发展,提高人的素质,实现美好社会包括美好农村社会的目标。

本章思考题

1. 中国社会创业目前最主要的问题与原因是什么?

2. 社会创业与商业/经济创业的共同方面与不同方面是什么?

3. 社会企业是如何看待经济利益目标的? 社会创业、公益创业、慈善组织三者之间的区别是什么?

4. 社会创业者与创业者之间的区别是什么?

5. 如何通过实际案例说明社会创业的特征?

6. 如何分析评价社会创业在中国的可持续性发展、环境保护、减少贫穷三方面的价值与意义?

7. 为什么社会创业与经济创业必须兼顾,二者必须平衡发展?

8. 谈谈如何在中国农村开展社会创业?

《美国工厂》：美国铁锈区的中国创业故事

2020 年 2 月 10 日，由美国前总统奥巴马担任制片人的首部纪录片《美国工厂》拿到了奥斯卡最佳纪录长片的殊荣。这部纪录片讲述了福耀玻璃在美国的故事。2008 年金融危机之后，通用汽车在俄亥俄州代顿市的工厂倒闭，整个社区陷入萧条，出现了上万人下岗等家庭危机。2016 年 10 月，中国福耀玻璃集团（简称福耀）接手后，将其改为玻璃制作工厂并雇请上千位蓝领美国员工。福耀对美国员工的工作方式和价值体系进行大幅改造，也带来了一些冲击，目前这家工厂已经扭亏为盈，中美冲撞的结果以福耀获胜而告终。福耀玻璃在美国的建厂行为，人们一般会认为它是一种经济（国际）投资或经济创业，但它通过经济投资所产生的对社会的改变，包括地区创业生态，以及不同文化背景的人们在认识方面的改变，是一种社会创业，它是一个用企业的力量解决了当地的经济与社会问题的案例。

2019 年 8 月 21 日，《美国工厂》首播。一边是来自中国的二三线城市福清的传统制造业企业，强调组织的高效运作，一边则是拥有辉煌历史，崇尚自由独立的美国工人，两者充满了矛盾与冲突，纪录片一经播出便被争相报道。玻璃大王曹德旺为何会选择在美国设厂？福耀玻璃如何在当地运作与克服障碍？社会创业现象在国际化背景下产生了不同的答案。

为何选择"铁锈区"

社会创业机会从根源来说源于市场失灵和政府失灵。正是在市场和政府都无法解决社会问题的情况下，社会创业有了用武之地。美国俄亥俄州靠近以"汽车城"底特律为首的汽车工业基地，曾经依靠附近铁矿、炼油厂的便利条件以及廉价便捷的水运，形成了庞大的汽车工业。然而在金融危机后，由于产业空心化，五大湖区被沦为"铁锈区"，制造业的光辉不再。相较于 2000 年，2018 年制造业岗位萎缩了 43%，而且在全美收入水平逐渐恢复的大背景下，制造业岗位在过去几年基本没有多大变化，平均收入增长较低。所谓的"铁锈区"，是指重工业衰败的地区，这些地区厂房闲置，机器生锈，工人下岗，因此，称之为"铁锈"。在这样的地区，无论是当地的自发市场行为，还是政府的各类手段，都无法激活当地的企业和员工，这就为福耀玻璃提供了社会创业机会。

当然，从福耀玻璃自身的情况来看，选择曾经的美国老工业基地、如今的"铁锈区"，也有现实的动力。

福耀去美国设厂最重要的一个原因是：玻璃运输难度大，必须围绕整车企业就近建厂。福耀在全国 9 个省建设有 13 个制造基地，全部都是为了配套附近的整车厂，比如福耀配套上汽集团的工厂就离客户的工厂咫尺之遥，隔壁就是上海大众的配件仓库。作为通用最大的汽车玻璃供应商——福耀玻璃，早在 2012 年就被通用要求在美国本土建立工厂，否则合作将无法继续。于是 2014 年 3 月福耀美国成立，注册资本 1.6 亿美元。此外，在美国的综合成本也低于中国，中国的综合税负要比美国高 35%，综合税收及产品在美国本土的高售价，中美的毛利率基本差不多。而且在俄亥俄代顿市建立工厂，当地政府还提供 3000 多万美元的补贴。所以，基于商业合作协议所迫，以及考虑可以接受的成本和对于美国的布局，曹德旺选择在这里开设了工厂。

令美国人困惑的"中国模式"

福耀进入代顿市,将中国企业的管理理念带到了俄亥俄州的铁锈地带,但这种高效的运行理念,却遭遇了五大湖老工业区员工们的不满。美国文化中的超级自信,遭遇了中国文化的重新审视,自信并没有带来效率的提高,相反,让工厂的经济效益下滑严重。《美国工厂》纪录片中,一位美国的工作人员感慨,大家都在致力于找出彼此的错误,而没有致力于找出解决问题的方法,这正是福耀在代顿市的工厂面临的交流困境问题。

福耀曾经连续多月亏损,一度超过4000万美元。工人劳动效率低下、工厂技术参数与质量保障远不如国内,等等,都成为显著的问题。工人的劳动效率太低,成为福耀必须要解决的问题,是否要让工会进驻也成为讨论的焦点。工会的进驻,自然会给工人带来更多的福利,但这些福利也会压垮企业,让福耀成为下一个铁锈工厂,这其实是一个世界级的工业悖论,工业想要发展并形成竞争力,提升效能是必须的,这个过程往往需要增加工人的工作时间和工作强度,如何在两者之间取得一种平衡是全世界都在思考的问题。

纪录片中最富有戏剧性的一幕,是福耀公司安排了美国工人中的几位管理者来中国的工厂参观。他们在中国的工厂看到工人们高强度、高效率、精神饱满的工作状态,彻底惊呆了,然而他们想在美国复制这种工作模式却很难。

为什么中国的工人可以一边做着单调重复的事情,一边拿着远低于美国工人的工资,还能始终热情满满?这显然是我们中国人很熟悉而美国人感到困惑的事情。纪录片中的美国人显然不太理解中国人强烈的国家观念和身份认同,对眼前的"中国模式"钦佩中带有陌生和困惑。中国工人们表现出的超强耐力和超高水平的工作能力,也令美国人震惊。

纪录片中,中国工人先列队报数,然后呼喊口号并合唱厂歌,来自美国的取经者们看着这个场景一脸困惑。一位中方员工说,每天休息8小时,每个月休息4天就很好了,拿多少钱做多少事。片中介绍了2名福耀的女工,她们各自都有2个年幼的孩子,孩子都在老家,"工作挺好的,每天工作12小时,一年回老家一两次。"另一个镜头下,中国福耀的回收工人手工分拣回收不同颜色的碎玻璃,没有戴防护镜,戴一般手套而不是防割手套。这让美国工人无法接受,"他们什么防护装备都没有,不敢相信。"此外,他们也无法忍受这种长时间的单调乏味,"这些人一整天就是坐在这里分拣玻璃,太疯狂了。"

种种差异使得社会创业机会呈现出复杂性和不确定性。

以"美国思维"办厂

社会创业者并不只是机械地采用既有的经验和逻辑,因为社会问题的存在并不是一天两天内形成的,想用商业逻辑来改变雇员、客户、投资者、政府机构等组织或者个体很难奏效。这时候就需要站在当地特定环境中,寻找可为人接受,又符合商业逻辑的语言和行为。尤其是当福耀玻璃进入的是一个跨文化的背景,这就使得社会创业者如果没有很好的姿态,也就更难融入社会问题所发生的情境中。

福耀在美国成立工厂后,一直在努力改变,融入美国文化。曹德旺说:"我们到美国投资,首先要爱上美国,那么爱上美国表现的第一个方面就是爱上他们的食物。"因此,福耀美国没有给中方员工提供专门的中餐食堂,曹德旺自己吃饭也天天吃西餐。

中方高级管理人员大多存在语言障碍，会说英文的不多。会说英文的标准不仅仅是能应对日常沟通，更重要的是在背景、文化等方面能互相交流和理解。为此，福耀出资为来自中国的高管和专家办了绿卡，帮助他们融入美国生活和文化。

此外，沟通也是企业运营的成本。比如开会时，中国人的语气往往都是"I want，I need"等，带有命令色彩，在美国这反而会引起反感。福耀很重视企业文化，但在美国的工厂车间里却没看到任何标语，这也是中美之间的文化差异。美国人认为，你要让他做什么和不做什么，只要用考核和薪酬来体现就可以了，其他虚的口号都没有意义。再比如谈判时，美国人会观察很多细节来决定是否合作，如果讲英文的时候你突然想讲中文，你要问：对不起，我能不能讲个中文？如果你不事先说，讲着英文突然改成中文，他就会认为你有信息故意隐瞒，就会对谈判产生负面影响，这就是语言层面反映出的文化差异。

中国热闹的年会让美国人大开眼界，一位美国管理者似乎认识到这个观念不断碰撞的工厂、这个立场不断冲突的世界，实际上是"对立统一"的。他流着泪说，"我们在同一个世界，即使有分歧，也是一体的"。让他真正感动的，是员工集体婚礼，在他眼里，这是人类共同的一种对美好的向往和祝福，也是让工厂这个集体见证和分享这份喜悦。

在美国工厂的中国员工小王是纪录片中的主角之一，他是福耀的模范工人，常常忙到没时间吃饭，身上多次受伤，长时间远离家人，只能通过微信与家人诉说思念。但正如中国人都相信的一句话，"吃得苦中苦，方为人上人"，经过几年的努力，他终于在带有草坪的大房子里迎来妻儿团聚，也和当地美国人交上了朋友，他用中国方式实现了自己的美国梦。

社会创业视角：《美国工厂》的独特价值

理论上，社会创业研究的是社会的公平、公正以及资源配置的合理性与最优化问题。但在实际社会中，社会问题的解决并不是简单的"1＋1＝2"的算式，特别是在跨文化背景下的社会创业者，尤其需要真正理解社会创业机会之所在，寻找可行的运作模式来推进社会问题的解决。

2019年年底，在接受中国记者专访时，美国长期从事中国事务观察的彼得·沃克感叹，美国太不了解中国，"直到最近，美国人对了解中国仍缺少兴趣"。他提出了一个值得重视的问题，跟人与人交往同理，即国家与国家之间如果相互了解也可以减少和消除误解，做出正确的判断和回应。

中美在相互认知上的不平衡主要源于历史和文化因素。历史上，中国曾经有很长一段时间处于世界领先地位，但由于错过工业革命失去了优势。19世纪以来，中国遭受列强侵略，内忧外患，直到1978年改革开放，大力发展制造业才加速发展。经济上，中国善于向西方学习经验，成为出口制造业的领先者。文化上，中国鼓励学生出国留学，目前已有超过35万名中国留学生在美国大学学习；几乎所有的中国学校都设有英语课程；美国的电影、书籍、音乐等都可以传播到中国市场上。总之，过去40多年，中国对美国的认识呈井喷状态。

而美国对了解中国始终都缺乏兴趣，其认识来源仅限于一些学者和跨国公司。近3年来，美国政府试图通过贸易战遏制中国崛起、限制中国获取美国先进技术，这种状态是最近才出现的，而且只是集中在经济竞争方面。总体而言，美国在了解中国的文化、历史等方面的兴趣和付出的努力非常少，只有少数美国人（大概100万人）访问过中国，然而去过美国的中国人超过 2500 万人,会讲英语的中国人的数量更是远超能说汉语的美国人。

这些认知层面的不平衡使得跨越区域的社会创业机会展现出很大的复杂性,在机会的开发过程中也要面临更多的不确定性。是照搬原有的做法还是根据目标市场的特征进行适度调整? 这些问题的回答直接影响了社会问题的解决。

补丁:讲好中国故事

这部纪录片的立场比较中立,每个人从不同的视角去解读,都会有不同的认识。但是整个纪录片常常展现的一个现象是"不理解",人与人之间的不理解,国与国之间的不理解,文化与文化之间的不理解,制度与制度之间的不理解。不管是美国对中国,还是中国对美国,大家都会"理所当然"地存在一些刻板印象,需要有一座"桥梁"让对方走过来看一看真实的对方。美国《银幕日报》曾评论《美国工厂》这部美国人拍摄的中国故事,"是对我们这个时代最重要的文化和经济冲突的审视"。

《美国工厂》通过福耀玻璃的例子,展现了中国制造企业进入、扎根美国土壤,融入并发展美国经济和文化的发展历程。《美国工厂》让中国人了解到本土中国企业在美国这块土地上发光发热实现价值,并为此感到自豪;让美国人关注到中国的变化,对中国企业和中国模式进行思考,去探寻和了解中国文化,进一步改变美国对于中国的认识;让全世界了解中国企业的文化,认识到中国跨国企业的实力。

案例来源:根据柴宗盛.美国工厂:全球化的中式补丁.商业文化,2019(24):44-47;美国工厂.玻璃大王曹德旺的全球化之路,https://baijiahao.baidu.com/s? id=16430105788810197375&wfr=spider&for=pc;侯润芳.《美国工厂》获奥斯卡最佳纪录长片 曹德旺讲述背后故事,http://www.bjnews.com.cn/finance/2020/02/10/687045.html;劳木.美国人对中国了解多少? https://opinion.huanqiu.com/article/9CaKrnKoWen;许乐.美国工厂:那些说出来的和没有说的,https://new.qq.com/omn/20190829/20190829A0S4YG00.html;朱冬,杨光.福耀美国:既然来了就要天天吃披萨.中外管理,2017(7):72-79 等整理。

■■ 问题讨论:

1. 为什么说福耀美国是一种社会创业? 你怎么看待这种全球化背景下的社会创业?

2. 美国工厂创造了什么社会价值? 为什么它的经济价值与社会价值是联系在一起的?

3. 为什么不同文化背景下人们认识上的改变会产生社会改变,而且它是改变社会现有价值体系的有效途径?

4. 成功的创业者与成功的社会创业者之间的特质有何不同? 成功的创业者同时也具有的成功的社会创业者的特质是什么?

▌本章精读文献▌

Austin J Stevenson H，Wei-Skillern J. Social and commercial entrepreneurship：Same，different，or both？[J]. Entrepreneurship theory and practice，2006，30(1)：1-22.

Chapter Article Summary(本章精读文献摘要)：

Social entrepreneurship，or entrepreneurial activity with an embedded social purpose，has been on the rise in recent decades. A partial indicator of this surge is revealed by the growth in the number of nonprofit organizations，which increased 31% between 1987 and 1997 to 1.2 million，exceeding the 26% rate of new business formation. However，the dynamic is even more robust，as other forms of social entrepreneurship，beyond that occurring within the nonprofit sector，have also flourished in recent years. The recent boom in social entrepreneurial activity makes a comparative analysis between commercial and social entrepreneurship timely. Social entrepreneurship is still emerging as an area for academic inquiry. Its theoretical underpinnings have not been adequately explored，and the need for contributions to theory and practice are pressing. This article aims to open up some avenues of exploration for social entrepreneurship theory development and practice by presenting an exploratory comparative analysis of the extent to which elements applicable to business entrepreneurship，which has been more extensively studied，are transferable to social entrepreneurship. To a lesser degree，we will also explore the reverse applicability or the ways in which insights from social entrepreneurship can contribute to a deeper understanding of business entrepreneurship. We offer a comparative analysis that identifies common and differentiating features between commercial and social entrepreneurship. This exploration develops new insights about social entrepreneurship and points to opportunities for further elaboration by researchers，as well as to practical implications for social entrepreneurs and funders on how to approach social entrepreneurship more systematically and effectively. In the next section，we discuss some of the key distinctions between social and commercial entrepreneurship as a modest step toward the development of a body of theory on social entrepreneurship. To analyze these theoretical propositions in depth and to draw out lessons for managers，we will then set forth one prevailing model used to examine commercial entrepreneurship and to explore new ideas that emerge when it is applied to social entrepreneurship. The article concludes by presenting implications for social entrepreneurial practice and research.

本章精读文献评述：

本篇文献提供了一个比较分析的思路。为更好地研究社会创业，作者在 PCDO 模型的基础上提出了 SVP 模型，为学者和创业者们提供有关社会创业新的研究思路。

文献首先梳理了有关社会创业的相关概念。最初社会创业指的是有着社会性目标的创新活动，这类创业可以是有着社会性目标的商业活动，也可以是在非营利领域或交叉领域。从狭义上来讲,社会创业是非营利机构用创新的方式,应用商业技能并获取收入。从广义上来讲,社会创业是以创新为目的增加社会价值的过程,而不是简单对现有企业行为的复制。社会创业发展的核心源于未被满足的社会问题,因此社会创业可能发生在商业部门、非营利组织和政府机构等多个领域。此篇经典文献采用的社会创业的定义是,在非营利部门或政府部门产生的能够增加社会价值的创新性活动。

文献还阐述了社会创业与商业创业四个维度上的区别,分别是市场失灵、使命、资源调动以及绩效测度。从文献中的分析我们可以看出社会创业和经济创业两者不是完全对立的,即使对于完全的经济创业活动来说仍会产生社会价值,纯粹的社会创业仍会反映经济创业的性质。本文的这一思路为本文中社会创业和经济创业的对比分析提供了思路。

文章最有价值的部分在于将 Sahlman 在 1996 年提出的经济创业的模型应用到社会创业领域。本篇文章将经济创业的 PCDO 模型应用到社会创业领域,指出了二者的联系和区别之处,并且为更好地解释社会创业的影响因素,在 PCDO 模型的基础上做了修改。

(1)PCDO 模型在社会创业领域的应用

这个模型强调了影响经济创业的四个因素:人(people),情景(context),交易(deal),机会(opportunity)。因为这个模型中的四因素相互独立又为创业情景所决定,所以创业者必须很好地把握创业活动和这四个因素的契合。作者指出,机会在经济创业和社会创业领域都是指创业者投资稀缺资源以求获得回报。两类创业的最大不同之处在于,经济创业要求的是经济回报,社会创业要求的是社会回报。

(2)SVP 模型

根据作者分析,虽然经济创业和社会创业在很多地方有相同之处,但是为了学者和创业者更好地研究社会创业,作者在 PCDO 模型的基础上提出了 SVP 模型(social-value proposition),这个模型也可以更好地反映社会创业产生社会价值的属性。在 SVP 模型中,作者更加强调了在社会创业中内部资源和外部环境的协调。模型中内部资源最上方的变量是机会,这是创业开始的直接动因,下面两个变量分别是人和资本。三个动因相互交叉又相互独立。中间交叉的部分为 SVP(social-value proposition),作为内部资源的综合变量。外部情境变量(如税收、宏观经济、政策因素等)影响着社会创业的内部资源多寡,需要社会创业者们尤其注意。

本章作者:斯晓夫。

本章案例作者:严雨姗,浙江大学管理学院学博士研究生;斯晓夫;林嵩。

本章文献评述作者:斯晓夫;严雨姗。

▌本章相关引用材料 ▌

[1] Alter K. Social enterprise typology [J]. Virtue Ventures LLC,2007.

[2] Alvarez S A & Barney J B. Entrepreneurial opportunities and poverty alleviation[J]. Entrepreneurship Theory and Practice,2014,38(1):159-184.

[3] Austin J, Stevenson H, Wei Skillern J. Social and commercial entrepreneurship:Same, different, or both? [J]. Entrepreneurship Theory and Practice, 2006, 30(1):1-22.

［4］Bornstein D. Access to the global highway［C］. European Business Forum，2004(19)：27-28.

［5］Choi N & Majumdar S. Social entrepreneurship as an essentially contested concept：Opening a new avenue for systematic future research［J］. Journal of Business Venturing，2014，29(3)：363-376.

［6］Dacin M T，Dacin P A & Tracey P. Social entrepreneurship：A critique and future directions［J］. Organization Science，2011，22(5)：1203-1213.

［7］Dean T J & McMullen J S. Toward a theory of sustainable entrepreneurship：Reducing environmental degradation through entrepreneurial action［J］. Journal of Business Venturing，2007，22(1)：50-76.

［8］Dees J G. Enterprising nonprofits［J］. Harvard Business Review，1998，76：54-69.

［9］Dorado S & Ventresca M J. Crescive entrepreneurship in complex social problems：Institutional conditions for entrepreneurial engagement［J］. Journal of Business Venturing，2013，28(1)：69-82.

［10］Drayton W. The citizen sector：Becoming as entrepreneurial and competitive as business［J］. California Management Review，2002，44(3)，120-132.

［11］Harding R. Social enterprise：The new economic engine？［J］Business Strategy Review，2005，15(4)，39-43.

［12］Liao J，Welsch H & Tan W. Venture gestation paths of nascent entrepreneurs：Exploring the temporal patterns［J］. Journal of High Technology Management Research，2005，16(1)：1-22.

［13］Leadbeater C. The rise of the social entrepreneur［M］. London，UK：Demos，1997.

［14］Kirzner I M. Perception，opportunity，and profit：Studies in the theory of entrepreneurship［M］. Chicago：University of Chicago Press，1979.

［15］Mair J & Marti I. Social entrepreneurship research：A source of explanation，prediction，and delight［J］. Journal of World Business，2006，41(1)：36-44.

［16］Martin R L，Osberg S. Social entrepreneurship：The case for definition［J］. Stanford Social Innovation Review，2007，5(2)：28-39.

［17］Millan J M，Congregado E，Roman C，et al.，The value of an educated population for an individual's entrepreneurship success［J］. Journal of Business Venturing，2014，29(5)：612-632.

［18］Miller T L，Grimes M G，McMullen J S，et al.，Venturing for others with heart and head：How compassion encourages social entrepreneurship［J］. Academy of Management Review，2012，37(4)：616-640.

［19］Murphy P J & Coombes S M. A model of social entrepreneurial discovery［J］. Journal of Business Ethics，2009，87(3)：325-336.

［20］Renko M. Early challenges of nascent social entrepreneurs［J］. Entrepreneurship Theory and Practice，2013，37(5)：1045-1069.

［21］Roberts D & Woods C. Changing the world on a shoestring：The concept of social entrepreneurship［J］. University of Auckland Business Review，2005，7(1)：45-51.

［22］Shane S. Prior knowledge and the discovery of entrepreneurial opportunities［J］. Organization Science，2000，11(4)：448-469.

［23］Shaw E. Marketing in the social enterprise context：Is it entrepreneurial？［J］. Qualitative Market Research：An International Journal，2004，7(3)：194-205.

［24］Shaw E & Carter S. Social entrepreneurship：Theoretical antecedents and empirical analysis of entrepreneurial processes and outcomes [J]. Journal of Small Business and Enterprise Development，2007，14(3)：418-434.

[25] Si S，Yu X，Wu A，et al.，Entrepreneurship and poverty reduction：A case study of Yiwu，China [J]. Asia Pacific Journal of Management，2015，32(1)：119-143.

[26] Sullivan Mort G，Weerawardena J & Carnegie K. Social entrepreneurship：Towards conceptualization and measurement[J]//2002 AMA Summer Marketing Educators Conference. American Marketing Association[C]，2002(13)：5-5.

[27] Rocha H. O & Sternberg R. Entrepreneurship：The role of clusters theoretical perspectives and empirical evidence from Germany [J]. Small Business Economics，2005，24(3)：267-292.

[28] Thompson J，Alvy G & Lees A. Social entrepreneurship — a new look at the people and the potential [J]. Management Decision，2000，38(5)，328-338.

[29] Zadek S & Thake S. Send in the social entrepreneurs [J]. New Statesman，1997，26(7339)：31.

[30] Zahra S A，Gedajlovic E，Neubaum D O，et al.，A typology of social entrepreneurs：motives，search processes and ethical challenges[J]. Journal of Business Venturing，2009，24(5)：519-532.

[31] 戴维·伯恩斯坦. 如何改变世界：社会企业家与新思想的威力[M]. 北京：新星出版社，2006.

[32] 栗战书. 文明激励结构分析：基于三个发展角度[J]. 管理世界，2011(5)：1-10.

[33] 斯晓夫，刘志阳，林嵩，等. 社会创业：理论与实践[M]. 北京：机械工业出版社，2019.